MICHAEL FREEMAN

O [OLHO] DO FOTÓGRAFO

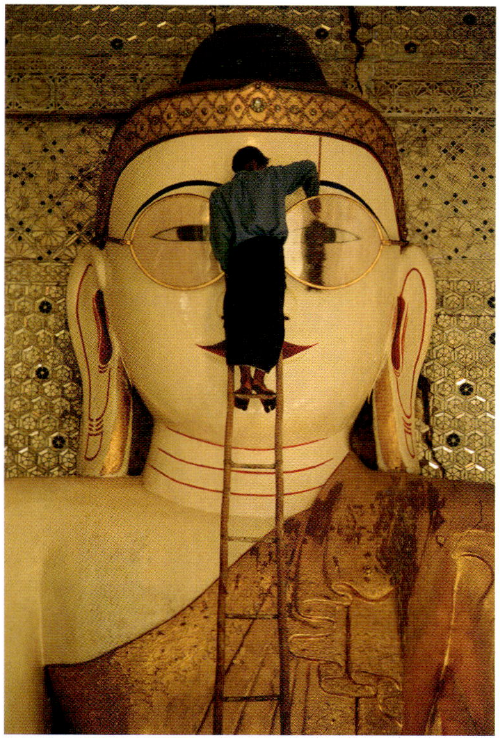

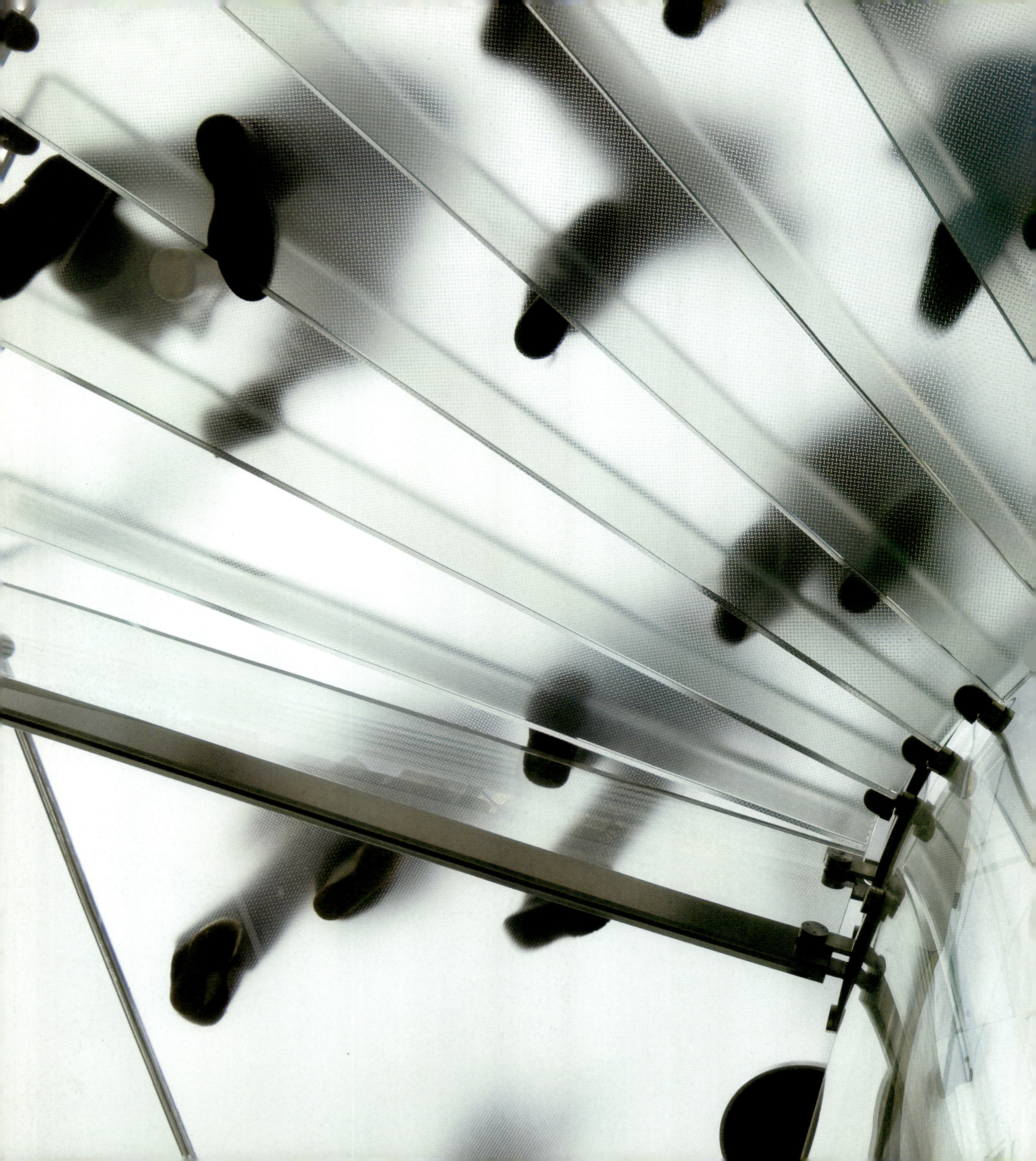

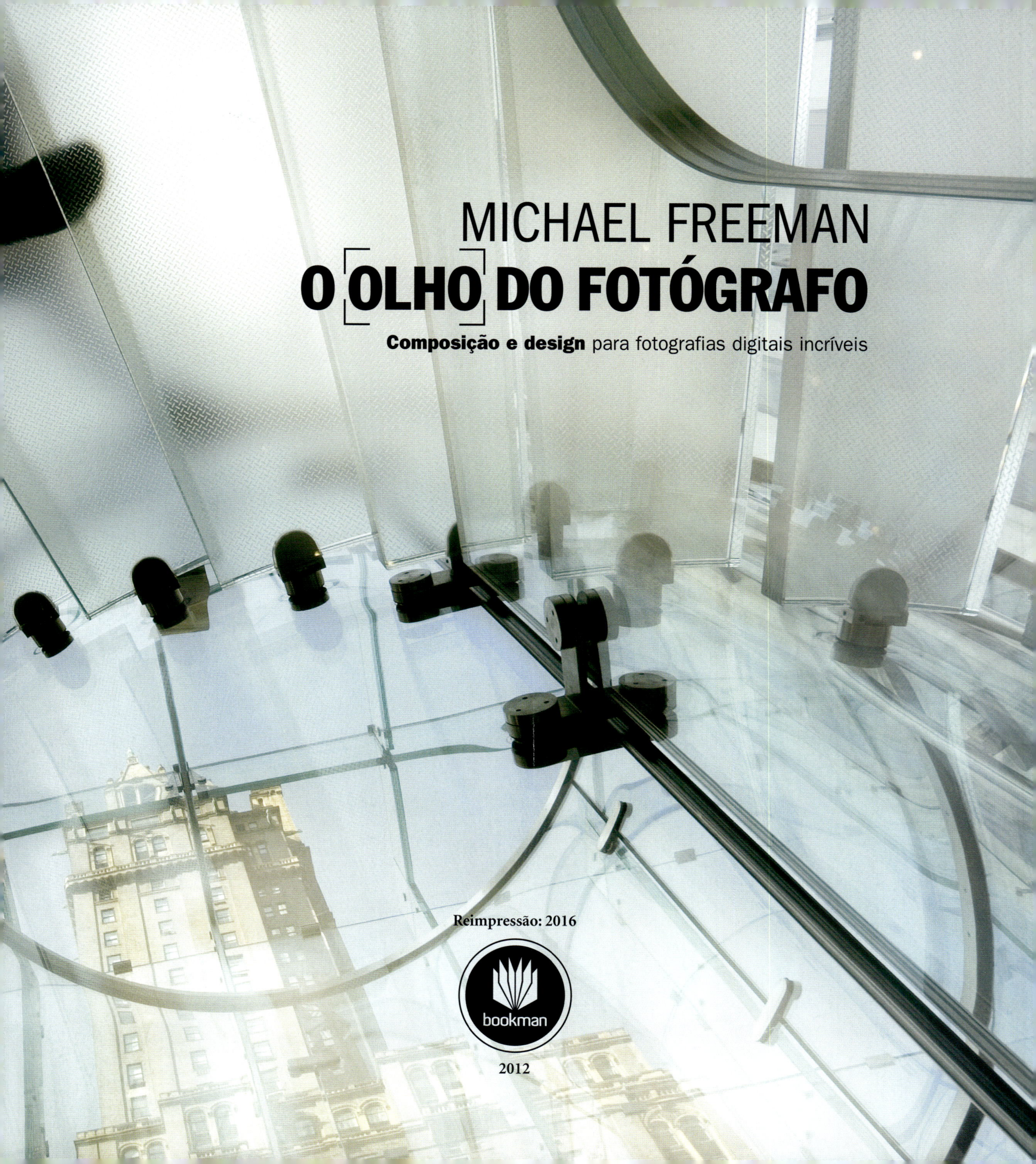

MICHAEL FREEMAN

O OLHO DO FOTÓGRAFO

Composição e design para fotografias digitais incríveis

Reimpressão: 2016

bookman

2012

Tradução:
Gustavo Razzera
Fotógrafo e Artista Gráfico
Bacharel em Filosofia pela UFRGS

Obra originalmente publicada sob o título
The Photographer´s Eye: Composition and Design for Better Digital Photos
ISBN 978-1905814-04-6 / 1905814-04-6

First published in the UK in 2007 by ILEX

Capa: *Rogério Grilho*, arte sobre capa original
Leitura final: *Igor Campos Dutra*
Gerente editorial – CESA: *Arysinha Jacques Affonso*
Editora responsável por esta obra: *Mariana Belloli Cunha*
Editoração eletrônica: *Techbooks*

F8550 Freeman, Michael.
O olho do fotógrafo : composição e design para fotografias digitais incríveis / Michael Freeman ; tradução: Gustavo Razzera. – Porto Alegre : Bookman, 2012.
192 p. : il. color. ; 23,7 x 25,5.

ISBN 978-85-407-0129-8

1. Fotografia. 2. Fotografia digital. I. Título.

CDU 77

Catalogação na publicação: Ana Paula M. Magnus – CRB 10/2052

BOOKMAN EDITORA LTDA., divisão do GRUPO A EDUCAÇÃO S.A.
Av. Jerônimo de Ornelas, 670 – Santana
90040-340 – Porto Alegre – RS
Fone: (51) 3027-7000 Fax: (51) 3027-7070

Unidade São Paulo
Av. Embaixador Macedo Soares, 10.735 – Pavilhão 5 – Cond.
Espace Center Vila Anastácio – 05095-035 – São Paulo – SP
Fone: (11) 3665-1100 Fax: (11) 3667-1333

SAC 0800 703-3444 – www.grupoa.com.br

IMPRESSO NA CHINA
PRINTED IN CHINA

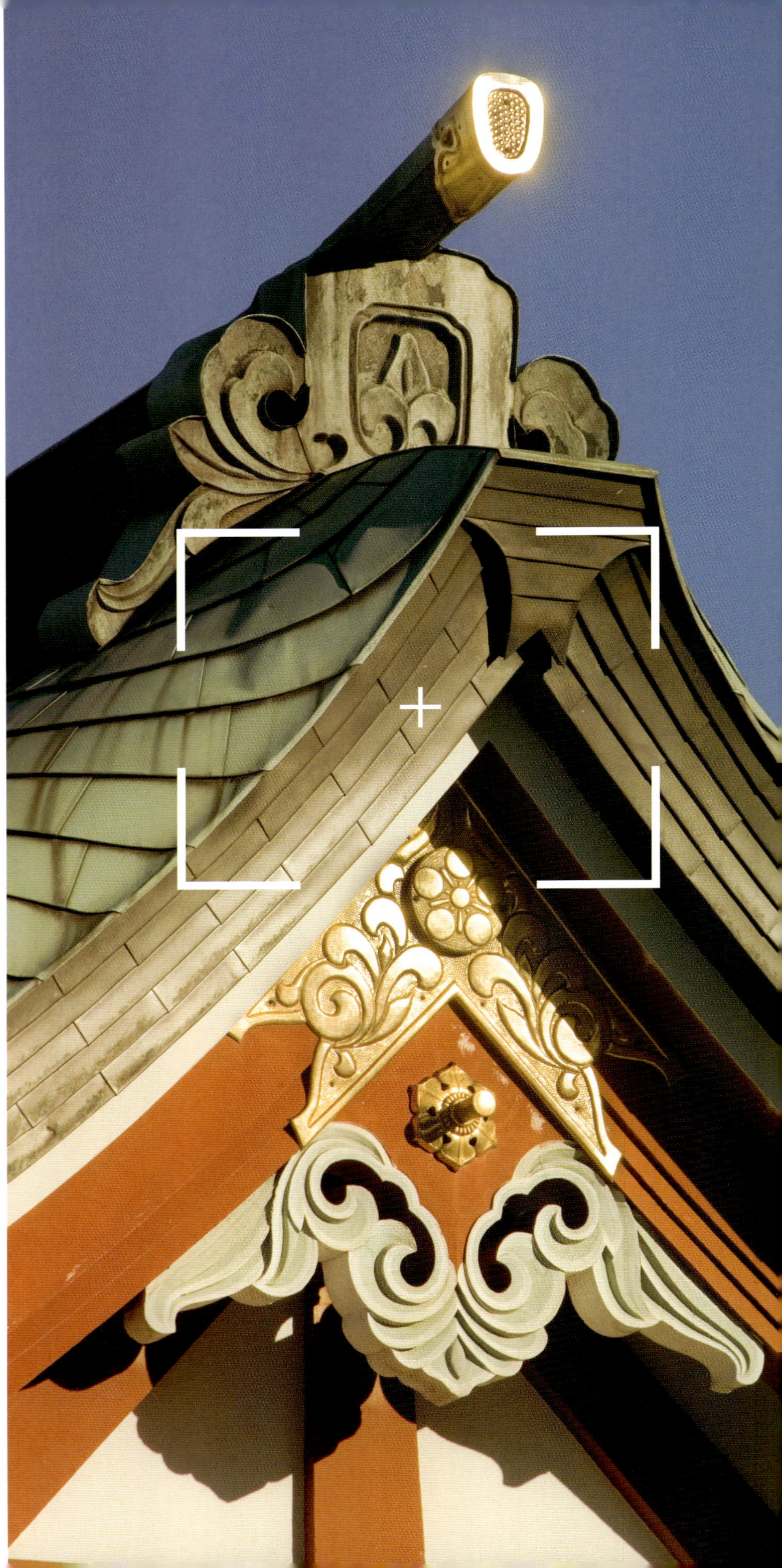

SUMÁRIO

INTRODUÇÃO

"...como você constrói uma imagem, em que consiste uma imagem, como as formas relacionam-se umas com as outras, como os espaços são preenchidos, como a coisa toda precisa ter uma espécie de unidade." PAUL STRAND

Filosóficos, líricos, às vezes obscuros, comentários assim sobre como as fotografias são feitas e sobre qual seu significado existem aos montes, vindos, principalmente, de não fotógrafos. Não que haja, de modo algum, algo de errado com a visão perspicaz de quem está de fora; de fato, o distanciamento desse tipo de objetividade traz novos e valiosos *insights*. Roland Barthes até mesmo sustenta que seu não conhecimento dos processos fotográficos ("Eu não poderia me juntar à trupe daqueles... que lidam com a Fotografia-segundo-o-Fotógrafo") é uma vantagem na investigação do assunto ("Resolvi começar minha investigação com não mais que umas poucas fotografias, as que eu estava certo de que existiam para mim. Nada a ver com um *corpus*...").

Este livro, contudo, pretende ser diferente. Pretende explorar o processo de tirar fotografias. Eu preferiria dizer que ele é a visão de um inteirado no assunto, ainda que isso cheire a prepotência, porque estou me valendo da experiência de fotógrafos, inclusive eu, no momento de fotografar. Há muitas coisas envolvidas no processo de efetuar uma exposição e que não são nada óbvias para alguém que esteja vendo o resultado posteriormente. Isso jamais vai impedir que críticos de arte e historiadores deem suas próprias interpretações, que podem ser extremamente interessantes, mas não necessariamente terão algo a ver com as circunstâncias e intenções do fotógrafo. O que vou tentar fazer aqui é mostrar como os fotógrafos compõem suas imagens, de acordo com suas intenções, ânimos e habilidades, e como as diversas técnicas de organização de uma imagem no visor podem ser melhoradas e compartilhadas.

Na fotografia, digital ou não, as decisões importantes são as que dizem respeito à imagem em si: as razões para capturá-la e a aparência que ela tem. É claro que a tecnologia é vital, mas o melhor que ela pode fazer é ajudar a realizar ideias e percepções. Os fotógrafos sempre tiveram um relacionamento complexo e mutante com seu equipamento. Em parte, há a fascinação com o novo, com apetrechos, com brinquedos novinhos em folha. Ao mesmo tempo, há, ao menos entre os que são razoavelmente autoconfiantes, uma crença de que sua habilidade inata sobrepuja a mera mecânica das câmeras. Nós precisamos do equipamento, porém, somos cautelosos, às vezes até despojados com ele.

Uma das coisas claramente necessárias à fotografia bem-sucedida é o equilíbrio adequado desse conflito. Mesmo assim, houve muito poucas tentativas no mercado editorial de tratar de modo abrangente a composição em fotografia, opostamente ao que já se fez com relação às questões técnicas. Este é um tema rico e exigente, muitas vezes trivializado, isso quando não é prontamente ignorado. A maioria das pessoas, quando usa uma câmera pela primeira vez, tenta dominar os controles, mas ignora as ideias. Elas fotografam intuitivamente, gostando ou desgostando do que veem, sem parar para pensar por que e enquadrando a imagem desse mesmo modo. Quem quer que o faça assim, e o faça bem, é um fotógrafo por natureza. Porém, saber antecipadamente por que algumas composições ou certas combinações de cores parecem funcionar melhor que outras, equipa melhor qualquer fotógrafo.

Uma das razões que fazem com que a fotografia intuitiva, em vez da fotografia informada, seja tão comum é o fato de o processo de tirar uma foto ser tão fácil e imediato. Qualquer que seja o nível de pensamento e planejamento empregado em uma fotografia, desde zero até uma quantidade considerável, a imagem é criada num instante, tão logo o botão disparador seja pressionado. Isso significa que uma foto pode sempre ser tirada casualmente e sem nenhum pensamento e, porque assim ela pode, normalmente assim ela é. Johannes Itten, o grande professor da Bauhaus na Alemanha nos anos 1920, falando sobre cor na arte, disse a seus alunos: "Se você, desconhecendo, pode criar obras-primas em cor, então o desconhecimento é o seu caminho. Mas se você é incapaz de criar obras-primas em cor a partir do seu desconhecimento, então você deve procurar conhecimento." Isso se aplica à arte em geral, inclusive à fotografia. No ato de fotografar, você pode se garantir com habilidade natural ou com um bom conhecimento dos princípios do design. Em outras artes gráficas, o design é ensinado como matéria curricular. Em fotografia, tem recebido menos atenção do que merece, e, aqui, começo a preencher um pouco desse vazio.

Um elemento relativamente novo é a rápida mudança da fotografia baseada em filme para a digital, e isso, pelo menos na minha opinião, tem o potencial de revitalizar o design. Como boa parte do fluxo de trabalho com a imagem entre o disparo até a impressão está, hoje, no computador nas mãos do fotógrafo, a maioria de nós, agora, passa muito mais tempo olhando e fazendo coisas com as imagens. Por si só, isso já demandaria mais estudo, mais análise das imagens e suas qualidades. Sobretudo, a pós-produção digital, com todos os seus ajustes possíveis de brilho, contraste e cor, reestabelece aos fotógrafos o controle sobre a imagem final que era inerente à fotografia preto e branco em filme, porém, extremamente difícil na fotografia em cores. Esse controle tão abrangente, inevitavelmente, afeta a composição, e o simples fato de tanta coisa poder ser feita com uma imagem em pós-produção aumenta a necessidade de considerar a imagem e suas possibilidades com ainda mais cuidado.

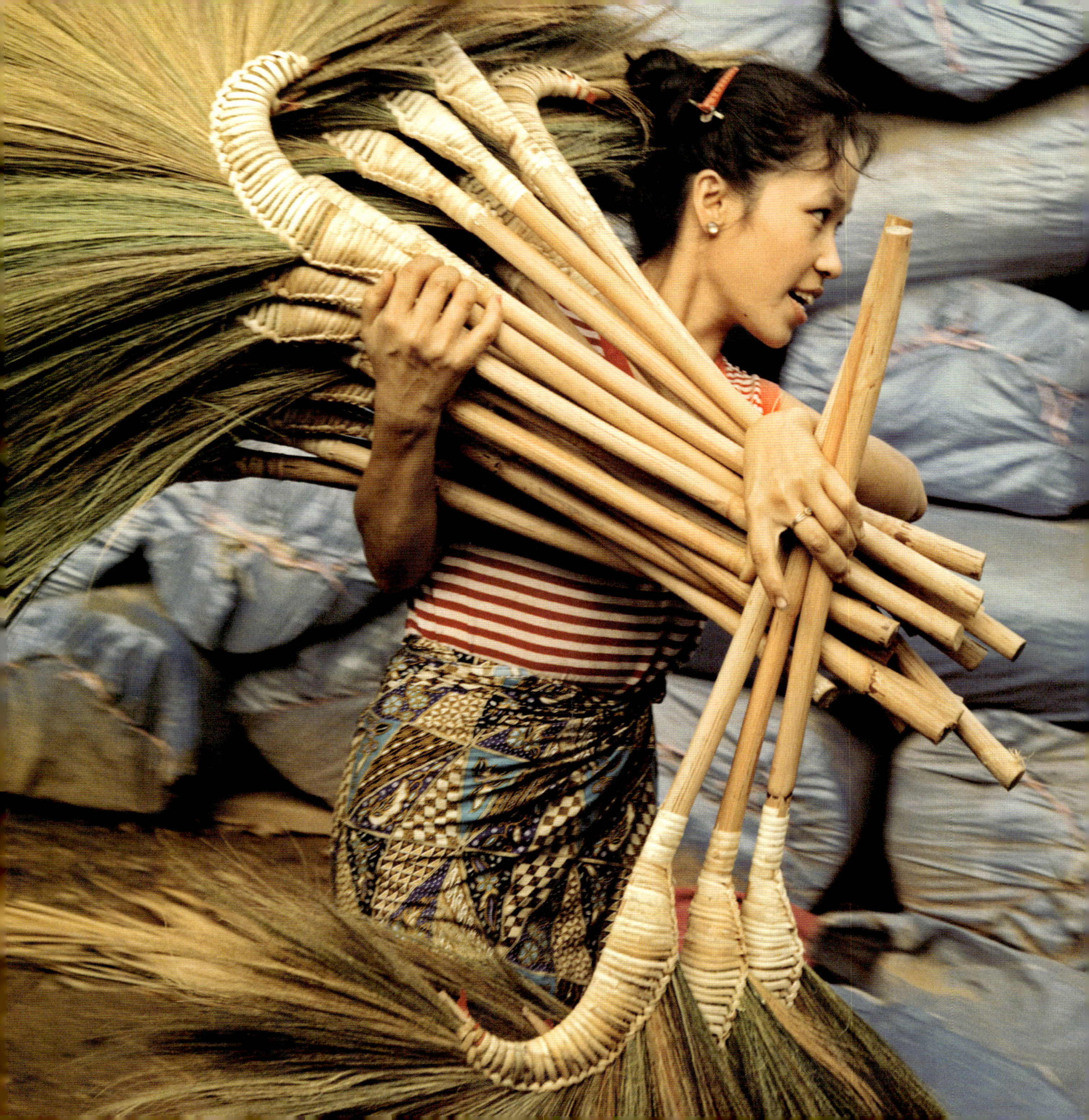

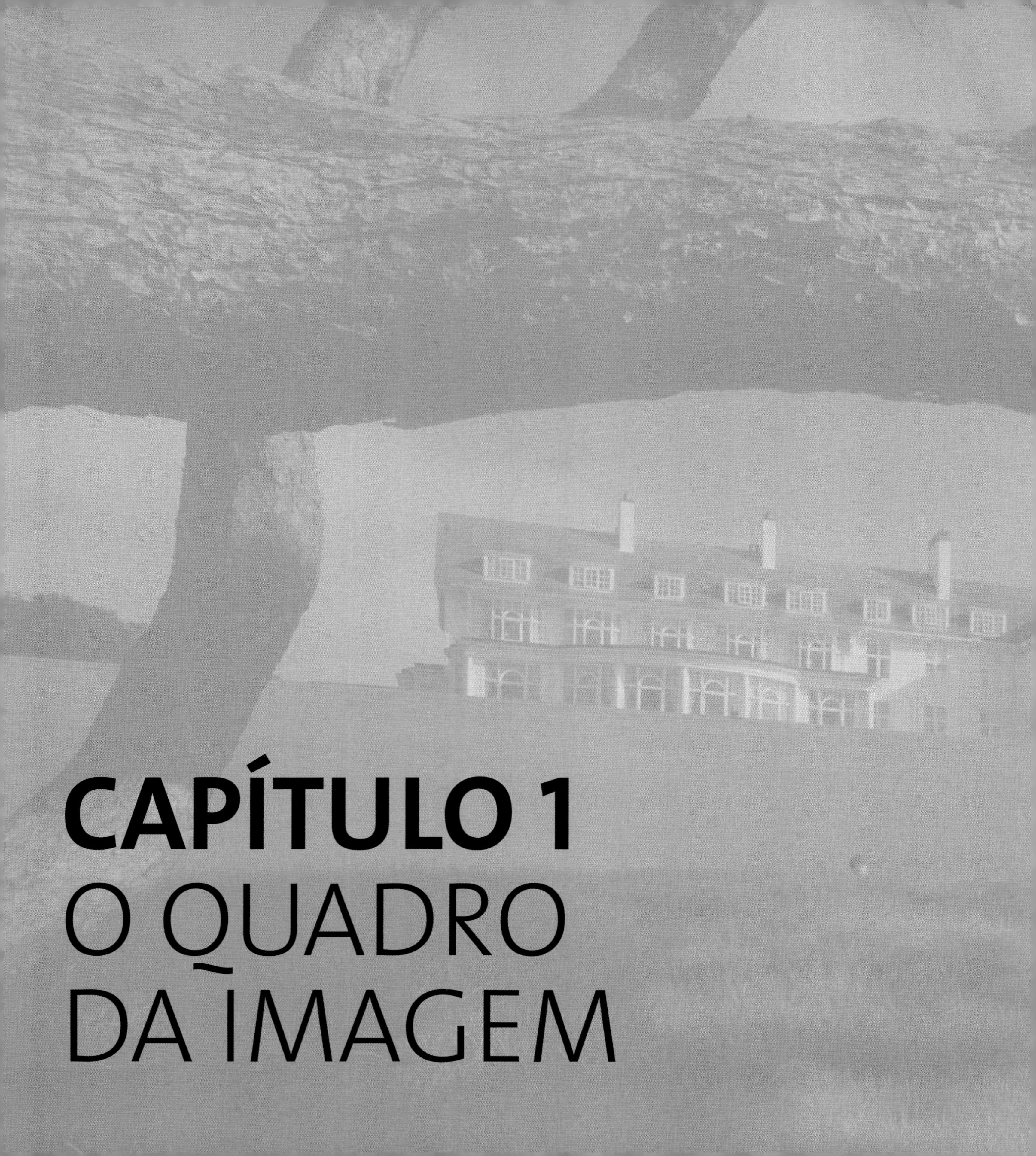

CAPÍTULO 1
O QUADRO DA IMAGEM

As fotografias são criadas dentro de um contexto espacial, e esse contexto é o quadro do visor ocular. Ele pode ser mantido inalterado até a imagem final, seja ela impressa ou na tela, ou pode ser recortado ou estendido. Em qualquer caso, as bordas da imagem, quase sempre um retângulo, exercem forte influência sobre o que está dentro delas.

Há uma importante diferença, contudo, entre compor uma fotografia no quadro já como ela deveria ser e compor planejando antecipadamente um corte ou extensão do quadro. Boa parte da fotografia em filme 35mm tem se preocupado com composições muito justas, finais, feitas no momento do disparo; por vezes, isso levou a uma cultura de demonstração do fato pela exibição das bordas pretas do quadro do filme na cópia final em papel – como quem diz "não meti a mão" depois que o obturador disparou. O filme de formato quadrado, como veremos nas páginas 12-17, é menos suscetível a uma composição confortável e, geralmente, é usado tendo em vista corte posterior. Filmes de grande formato, tais como o 4 × 5 pol. e o 8 × 10 pol., são grandes o bastante para que corte seja feito sem muita perda de resolução na imagem final e também costumam ser cortadas, particularmente em trabalhos comerciais. Já a fotografia digital acrescenta seu próprio toque a isso tudo, com a técnica de costura de imagens sendo cada vez mais usada em panoramas e imagens superdimensionadas (ver páginas 18-19).

Nessa fotografia tradicional, que tem em vista a composição final no momento do disparo, o quadro desempenha um papel dinâmico, talvez até mais do que na pintura. A razão é que, enquanto uma pintura é feita a partir do nada, originada da percepção e imaginação, o processo da fotografia é o de seleção de cenas e eventos reais. Fotografias em potencial existem em sua totalidade dentro do quadro a cada vez que o fotógrafo ergue a câmera e olha através do visor. De fato, em fotografias muito ativas, rápidas, como na fotografia de rua, o quadro é o palco onde a imagem evolui. Quando você se move por uma cena com a câmera junto ao olho, as bordas do quadro assumem uma importância considerável à medida que objetos entram em quadro e, imediatamente, interagem com elas. O último capítulo deste livro, Processo, trata do gerenciamento dessa interação em constante mudança entre o que se vê e as bordas do quadro. É complexo, mesmo quando tratado intuitivamente. Se o assunto é estático, como uma paisagem, é fácil despender tempo suficiente para estudar e avaliar o quadro. Com assuntos ativos, porém, não há esse tempo de carência. Normalmente, é preciso tomar decisões quanto à composição, sejam quais forem, em menos tempo do que é preciso para que sejam reconhecidas como tais.

A facilidade no uso desse quadro depende de duas coisas: conhecimento dos princípios do design e experiência que vem da prática regular de tirar fotografias. As duas combinam-se para formar o modo como o fotógrafo vê as coisas, um tipo de visão que enquadra, que avalia cenas da vida real enquanto imagens em potencial. Os elementos que contribuem para essa visão que enquadra é o assunto da primeira seção deste livro.

DINÂMICA DO QUADRO

O local onde a imagem se apresenta é o quadro da foto. Em fotografia, o formato desse quadro é fixo no momento do disparo, ainda que seja sempre possível ajustar posteriormente esse formato à foto que você tirou. Apesar disso, sejam quais forem as oportunidades de alteração que surjam no futuro (ver páginas 168-171), não subestime a influência que o visor exerce sobre a composição. A maioria das câmeras apresenta uma visão do mundo em forma de um retângulo brilhante rodeado por uma escuridão, e a presença do quadro é geralmente sentida de modo muito forte. Ainda que a experiência possa ajudar a ignorar as dimensões do quadro do visor para que se fotografe pensando em um formato diferente, a intuição vai agir contrária a isso, encorajando você a criar um design satisfatório já no momento do disparo.

A área de imagem mais comum é a que é mostrada no topo desta página: a de um quadro horizontal na proporção de 3:2. Profissionalmente, este é o formato de câmera mais usado, e mantê-lo na horizontal é o método mais fácil. Enquanto quadro vazio, ele tem certas influências dinâmicas, como mostra o diagrama, ainda que essas tendam a ser sentidas apenas em imagens muito mínima e delicadamente tonalizadas. Na maioria das vezes, a dinâmica das linhas, formas e cores na fotografia dominam completamente.

Dependendo do assunto e do tratamento que o fotógrafo escolhe, as bordas do quadro podem ter influência forte ou fraca sobre a imagem. Em todos os exemplos apresentados aqui, as bordas horizontais e verticais, e os cantos, contribuem fortemente no design das fotografias. Esses elementos foram usados como referências para as linhas diagonais internas às fotos, e os ângulos assim criados são propriedades importantes.

O que essas fotografias demonstram é que pode-se fazer o quadro interagir fortemente com as linhas da imagem, mas que isso depende da intenção do fotógrafo. Se você decide fotografar mais de perto, fazendo mais o estilo foto instantânea e casual, o quadro não vai parecer tão importante. Compare as imagens estruturais nestas duas páginas com uma foto composta menos formalmente, tirada em uma rua de Calcutá, que está na página 165.

➤ O QUADRO VAZIO
Só a existência de um simples quadro retangular já induz uma reação no olho. Este é um esquema de como o olho pode reagir (há muitos, é claro). Começa pelo meio, é conduzido para cima indo para a esquerda, depois de volta para baixo, à direita, enquanto em dado momento – seja com a visão periférica ou com rápidos desvios do olhar – registra os cantos "agudos".

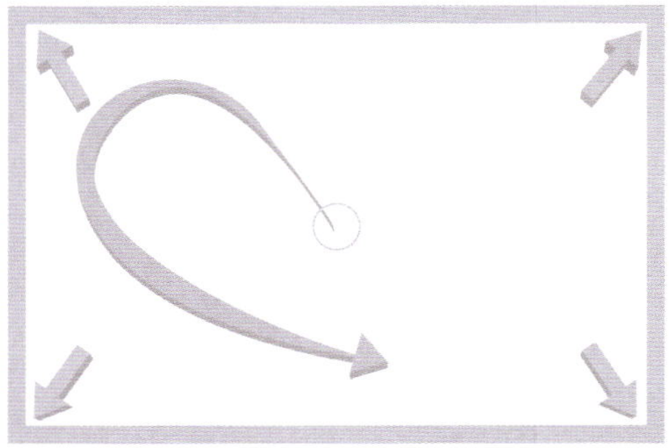

➤ ALINHAMENTO
Um artifício simples para criar uma imagem que tenha linhas proeminentes é o de alinhar uma ou duas delas com o quadro. No caso deste prédio de escritórios, o alinhamento das extremidades superiores evita que duas áreas de céu localizadas nos cantos fiquem desconectadas. Alinhamentos como este enfatizam a geometria de uma imagem.

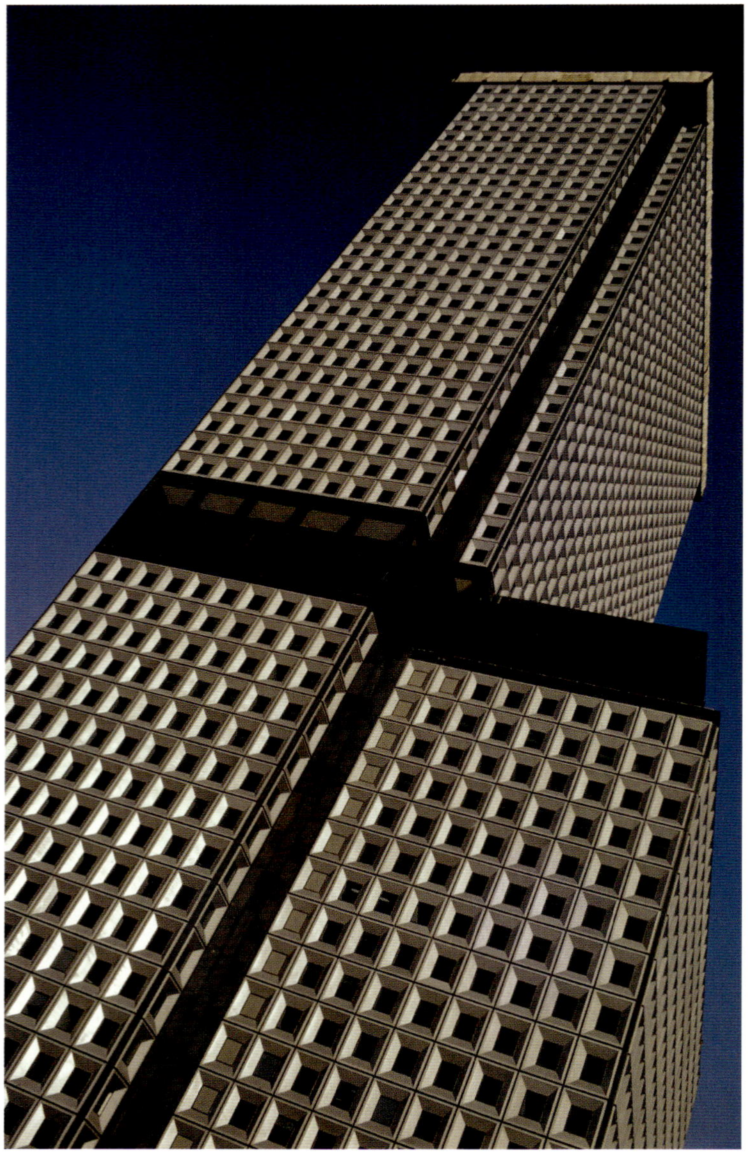

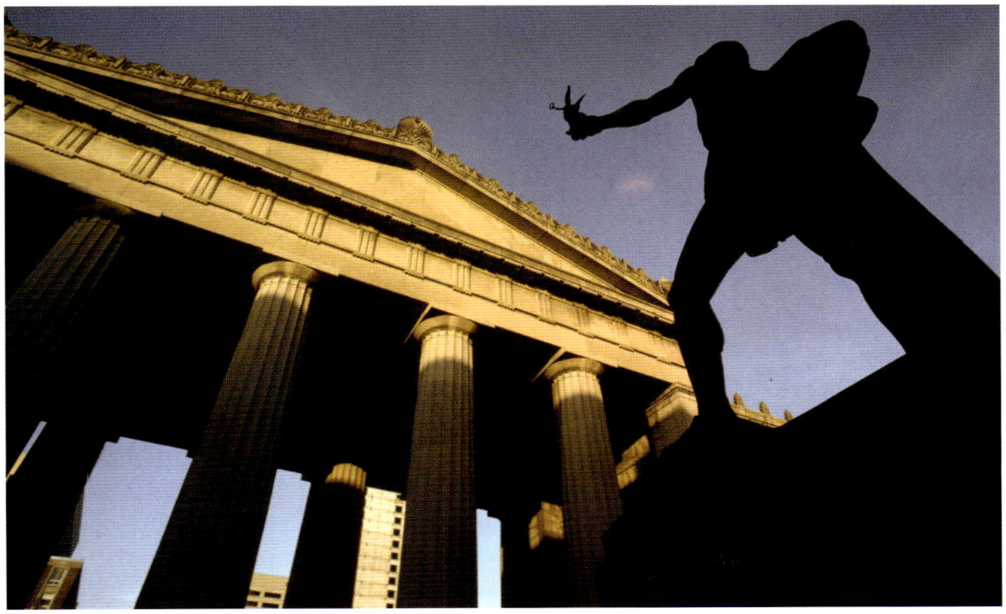

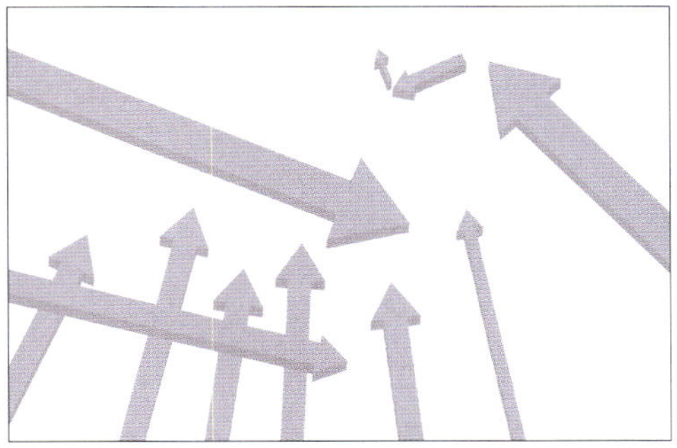

◄▲ TENSÃO DIAGONAL
O movimento dinâmico nesta fotografia grande-angular vem da interação das diagonais com o quadro retangular. Ainda que as linhas diagonais tenham movimento e direção independentes, é o padrão de referência dado pelo quadro que permite que elas criem tensão nesta figura.

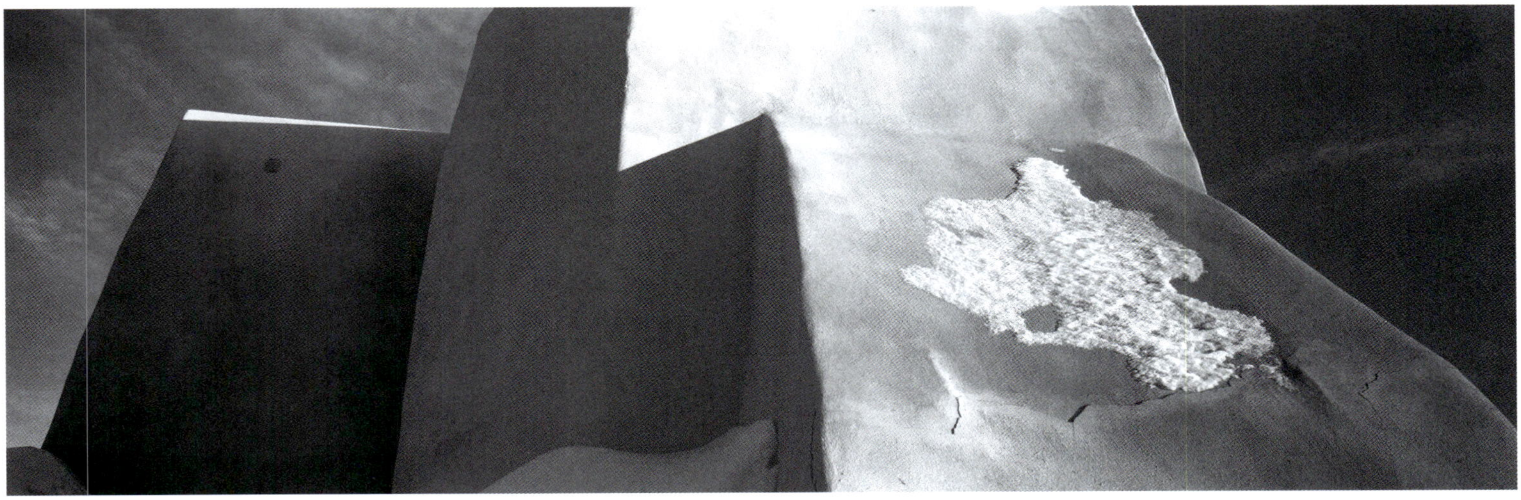

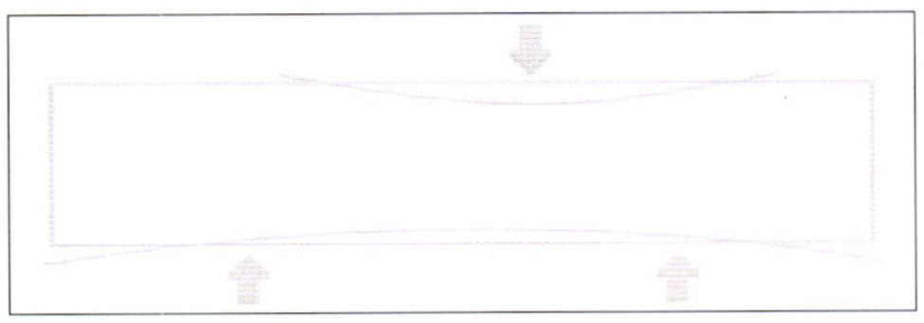

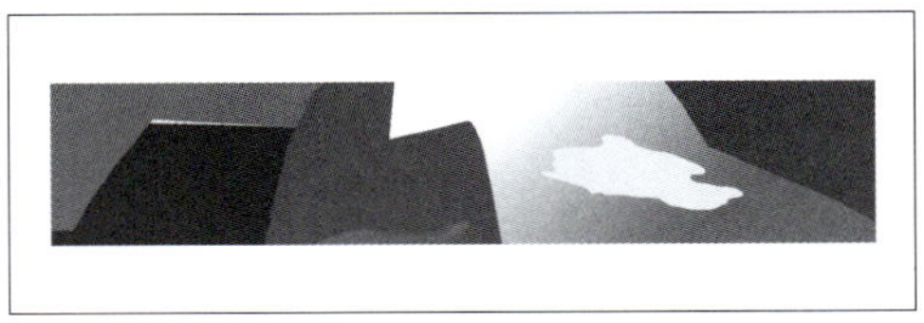

◄▲ INTERSECTANDO PARA ABSTRAIR
Quebrando as regras usuais, aqui é usado um quadro panorâmico para exagerar um tratamento abstrato dado aos fundos de uma igreja de adobe no Novo México. Em uma abordagem convencional, mostraríamos o topo dessa construção e logo abaixo o contraforte que a sustenta indo até o chão. O assunto aqui, contudo, não é uma versão literal da igreja, mas a geometria e texturas de seus planos incomuns. Apertar a imagem em cima e embaixo tira um pouco do realismo e leva o olho a considerar a estrutura fora de contexto.

FORMATO DO QUADRO

O formato do quadro do visor ocular (e tela de LCD) tem uma enorme influência na forma que a imagem assume. Apesar da facilidade de recortá-la posteriormente, há uma forte pressão intuitiva no momento do disparo para que a composição seja feita em função das fronteiras do quadro. Na verdade, são necessários anos de experiência para que se possa ignorar essas partes de uma imagem que não estão sendo usadas, e alguns fotógrafos nunca chegam a se acostumar com isso.

Boa parte das fotografias produzidas são compostas segundo uns poucos formatos rigidamente definidos (razões de aspecto), diferentemente do que acontece com outras artes gráficas. Antes da fotografia digital, o formato mais comum era, de longe, o 3:2 – formato da câmera 35mm padrão, medindo 36 × 24mm –, mas, agora que as dimensões físicas do filme não são mais uma limitação, a maioria das câmeras destinadas aos segmentos inferiores e intermediários do mercado adotaram o formato 4:3, menos alongado e mais "natural", que ajusta-se com maior comodidade aos formatos de papéis para impressão e também aos monitores. A questão sobre quais razões de aspecto percebemos como as mais confortáveis é um estudo por si só, mas, em princípio, parece haver uma inclinação a imagens mais alongadas quando compostas horizontalmente (a crescente popularidade dos formatos de televisão *wide-screen* e *letterbox*), porém menos alongadas quando compostas verticalmente.

O QUADRO 3:2

Este é o clássico quadro de 35mm, que foi transferido tal qual para as SLRs digitais e, em meio a esse processo, acabou criando um tipo de distinção de classes entre fotógrafos, pondo de um lado profissionais e amadores avançados e, de outro, todos os demais. A razão para essas proporções é um caso de acidente histórico: não há qualquer forte razão estética que justifique que deva ser assim. De fato, proporções menos alongadas seriam mais "naturais", como fica evidente pela maioria das formas em que se apresentam as imagens – telas de pintura, monitores de computador, papel fotográfico para impressão, formatos de livros e revistas e outros. Parte da razão histórica deve-se ao filme 35mm ter sido, por muito tempo, considerado pequeno demais para boas ampliações e sua forma alongada oferecia maior área. Apesar disso, sua popularidade demonstra como nosso sentido de composição intuitiva se adapta com facilidade.

Em sua imensa maioria, esse formato é empregado na horizontal e há três motivos para isso. O primeiro é puramente ergonômico. É difícil projetar uma câmera para ser usada ao nível dos olhos que seja tão fácil de ser usada na vertical quanto na horizontal, e poucos fabricantes chegaram a sequer se preocupar com isso. As câmeras SLR são feitas para serem usadas em fotos horizontais. Virá-las de lado, simplesmente, não é tão confortável, e a maioria dos fotógrafos tende a evitar isso. O segundo motivo é mais fundamental. Por nossa visão ser binocular, isso significa que vemos horizontalmente. Não existe um quadro como esse, já que a visão humana envolve o prestar atenção a detalhes localizados e o rápido vasculhar da cena, em vez da apreensão imediata e com detalhes de toda a cena de uma só vez. Nossa visão natural do mundo tem a forma oval horizontal, de bordas vagamente definidas, e um quadro horizontal padrão de filme está bem próximo disso. O último motivo é que a proporção 3:2, geralmente, é perceptualmente muito alongada para funcionar confortavelmente nas composições para retratos.

O resultado, no final das contas, é que o quadro horizontal é natural e não chama atenção. Ele influencia a composição de uma imagem, mas não de modo invasivo, chamativo. Conforma-se ao horizonte, e, portanto, à maioria das paisagens e cenas gerais. O componente horizontal do quadro estimula, muito naturalmente, um arranjo horizontal dos elementos. Até certo ponto, é mais natural situar uma imagem mais abaixo dentro do quadro do que mais acima – isso tende a aumentar a sensação de estabilidade –, mas, em qualquer fotografia, pode-se esperar que haja muitas outras influências. Situar o assunto ou o horizonte em uma posição alta no quadro resulta em uma visão levemente descendente, uma sensação de cabeça baixa, que pode ter sutis associações negativas.

No caso de assuntos naturalmente verticais, o alongamento de um quadro 2:3 é uma vantagem, e a figura humana, em pé, é o assunto vertical mais comumente encontrado – uma feliz coincidência, já que, em respeito a quase tudo mais, as proporções de 2:3 raramente satisfazem por completo.

▾ VISÃO HUMANA
Nossa visão natural do mundo é binocular e horizontal, portanto, um formato de foto horizontal parece completamente normal. As bordas da visão parecem vagas porque nossos olhos focam com detalhe apenas em um pequeno ângulo e a imagem circundante é progressivamente indistinta. Repare, porém, que isso não é o embasamento convencional, já que as bordas podem ser detectadas com a visão periférica. Os limites daquilo que é visto, mostrados aqui em cinza, normalmente também não são percebidos, são simplesmente ignorados.

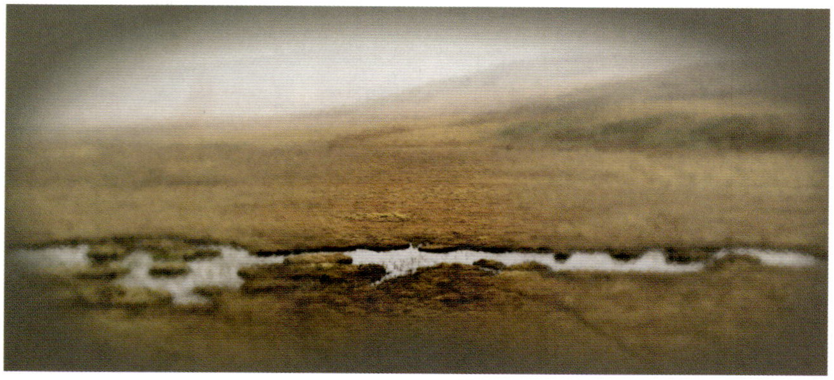

RAZÃO DE ASPECTO
Razão de aspecto (aspect ratio) é a proporção entre a largura e a altura de uma imagem ou de um visor. Aqui, por questões de padronização, consideramos que a largura é mais longa, exceto quando nos referirmos a uma imagem vertical em particular. Portanto, o quadro padrão de uma SLR é 3:2, mas, quando composto verticalmente, é 2:3.

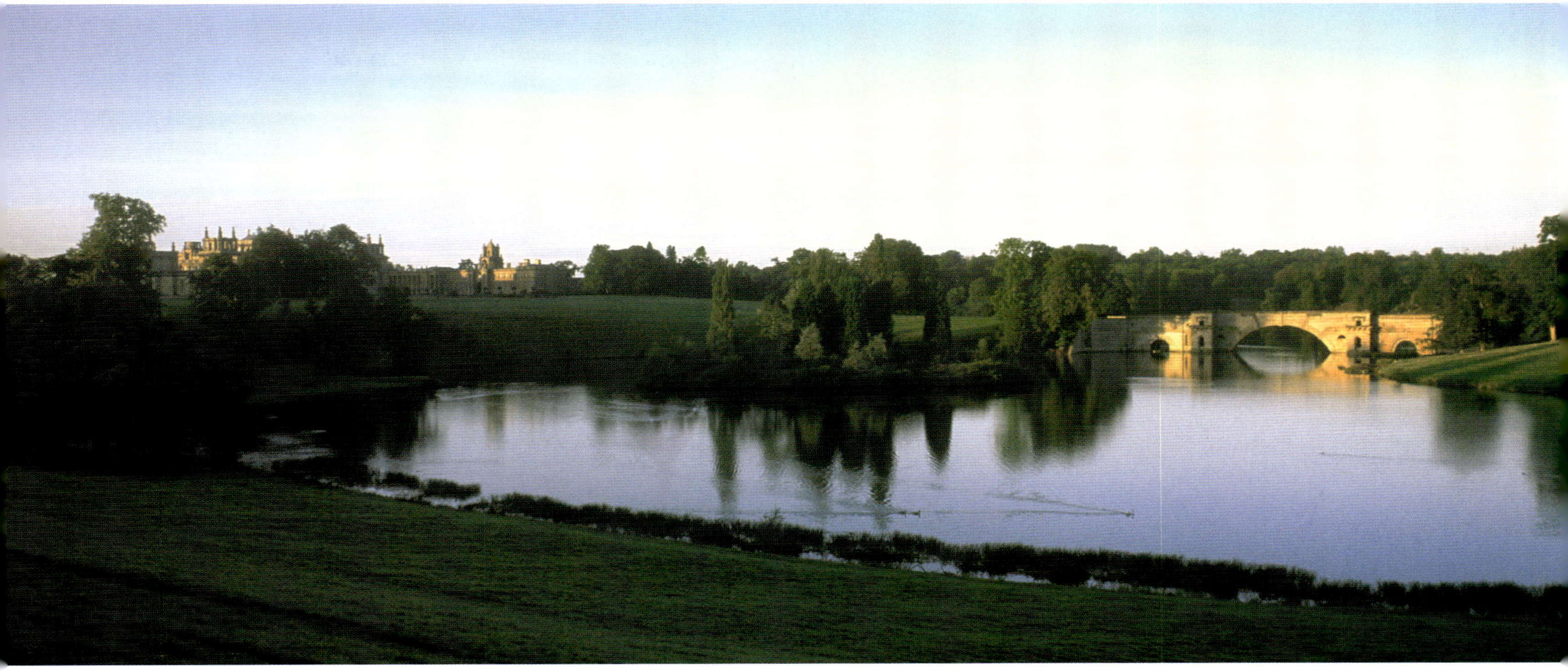

▲ PANORAMA
A correspondência entre a linha do horizonte e o formato tornam o quadro horizontal natural à maioria das cenas longas, panorâmicas. Esta é a primeira visão que os visitantes têm do Palácio Blenheim, em Oxford, e de seus jardins planejados batizados no tempo de sua construção de "a mais bela vista em toda Inglaterra". O comprimento é necessário a esta cena controlada, mas não a profundidade.

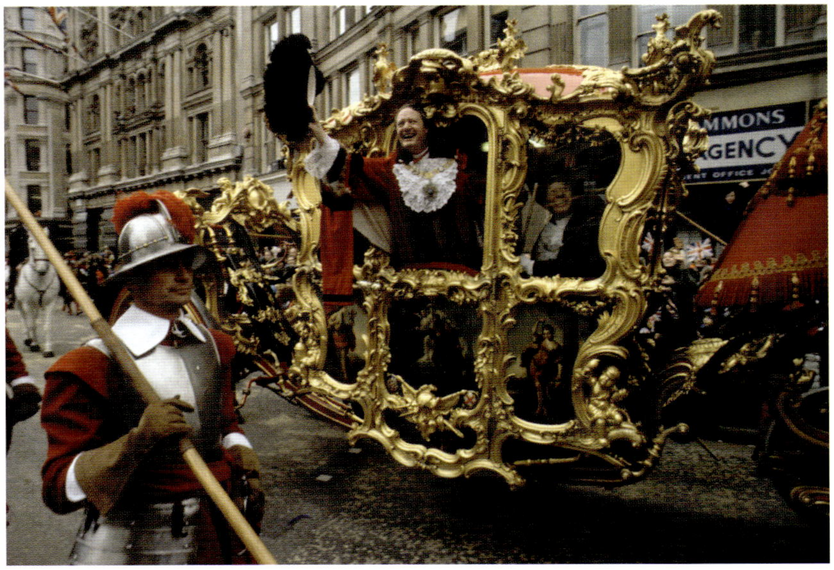

◄▲ O QUADRO 3:2 PADRÃO
Seu comprimento extra, quando comparado ao quadro 4:3 das câmeras amadoras e da maioria dos monitores de computador, faz desta uma proporção interessante de se trabalhar. Há sempre uma sensação de horizontalidade. Nesta fotografia da procissão do Senhor Prefeito na cidade de Londres, a estrutura básica depende de um equilíbrio entre o soldado à esquerda, em primeiro plano, e a carruagem ornamentada logo atrás, com vetor claramente da esquerda para a direita e uma nítida sensação de profundidade.

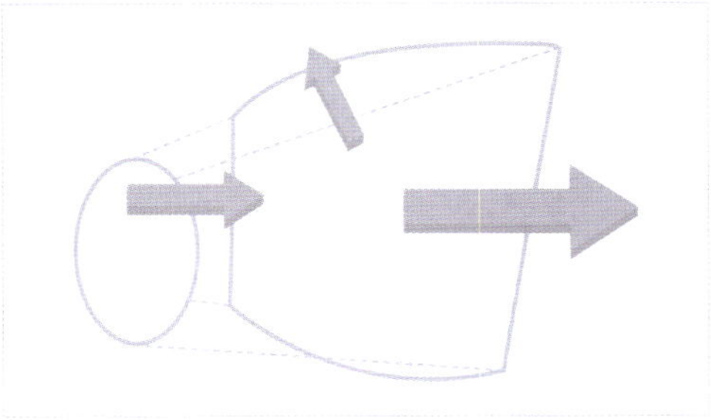

QUADROS 4:3 E SIMILARES

Tradicionalmente, e mais uma vez em relação à fotografia digital e à apresentação em tela, esses quadros mais "gordos" são os formatos de imagem mais "naturais". Em outras palavras, são os menos invasivos e os que mais acomodam o olho. No tempo em que havia uma grande variedade de filmes de grande formato, os formatos incluíam o 4 × 5 pol., 10 × 8 pol., 14 × 11 pol. e 8½ × 6½ pol. As escolhas agora são reduzidas, mas as proporções funcionam todas da mesma forma, seja para os formatos de filmes em rolo, backs digitais e câmeras digitais de baixo custo.

Em termos de composição, a dinâmica de quadro impõe menos à imagem porque a presença de uma direção dominante é menor que em um 3:2. Ao mesmo tempo, é importante que haja uma distinção entre altura e largura para ajudar o olho a se aquietar na imagem, com o entendimento de que ela é horizontal ou vertical. Compare isso com as dificuldades de um formato quadrado, que, muitas vezes, sofre de falta de direção. Como é salientado ao lado, essas proporções são muito confortáveis para a maioria das imagens compostas verticalmente.

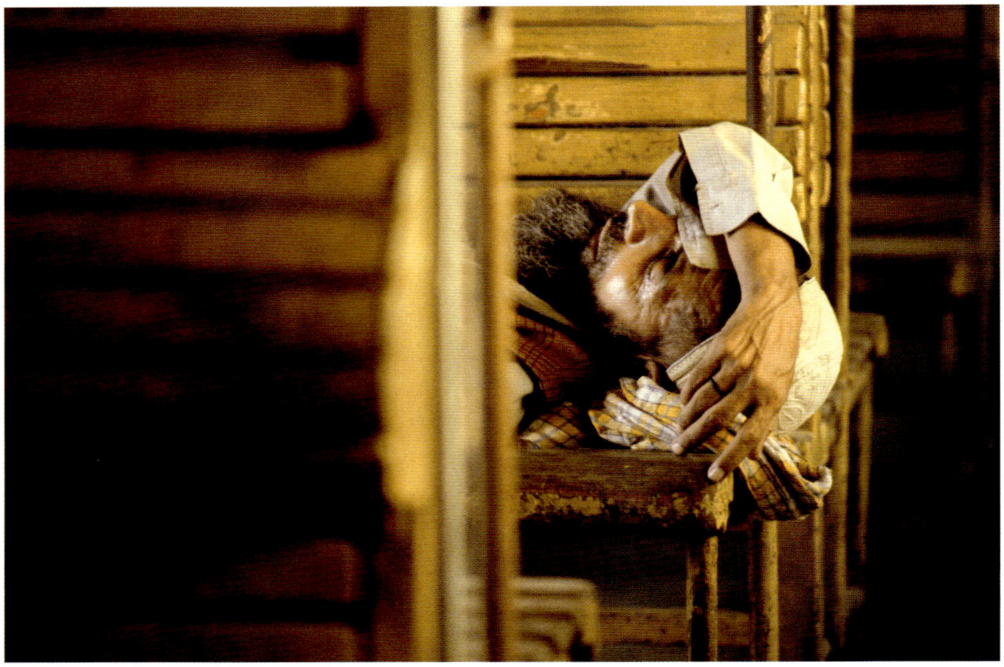

▲► MUDANDO A ORIENTAÇÃO
Nestas fotografias de um homem dormindo na ferrovia de Khyber, o equilíbrio natural ocorre quando sua cabeça é situada ligeiramente abaixo na tomada vertical e quando posta para o lado na horizontal.

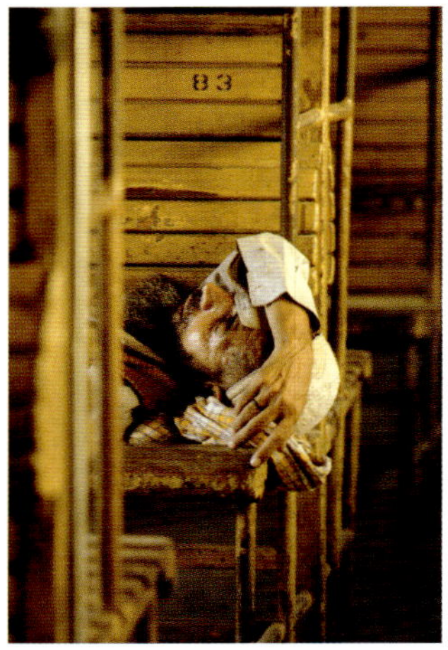

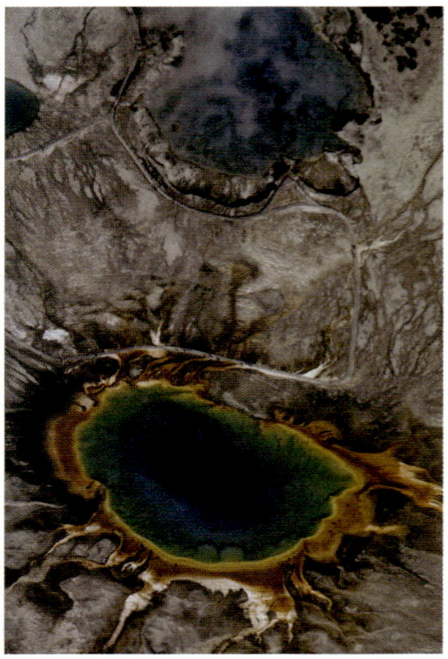

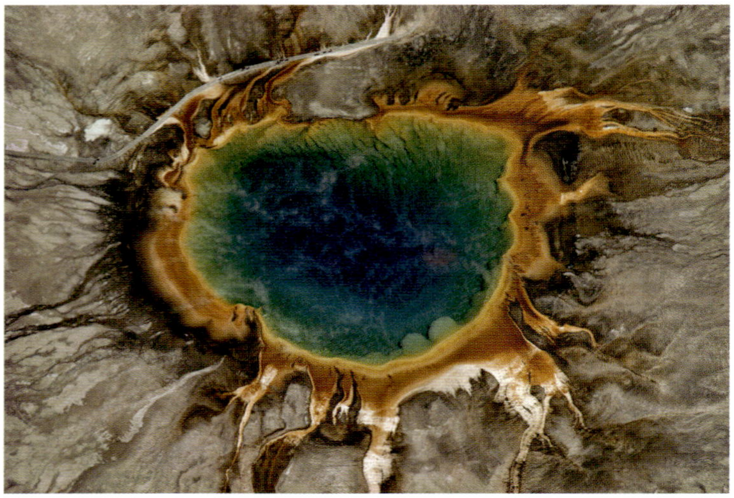

◄ MUDANDO A ORIENTAÇÃO 2
Vista verticalmente do ar, a multicolorida Grande Fonte Prismática no Parque Nacional de Yellowstone acomoda-se naturalmente em um quadro horizontal. Entretanto, um enquadramento vertical também foi necessário para o caso de ser preciso fazer uso em página inteira. Mudar para a vertical implicou em situar o assunto mais abaixo no quadro e em encontrar outro elemento (outra fonte) para preencher o vazio acima.

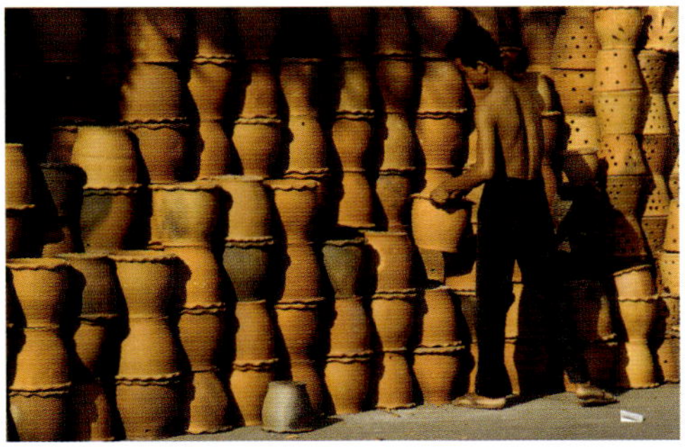

▲ ASSUNTOS VERTICAIS EM QUADROS HORIZONTAIS

Ainda que este formato não seja muito apropriado para assuntos verticais como figuras em pé e edifícios altos, a inércia frequentemente estimula os fotógrafos a fazê-lo funcionar tão bem quanto possível. Uma técnica é descentralizar o assunto como foi feito aqui, de modo a persuadir o olho a mover-se horizontalmente, ao longo do quadro.

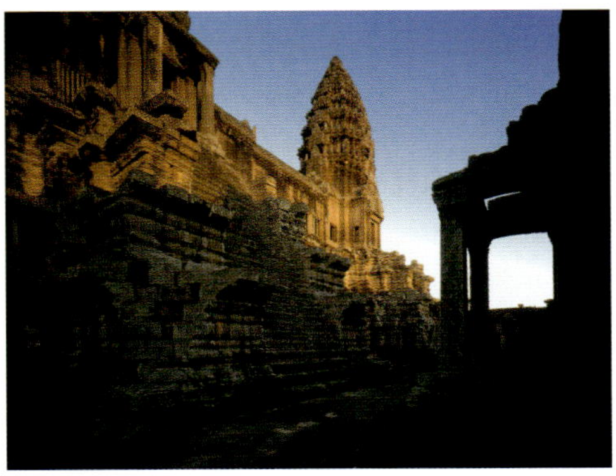

▲ UM QUADRO NÃO INVASIVO

4:3, 5:4 e outros formatos similares de quadro, mais "gordos", tendem a dominar menos a composição que o 3:2 ou os panorâmicos. Costuma haver maior flexibilidade no momento de fotografar. De fato, esta horizontal de Angkor Wat, no Camboja, acabou sendo cortada nos lados e usada na capa de um livro.

FOTOGRAFANDO VERTICALMENTE

Como foi explicado, há uma leve resistência natural a fotografar verticalmente, ainda que as mídias impressas favoreçam essa orientação por causa do formato normal de revistas e livros (por esse motivo, fotógrafos profissionais costumam se esforçar para fotografar verticalmente tão bem quanto horizontalmente por conta dos pedidos dos clientes). A naturalidade da visão horizontal reforça o desejo do olho de vasculhar indo de lado a lado e, do mesmo modo, reforça sua relutância em vasculhar subindo e descendo.

Se o assunto não é também alongado, a maioria das pessoas tende a situá-lo abaixo do centro do quadro e, quanto mais alongado o formato, mais para baixo, proporcionalmente, vai o objeto. A tendência natural, no caso de um único assunto dominante, é de levar o foco de atenção para baixo, demonstrando haver uma inclinação a evitar a parte superior de um quadro vertical. Uma explicação para isso é que, assim como no caso dos quadros horizontais, há a suposição de que a parte baixa da figura seja uma base: uma superfície plana na qual outras coisas podem descansar. Isso funciona sem maiores surpresas com proporções de 3:4, já as proporções de 2:3 de uma SLR digital são um tanto mais extremas, frequentemente deixando a parte superior da imagem subutilizada.

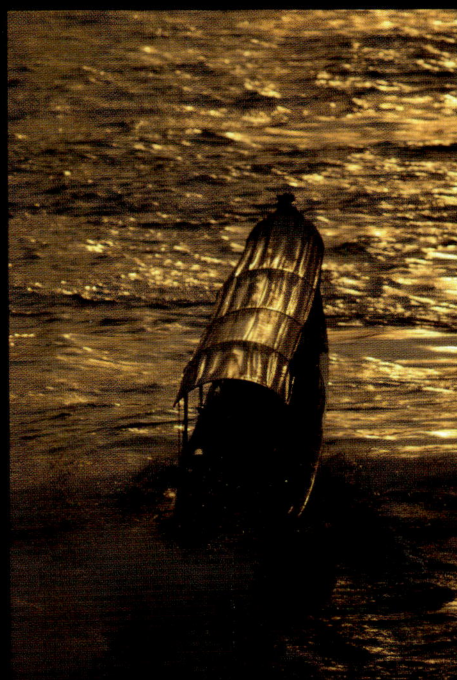

▲ ENQUADRAMENTO INFERIOR

O olho é naturalmente relutante em percorrer uma imagem subindo e descendo, e a borda inferior do quadro representa uma base; por isso a gravidade afeta a composição vertical. Os assuntos tendem a ser situados abaixo do centro, ainda mais com formatos altos, como nesta foto de um barco em um rio de Bangkok (a direção do movimento também sugere um posicionamento inferior).

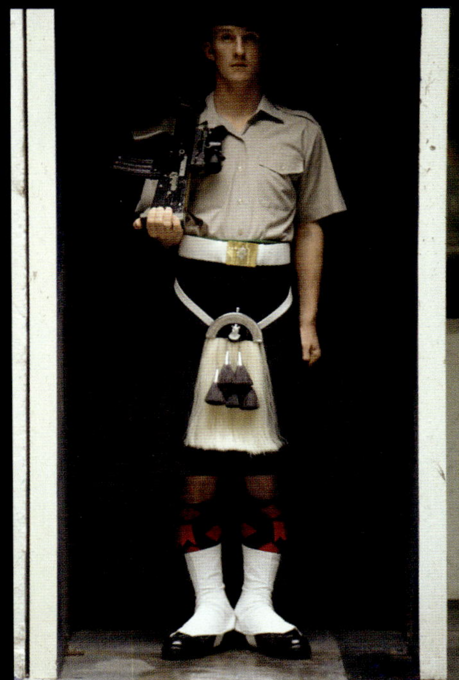

▲ FIGURA EM PÉ

A figura humana em pé é uma de muitas classes de assuntos adequados ao formato vertical. Outros incluem prédios altos, árvores, várias plantas, garrafas, copos, portais e arcadas.

➤ PADRÕES SEM TENDÊNCIA
Padrões, assim como outros arranjos sem forma, ajustam-se bem a um formato quadrado porque o quadro não tem ênfase direcional. Sob tais circunstâncias, ele não se intromete na imagem.

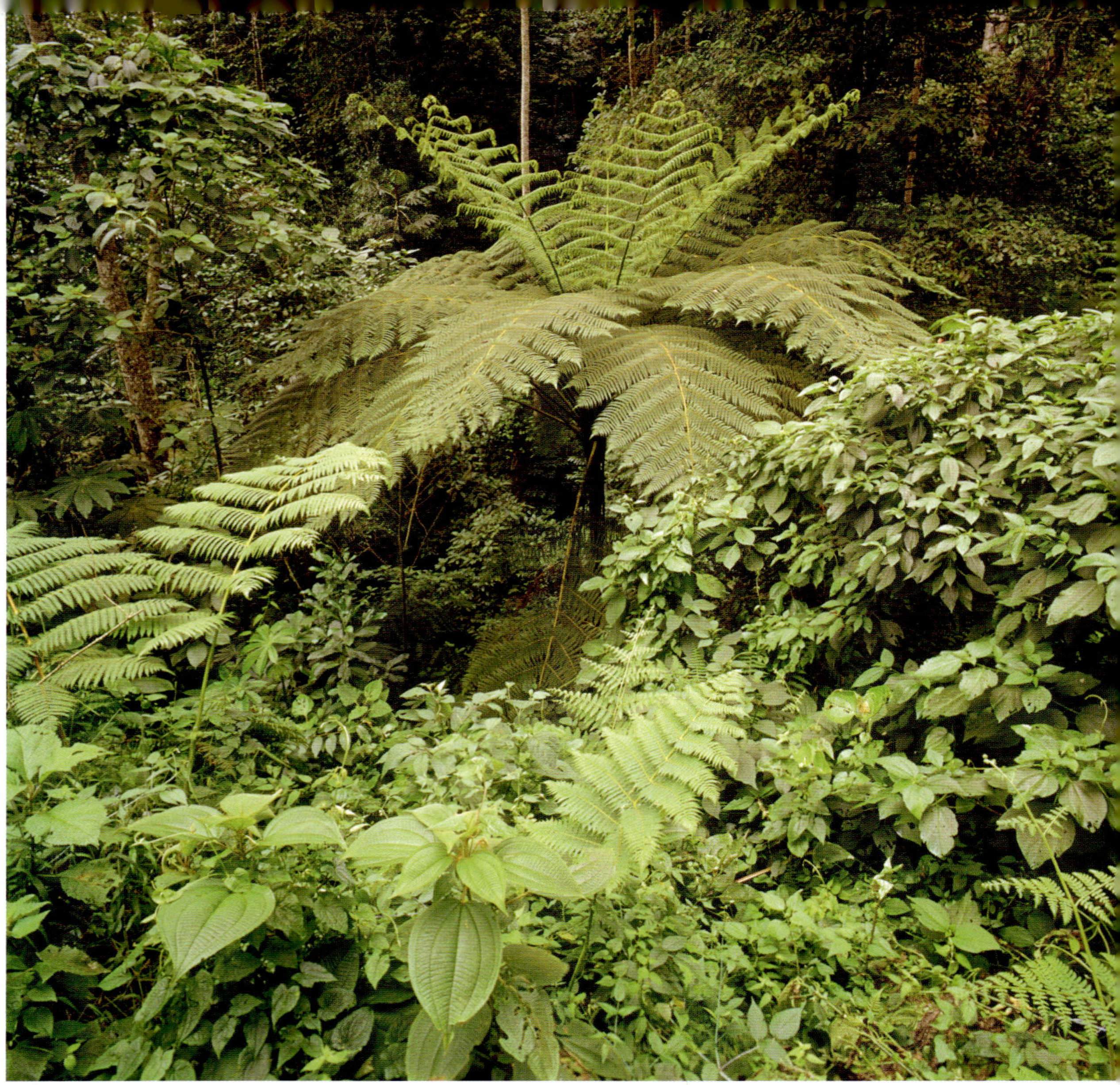

QUADRADO

Enquanto todos os outros formatos de quadro fotográfico são retangulares, variando proporções, um deles é fixo: o quadrado. Poucas câmeras de filme têm esse formato incomum – incomum por muito poucas imagens ajustarem-se bem à composição quadrada. Em geral, esse é o formato mais difícil de se trabalhar, e a maioria das estratégias de design usadas no formato quadrado visam fugir da tirania de seu equilíbrio perfeito.

Precisamos ver mais de perto por que a maioria dos temas é impróprio a um arranjo quadrado. Em parte, isso tem a ver com o eixo do assunto. Poucas formas são tão compactas ao ponto de não terem um alinhamento. A maioria das coisas é mais longa em uma direção do que em outra e é natural alinhar o eixo principal de uma imagem com os lados mais longos de um quadro retangular. Por isso, a maioria das paisagens são tratadas como figuras horizontais, e a maioria das figuras em pé como verticais.

O quadrado, porém, não tem absolutamente nenhuma tendência. Seus lados estão em proporções perfeitas de 1:1 e sua influência é uma divisão muito precisa e estável do espaço. Aqui está a segunda razão para a natureza antipática das proporções quadradas: elas impõem uma rigidez formal à imagem. É difícil escapar da sensação de geometria quando se trabalha com um formato quadrado, e a simetria dos lados e das pontas fica a todo momento lembrando o olho de que existe o centro.

Ocasionalmente, é interessante uma imagem precisamente simétrica; ela difere do design normalmente impreciso da maioria das fotografias. Contudo, bastam algumas dessas imagens e logo elas nos deixam fartos. Para os fotógrafos que trabalham regularmente com uma câmera de formato quadrado, é muito normal imaginar uma direção vertical ou horizontal para a foto e, mais tarde, recortar a imagem original. Na prática, isso quer dizer que a composição no visor é feita com certa folga, deixando um pouco de espaço livre nos lados ou em cima e embaixo.

SUBDIVIDINDO O QUADRADO

As dimensões equânimes de um formato quadrado o tornam suscetível à divisão simétrica, como mostram estes exemplos. Linhas verticais e horizontais aumentam a estabilidade do quadrado; diagonais são mais dinâmicas.

1. Com seu centro fortemente sugerido e seus lados iguais, um formato quadrado leva facilmente a uma composição radial. Temas radiais e outros assuntos completamente simétricos ajustam-se particularmente bem ao equilíbrio perfeito do quadrado. Suas precisões se complementam, porém é essencial o alinhamento exato.

2. Há uma relação precisa entre o quadrado e o círculo. Inserir concentricamente um dentro do outro enfatiza a sensação de foco e a concentração no centro.

3. Uma subdivisão natural é por linhas verticais e horizontais, ainda que o efeito seja extremamente estático.

4. Uma divisão mais dinâmica, porém ainda centralizada, é por meio de diagonais e diamantes.

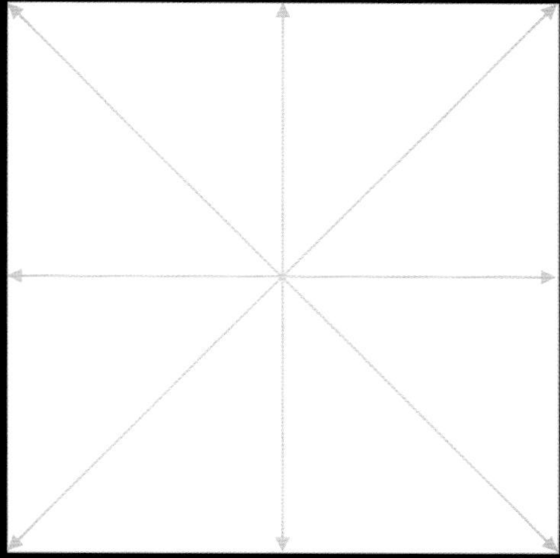

1

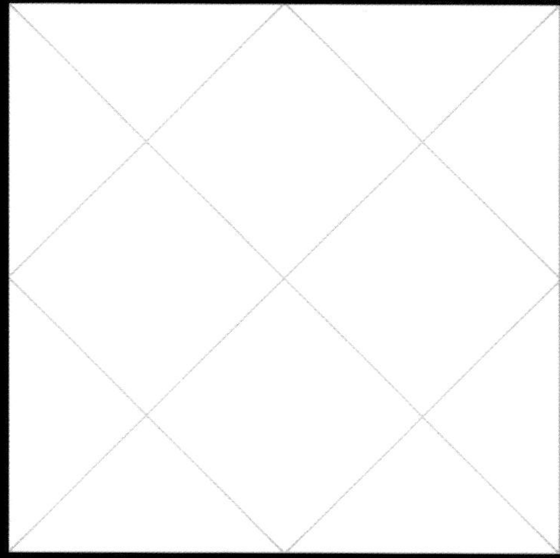

4

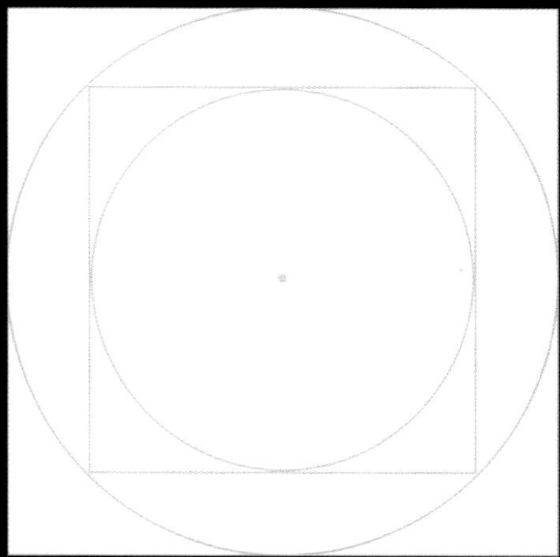

2

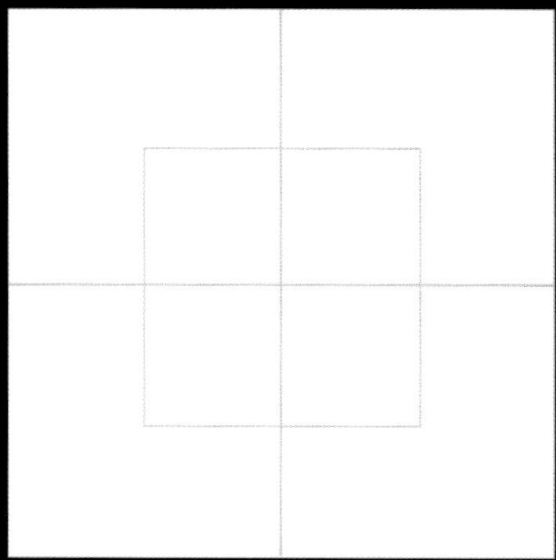

COSTURA E EXTENSÃO

Software para costura digital tornou-se uma ferramenta amplamente utilizada na criação de imagens maiores e mais abertas. Na verdade, estas duas funções são separadas. Fotografar uma cena com uma distância focal mais longa em quadros que se sobrepõem é uma técnica para conseguir maior resolução e, portanto, imagens impressas também maiores – equivalente à fotografia de grande formato. Do ponto de vista deste livro, contudo, o interesse está na possibilidade de mudar a forma da imagem final. Essa forma tende a ser a panorâmica, na medida em que longas imagens horizontais têm um apelo muito forte, por razões que veremos em breve, mas há, também, total liberdade, como mostram os exemplos. O que muitas vezes é ignorado é o efeito que esse costurar tem sobre o processo de fotografar porque exige que se preveja qual será a aparência da imagem final. Na hora, não há preview e essa é uma situação nova para a fotografia – a de ter que imaginar quais serão a imagem final e a forma de seu quadro. Isso dá às imagens costuradas, estendidas, uma imprevisibilidade que pode ser revigorante.

Os panoramas ocupam um lugar especial dentro da fotografia. Ainda que proporções que excedam 2:1 possam parecer exageradas, para paisagens e outras locações grandiosas, elas até que são bem satisfatórias. Para entender o porquê, precisamos voltar à questão de como a visão humana funciona. Nós vemos por varredura, vasculhando a cena, e não pela apreensão imediata dela toda em um único instante congelado. O foco de atenção do olho percorre a cena, geralmente muito rápido, e o cérebro monta a informação. Todos os formatos fotográficos padrão – aliás, a maioria dos formatos de pintura também – são áreas que podem ser absorvidas em uma rápida sequência de varredura. O processo normal de olhar para uma imagem consiste em primeiro pegar o máximo que for possível com um olhar prolongado e, depois, voltar à imagem para ver os detalhes que parecem ser interessantes. Um panorama, por outro lado, permite que o olho se ocupe apenas de uma parte da imagem por vez, o que, de modo algum, é uma desvantagem porque replica o modo de olharmos para uma cena real qualquer. Além de acrescentar um elemento de realismo à foto, isso ralenta o processo visual e, pelo menos em tese, prolonga o interesse em explorar a imagem. Todavia, isso tudo depende de que a fotografia seja reproduzida em tamanho razoavelmente grande e de que seja vista suficientemente de perto.

Essa virtude dos panoramas – de concentrar o espectador em um ponto e apresentar apenas um pouco da imagem à visão periférica – é seguidamente explorada no cinema, no qual uma tela alongada é coisa normal. Sistemas especiais de projeção, tais como o Cinerama e o IMAX, baseiam-se no efeito realístico de envolver a imagem em torno do espectador. Imagens panorâmicas estáticas têm efeito similar.

O quadro também pode ser estendido de outros modos em pós-produção, esticando (usando ferramentas de software geométricas para deformação, distorção, entre outras) ou até por clonagem. Certas imagens permitirão ser estendidas em uma ou mais direções – por exemplo, estender o céu para cima ou alargar o fundo de uma natureza-morta em estúdio. Layouts de revista costumam sugerir isso, ainda que haja considerações éticas relacionadas a esse tipo de manipulação, que resulta em imagens que não necessariamente são como foram vistas.

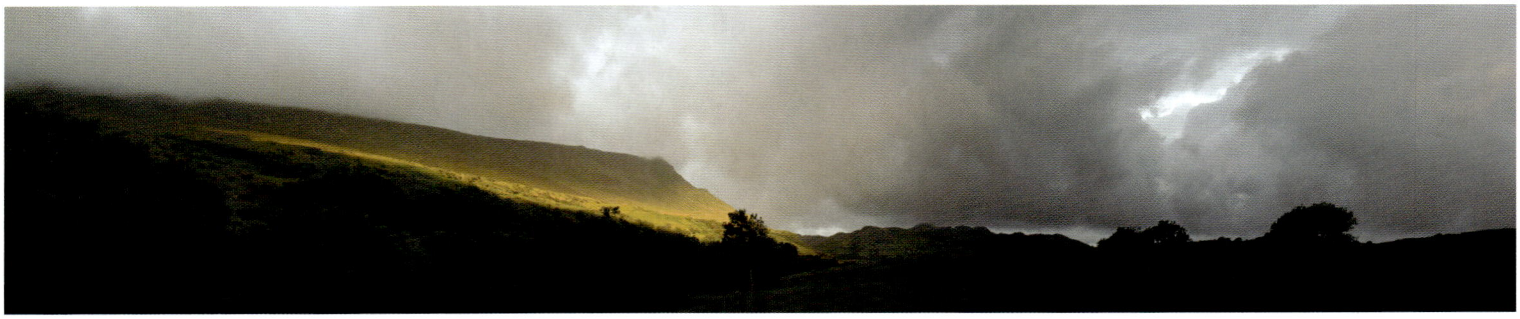

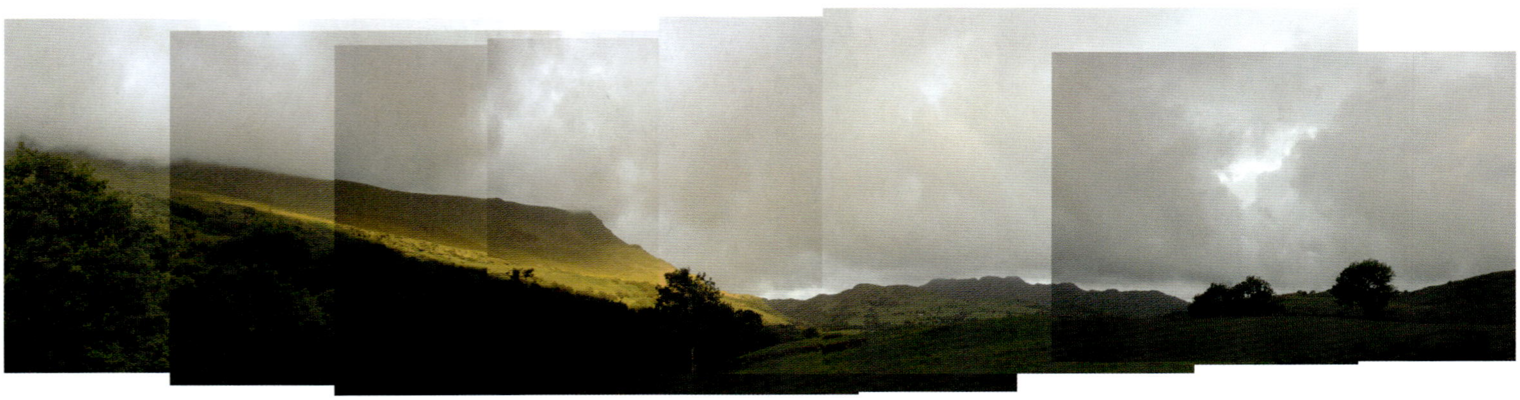

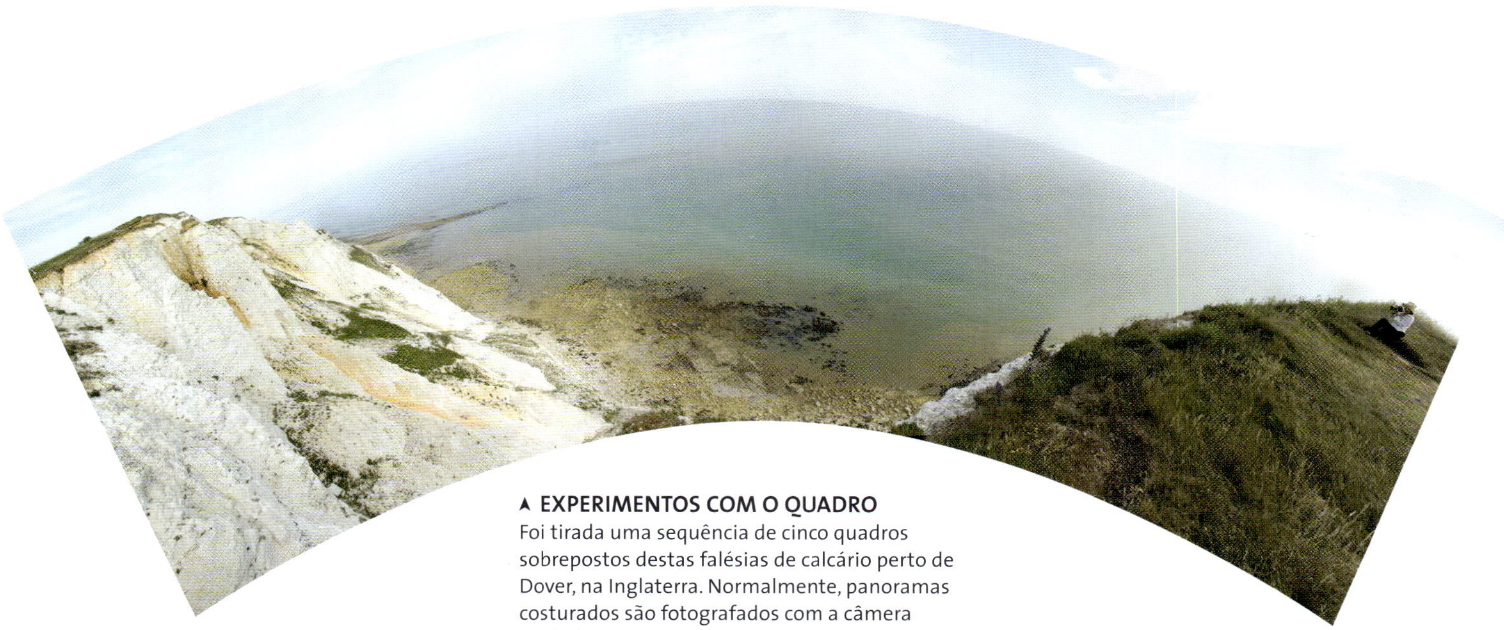

▲ EXPERIMENTOS COM O QUADRO
Foi tirada uma sequência de cinco quadros sobrepostos destas falésias de calcário perto de Dover, na Inglaterra. Normalmente, panoramas costurados são fotografados com a câmera cuidadosamente posicionada de modo que o horizonte fique nivelado. Apontar a câmera para baixo impede que isso ocorra, devido à forte distorção horizontal curvada, mas, neste caso, ela foi deliberadamente empregada. O quadro em formato de arco foi recortado ao final do processo.

◄ PANORAMA 5:1
Nesta vista panorâmica costurada, boa parte do céu e do primeiro plano ficam de fora, deixando o olho livre para seguir o ritmo da linha do horizonte e a interação entre nuvem e montanha. Tratada assim, inúmeras paisagens naturais ajustam-se confortavelmente a proporções estendidas. Foram tiradas oito fotografias que se sobrepõem horizontalmente.

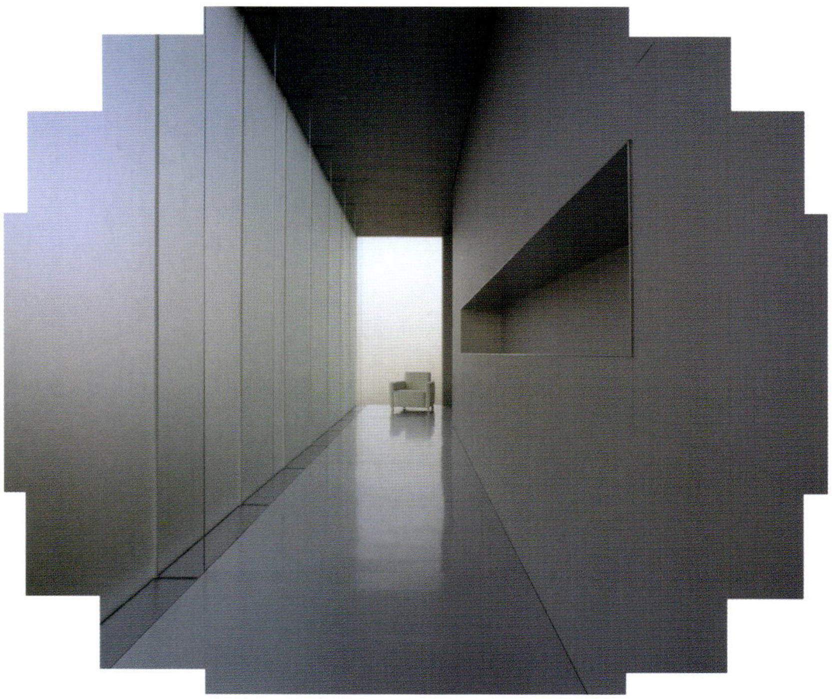

◄ COSTURA PARA CONTROLE E AMPLIAÇÃO
Para uma imagem em maior escala e cobertura extralarga, foi rotacionada uma lente com controle de perspectiva, quadro a quadro, em deslocamento lateral máximo. Costurar essas 13 imagens é, em certo sentido, o equivalente digital à fotografia de grande formato. Normalmente, esse formato endentado seria recortado, mas, aqui, foi mantido, não apenas para mostrar o processo, mas para ser parte da forma da imagem.

RECORTE

O recorte é uma técnica de edição que foi muitíssimo desenvolvida nos tempos da fotografia em preto e branco, ficou meio de lado na era do slide colorido e agora é revitalizada como parte integrante do processo de preparo da imagem digital final. Mesmo quando se julga estar bem o enquadramento tal como foi fotografado, ajustes técnicos como a correção da distorção de lentes exigirão um recorte.

Recortar é um dos modos de retrabalhar a imagem depois de ter sido fotografada; uma possibilidade de adiamento de decisões de design e até um modo de explorar novos modos de organizar uma imagem. O recorte, ao contrário da costura, reduz o tamanho da figura, o que, já de início, exige uma imagem em alta resolução. Nas cópias por ampliador tradicionais, o próprio marginador do ampliador atua como um guia para o recorte, mas seria mais fácil fazer testes antes com máscaras de recorte em L sobre o filme (em uma mesa de luz) ou folha de contatos. Com imagens digitais (ou filmes digitalizados), o processo é infinitamente mais fácil e claro, usando-se ferramentas de software para recorte.

É importante não pensar no recorte como panaceia do design ou como desculpa para não ser convicto no momento de fotografar. O perigo de ter a oportunidade de alterar e manipular um quadro após ter sido fotografado é de que ela pode levar à acomodação de se imaginar que uma quantidade significativa do trabalho de fotografia pode ser realizada no computador. Recortar introduz uma interrupção no processo de realização de uma fotografia, e a maioria das imagens é beneficiada pela continuidade da visão.

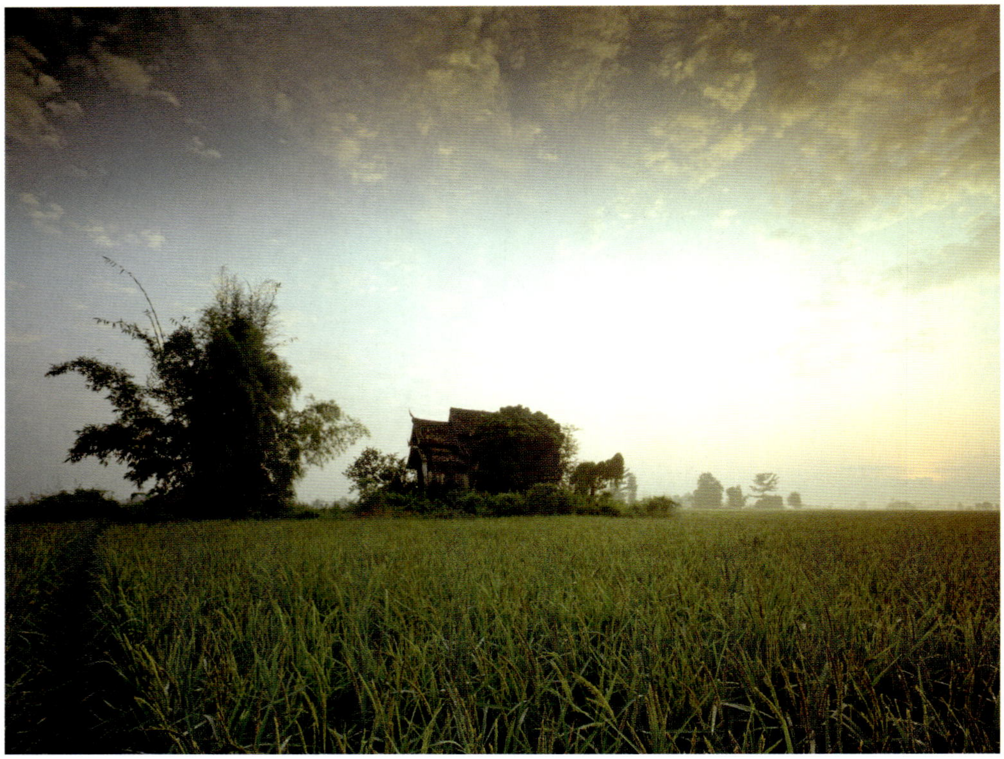

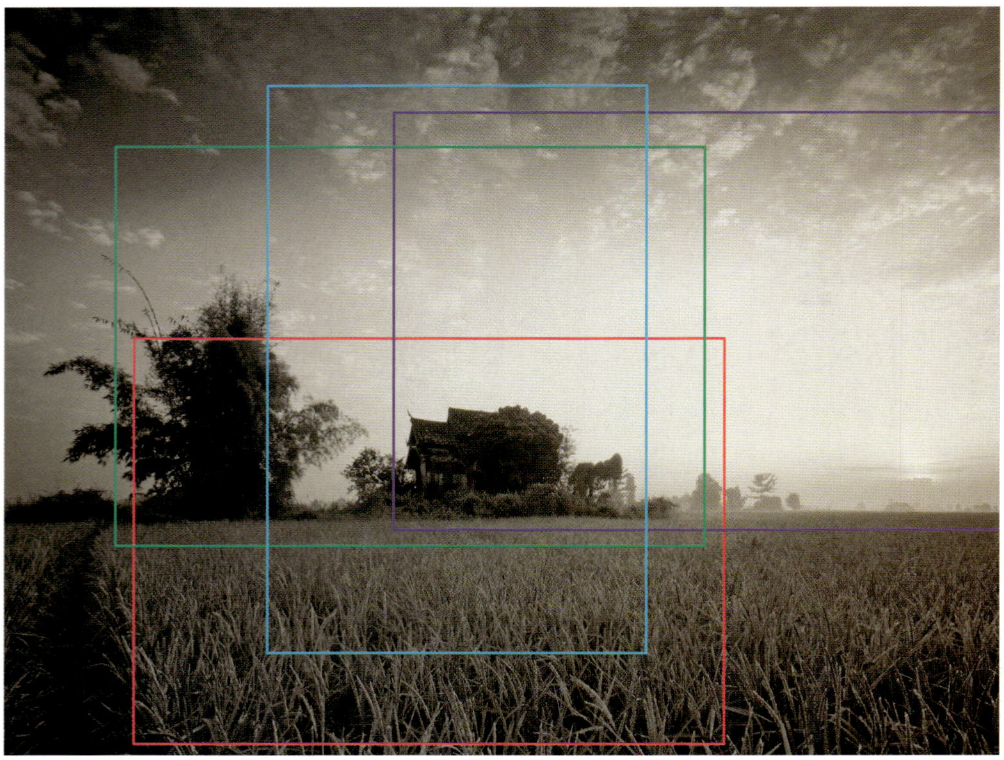

➤ PAISAGEM TAILANDESA SETENTRIONAL
Para esta paisagem tailandesa, as diversas alternativas viáveis são mostradas ao mesmo tempo, superpostas em uma versão preto e branco da imagem. O templo abandonado, em si, deve continuar sendo o elemento dominante na imagem – não há nada mais – e as escolhas recaem sobre a localização da linha do horizonte e a inclusão ou não da moita de bambus à esquerda. Deixar o horizonte baixo (quadros roxo e verde) traz uma sensação de maior abertura, de espaço, e enfatiza o que está acontecendo no céu (o nascer do sol e algumas nuvens ameaçadoras). Erguer a linha do horizonte (quadro vermelho) atrai a atenção para os campos de arroz. Um recorte vertical (quadro azul) também precisa de uma área considerável de arrozal para mantê-lo ancorado.

PAISAGEM ESCOCESA

No caso desta paisagem nebulosa na Ilha de Skye, vejamos o tipo de decisões envolvidas. Fica claro que o enquadramento original foi escolhido para dar importância às nuvens onduladas no topo do quadro, e o horizonte foi situado em posição mais baixa, concordando com a intenção. Por si, isso já reduz um pouco nossas opções.

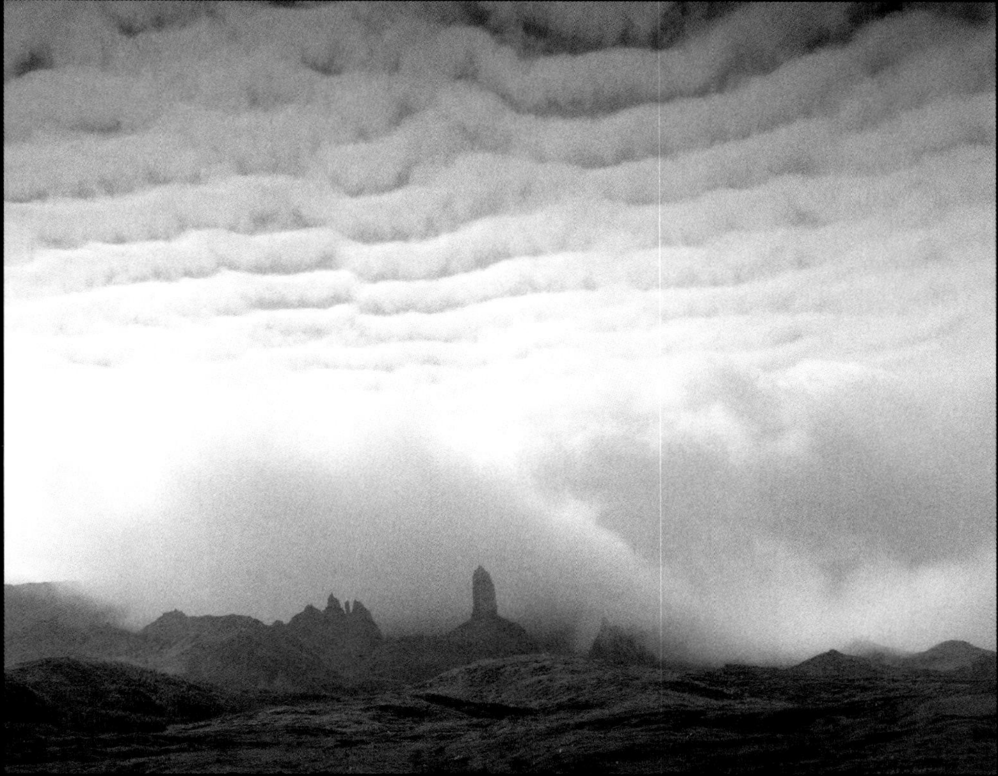

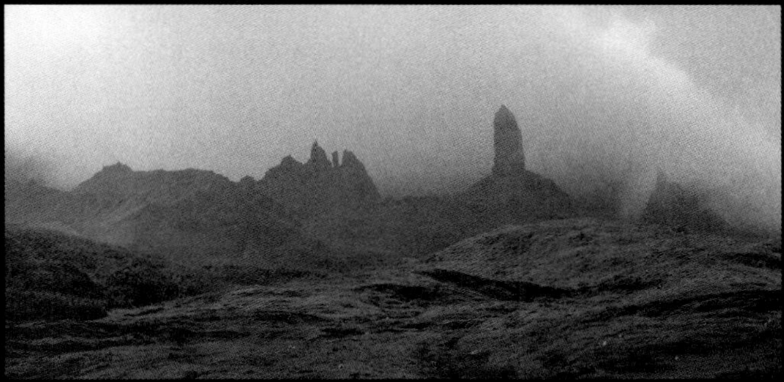

1. Talvez o primeiro, e mais óbvio, recorte seja ignorar as nuvens altas e, em vez disso, concentrar-se nas qualidades estéticas do manto de neblina cercando os pilares rochosos. Agora, uma vez que prescindimos das nuvens, não há limites para o quão longe podemos ir com o recorte do topo do quadro. Neste caso, escolhi inverter a proporção de céu para terra e aproveitar a oportunidade para fazer um panorama. Esta é uma alternativa viável à foto original, ainda que realmente precise ser consideravelmente ampliada para que se obtenha o melhor efeito possível.

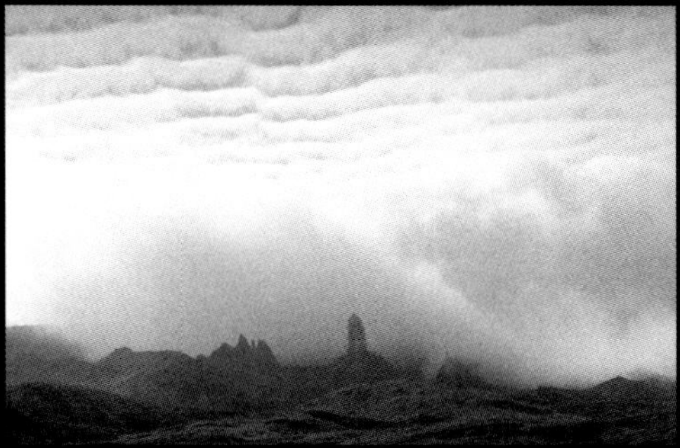

2. Em seguida, que tal se tentássemos recortar toda a parte externa e, ainda assim, mantivéssemos proporções horizontais moderadas? Infelizmente, parece que se é para haver alguma área significativa de céu, esta deve ir parar direto no topo preexistente do quadro, simplesmente para dar certo tom e peso àquela parte da foto. Recortar dos lados não ajuda muito a realçar a importância dos pilares. A única opção razoável seria recortar a parte de baixo e ficar com uma linha do horizonte que quase coincide com a base da foto.

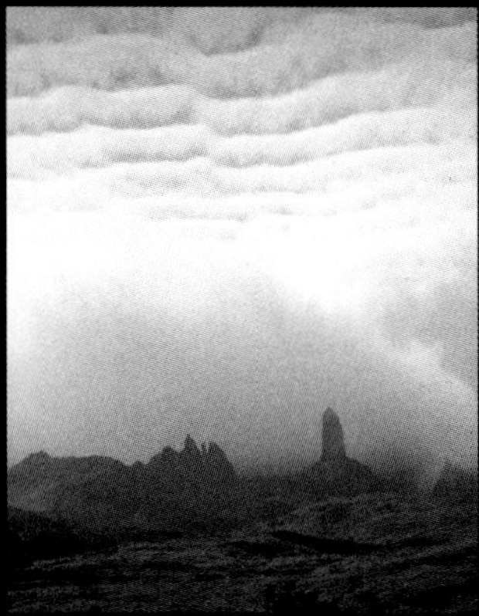

3. É possível um recorte vertical? Dado que uma imagem vertical tem necessidade ainda maior do peso tonal das nuvens, o melhor que podemos fazer é recortar dos lados. As escolhas são moldadas pela seleção das formas mais interessantes que se apresentam no horizonte.

PREENCHENDO O QUADRO

Para poder falar dos diferentes elementos gráficos que entram na composição, e para ver o modo como interagem, a primeira coisa que devemos fazer é isolá-los, selecionando as situações mais básicas para a composição de fotos. Aqui, é preciso tomar um pouco de cuidado porque, na prática, existe uma profusão de possibilidades e o caso de um único assunto isolado é um tanto quanto especial. Os exemplos daqui podem parecer um pouco óbvios, mas, neste estágio, precisamos de exemplos simples e despoluídos.

A mais simples de todas as situações fotográficas é a de um único assunto em frente à câmera, mas mesmo este nos apresenta duas opções. Temos uma escolha imediata a fazer: fechamos o quadro no assunto, de modo a fazê-lo preencher toda a foto, ou recuamos para que possamos ver algo do seu entorno. O que influenciaria a escolha? Uma consideração a fazer é sobre o conteúdo de informação da fotografia. Obviamente, quanto maior seja o assunto na foto, maiores os detalhes que dele podem ser mostrados. No caso de o assunto ser incomum e interessante, isso pode ter predominância; se for muito familiar, talvez não tenha.

Outra consideração é a relação entre o assunto e seu entorno. A locação é importante para o conteúdo da foto ou para seu design? Em estúdio, os assuntos geralmente são situados contra fundos neutros; nesse caso, a locação não tem nada a dizer para o espectador e tem valor apenas para a composição. Por outro lado, fora do estúdio a locação quase sempre tem alguma relevância. Elas podem revelar tamanhos relativos (um alpinista na face de uma rocha) ou algo a respeito da atividade do sujeito.

Um terceiro fator é a relação subjetiva que o fotógrafo quer criar entre o espectador e o assunto. No caso de a presença ser importante, exigindo que o assunto se imponha, então conduzir o espectador direto a ele, preenchendo todo o quadro, é uma opção aceitável. Há algumas questões físicas envolvidas, tais como o tamanho final da imagem a ser exposta, a distância focal da lente e, antes de mais nada, as proporções do assunto. Ainda assim, um assunto grande que preenche o quadro de uma foto também grande, normalmente ganha força e impacto. Além disso, como mostram os exemplos aqui, pode-se encontrar uma agradável precisão ao simplesmente ajustar o assunto ao quadro – particularmente se a imagem deve ser composta rapidamente.

A forma do assunto em relação ao formato do quadro claramente tem efeito sobre a foto. Na sequência de fotos da balsa de Hong Kong, à direita, a foto principal tem um encaixe muito agradável: deste ângulo, o barco chega apenas perto das arestas a sua volta. Na maioria das fotografias de assunto único, contudo, o foco de atenção não preenche o quadro. A forma pode não coincidir com o formato da foto (sempre é possível recortar, mas não é necessariamente elegante e pode não ser adequado ao método de exibição pretendido). Outro possível risco que se corre ao distribuir os limites do assunto próximo às bordas da foto é o de que o olho pode ficar desconfortável por se concentrar em pontos tão próximos dos limites da foto. Ele geralmente precisa ter – ou, ao menos, vai ser vantajoso para ele se tiver – um pouco de área livre em volta de um assunto para poder mover-se sem sentir que o estão restringindo.

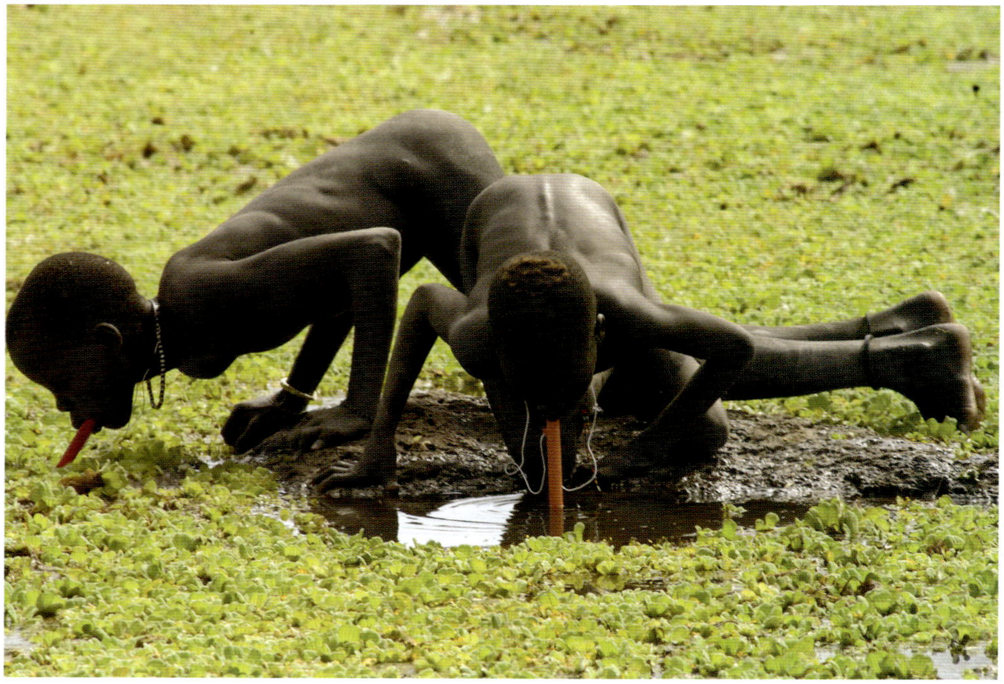

▲ **FILTROS PARA O VERME DA GUINÉ**
Dois garotos da região sul do Sudão usando filtros plásticos para beber em uma poça d'água. Justo e sem muito desperdício, geralmente sinal de trabalho rápido quer com os pés ou com uma lente zoom. Neste caso, há um pouco de folga em cima e embaixo, mas isso tem a utilidade de mostrar a cobertura uniforme de plantas aquáticas, aparentemente sem limites.

VISOR OU LCD?

As câmeras digitais oferecem duas possibilidades para a composição ativa – o modo tradicional de olhar através do visor ou o método mais novo que consiste em olhar para a tela bidimensional de LCD. A favor deste, podemos dizer que facilita a tradução de uma cena 3D para uma imagem 2D. No caso de enquadramento ativo, isso se aplica apenas a câmeras sem mecanismos de prisma móvel (que não sejam câmeras SLR). Mesmo quando é usado, o visor o LCD ainda possibilita a revisão, muito útil, não apenas de questões técnicas, mas também da composição.

VARIANDO O TAMANHO NO QUADRO

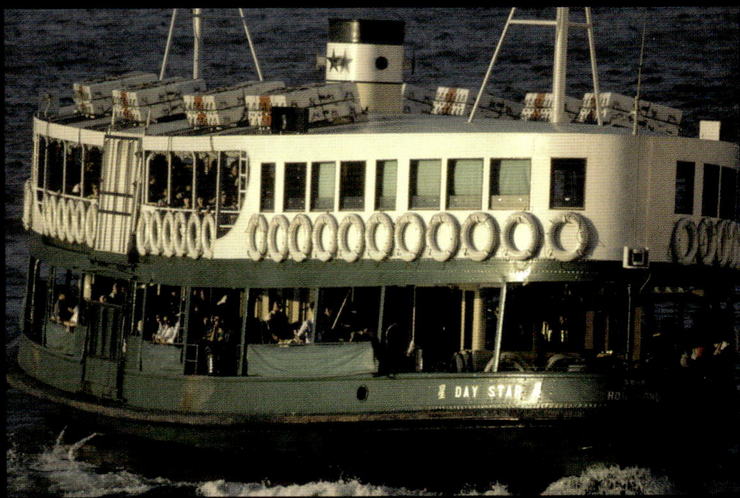

1. O sucesso desta foto depende quase exclusivamente de um *timing* perfeito à medida que a balsa se aproxima da câmera. Mesmo que a princípio não seja óbvio, o design desta fotografia tem um apelo que vem muito do encaixe quase perfeito da forma do barco ao quadro 35mm. Fosse tirada um pouco antes, com mais água à mostra ao redor das bordas, ela seria mais comum; uma fração de segundo depois, pareceria um engano. A balsa nesta foto parece grande; tem presença.

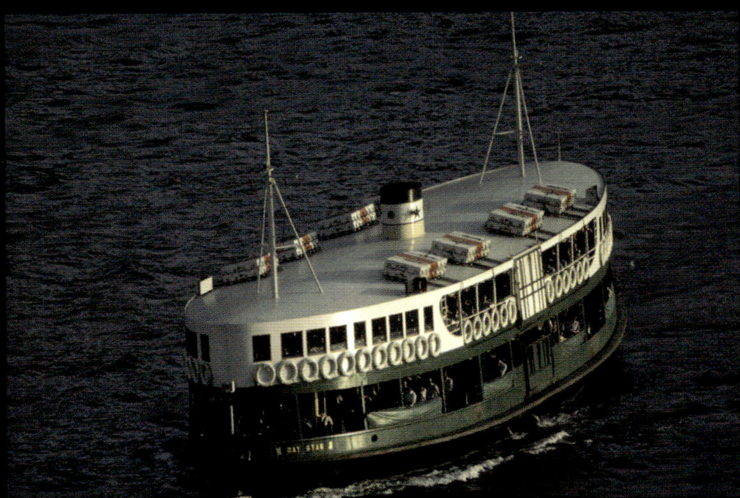

2. Recuar resulta em um tratamento mais típico, do tipo que situa o assunto em seu local. Bem-sucedida, sim, por causa da iluminação cristalina, porém, mais comum do que a foto anterior, a ambientação, neste caso, pode ser interpretada como é lida; sabemos que a balsa deve estar na água e, como não há nada incomum a esse respeito (como ondas fortes ou cores interessantes), ela acrescenta pouco à foto.

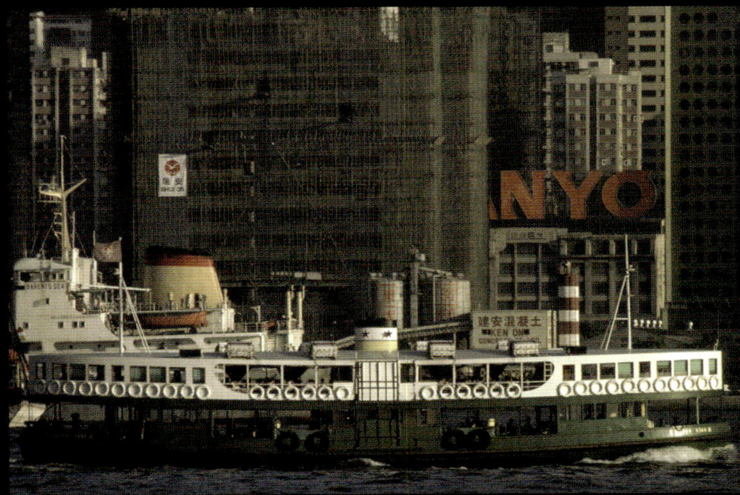

3. Um tipo diferente de foto de contexto. Mais informativa do que atrativa em seu design, esta nos mostra menos a respeito da balsa do que sobre onde ela está e o que faz.

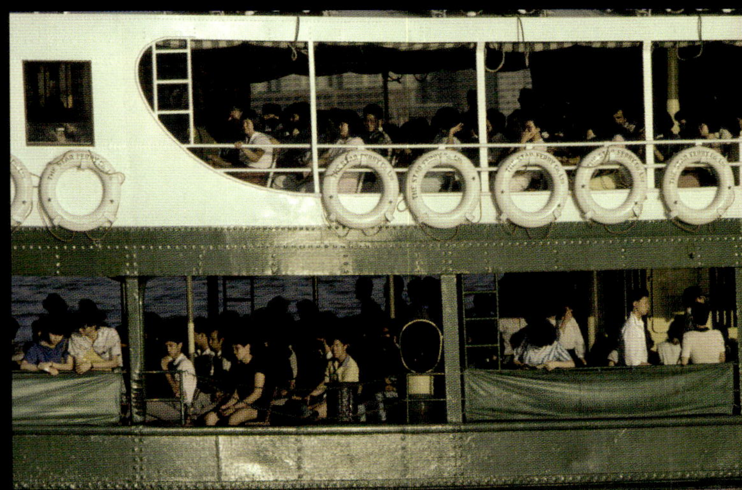

4. Extrapolar o preenchimento do quadro nos leva aos detalhes estruturais de um assunto. Aqui, as boias salva-vidas nos informam que este é um barco, mas a definição do assunto foi alterada; esta foto agora trata tanto das pessoas como da balsa.

POSICIONAMENTO

Em qualquer construção que envolva um assunto único e distinto, em vez de preencher o quadro com ele, há sempre a possibilidade de escolher onde situá-lo, sem deixar de considerar as proporções do espaço que o cerca. Tão logo você abra espaço em volta do assunto, seu posicionamento torna-se uma questão a ser trabalhada. Ele deve ser posicionado, conscientemente, em algum lugar do quadro. Logicamente, pode parecer que a posição natural seja bem no meio do quadro com espaços iguais em volta dele e, de fato, há muitas ocasiões em que isso se mostra verdadeiro. Não havendo outros elementos na foto, então por que não?

Uma boa razão para não fazê-lo é porque é um posicionamento muito previsível – e, se for repetido, fica chato. Somos confrontados por uma escolha conflitante. Por um lado, há o desejo de fazer algo interessante com o design e fugir de um método de enquadramento que ponha sempre o assunto bem no centro do visor. Por outro lado, é preciso uma razão para situar o assunto em qualquer outro lugar que não seja uma posição natural. Posicionar um assunto bem no canto do quadro pede uma justificativa, ou o design vira simples capricho. A composição fora de centro pode funcionar extremamente bem, mas como veremos adiante no livro, seu sucesso depende da existência de algum propósito por trás dela.

A importância do posicionamento aumenta à medida que o assunto torna-se menor dentro do quadro. Na fotografia do sentinela, na página 15, não estamos realmente conscientes de que a figura está de fato em alguma posição no quadro. Na verdade, ela está centralizada, mas não com tanto espaço em torno de si a ponto de ficar óbvio. Nesta fotografia do vilarejo cercado de água, ficamos cientes de sua posição dentro do quadro porque ele está obviamente isolado e cercado pelo oceano. Normalmente, é desejável certo deslocamento com relação ao centro, simplesmente para que se estabeleça uma conexão entre o assunto e seu pano de fundo. Uma posição cravada no centro é tão estável que chega a não ter nenhuma tensão dinâmica. Estando ligeiramente afastado do meio, o assunto tende a parecer mais contextualizado. Há também considerações em relação à harmonia e ao equilíbrio, às quais chegaremos no próximo capítulo.

Na prática, outros elementos acabam se esgueirando para dentro do quadro da maioria das imagens, e até o menor ponto de interesse secundário costuma ser suficiente para influenciar o posicionamento do assunto. No caso das palafitas, estamos cientes da posição do sol, acima e à esquerda; daqui, deduz-se uma relação, que faz ser natural deslocar as casas ligeiramente na direção oposta.

Os vetores também podem influenciar na escolha de uma posição descentralizada. Por exemplo, se o assunto está claramente em movimento, e se sua direção é simples, a tendência natural é colocá-lo entrando e não saindo do quadro. Entretanto, enfatizo a palavra natural porque sempre pode haver razões para se fazer as coisas de outro modo – e o que é diferente, geralmente, ganha mais atenção. Em um sentido mais geral, assuntos que se "voltam" a certa direção (não necessariamente em sentido literal) também costumam se ajustar mais confortavelmente se estiverem descentralizados, de modo que um pouco daquilo que está na direção para onde "olham" fique enquadrado.

Via de regra, quando a ambientação tem significado – isto é, quando ela pode de fato contribuir com a ideia por trás da foto –, então vale a pena considerar esse tipo de composição, na qual o assunto ocupa apenas uma pequena área. No caso das casas no mar, o que se quer dizer com a foto é que existem pessoas vivendo em condições incomuns: cercadas de água. Fechando o quadro, perderíamos a ideia. Infelizmente, ir muito mais para trás reduziria o tamanho das casas a tal ponto que elas ficariam imperceptíveis, ainda que isso mostrasse mais do oceano.

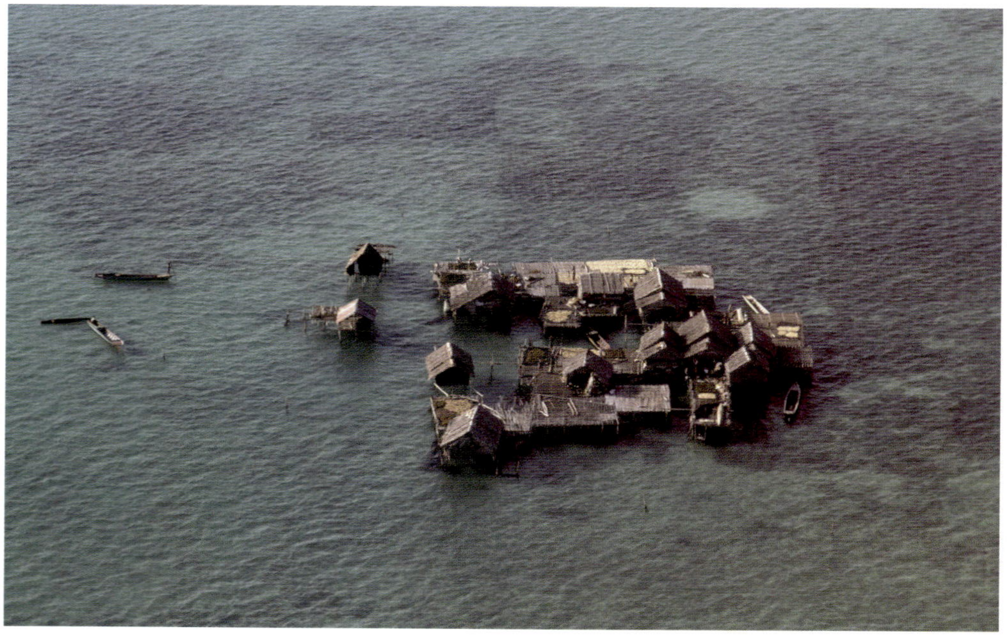

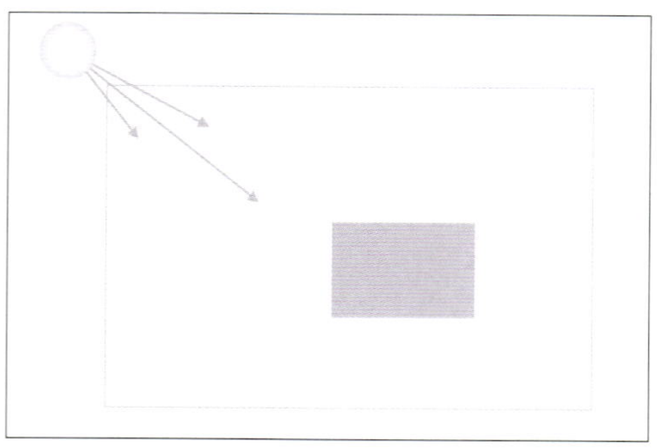

◄▲ MORADA OCEÂNICA
O propósito desta vista aérea de palafitas construídas no meio do Mar Sulu, nas Filipinas, é chamar a atenção para sua localização isolada e incomum. Descentralizar o assunto traz mais vida ao design e estimula o olho a mover-se das casas para o canto superior esquerdo do quadro.

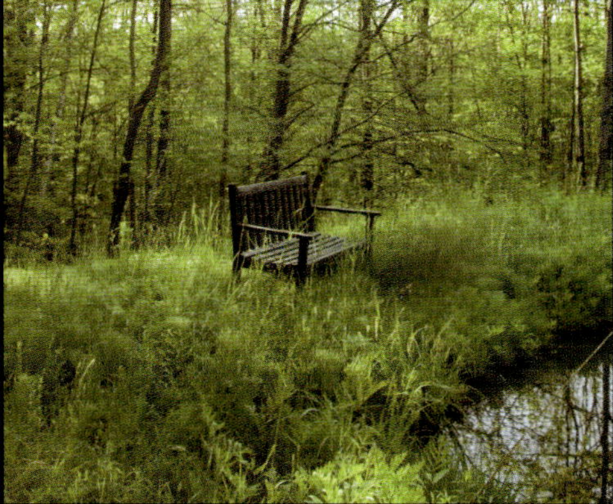

UM BANCO NA GRAMA

Este é um exercício de posicionamento. A vista geral mostra que o velho banquinho está próximo a um lago e cercado por verde, ainda que o primeiro plano seja mais contínuo que o fundo, no qual podem ser vistas faixas de céu. Por essa última razão, fechar o quadro implicaria manter o banco próximo ao topo.

1. A primeira tentativa foi a de fazer uma acomodação apertada. Os espaços marcados por linhas paralelas azuis estão onde a decisão de enquadramento teve que ser feita.

2. Recuar nos apresenta duas opções. Nesta, as diagonais do banquinho são consideradas dominantes, então o posicionamento é feito de modo a opor-se a elas, à direita.

3. Como alternativa, o banquinho, esperando que alguém venha sentar-se, pode ser considerado como se "olhasse" para baixo e à direita. Para rebater essa situação, ele é colocado à esquerda.

4. Agora, uma tentativa horizontal. Aqui, sem dúvida, faz sentido considerar esse aspecto que tem o banquinho, como se olhasse à direita, por isso ele é colocado à esquerda, voltando-se para dentro do quadro.

5. Recuar revela a ponta do lago. Agora, esse é um segundo assunto acrescentado à imagem e o enquadramento tenta equilibrar os dois.

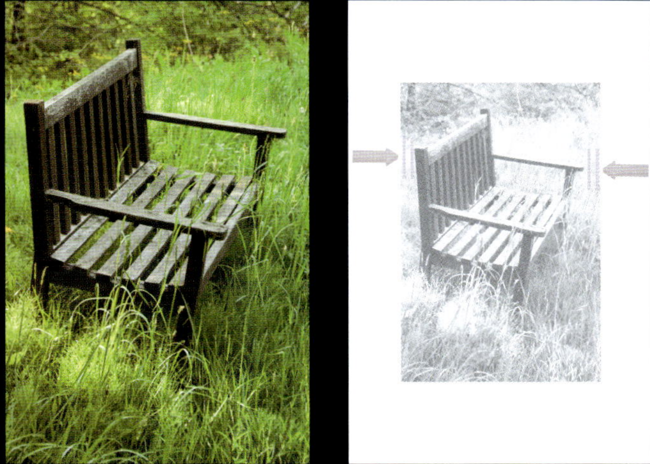

1

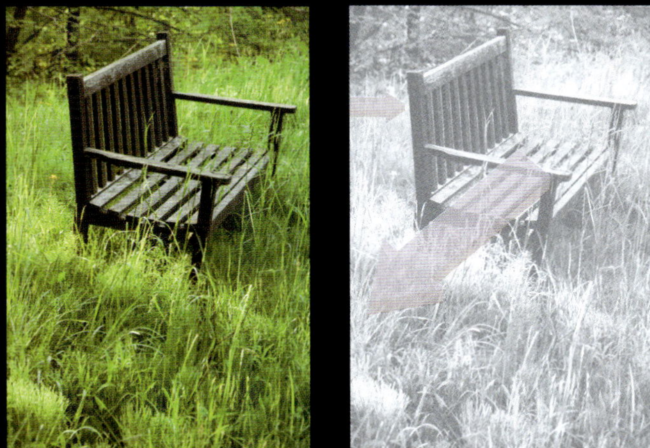

2

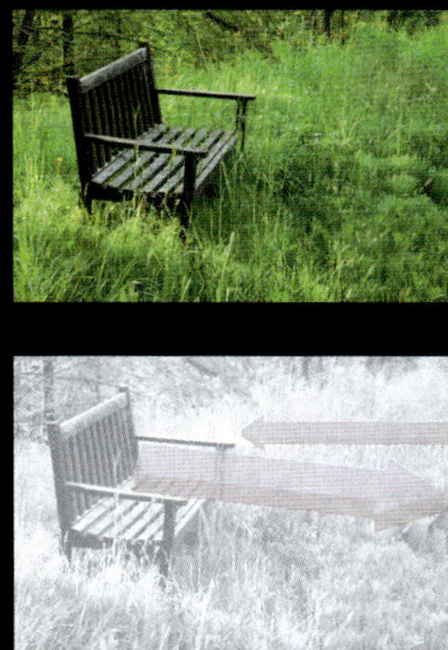

4

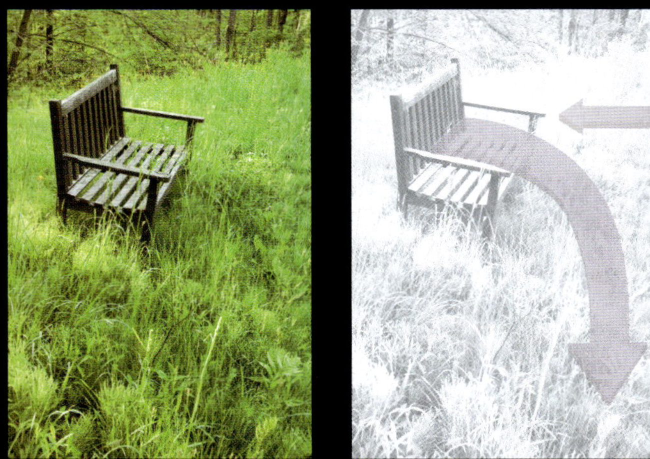

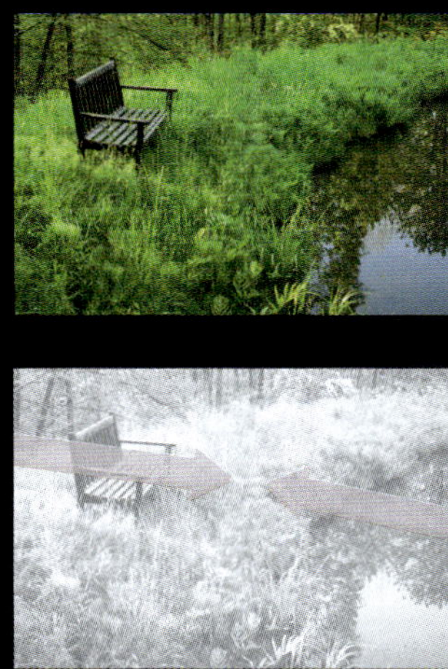

DIVIDINDO O QUADRO

Qualquer imagem, de qualquer tipo, automaticamente cria uma divisão no quadro da foto. Algo como uma linha do horizonte proeminente faz isso muito claramente, mas mesmo um pequeno objeto contra um fundo chapado (em outras palavras, um ponto) faz uma divisão implícita. Veja qualquer uma das fotos neste livro que contenham um único assunto de tamanho pequeno – deslocando a posição do assunto, as áreas nas quais o quadro é dividido também são alteradas.

Sem dúvida, há um número infinito de divisões possíveis, mas as mais interessantes são aquelas que guardam uma relação definível umas com as outras. A divisão é essencialmente uma questão de proporção e isso tem preocupado artistas em diversos períodos da história. Durante a Renascença, em particular, foi dada atenção considerável à divisão do quadro através da geometria. Isso tem implicações interessantes para a fotografia, pois, enquanto um pintor cria a estrutura de uma imagem partindo do nada, um fotógrafo normalmente não chega a ter muito essa chance, portanto muito menos razão para se preocupar com proporções exatas. Ainda assim, diversas proporções evocam certas respostas no espectador, quer tenham sido calculadas com exatidão ou não.

Durante a Renascença, vários pintores perceberam que proporções de divisões baseadas em números simples (como 1:1, 2:1 ou 3:2) produziam uma divisão essencialmente estática. Por contraste, uma divisão dinâmica podia ser obtida pela construção de proporções mais interessantes. A Razão Áurea, que era conhecida dos gregos, é a divisão "harmoniosa" mais conhecida. Como é esquematizado abaixo, a Razão Áurea está baseada em pura geometria, e os fotógrafos quase nunca têm nem a necessidade nem a oportunidade de construí-la. Sua importância reside no fato de que todas as áreas são integralmente relacionadas; a razão entre a seção menor e a maior é a mesma que entre a seção maior e o quadro inteiro. Elas estão amarradas, daí a ideia de que dão um sentido de harmonia.

Essa lógica pode não parecer totalmente óbvia inicialmente, mas está por trás de mais do que apenas a subdivisão de um quadro de foto. O argumento é que há princípios físicos objetivos subjacentes à harmonia. Neste caso, eles são geométricos e, ainda que não estejamos cientes de sua ação, eles produzem um efeito previsível. A subdivisão de um quadro 3:2 padrão de acordo com a Razão Áurea é mostrada abaixo. A precisão não é de maior importância, como mostram as fotografias.

A Razão Áurea não é o único modo de se fazer uma divisão harmoniosa. Tampouco é o único método em que as proporções estão integralmente relacionadas. Outra base, vinda também da Renascença, é a série de Fibonacci – uma sequência de números em que cada um é a soma dos dois anteriores: 1, 2, 3, 5, 8, 13 e assim por diante. Ainda em outro método, o quadro é subdividido de acordo com a razão de seus próprios lados. Há, de fato, uma enorme variedade de subdivisões que obedecem algum princípio interno e todas têm o potencial de produzir imagens que funcionam e sejam interessantes.

Tudo muito bem para um pintor ou ilustrador, mas como pode a fotografia fazer uso inteligente de tudo isso? Certamente, ninguém vai usar uma calculadora para planejar a divisão de uma fotografia. A composição intuitiva é o único caminho prático para a maioria das fotografias. O modo mais útil de lidar com a divisão do quadro em áreas é educar seu olho fazendo-o se acostumar com as nuances de harmonia em diversas proporções. Conhecendo-as bem, a composição intuitiva ficará naturalmente mais apurada. Enquanto fotógrafos, talvez possamos ignorar a geometria, mas não podemos ignorar o fato de que essas proporções são fundamentalmente agradáveis. Repare também que, dividindo o quadro em ambas as direções, é produzida uma interseção, que é um local geralmente agradável para um ponto ou qualquer outro foco de atenção. Compare a isso o posicionamento descentralizado de assuntos de tamanho pequeno, nas páginas 66-69.

PROPORÇÕES DA RAZÃO ÁUREA

Diz-se de duas partes que elas estão na Razão Áurea se o todo (a soma das duas partes) está para a parte maior assim como a parte maior está para a parte menor. A fórmula é:

$$\frac{a+b}{a} = \frac{a}{b}$$

em que a é a parte maior e b é a parte menor.

Essa razão, denotada por φ (phi), é um número irracional de valor

$$\varphi = \frac{1}{2}(1+\sqrt{5}) \approx 1{,}618033989$$

Em fotografia, isso é análise posterior ao fato; nenhum fotógrafo jamais calcula isso, mas a familiaridade com essas proporções facilita sua reprodução, aproximada, em uma composição de modo instintivo.

QUADRO EM RAZÃO ÁUREA

O quadro à esquerda está na razão de 1.618, ou 144:89, o que justifica ele ser esteticamente agradável e equilibrado. Para mais sobre razões e o princípio do equilibrio, veja as páginas 40-43. A título de comparação, à direita está o quadro padrão de uma 35mm (agora SLR digital) na razão 3:2. De modo algum se pode dizer que não sejam semelhantes.

PROPORÇÕES INTEGRADAS

Em princípio, qualquer subdivisão do quadro que seja internamente integrada produz uma sensação de equilíbrio harmonioso. O primeiro diagrama abaixo demonstra uma subdivisão segundo a série de Fibonacci (veja página 26). O segundo, mostra uma base geométrica usando os próprios lados do quadro. A maioria das subdivisões aproveitáveis são retilíneas, mas podem ser usadas diagonais para criar espaços triangulares.

Na fotografia à direita, a composição foi intuitiva, sem dúvida, mas a mudança de alinhamentos sugeriu muito claramente uma divisão retilínea. Como mostra a sequência, a cena inicial foi de apenas a linha do horizonte e barcos ao longe, por isso os experimentos subindo e descendo o quadro. A chegada do pescador em um barco a remo vermelho mudou a dinâmica e o instante em que tanto ele quanto o barco alinharam-se verticalmente no quadro foi o instante que fez a foto. Um momento depois, tudo foi abaixo.

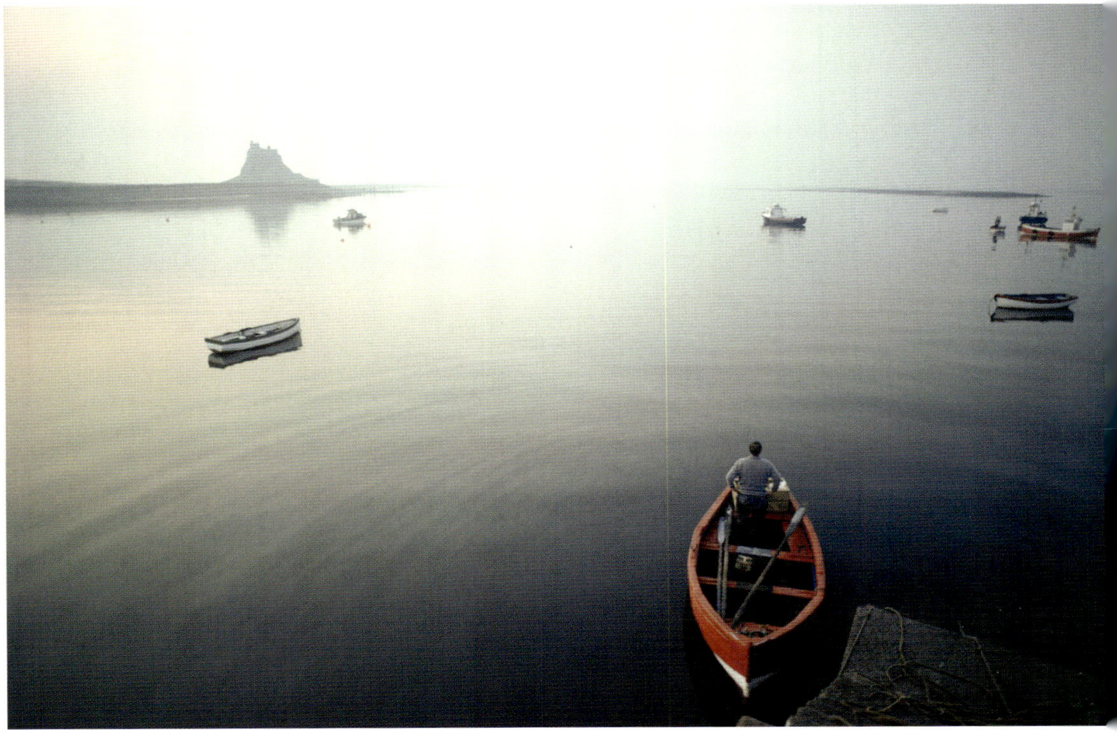

DIVISÕES DE FIBONACCI

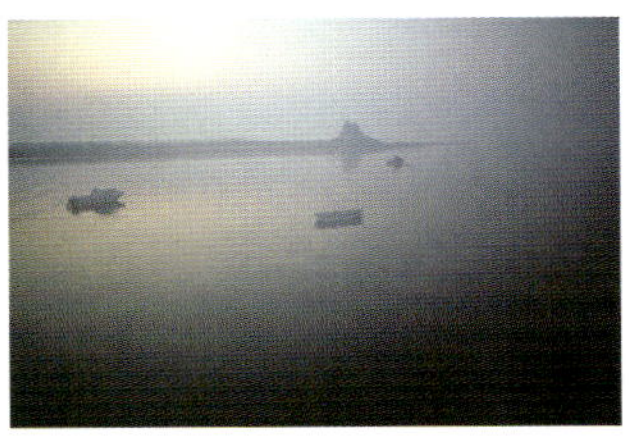

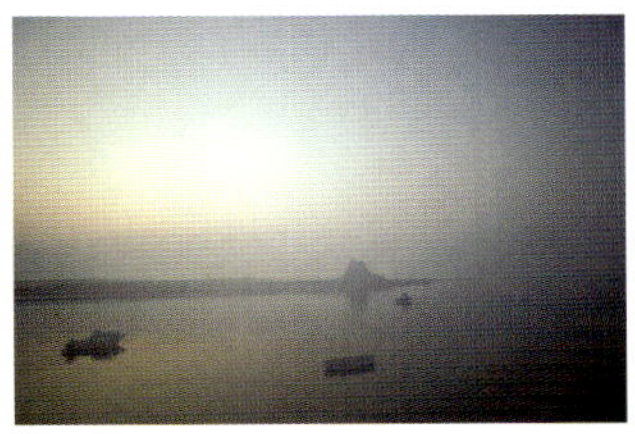

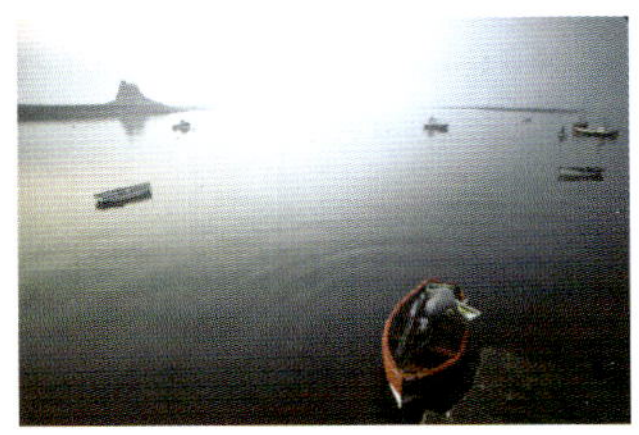

GEOMÉTRICA (BASEADA NOS LADOS)

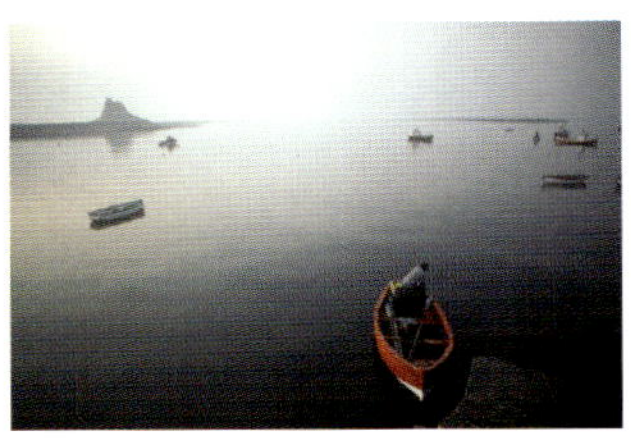

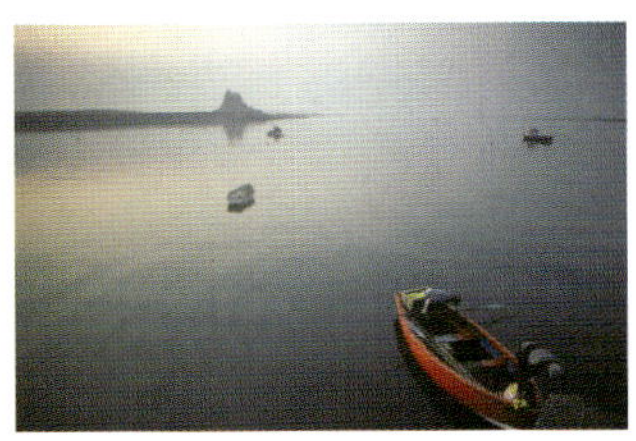

DEPOIS

HORIZONTE

Provavelmente, a situação fotográfica mais comum na qual o quadro deve ser dividido de modo claro e preciso é a que inclui a linha do horizonte. Em paisagens como as mostradas nestas páginas, ela se torna o elemento gráfico predominante, ainda mais se não houver pontos de interesse chamativos na cena.

Evidentemente, se a linha do horizonte é o único elemento gráfico significativo, posicioná-la torna-se uma questão de certa importância e o caso trivial é quando ela é de fato horizontal (sem contornos acidentados). A tendência natural é posicionar a linha mais abaixo no quadro do que acima, devido à associação da parte baixa do quadro a uma base. Exploraremos isso mais tarde, nas páginas 40-43 (Equilíbrio), mas um posicionamento baixo, em princípio, dá uma sensação maior de estabilidade à maioria das coisas. Afora isso, a questão da posição exata continua em aberto. Um método possível seria empregar as relações lineares descritas nas páginas anteriores. Outro, seria equilibrar os tons ou cores (veja páginas 118-121 para princípios de combinação de cores de acordo com seus brilhos relativos).

Mais uma possibilidade seria dividir o quadro de acordo com o que você vê de implicitamente importante na terra e no céu. Por exemplo, o primeiro plano pode não ser interessante, dispersivo, ou indesejável por algum outro motivo, enquanto o céu é dinâmico e isso pode contar a favor de um horizonte em posição bem baixa, quase na borda do quadro. Há exemplos desse caso aqui e em outras partes deste livro (o recorte, como discutido nas páginas 20-21, é outra oportunidade de explorar essas considerações). Na foto do Lago Inle, definitivamente, vale a pena que o formato das nuvens faça parte da imagem, mas as nuvens são de tom muito delicado para que simplesmente se use um ângulo de lente mais aberto e, assim, uma porção maior do primeiro plano, escuro, seja incluída. Elas podem ser registradas apropriadamente apenas se a proporção de terra for drasticamente reduzida de modo que não tome a foto por completo.

Por outro lado, se há alguma característica interessante no primeiro plano, isso encoraja um posicionamento mais elevado da linha do horizonte. De fato, se o céu não tem valor gráfico e o primeiro plano está repleto de coisas interessantes, pode fazer mais sentido inverter qualquer subdivisão que se escolha e situar o horizonte muito próximo ao topo do quadro.

Não é preciso dizer que não há posição ideal, nem mesmo para uma determinada cena ou ângulo de visão. Considerando-se isso, e o tipo de decisões recém mencionadas, deve haver boas razões para experimentar diferentes posições. Contudo, não faz muito sentido simplesmente começar de baixo e ir progressivamente subindo a linha sem considerar as influências e razões pra tal. Como ilustra o par de fotografias tiradas no Monument Valley, posições diferentes da linha do horizonte podem ter a mesma validade, dependendo das circunstâncias da foto e, também, do gosto pessoal.

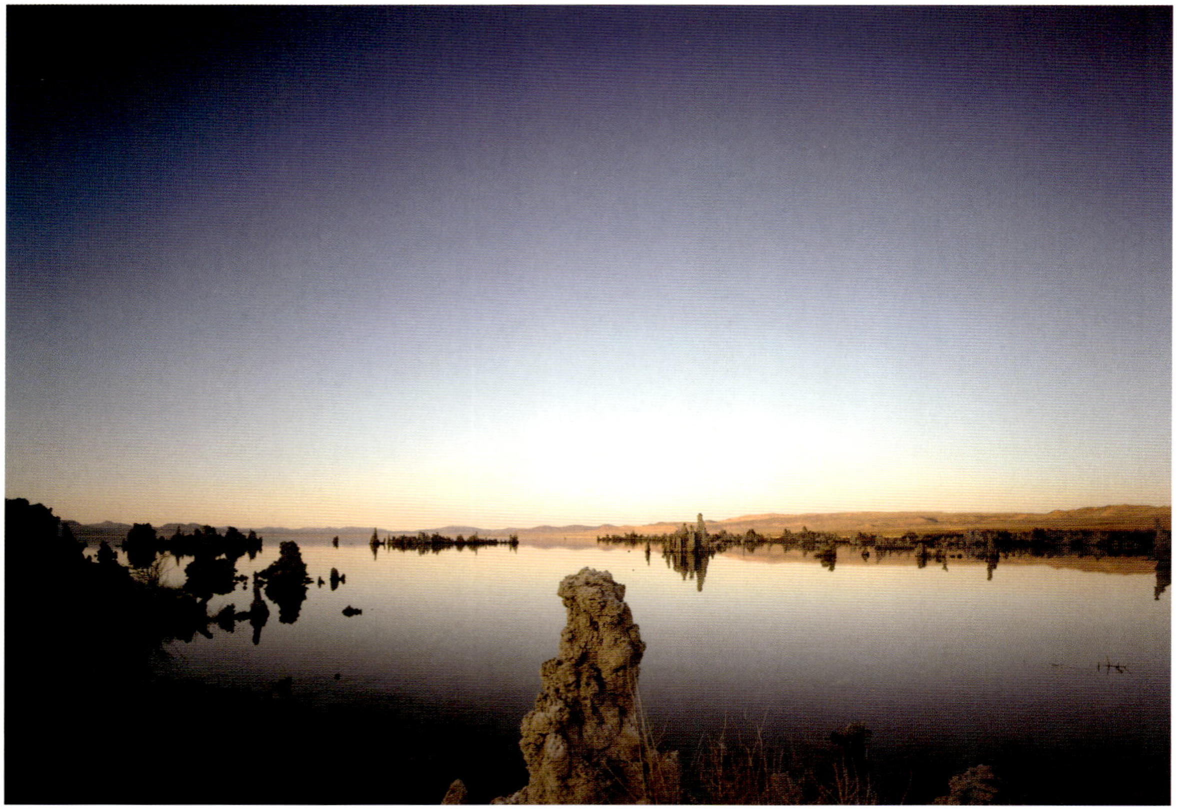

◄ UMA POSIÇÃO BAIXA, NATURAL
Nesta cena do Mono Lake, na Califórnia, o horizonte não é interrompido e o céu está sem nuvens, o que simplifica os fatores que influenciam seu posicionamento. Esta posição aproxima-se da Razão Áurea (ver página 26).

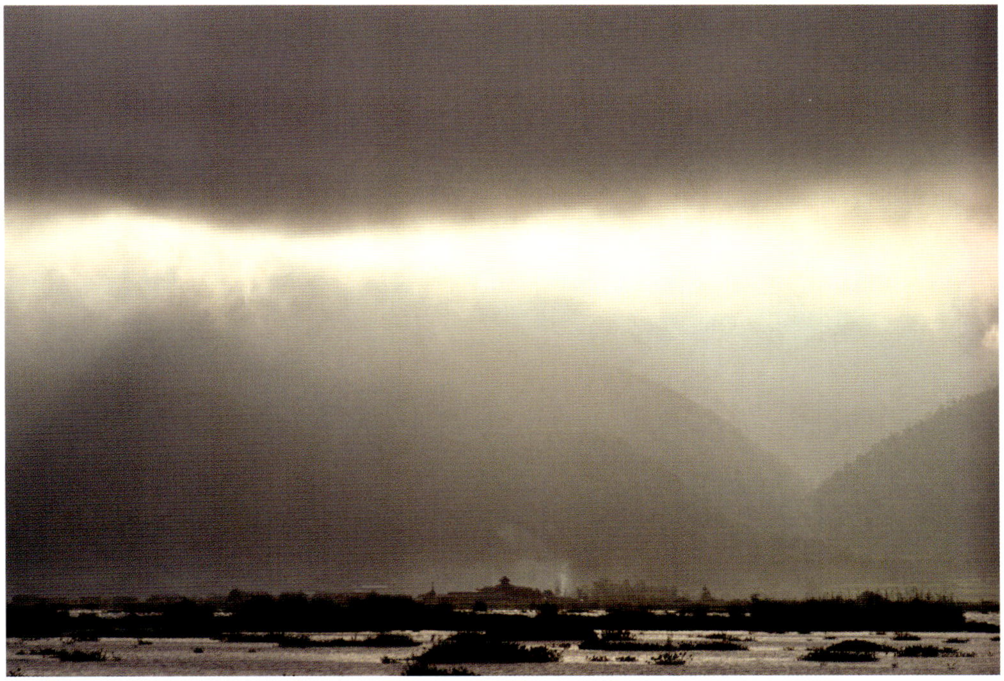

▲ FAVORECENDO O CÉU
O céu com atmosfera e as montanhas nesta foto teleobjetiva do Lago Inle, na Birmânia, justificam um posicionamento mais baixo e evitam o que poderia vir a ser uma situação de primeiro plano desfocado.

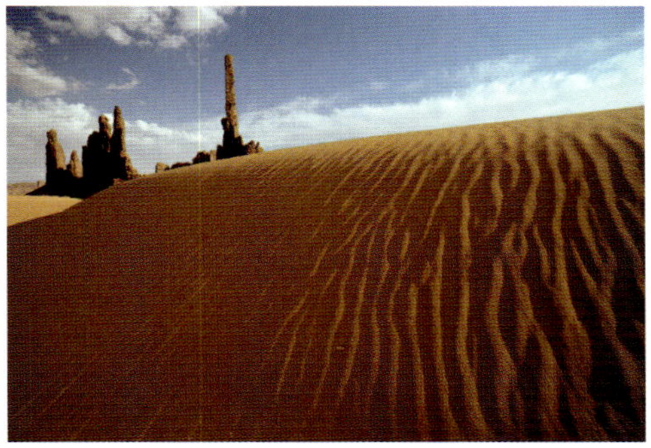

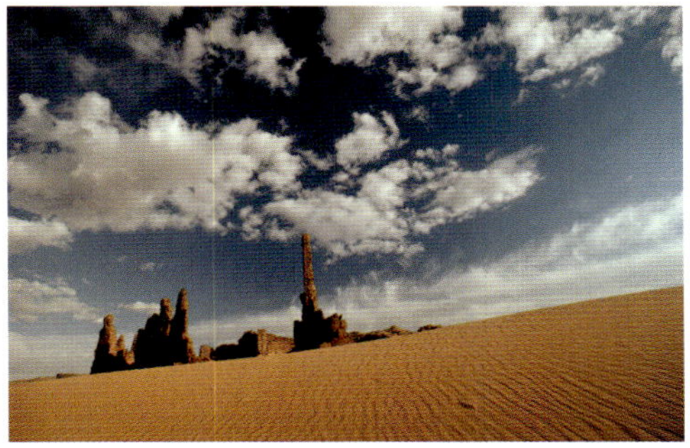

▲ QUESTÃO DE ALTO OU BAIXO
O Totem e as Rochas Yei-Bichei, no Monument Valley, vistos dos pés de uma duna de areia. A cena com a textura da duna arada pela luz do sol e o padrão formado pelas nuvens competem pelo interesse, sugerindo duas alternativas de enquadramento igualmente válidas.

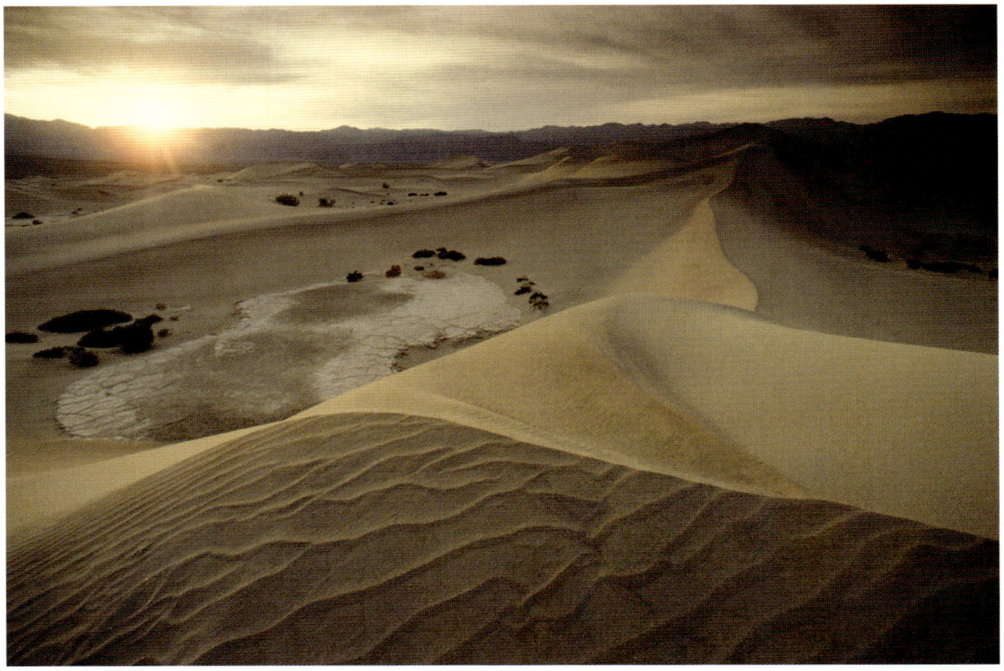

◄ DESPREZANDO O CÉU
Uma vista grande-angular das dunas de areia do Vale da Morte situa o interesse no detalhe das ondulações. O sol poente deixa o horizonte suficientemente interessante, sem ser preciso mais céu na composição.

QUADROS DENTRO DE QUADROS

Uma das construções de design fotográfico das quais mais se pode esperar sucesso é o quadro interno. Assim como ocorre com qualquer fórmula de design já estabelecida, ele corre verdadeiro risco de ser superutilizado e é um clichê em potencial, mas tais riscos são apenas evidência do fato de que realmente funciona. Ele só precisa de um pouco mais de cuidado e imaginação ao ser aplicado.

O atrativo dos quadros dentro de quadros tem a ver, em parte, com composição, mas, em nível mais profundo, está relacionado à percepção. Quadros como os mostrados aqui e em algumas páginas que se seguem realçam o aspecto dimensional que tem uma fotografia, enfatizando que o espectador está olhando através de um plano para outro. Como veremos em outros pontos neste livro, uma das questões recorrentes na fotografia é justamente o que acontece quando se converte uma cena completamente tridimensional para uma foto bidimensional. É uma questão mais central à fotografia do que à pintura ou à ilustração, por causa das raízes essencialmente realistas da fotografia. Quadros dentro de fotografias têm o efeito de conduzir o espectador através deles; em outras palavras, são um tipo de janela. Há uma relação entre o quadro da fotografia e um passo inicial pelo qual a atenção do espectador é atraída para dentro (os cantos são particularmente importantes neste caso). Logo após, há um impulso implícito de avanço através do quadro. Walker Evans, por exemplo, frequentemente fez uso deliberado desse artifício. Como Belinda Rathbone escreve em sua biografia, "Por terem olhado através de janelas , varandas e das esquinas, isso deu a elas uma nova dimensão e poder e, até mesmo, uma aura de revelação."

A outra parte do atrativo consiste em um quadro interno ser evidência de organização ao traçar uma fronteira em torno da imagem principal. Uma medida de controle foi imposta à cena. Foram estabelecidos limites, contendo a imagem para que não se esparramasse além dos limites do quadro. Certos sentimentos de estabilidade e, até mesmo, de rigidez entram nessa composição e esse tipo de fotografia carece das associações casuais e despreocupadas que você pode ver, por exemplo, na fotografia jornalística ou de reportagem clássicas. O resultado disso é que quadros dentro de quadros são atraentes para certo aspecto de nossas personalidades. É uma parte fundamental da natureza humana querer impor controle sobre o ambiente e colocar estruturas em imagens é corolário imediato disso. Sentimos satisfação em ver que os elementos de uma foto foram definidos e posicionados segundo algum tipo de controle.

Em nível puramente gráfico, os quadros focam a atenção do espectador porque estabelecem uma direção que diminui progressivamente vindo do quadro externo da foto. O quadro interno atrai o olho na razão de um passo, particularmente se tiver forma similar ao formato da foto. Esse impulso é, então, facilmente prolongado, conduzindo mais para dentro da foto. Outra importante oportunidade de design a se notar é a relação de formas entre os dois quadros. Como vimos na dinâmica do quadro básico, os ângulos e formas estabelecidos entre os limites da foto e também as linhas dentro da imagem são importantes. Esse é o caso especialmente quando se tem uma borda contínua dentro da foto. A relação gráfica entre os dois quadros é mais forte quando a separação entre eles é estreita.

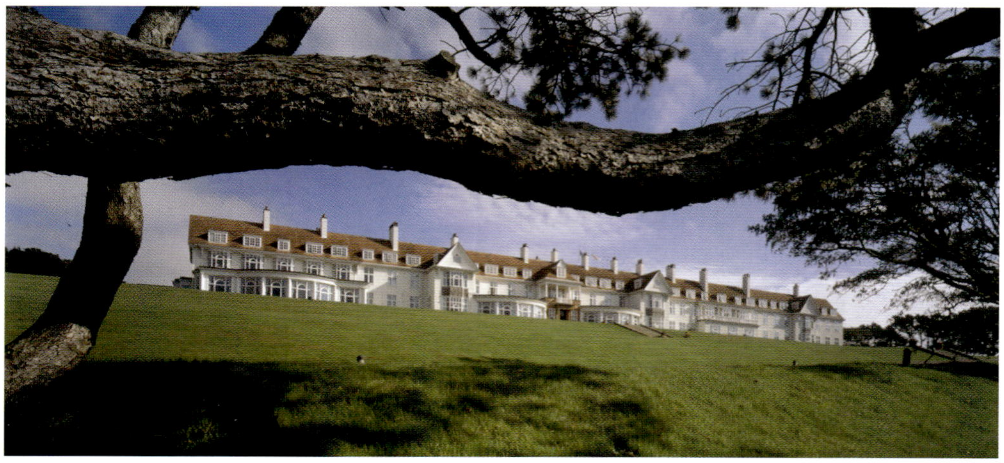

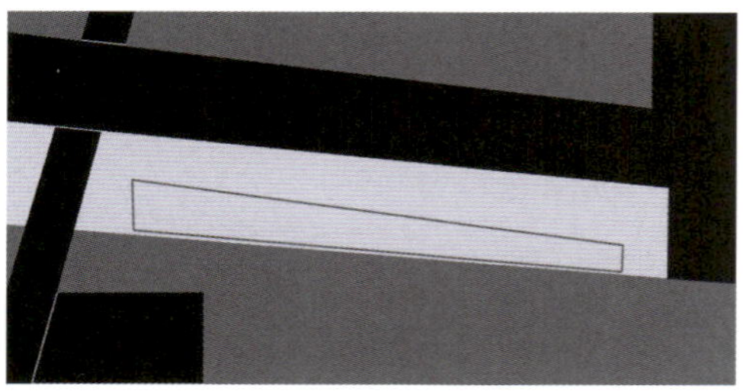

◂▴ REALÇANDO A PERSPECTIVA
O quadro natural formado pela árvore em primeiro plano, a partir de um posicionamento de câmera baixo e preciso (um ponto com pouca latitude para movimento), ajuda a fortalecer uma composição na qual os olhos são conduzidos por baixo dos galhos e gramado acima indo em direção à casa.

➤ PONTE DE MANHATTAN
Estas duas fotografias do Empire State Building e da Ponte de Manhattan, em Nova York, tiradas a uma curta distância uma da outra, mostram como a técnica do quadro-dentro-de-quadro pode alterar a dinâmica da imagem. Na primeira fotografia, o ponto de vista foi escolhido de modo que a imagem do prédio topasse direto com a borda da torre da ponte. Aqui, a dinâmica principal é a da correspondência de formas, levando o olho a mover-se entre as duas, como mostrado no primeiro diagrama. De um ponto de vista ligeiramente à direita, pode-se ajustar o prédio perfeitamente dentro do arco central da torre. Agora, o olho é direcionado adentro, em direção ao prédio, e em três passos, como mostrado pelas setas no segundo diagrama. Mais uma vez, o quadro interno estrutura as imagens mais formalmente.

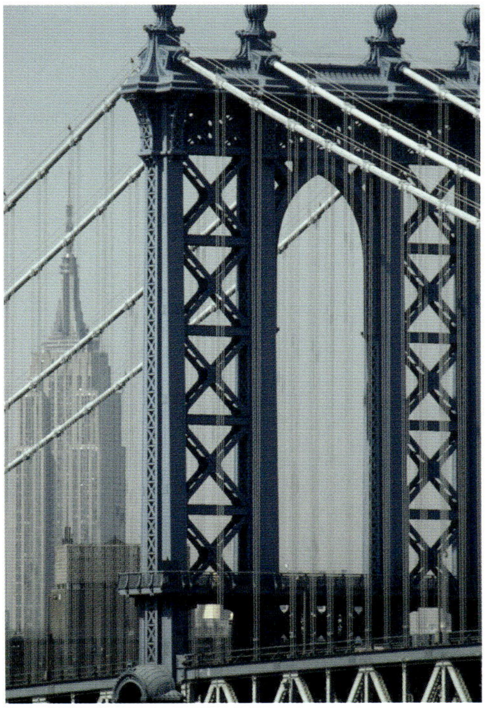

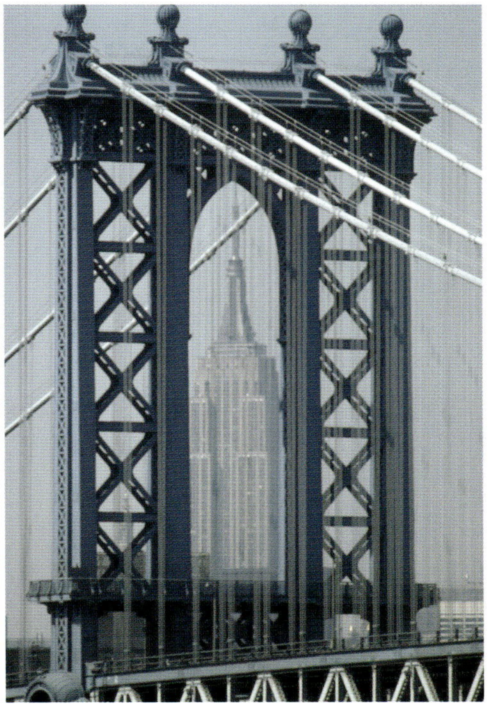

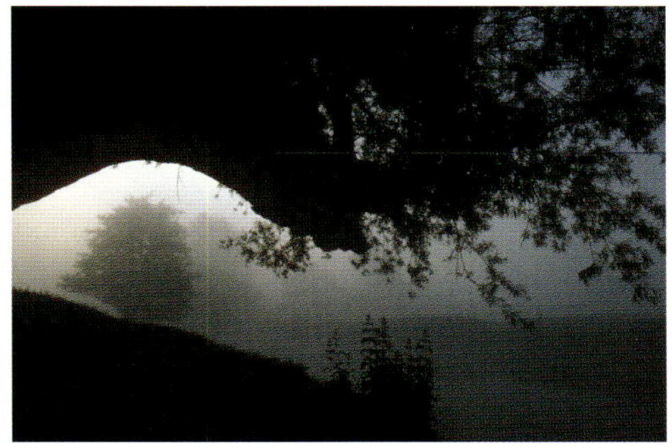

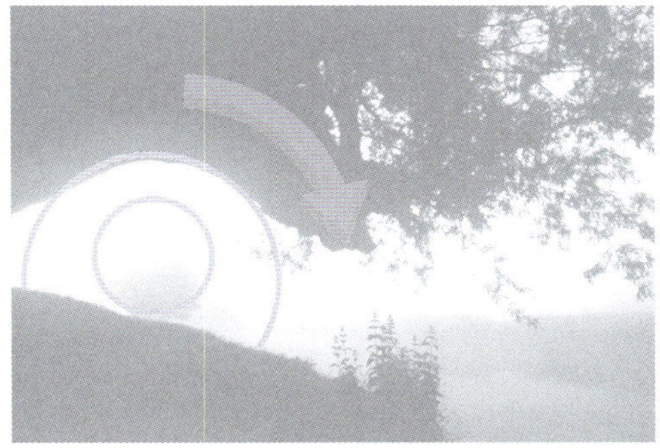

▲ INTRODUZINDO MOVIMENTO
O sucesso no uso de quadros internos deve-se, em boa parte, à identificação da correspondência correta entre formas, seguida de uma combinação entre posicionamento de câmera e distância focal que possam fazer o encaixe. Neste caso, a ondulação do galho de silhueta bem marcada em primeiro plano cria um vetor rotativo para dar mais vida à imagem.

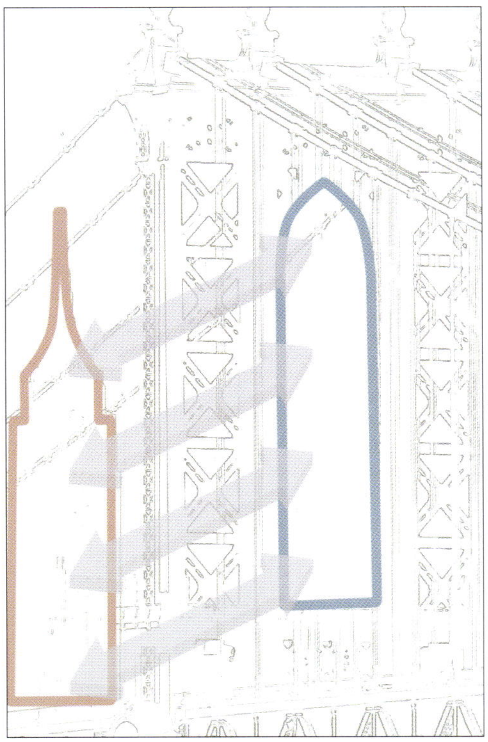

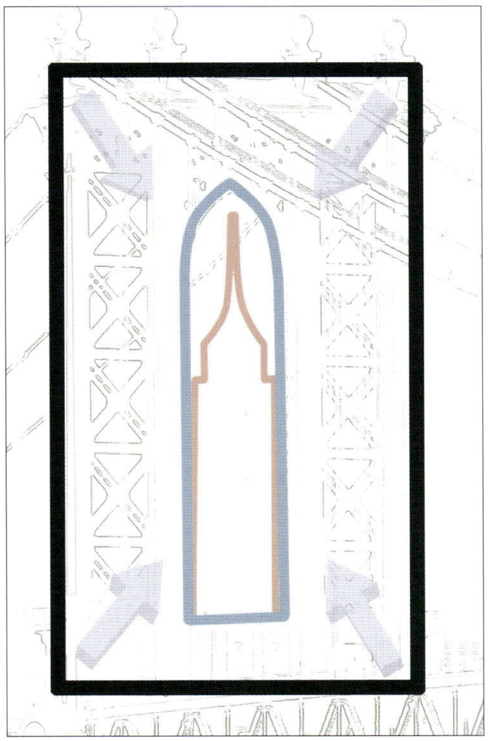

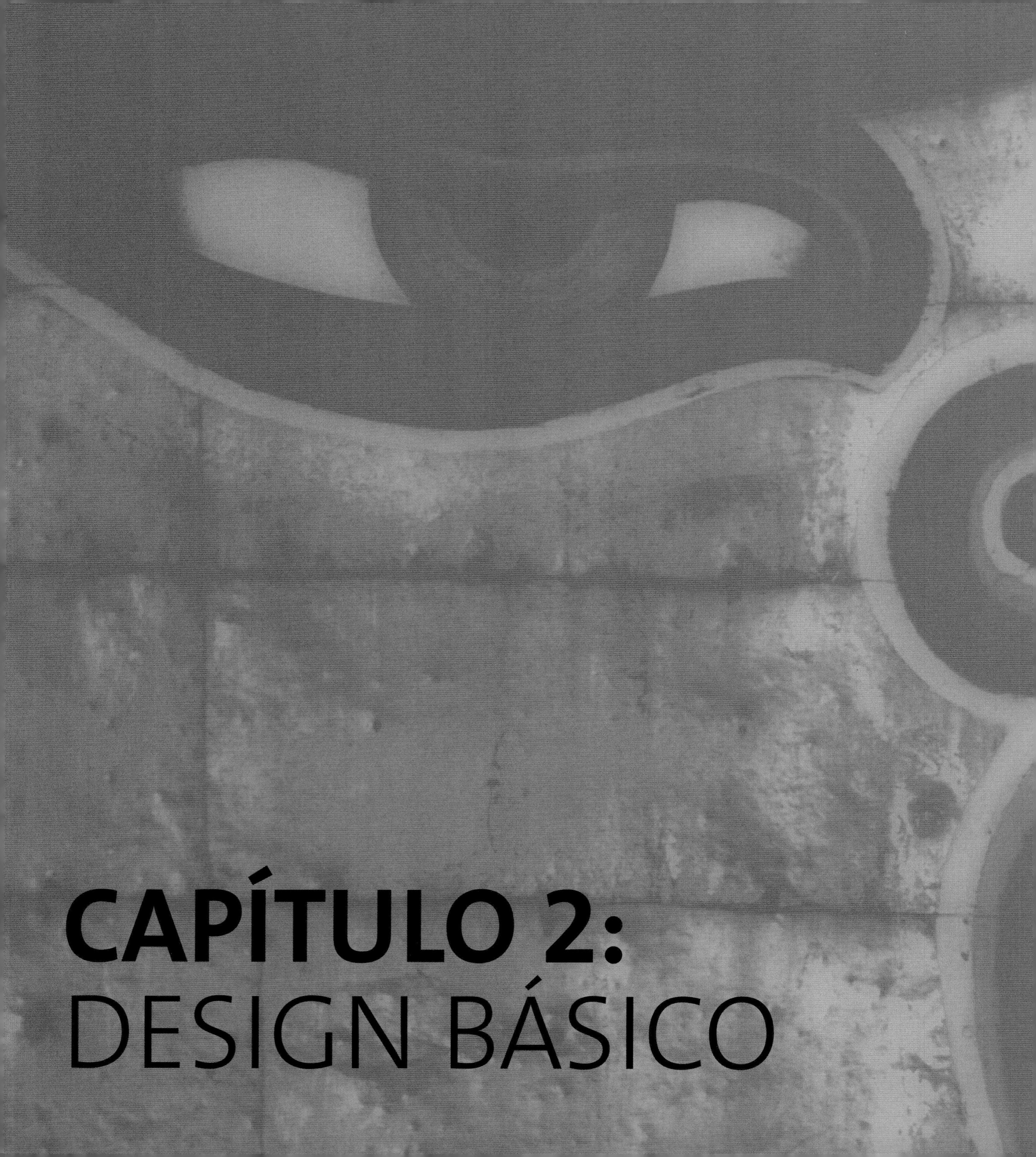

CAPÍTULO 2:
DESIGN BÁSICO

A composição é, essencialmente, a organização, o ordenamento de todos os elementos gráficos possíveis dentro do quadro. Isso é design básico, e a fotografia tem as mesmas necessidades fundamentais a esse respeito que qualquer outra arte gráfica. O perigo também é o mesmo – o de que, ao detalhar uma técnica no papel, isso possa levá-la a ser interpretada como um conjunto de regras dogmáticas. É particularmente importante tratar o design básico como uma forma de investigação, uma atitude mental e um resumo dos recursos disponíveis. Não é uma solução rápida.

Podemos encontrar uma analogia, muito útil, com a linguagem. Considerando o quadro, que acabamos de ver, como contexto ou palco dos acontecimentos, o design básico é a forma, a gramática; os elementos gráficos, no próximo capítulo, são o vocabulário; e o processo, no último capítulo, é a sintaxe – o modo, por meio do qual as formas são reunidas, definindo, em última instância, sua natureza.

Os princípios do design para a fotografia são, até certo ponto, diferentes daqueles para a pintura e a ilustração. Geralmente, não se ganha nada em especial fazendo essas comparações, mas é importante entender que existem princípios objetivos de design; isto é, eles existem apesar do gosto individual. Eles explicam por que certas fotografias criam a impressão que criam e por que certos modos de organizar a imagem têm efeitos previsíveis.

Os dois princípios mais fundamentais são o contraste e o equilíbrio. O contraste enfatiza as diferenças entre os elementos gráficos em uma foto, seja contraste de tom, cor, forma ou o que seja. Dois elementos contrastantes reforçam um ao outro. O equilíbrio está intimamente relacionado ao contraste; é a relação ativa entre elementos que se opõem. Se for solucionado o equilíbrio (entre blocos de cor, por exemplo), há uma sensação de harmonia na imagem. Se ele não puder ser determinado, a imagem parece instável e uma tensão visual permanece sem solução.

Os dois extremos, e todas as variedades de equilíbrio entre eles, têm seus usos em fotografia. O olho busca a harmonia, ainda que isso não faça desta uma regra de composição. Negar o equilíbrio perfeito ao olho pode resultar em uma imagem mais interessante e ajudar a provocar a resposta que o fotógrafo deseja. A composição efetiva não está comprometida com a produção de imagens delicadas segundo proporções facilmente reconhecíveis. Geralmente, ela satisfaz visualmente, mas, em última instância, o bom design é funcional. Ele começa pela clareza que o fotógrafo tem quanto ao potencial fotográfico de uma cena e sobre qual deve ser o efeito da imagem.

Finalmente, o design precisa trabalhar dentro dos limites do que seu público já sabe sobre fotografias. Esse público pode não saber nada sobre técnicas de design, mas tem certo entendimento das convenções, baseado na familiaridade adquirida pelo contato com inúmeras imagens. O foco nítido, por exemplo, entende-se que marca os pontos de interesse e atenção. Certos modos de compor uma imagem são considerados normais, de modo que pressupõem-se padrões; a fotografia pode ir contra ou ao encontro destes, de acordo com a intenção do fotógrafo.

CONTRASTE

A revisão mais fundamental da teoria do design no século XX ocorreu na Alemanha nos anos 1920 e seu foco foi a Bauhaus. Fundada em 1919, em Dessau, essa escola de arte, design e arquitetura foi muito influente por causa de sua abordagem experimental, questionadora dos princípios do design. Johannes Itten conduziu o Curso Básico na Bauhaus. Sua teoria da composição estava enraizada em um simples conceito: contrastes. O contraste entre claro e escuro (chiaroscuro), entre formas, cores e até sensações foi a base para a composição de uma imagem. Um dos primeiros exercícios que Itten preparava para os alunos era descobrir e ilustrar as diferentes possibilidades de contraste. Entre outras, essas incluíam grande/pequeno, comprido/curto, liso/áspero, transparente/opaco e assim por diante. Esses exercícios eram voltados à arte, mas podem tranquilamente ser adaptados à fotografia.

A intenção de Itten era "despertar uma sensibilidade vital para com o assunto através de uma observação pessoal" e o seu exercício era um meio de mergulhar e explorar a natureza do design. Eis uma adaptação para a fotografia de seus exercícios.

O projeto tem duas partes. A primeira até que é mais fácil – produzir pares de fotografias que contrastem umas com as outras. O modo mais fácil de fazer é selecionando a partir de fotografias que você já fez, escolhendo aquelas que melhor apresentam certo contraste. Um modo mais exigente, porém mais rico, é sair e procurar imagens que ilustrem um tipo pré-planejado de contraste – fotografando por encomenda.

A segunda parte do projeto consiste em combinar em uma fotografia os dois polos de contraste, um exercício que pede um pouco mais de imaginação. Não há restrições quanto ao tipo de contraste e ele pode ter a ver com a forma (claro/escuro, borrado/nítido) ou com qualquer aspecto do conteúdo. Por exemplo, pode ser o contraste em um conceito, como contínuo/intermitente, ou algo não visual, como barulhento/silencioso. A lista na caixa abaixo foi tirada do exercício original de Itten na Bauhaus.

Educador apaixonado, Itten quis que seus alunos abordassem esses contrastes por três vias; "eles devem vivenciá-los com seus sentidos, objetificá-los intelectualmente e realizá-los sinteticamente." Isto é, cada aluno deveria, primeiro, tentar experimentar a sensação de cada contraste sem imediatamente pensá-lo como imagem; depois, listar os modos de desdobrar essa sensação e, finalmente, fazer imagem. Por exemplo, para "muito/pouco", uma primeira impressão que se poderia ter é a de um grupo enorme de coisas com uma delas se destacando por ser diferente de algum modo. Por outro lado, ela poderia ser tratada como um grupo de coisas com um objeto idêntico que se afasta apenas um pouco do grupo, portanto, está isolado. Esses são apenas dois tratamentos entre muitos possíveis.

OS CONTRASTES DE ITTEN

Ponto/linha	Área/linha
Plano/volume	Área/corpo
Grande/pequeno	Linha/corpo
Alto/baixo	Liso/áspero
Comprido/curto	Duro/suave
Largo/estreito	Parado/em movimento
Grosso/fino	Leve/pesado
Claro/escuro	Transparente/opaco
Preto/branco	Contínuo/intermitente
Muito/pouco	Líquido/sólido
Reto/curvo	Doce/amargo
Pontilhado/contínuo	Forte/fraco
Horizontal/vertical	Alto (som)/baixo
Diagonal/circular	

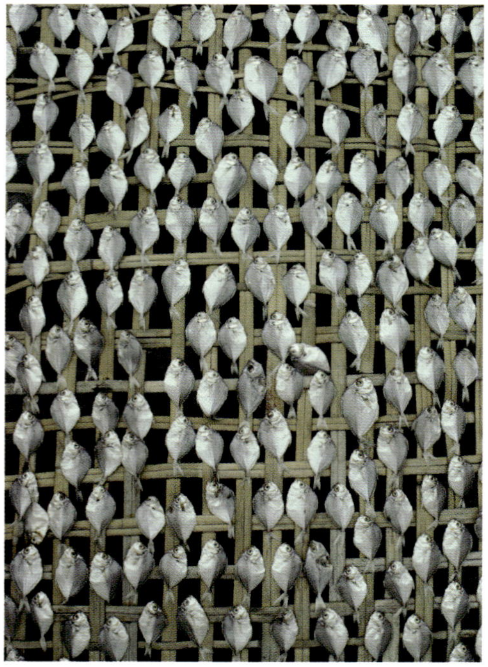

MUITOS
Para maximizar a impressão de quantidade, esta foto de peixes secando foi composta bem junto às bordas da armação, mas não além, de modo que os peixes parecem estenderem-se para além das bordas do quadro.

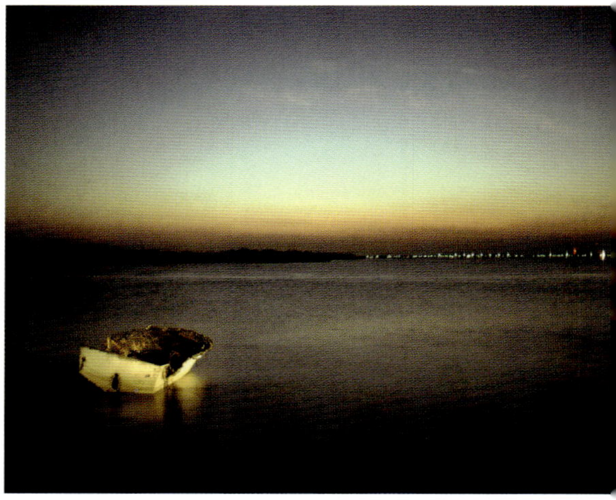

UM
Uma lente grande-angular realça a perspectiva, para enfatizar o isolamento deste barco abandonado, separando-o da praia distante. A composição ajuda eliminando outros pontos de atenção alheios à cena.

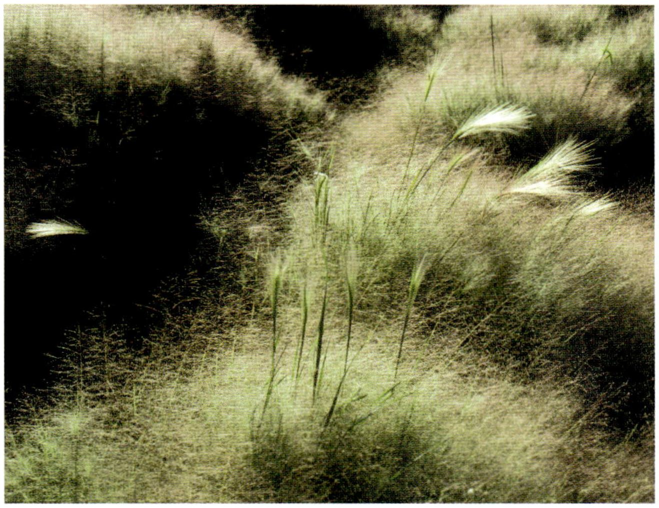

SUAVE
A textura fininha do gramado deste brejo perto do Mono Lake, na Califórnia, mostra-se ainda mais fina quando se escolhe um ponto de vista contra o sol.

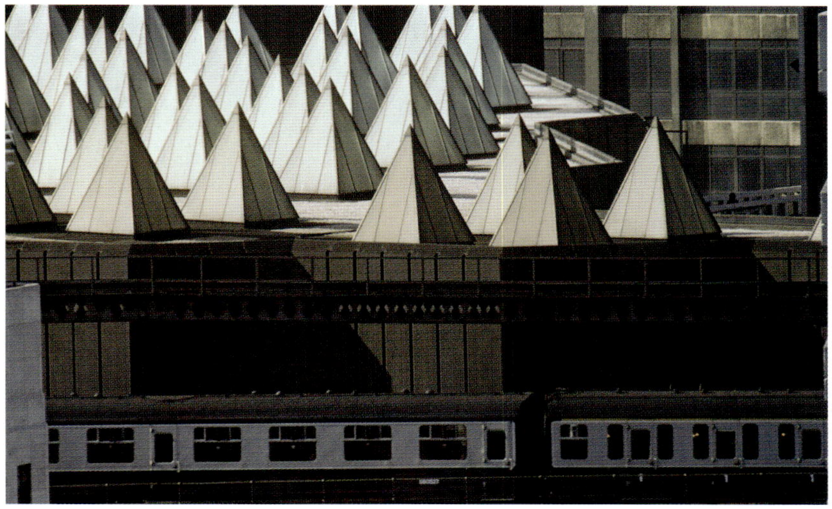

DURO
A iluminação pobre, a locação urbana maçante e o efeito achatador de uma teleobjetiva, tudo contribui para a qualidade pontiaguda, agressiva destes telhados piramidais arquitetônicos.

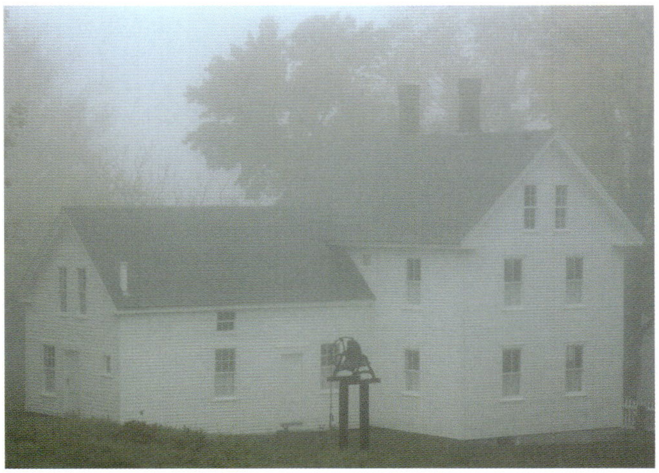

BAIXO-CONTRASTE
O baixo-contraste nesta cena de um vilarejo Shaker, no Maine, deve-se inteiramente à qualidade da iluminação: neblina matutina.

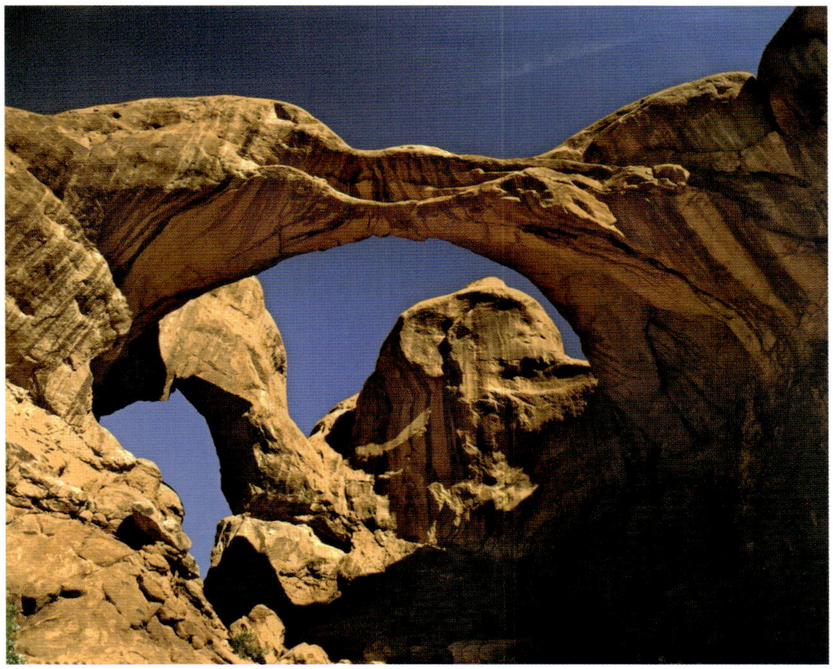

CONTRASTADO
O efeito de iluminação de altíssimo contraste é produzido pelo sol alto em tempo limpo e ar despoluído. O forte relevo destes arcos rochosos cria sombras profundas e com pouca variação.

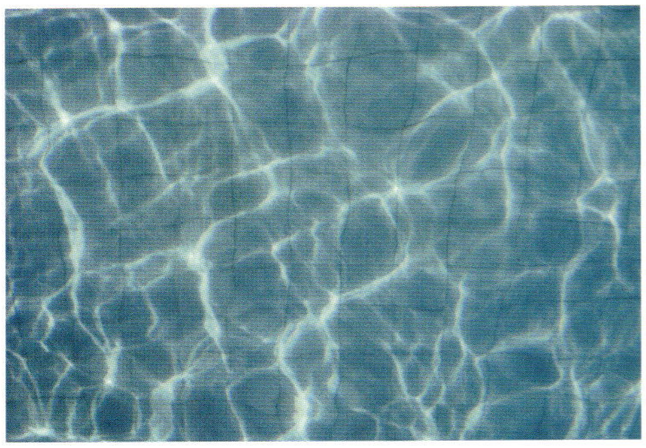

LÍQUIDO
A água e outros líquidos não têm forma intrínseca, por isso um método comum de representá-los é como gotas ou como fluxos caindo sobre um fundo não líquido. Aqui, entretanto, os padrões ondulatórios da luz solar produzem tal efeito em uma piscina, tornando possível fotografar nada mais além da água.

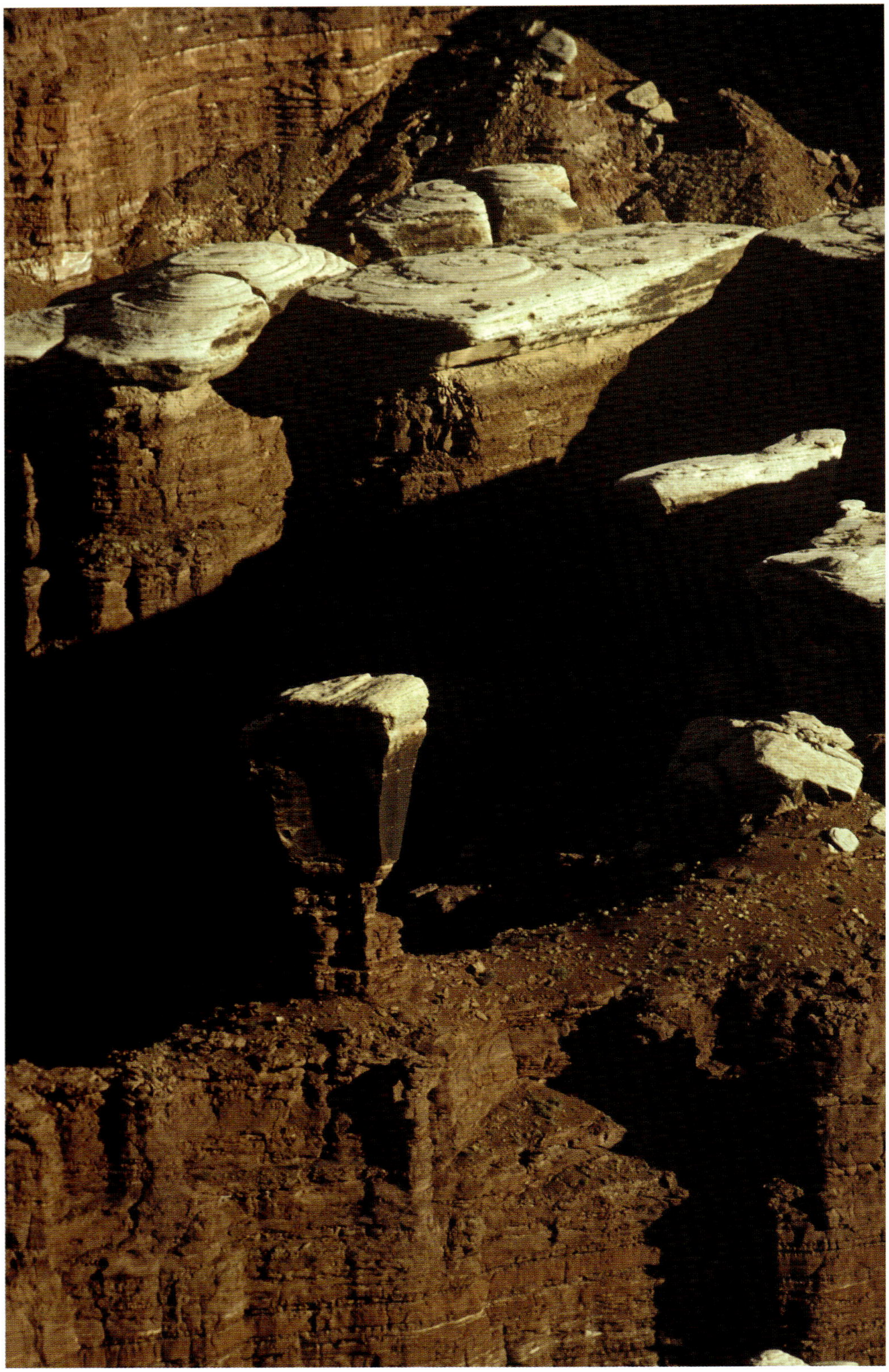

SÓLIDO
A iluminação dura e a textura áspera e seca dão a impressão de solidez rochosa. Uma teleobjetiva comprime a vista destes desfiladeiros em uma estrutura que lembra um muro, preenchendo o quadro.

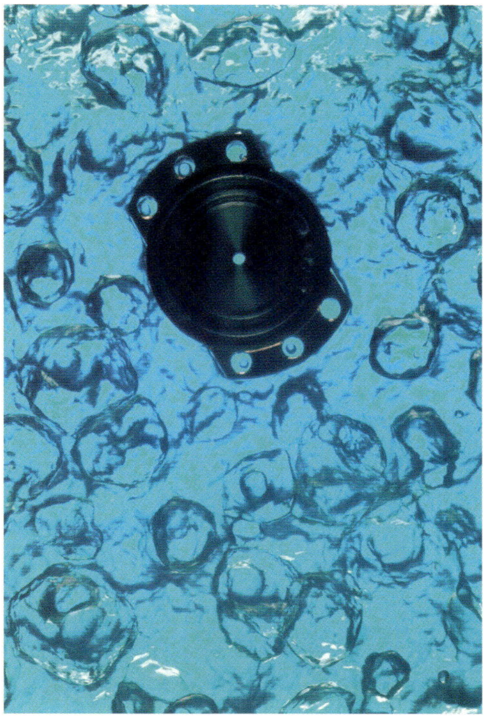

SÓLIDO/LÍQUIDO
Combinando os dois contrastes mostrados na página ao lado em um, esta natureza-morta mostra um dispositivo metálico supercondutor em seu banho refrigeratório de nitrogênio líquido, borbulhando à alta temperatura do estúdio.

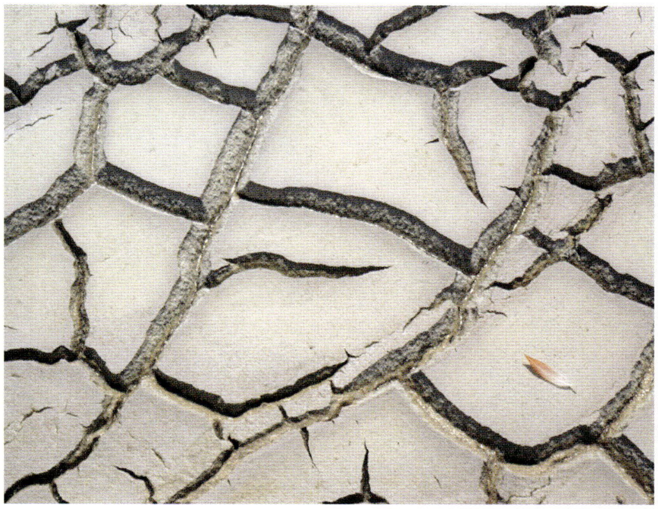

SUAVE/DURO
A pena rosa de um flamingo caída sobre a lama rachada e seca na reserva mexicana de Rio Lagartos, em Yucatan.

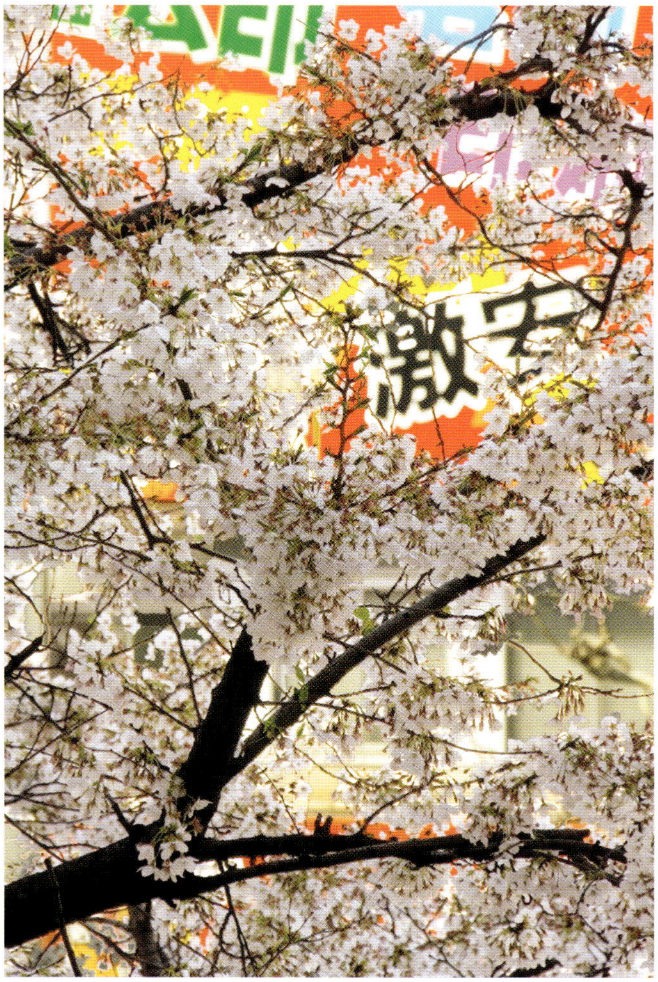

DELICADO/AGRESSIVO
A semana do florescer das cerejeiras no Japão é um feriado para se admirar as delicadas flores cor-de-rosa. Aqui, contudo, são vistas contra cartazes berrantes em Tóquio. O contraste é ainda mais gritante em japonês, já que nos cartazes se lê "muito barato!".

PERCEPÇÃO DA GESTALT

A psicologia da Gestalt foi fundada na Áustria e na Alemanha no início do século XX. Embora algumas de suas ideias tenham sido abandonadas há muito tempo (por exemplo, a de que objetos vistos formam traços de formas semelhantes às suas no cérebro), ela passou por uma importante revitalização em sua abordagem do reconhecimento visual.

A moderna teoria da Gestalt aborda a percepção de modo holístico. Ela toma por base o princípio de que o todo é maior que a soma de suas partes e de que, ao ver uma cena ou imagem inteira, a mente dá um salto repentino do reconhecimento dos elementos individuais para o entendimento da cena em sua integralidade. Apreciar o significado maior da imagem inteira e, de súbito, compreendê-la intuitivamente são dois conceitos que, a princípio, podem parecer díspares com o que já é sabido sobre como olhamos para as imagens. (O princípio de que construímos uma imagem a partir de uma série de movimentos rápidos dos olhos é explorado mais extensivamente nas páginas 60-61) Contudo, na realidade, a teoria da Gestalt adaptou-se à pesquisa experimental e, apesar de suas afirmações por vezes vagas, oferece algumas explicações válidas a respeito dos complexos processos da percepção. A sua importância para a fotografia está principalmente em suas leis da organização. Essas leis sustentam a maioria dos princípios de composição de imagens, particularmente neste e no próximo capítulo.

A palavra "Gestalt" não tem tradução perfeita, mas refere-se ao modo como algo foi *gestellt*, isto é, "situado" ou "agrupado", tendo óbvia relevância para a composição. A psicologia da Gestalt, enquanto modo de entender a percepção, oferece uma alternativa ao modo atomístico, iterativo (passo a passo), de funcionamento dos computadores e imagens digitais, além de enfatizar o valor do *insight*. Outro princípio da Gestalt é a "otimização", favorecendo a clareza e a simplicidade. Aliado a este está o conceito de *pragnanz* (precisão), que diz que, quando o entendimento ocorre como um todo ("compreender a imagem"), ele envolve mínimo esforço.

As leis da Gestalt para a organização, listadas na caixa, vão mais longe, explicando os modos pelos quais os elementos gráficos nas fotografias, tais como linhas em potencial, pontos, formas e vetores, são "completados" nas mentes dos espectadores e como entende-se que animam e dão equilíbrio a uma imagem. Uma das leis mais importantes, e também mais fáceis de compreender, é a lei do fechamento. Ela costuma ser ilustrada pelo bem-conhecido triângulo de Kanizsa (ilustrado ao lado). Podemos ver esse princípio seguidamente na fotografia, quando certas partes de uma composição sugerem uma forma e essa forma percebida, então, ajuda a dar estrutura à imagem. Em outras palavras, uma forma implícita tende a fortalecer a composição. Ela ajuda o espectador a entendê-la. Os triângulos estão entre as mais potentes formas "induzidas por fechamento" da fotografia. O exemplo ilustrado ao lado, porém, é de certo modo mais incomum, por apresentar um círculo duplo.

Como veremos em maior detalhe ao chegarmos no processo de fotografar (no Capítulo 6), criar e ler uma fotografia envolve muito o princípio de dar sentido a uma imagem, de tomar a entrada visual e tentar ajustá-la a alguma hipótese que explique sua aparência. A teoria da Gestalt introduz a ideia de reagrupar e reestruturar os elementos visuais de modo que façam sentido enquanto imagem inteira – também conhecida como "fenômeno phi". Entretanto, enquanto a teoria da Gestalt é usada no design instrucional – por exemplo, para eliminar confusão e acelerar o reconhecimento (em diagramas, teclados, plantas e assim por diante) –, na fotografia, ela pode desempenhar um papel oposto ainda que igualmente valioso.

Como veremos ao chegarmos ao Capítulo 5, Intenção, há muitas vantagens em desacelerar a maneira como as pessoas veem uma fotografia, de modo a apresentar uma surpresa ou a envolvê-las mais profundamente na imagem (a "participação do espectador" de Gombrich, página 140). Por exemplo, o princípio da Emergência (ver caixa) é muito útil para explicar como a mente compreende, repentinamente, algo em uma fotografia que estava visualmente "escondido" (páginas 144-145, Retardo, trata disso com mais detalhes). Normalmente, na apresentação de informações, fazer a mente do espectador trabalhar mais não é considerado uma coisa boa, mas, na fotografia e em outras artes, isso se torna parte da recompensa que se recebe por ter visto a obra.

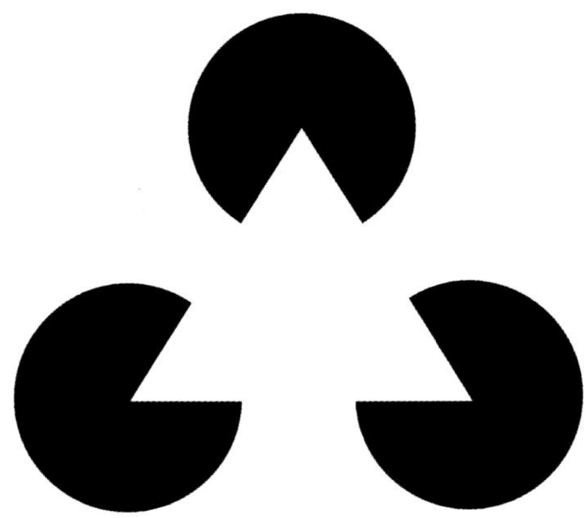

▲ O TRIÂNGULO DE KANISZA
A demonstração mais conhecida de fechamento é esta, projetada pelo psicólogo italiano Gaetano Kanisza, na qual as únicas formas são as de três círculos com fatias recortadas, mas, ainda assim, os olhos veem um triângulo.

PRINCÍPIOS E LEIS DA GESTALT

AS LEIS DA ORGANIZAÇÃO PERCEPTUAL DA GESTALT:

1. Lei da Proximidade. Os elementos visuais são agrupados na mente de acordo com o quão próximos estão uns dos outros.
2. Lei da Semelhança. Elementos que, de algum modo, são similares, pela forma ou conteúdo, tendem a ser agrupados.
3. Lei do Fechamento. Elementos arranjados mais ou menos juntos são vistos como que completando o contorno de uma forma. A mente busca completude.
4. Lei da Simplicidade. A mente inclina-se a explicações visuais que sejam simples; linhas, curvas e formas simples são preferidas, assim como a simetria e o equilíbrio.
5. Lei do Destino Comum. Assume-se que elementos agrupados movem-se e comportam-se como um só.
6. Lei da Continuidade. Similar à anterior, esta lei diz que a mente tende a continuar linhas e formas para além de suas extremidades.
7. Lei da Segregação. Para que uma figura seja percebida, deve destacar-se de seu fundo. Imagens com fundos compostos por figuras (ver página 48) exploram a incerteza da decisão sobre qual seja a figura e qual o fundo, com fins de interesse criativo.

O agrupamento desempenha um grande papel no pensamento da Gestalt, e isso é conhecido como "*chunking*" (fragmentação).

OS PRINCÍPIOS DA GESTALT INCLUEM:

1. Emergência. Partes de uma imagem que não contém informação suficiente para explicá-la, repentinamente, emergem como resultado de visualização por tempo suficientemente longo e, finalmente, apreende-se o sentido.
2. Reificação. A mente preenche uma forma ou área devido a dados visuais inadequados. Isso inclui o fechamento (acima).
3. Multiestabilidade. Em alguns casos, quando há indicações insuficientes de profundidade, um objeto pode ser visto como que se invertendo espontaneamente. Isso tem sido explorado mais nas artes (M. C. Escher, Salvador Dali) do que na fotografia.
4. Invariância. Os objetos podem ser reconhecidos apesar da orientação, rotação, aspecto, escala ou outros fatores.

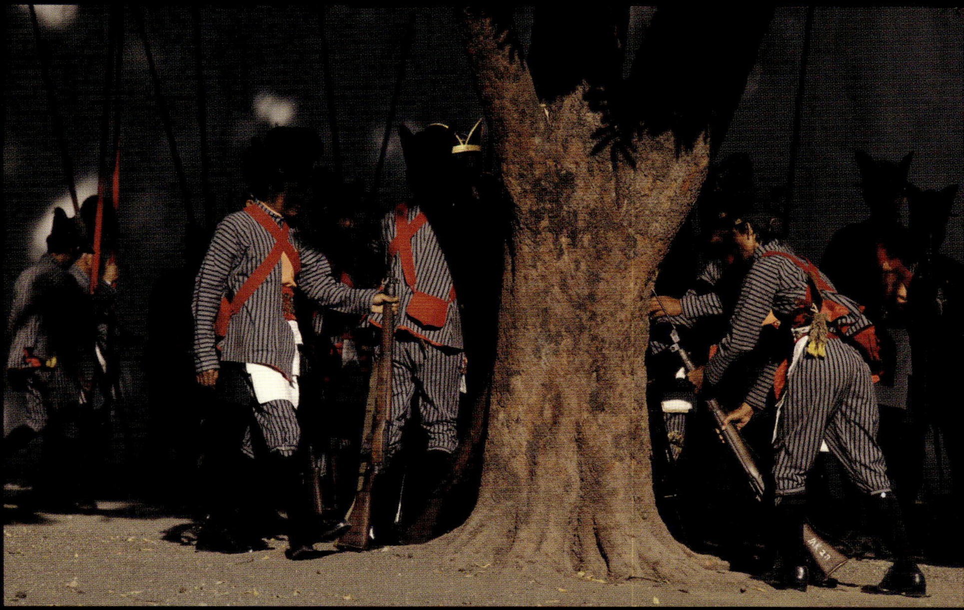

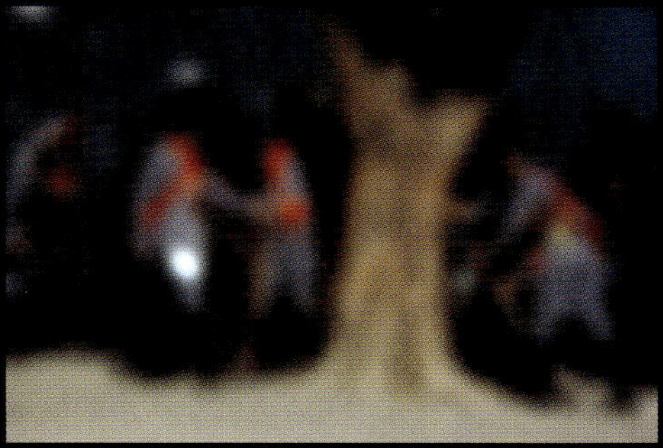

1

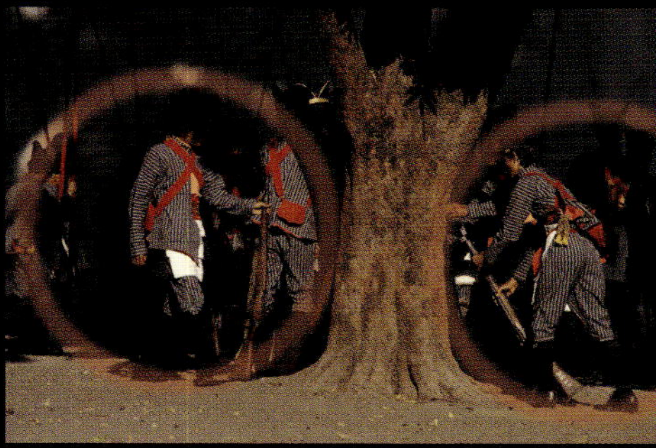

3

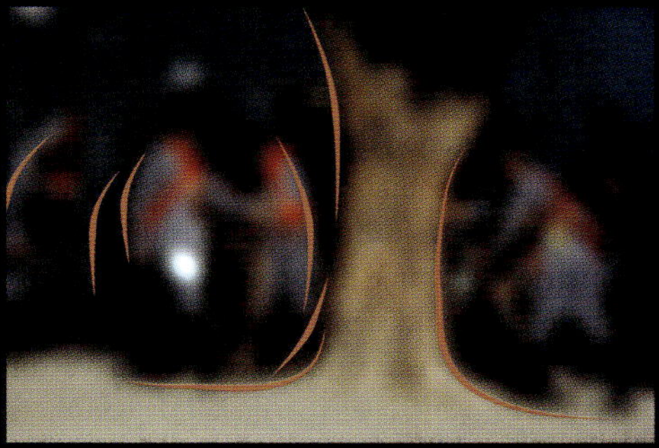

2

▲➤ FECHAMENTO PARA CÍRCULOS

A Lei do Fechamento governa muitas das técnicas de composição que ajudam a dar estrutura às imagens. Nesta fotografia de guardas cerimoniais na cerimônia anual de Garebeg no palácio de Yogyakarta, em Java, os olhos veem dois círculos aproximados, à esquerda e à direita, e isso ajuda a ordenar a imagem. Ainda assim, esses círculos são pura especulação. Em [1], as formas destacam-se mais ao aplicar-se um filtro de mediana para simplificar o que é visto. Em [2], as partes propriamente curvas foram marcadas, e podemos ver que estão longe de serem círculos completos, ainda assim, como destacado em [3], os círculos implícitos funcionam concentrando a atenção sobre os soldados uniformizados dentro deles. Esse é essencialmente o mecanismo demonstrado nas páginas 84-93 (que tratam do tema das formas).

EQUILÍBRIO

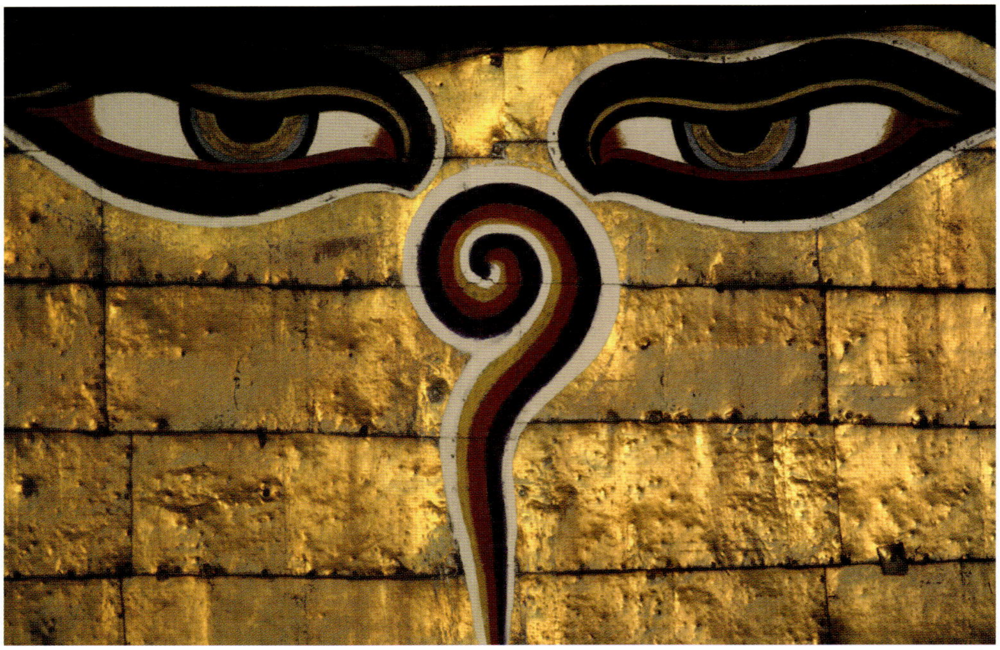

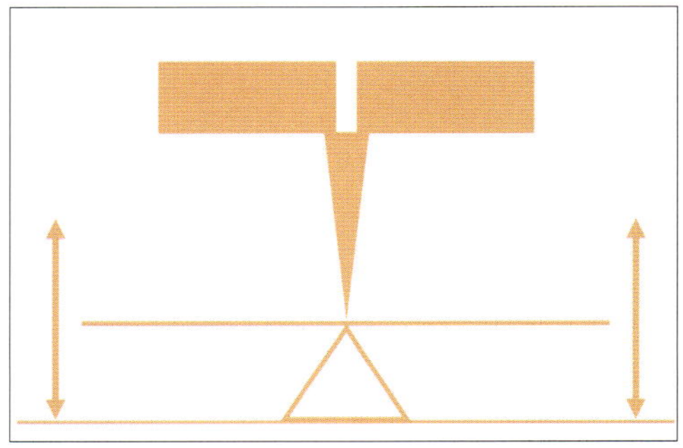

No coração da composição está o conceito de equilíbrio. Equilíbrio é a resolução da tensão, forças opostas que são equiparadas para dar um sentido de harmonia. É um princípio fundamental da percepção visual que o olho tente equilibrar uma força com outra. Equilíbrio é harmonia, resolução, uma condição que, intuitivamente, parece esteticamente agradável. Nesse contexto, o equilíbrio pode referir-se a qualquer elemento gráfico em uma figura (no Capítulo 3, analisaremos cada um deles).

Por exemplo, se considerarmos dois pontos fortes em uma figura, o centro do quadro torna-se uma referência contra a qual vemos suas posições. Em outra imagem, se uma linha diagonal cria um forte sentido de movimento em uma direção, o olho está ciente da necessidade de um sentido de movimento que se oponha a esse. Nas relações entre cores, contrastes simultâneos e sucessivos demonstram que o olho tentará dar seus próprios tons complementares.

Ao falar do equilíbrio de forças em uma figura, as analogias comuns tendem a ser as extraídas do mundo físico: gravidade, alavancas, pesos e pontos de apoio. Essas são analogias bastante razoáveis de se usar porque o olho e a mente tem uma resposta ao equilíbrio objetiva, real, que funciona de modo muito semelhante às leis da mecânica. Podemos desenvolver as analogias mais literalmente pensando em uma imagem como uma superfície equilibrada sobre um ponto, como uma balança. Colocando qualquer coisa em um lado da imagem – isto é, descentralizada –, ela torna-se desequilibrada, e sentimos a necessidade corrigir isso. Não importa se estamos falando de massas de tom, cor, um arranjo de pontos ou o que for. O objetivo é encontrar o "centro de gravidade" visual.

Considerando desta forma, há dois tipos diferentes de equilíbrio. Um é simétrico ou estático; o outro é dinâmico. No equilíbrio simétrico, o arranjo de forças é centralizado – tudo está equidistante do meio da figura. Podemos criar essa situação colocando o assunto de uma fotografia bem no meio do quadro. Na nossa analogia com a balança, ele ficaria bem em cima do ponto de apoio, do fulcro, do ponto de equilíbrio. Outro modo de atingir o mesmo equilíbrio estático é colocando dois pesos idênticos um em cada lado do centro, a distâncias iguais. Acrescentando a isso mais uma dimensão, vários elementos gráficos igualmente arranjados ao redor do centro têm o mesmo efeito.

O segundo tipo de equilíbrio visual opõe pesos e forças desiguais, dando, assim, mais vida à imagem. Na balança, um objeto grande pode ser balanceado por outro menor, contanto que este esteja suficientemente longe do fulcro. De modo análogo, um objeto gráfico pequeno pode opor com sucesso um objeto dominante, contanto que seja situado próximo às bordas do quadro. A oposição mútua é o mecanismo pelo qual, na maioria das vezes, atinge-se o equilíbrio. Ele é, obviamente, um tipo de contraste (ver Contraste, nas páginas 34-37).

Essas são as regras básicas do equilíbrio visual; porém, precisam ser tratadas com certa cautela. Tudo o que fizemos até agora foi descrever o modo pelo qual o equilíbrio atua em circunstâncias simples. Em muitas figuras, interagem uma variedade de elementos, e a questão do equilíbrio pode ser solucionada apenas intuitivamente, de acordo com o que parece estar certo. A analogia com a balança é boa até certo ponto – para explicar os fundamentos –, mas, certamente, eu não recomendaria usá-la de fato como auxílio à composição.

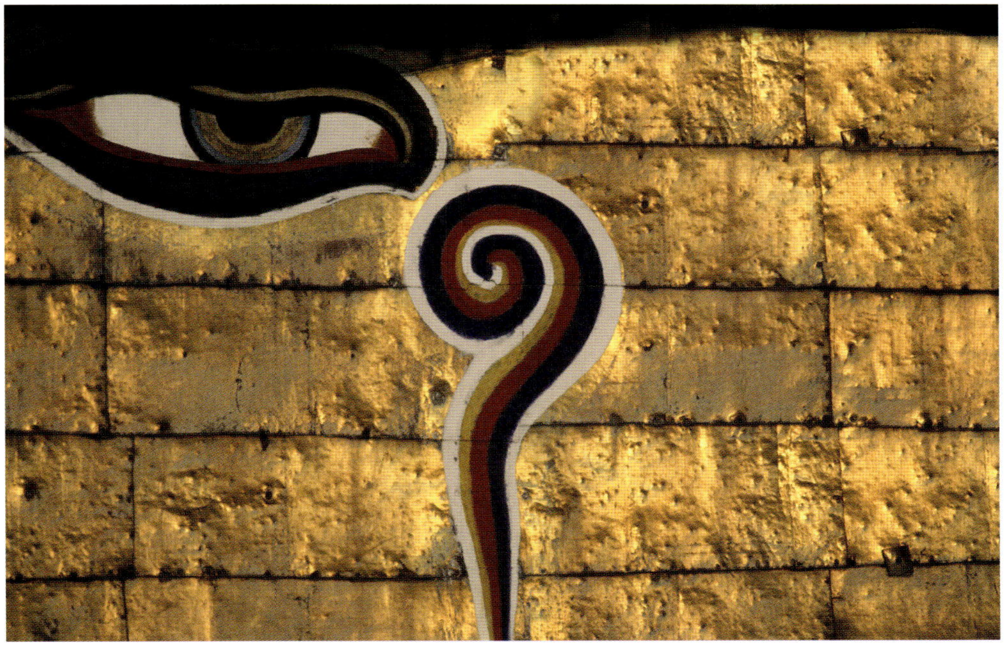

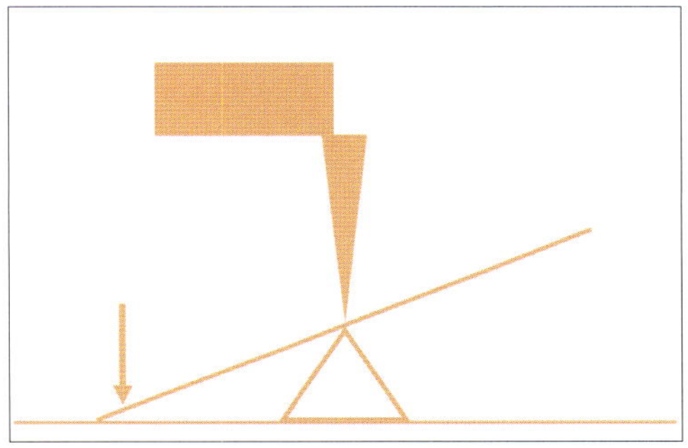

▲▲ **EQUILÍBRIO ESTÁTICO X DESEQUILÍBRIO**
Usando a analogia com uma balança, pense em uma figura como se ela estive equilibrada em seu centro. Este é um *close-up* dos olhos em uma estupa budista em Swayambunath, no Nepal. O arranjo é simples e simétrico. Ele está equilibrado exatamente sobre o fulcro; as forças estão igualmente balanceadas. Ainda assim, se removermos um elemento, aqui feito digitalmente como exercício, o centro de gravidade visual é deslocado para a esquerda, e o equilíbrio é perturbado. A tendência natural seria deslocar o enquadramento para a esquerda.

À parte essas considerações, é ainda mais crucial pensar se o equilíbrio é mesmo desejável. Certamente, o olho e o cérebro precisam do equilíbrio, mas provê-lo não é necessariamente tarefa da arte ou da fotografia. O pintor neoimpressionista Georges Seurat afirmava que "Arte é harmonia", mas como Itten indicava, ele estava confundindo um meio da arte com sua finalidade. Caso aceitássemos uma definição de boa fotografia como a criação de imagens que produzem uma sensação calma e agradável, os resultados seriam mesmo muito sem graça. Uma foto expressiva de modo algum será sempre harmoniosa, como você pode ver seguidamente por todo este livro. Continuaremos voltando a essa questão, subjacente a muitas decisões de design. Não apenas de um modo óbvio – onde colocar o centro de interesse, por exemplo –, mas no sentido de ver quanta tensão ou harmonia criar.

Ao compor a imagem, os polos são a simetria e a assimetria. Simetria é um caso especial, perfeito, de equilíbrio, que não é necessariamente satisfatório, além de muito rígido. No decorrer natural das muitas cenas com as quais espera-se que o fotógrafo venha deparar-se, a simetria não é exatamente um caso comum. Para poder usá-la bastante, você teria que se especializar em um grupo de coisas que incorporam princípios de simetria, como arquitetura ou conchas do mar. Por essa razão, ela pode ser atraente se usada ocasionalmente. Galen Rowell, fotógrafo especializado em paisagens, falando a respeito de uma composição espelhada, localizada no Parque Nacional de Sequoia, escreveu: "Quando fotografei o Big Bird Lake com uma delicada superfície refletora sobre a água, intuitivamente

PROPORÇÕES, HARMONIA E EQUILÍBRIO
A crença de que existem proporções ideais remonta aos Pitagóricos, cujo pensamento era dominado pela matemática, ainda que fosse também místico. Uma crença central era a de que a realidade fosse numericamente ordenada. Comentando sobre a origem do universo, Stobaeus escreveu: "As coisas semelhantes e de mesmo tipo não precisaram de harmonia, mas aquelas que eram dessemelhantes e não do mesmo tipo ou de mesma ordem - para tais coisas, foi necessário que, pela harmonia, fossem atreladas, se assim devessem ser mantidas juntas em um universo ordenado." Na música, por exemplo, uma escala que produz sons harmônicos (agradáveis) deve ter alturas que estão em uma proporção constante. A ideia de uma harmonia natural pode ser estendida para outras áreas, como a das proporções visuais. Aristides (530-468 A.C.) escreveu, a respeito da pintura, que "descobriremos que ela não faz nada sem a ajuda dos números e das proporções: é através dos números que ela busca as medidas proporcionais dos corpos e das misturas de cores e é com estas que dá às figuras sua beleza." Mesmo assim, muitas vezes, na história da arte, houve conflito entre os que se inspiraram na ordem harmônica, matemática e aqueles que a acharam por demais seca, estéril e sufocadora da imaginação - o pintor William Blake, por exemplo (ver também páginas 118-121).

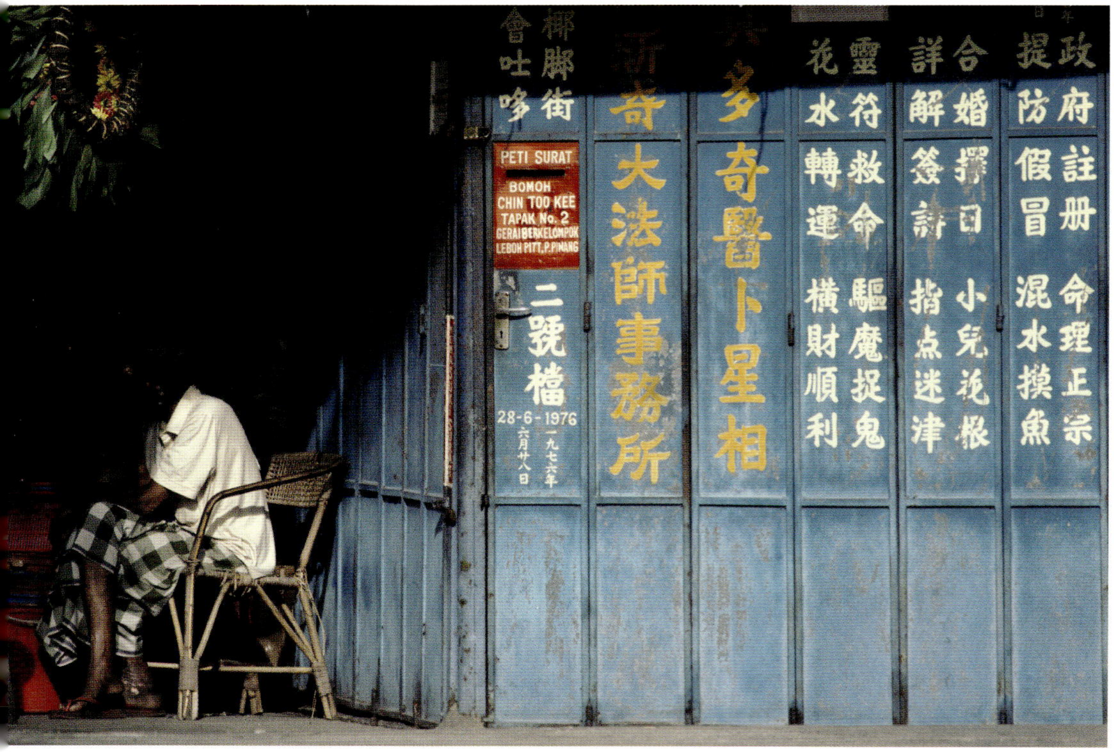

◄ EQUILÍBRIO DINÂMICO
O equilíbrio dinâmico opõe dois temas ou áreas desiguais. Assim como um peso pequeno pode contrabalançar uma massa maior apenas sendo colocado mais longe do fulcro, elementos maiores e menores em uma imagem podem ser equilibrados pelo seu posicionamento cuidadoso dentro do quadro. Repare, aqui, que o conteúdo da área superior direita – os caracteres chineses – aumenta sua importância visual (ver páginas 58-59 para mais a respeito do peso visual).

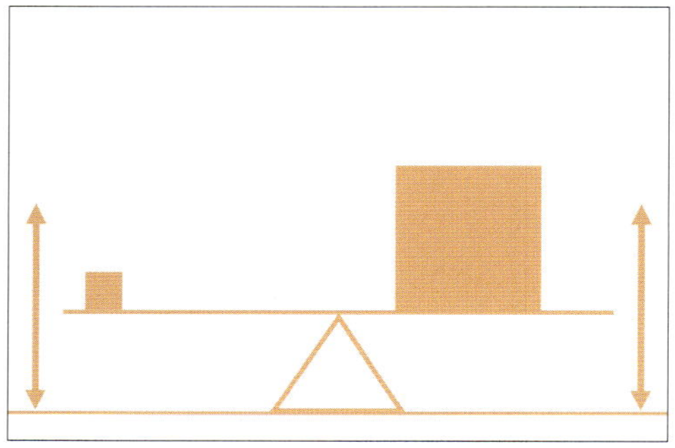

quebrei as regras tradicionais da composição e dividi minha imagem meio a meio para reforçar os padrões e enfatizar a semelhança entre as duas partes de minha imagem." A composição simétrica deve ser absolutamente precisa para que tenha sucesso. Poucas imagens aparentam ser tão desleixadas quanto uma foto quase simétrica que não conseguiu chegar aonde deveria.

Agora, devemos considerar como a tensão atua em uma composição desequilibrada. A mecânica envolvida é, consideravelmente, mais sutil do que o que pode ser mostrado pela analogia com a balança. Ainda que o olho e o cérebro busquem o equilíbrio, seria errado presumir que seja satisfatório entregá-lo de bandeja. O interesse por qualquer imagem é diretamente proporcional à quantidade de trabalho que o espectador deve ter, e um equilíbrio muito perfeito deixa pouco para ser trabalhado pelo olho. Portanto, o equilíbrio dinâmico tende a ser mais interessante que o equilíbrio estático. Não só isso, mas na falta de equilíbrio, o olho tenta produzi-lo de modo independente. Na teoria da cor, esse é o processo envolvido no contraste sucessivo e simultâneo (ver páginas 118-121).

Isso pode ser visto em ação em qualquer figura composta fora de centro. Na fotografia de um agricultor em um campo de arroz na página 69, de acordo com a analogia da balança, o equilíbrio está completamente perturbado; ainda assim, a imagem não é, de modo algum, desconfortável em aparência. O que ocorre é que o olho e o cérebro querem encontrar algo próximo ao centro para equilibrar a figura no canto superior direito e, assim, fica voltando ao centro inferior esquerdo do quadro. É claro, a única coisa que há nesse lugar é a massa de arroz, de modo que a cena, de fato, recebe atenção extra. Os caules verdes de arroz seriam menos dominantes se a figura estivesse situada no centro. Do modo como está, ficaria difícil dizer se a foto é de agricultor em uma plantação de arroz ou a de uma plantação de arroz onde, por acaso, há um agricultor aparecendo. Esse processo de tentar compensar algo em óbvia assimetria é o que cria tensão visual e pode realmente ser muito útil na criação de uma foto mais dinâmica. Ele pode ajudar a atrair a atenção para uma área da cena que, normalmente, seria fraca demais para ser notada.

Um segundo fator envolvido nas imagens compostas fora de centro é a lógica. Quanto mais extrema a assimetria, mais o espectador acha que deve haver uma razão para tal. Teoricamente, ao menos, alguém que olhe para uma fotografia assim estaria mais disposto a examiná-la com cuidado procurando a justificativa. Esteja avisado, porém, que a composição fora de centro pode facilmente ser tomada por fabricada.

Finalmente, todas as considerações a respeito do equilíbrio devem levar em conta a enorme complexidade gráfica de diversas imagens. Para estudar o design de fotografias, estamos fazendo o melhor que podemos neste livro para isolar cada um dos elementos gráficos que vemos. Muitos dos exemplos, tais como o da foto do campo de arroz, são deliberadamente descomplicados. Na verdade, a maioria das fotografias contém várias camadas de efeito gráfico.

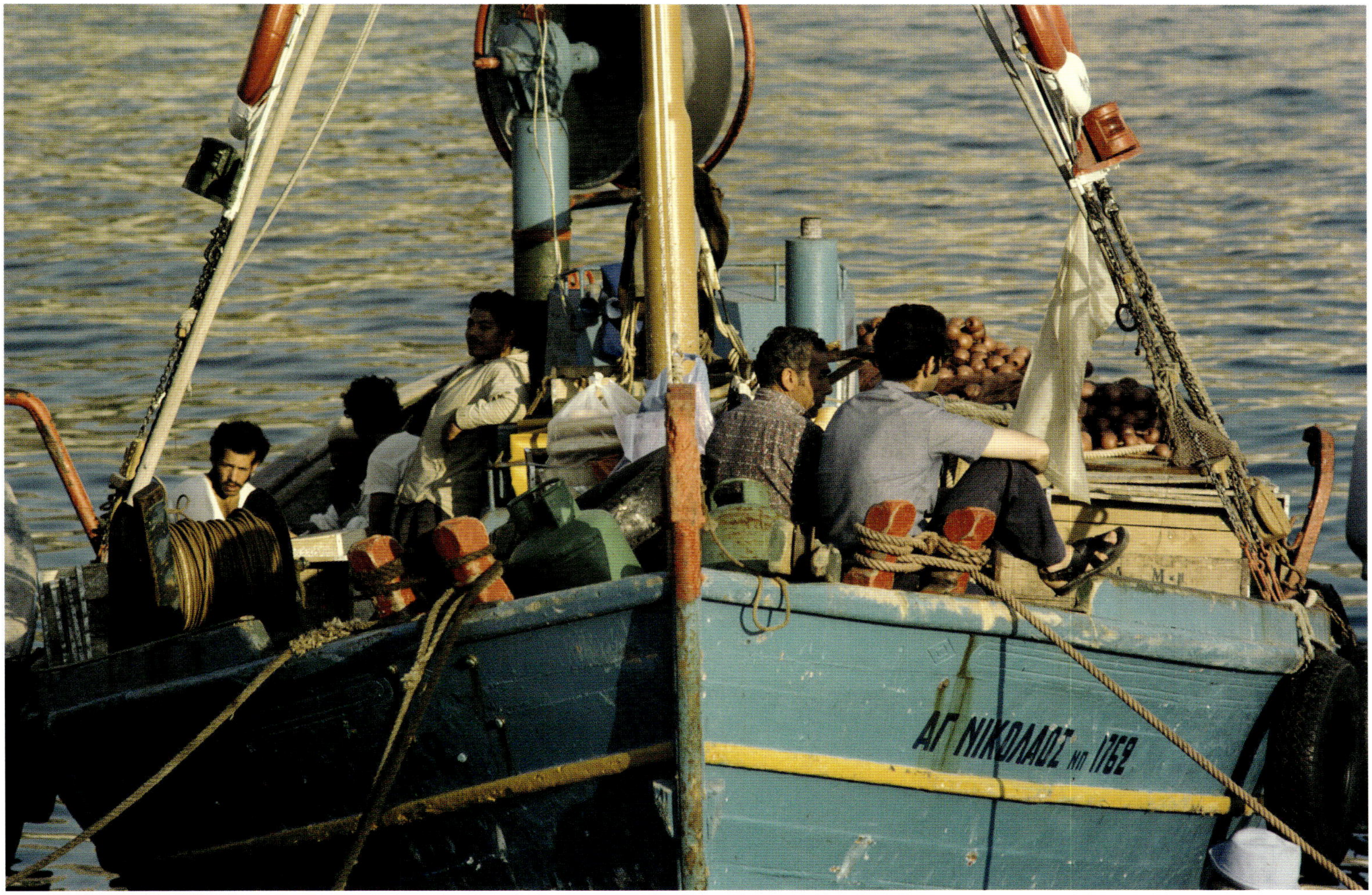

▲ SIMETRIA BILATERAL

Certos tipos de assunto são naturalmente simétricos ao redor de um eixo, como no caso deste barco de pesca grego visto pela frente. Temas de arquitetura, geralmente, também caem nessa categoria, assim como vistas frontais de muitos seres vivos (o rosto humano, por exemplo). A precisão é particularmente importante em uma composição simétrica, porque o menor desalinhamento despontará imediatamente e pode, simplesmente, aparentar ser uma falha.

EQUILIBRIO E GRAVIDADE

Há uma tendência natural em aplicar nossa experiência com a gravidade às imagens e quadros de imagem. Como veremos no Capítulo 3, linhas verticais representam um arrasto gravitacional em direção ao solo, enquanto bases horizontais dão um suporte nivelador. É provavelmente por isso que há a tendência de se colocar um elemento dominante em uma posição mais baixa dentro quadro, particularmente no caso de um quadro vertical (ver página 26). Como escreveu o pintor e professor Maurice De Sausmarez a respeito de uma vertical sobre uma horizontal: "As duas juntas produzem um sentimento profundamente agradável de resolução, talvez porque juntas simbolizem a experiência humana de equilíbrio absoluto, a de estar ereto ao nível do solo."

TENSÃO DINÂMICA

Já vimos como certos elementos gráficos têm mais energia do que outros: diagonais, por exemplo. Algumas composições são também mais dinâmicas; o ritmo cria impulso e atividade, e o posicionamento descentralizado dos objetos induz à tensão à medida que o olho tenta criar seu próprio equilíbrio. Porém, em vez de pensar em uma imagem como equilibrada ou desequilibrada, podemos considerá-la em termos de sua tensão dinâmica. Isso é, essencialmente, usar a energia inerente a várias estruturas e usá-la para manter o olho alerta e movendo-se pra fora do centro da foto. É o oposto do caráter estático das composições formais.

É preciso alguma cautela, justamente porque introduzir tensão dinâmica em uma figura parece ser um modo muito fácil e imediato de atrair a atenção. Como o uso de cores ricas e vibrantes tem resultados imediatamente eficazes sobre uma fotografia em particular, mas podem tornar-se artificiais se usados constantemente, assim também com esse tipo de introdução de ação, pode desgastar-se depois de um tempo. Como acontece com qualquer técnica de design que, inicialmente, é forte e óbvia à primeira vista, ela tende a não ter força de permanência. Geralmente, seu efeito passa rápido e o olho passa para próxima imagem.

As técnicas para se alcançar a tensão dinâmica são, apesar disso, bastante simples, como mostram os exemplos. Sem tentar reduzi-la a uma fórmula simples, pode-se dizer que a combinação ideal seja uma variedade de diagonais em diferentes direções, linhas que se opõem e qualquer recurso estrutural que leve o olho para fora, preferencialmente em direções opostas. Isso vai contra, por exemplo, o uso de estruturas com fechamento em circulo e sugere que pode-se fazer bom uso de um poderoso aliado, a linha dos olhos (ver páginas 82-83).

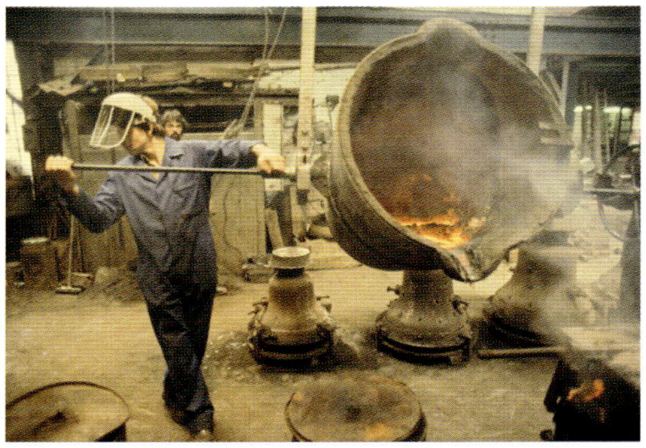

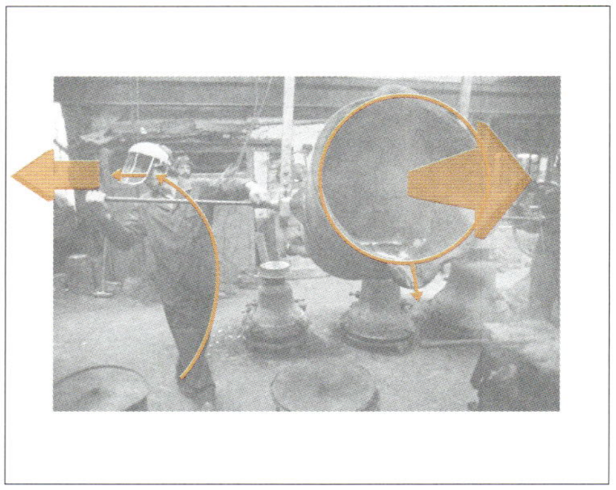

➤ ▲ FUNDIÇÃO DE SINOS
A linha dos olhos e a direção para onde as coisas parecem estar olhando são, aqui, as responsáveis pelas linhas divergentes de visão. O homem volta-se à esquerda e a linha de sua postura contribui com isso. O funil cheio de metal derretido volta-se para frente e à direita. Visualmente, os dois puxam-se em direções opostas.

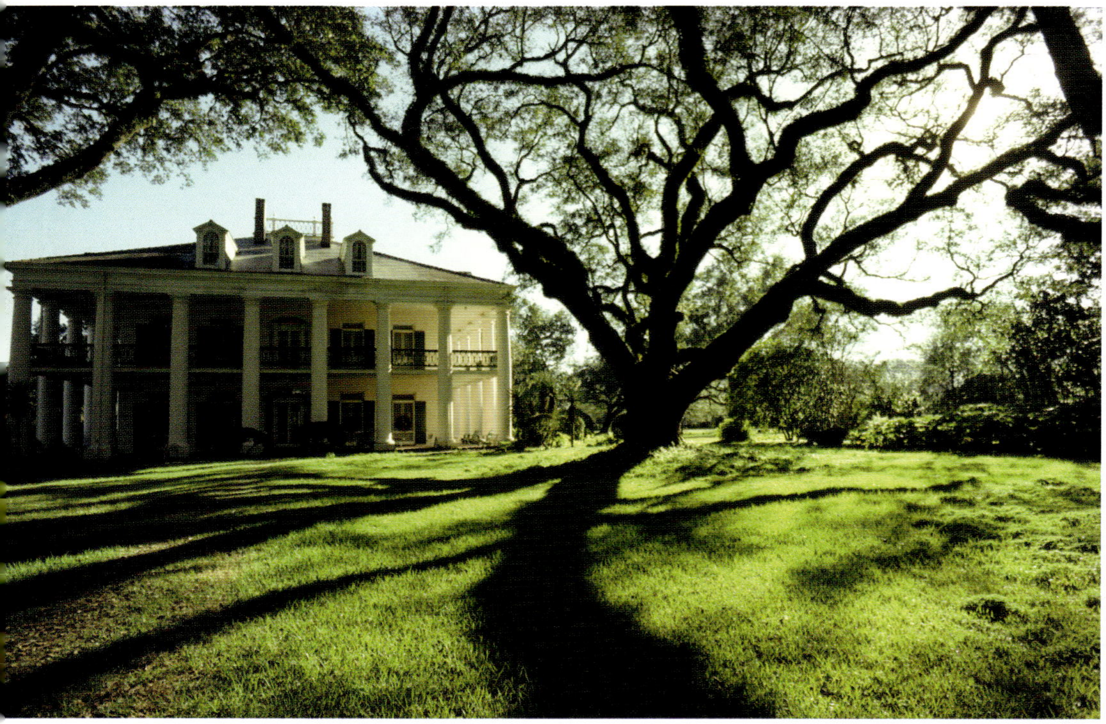

◄ ▼ A PLANTAÇÃO DE OAK ALLEY
As linhas divergentes e o movimento são a chave para a tensão dinâmica. Aqui, os galhos de uma árvore e sua sombra curvada profunda tem movimento acentuado em direção às extremidades, exagerado pela lente grande-angular (equivalente a uma 20mm) A distorção e o posicionamento da casa faz com que ela pareça estar movendo-se para a esquerda, para fora do quadro.

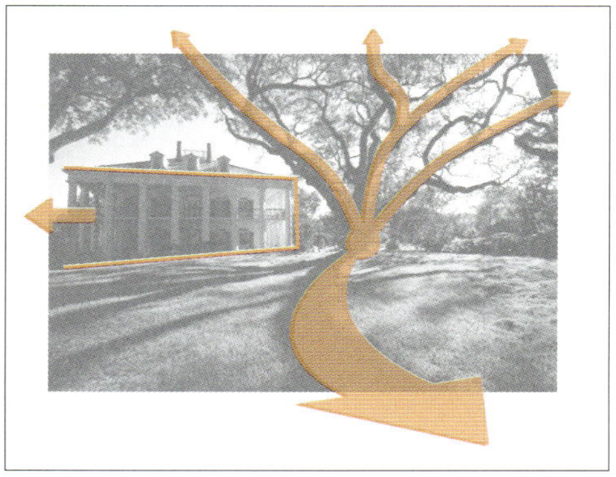

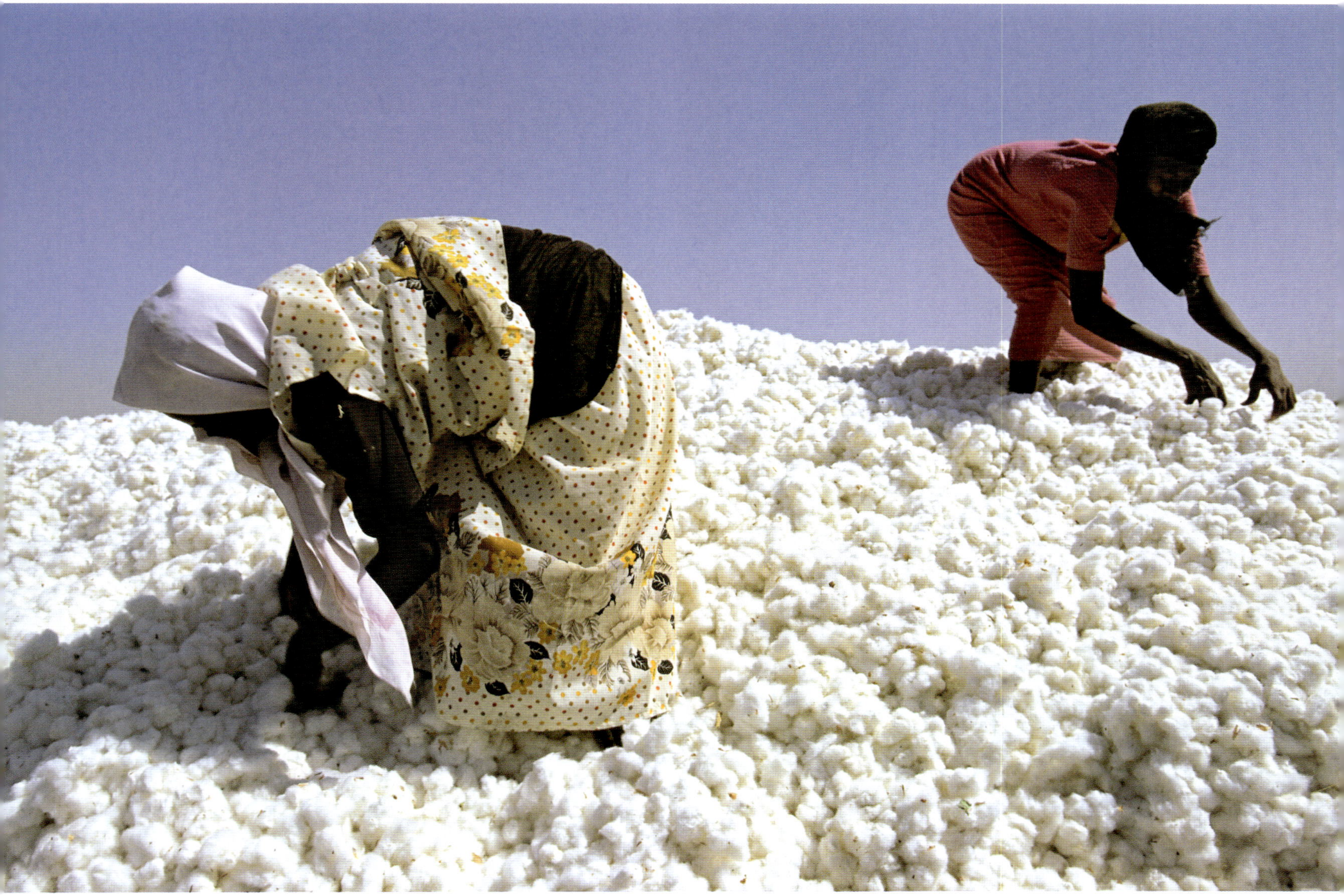

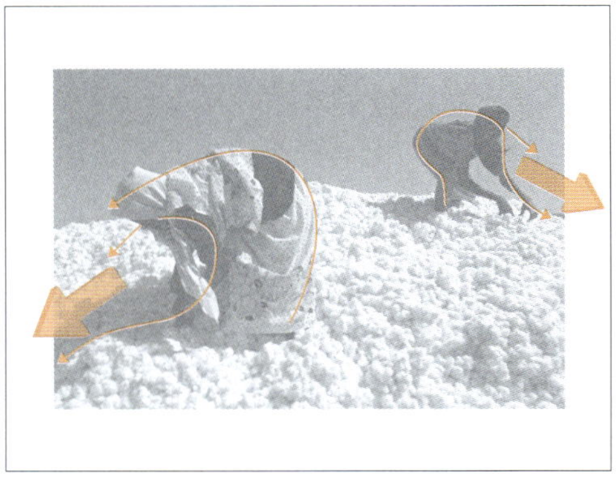

◄ ▲ MONTANHA DE ALGODÃO
Separando algodão recém-colhido ao sul de Khartoum, duas sudanesas movem-se hábil e graciosamente. Uma lente grande-angular exagera a geometria da imagem próximo às extremidades do quadro, e, de uma sequência de fotos, a escolhida aqui tem maior energia e movimento – as linhas e gestos atraem a atenção para fora, tanto à esquerda quanto à direita.

FIGURA E PLANO

Estamos condicionados a aceitar a ideia de um plano de fundo. Em outras palavras, com base em nossa vivência visual cotidiana, assumimos que, na maioria das cenas, há algo para o qual olhamos (o assunto) e algo contra o qual o assunto se firma ou repousa (o plano de fundo). Um destaca-se à frente e o outro ao fundo. Um é importante, é a razão para fazermos uma fotografia; o outro está simplesmente porque alguma coisa deve ocupar o restante do quadro. Como vimos, esse é um princípio essencial da teoria da Gestalt.

Em grande parte das situações fotográficas, isso é bem verdade. Escolhemos algo como propósito da imagem e, na maioria das vezes, esse é um objeto isolado ou um grupo de objetos. Pode ser uma pessoa, uma natureza-morta, um grupo de edifícios, uma parte de alguma coisa. O que está atrás do foco de interesse é o plano de fundo e, em muitas imagens bem planejadas e agradáveis, ele complementa o assunto. Frequentemente, já sabemos qual é o assunto antes mesmo de a fotografia começar. O ponto de interesse principal foi decidido: uma figura humana, talvez, ou um cavalo ou um carro. Sendo possível controlar as circunstâncias da figura, a próxima decisão pode muito bem ser a escolha do plano de fundo: isto é, decidir qual das locações disponíveis em campo irá apresentar o assunto em sua melhor forma. Isso acontece tanto, como é possível ver numa rápida passada de olhos pela maioria das fotografias deste livro, que raramente merece sequer ser mencionado.

Há situações, contudo, nas quais o fotógrafo pode escolher qual entre dois componentes de uma cena será a figura e qual será o fundo contra o qual a figura é vista. Essa oportunidade ocorre quando há alguma ambiguidade na imagem e quando é útil ter um mínimo de detalhe realista. Quanto a isso, a fotografia está inicialmente em desvantagem em relação à ilustração, porque é difícil retirar o realismo inerente de uma fotografia. Em particular, o espectador sabe que a imagem é de algo real e, assim, o olho busca pistas dessa realidade.

Um dos mais puros exemplos de uma relação ambígua entre figura e fundo é o das caligrafias japonesa e chinesa, nas quais os espaços em branco entre as pinceladas são tão ativos e coerentes quanto os caracteres em preto. Quando a ambiguidade é máxima, ocorre uma alternância na percepção. Em certo momento, os tons escuros avançam, em outro, retrocedem. Duas imagens interligadas flutuam para frente e para trás. As precondições para tal são bem simples. Devem haver dois tons na imagem e devem contrastar tanto quanto possível. As duas áreas devem ser tão iguais quanto possível. Finalmente, deve haver um número limitado de pistas no conteúdo da figura com respeito a o que esteja em frente a quê.

O ponto importante, aqui, não é como fazer fotografias ilusórias, mas como usar ou remover a ambiguidade na relação entre assunto e plano de fundo. Os dois exemplos mostrados aqui, ambos silhuetas, usam a mesma técnica que a caligrafia: o verdadeiro plano de fundo é mais claro que o verdadeiro assunto, o que tende a fazê-lo mover-se para frente; as áreas são quase iguais; as formas não são completamente óbvias a um primeiro olhar. As formas são, contudo, reconhecíveis, mesmo que apenas depois de um breve estudo. A ambiguidade figura/plano é usada, não como tentativa de criar uma ilusão abstrata, mas para acrescentar certa tensão óptica e interesse às imagens.

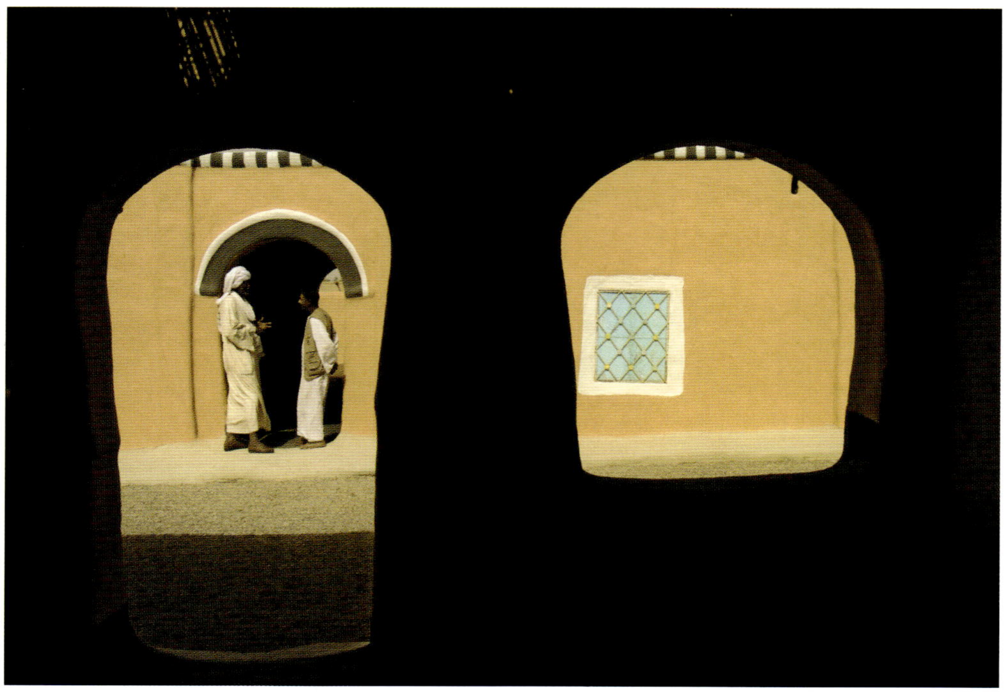

◂ JANELAS
Esta cena é de uma casa núbia no norte do Sudão, através do pátio e da moldura de duas janelas abertas de terra-batida. Sob a dura luz do sol, o contraste entre luz e sombra é extremo e, recortando cuidadosamente o quadro de modo que as áreas de luz e escuridão sejam iguais, cria-se uma ambiguidade figura/plano – ainda mais por normalmente esperar-se que o claro fique à frente do escuro.

MONGE DA BIRMÂNIA

Nesta sequência de fotos com quadro progressivamente fechado sobre o assunto, o assunto é um monge orando ao lado de uma estupa birmanesa de silhueta marcada contra a parede de um enorme pagode. A sequência da esquerda para a direita vai do simples e óbvio até chegar a certa ambiguidade, e o último recorte foi planejado para deixar as áreas claras e escuras de tamanhos iguais. Como o plano de fundo é claro, isso cria uma alternância visual, aumentando sua abstração.

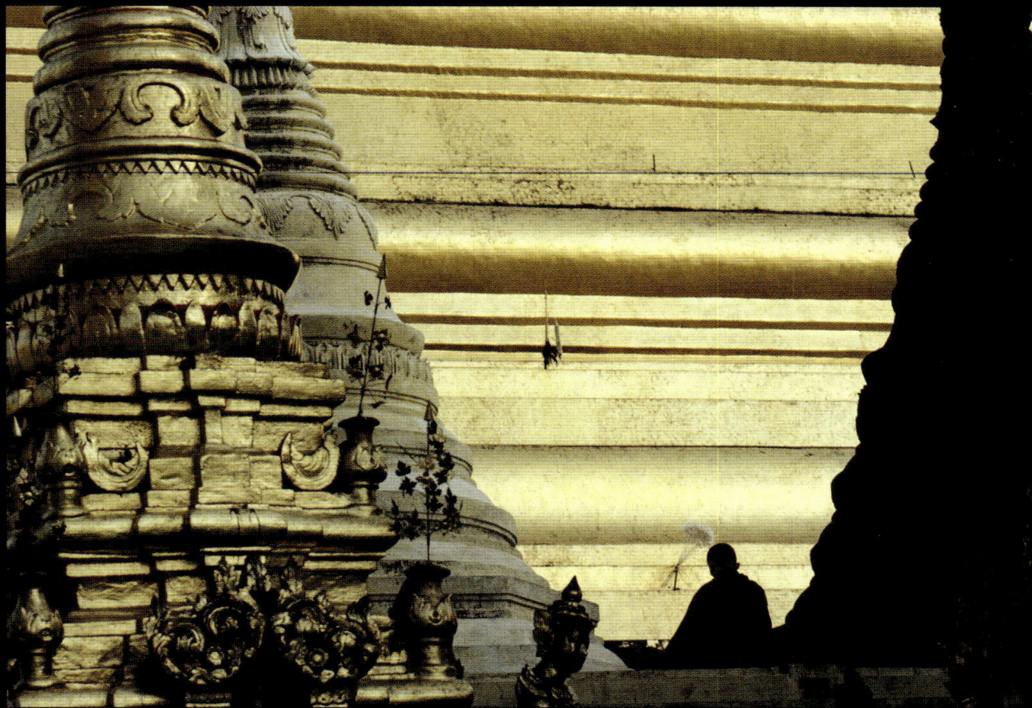

1

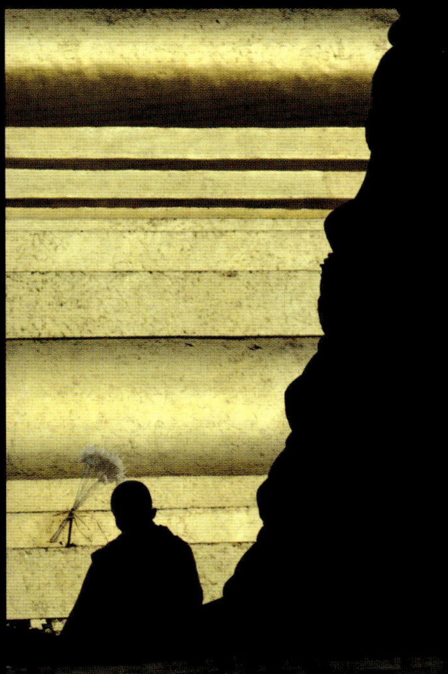

2

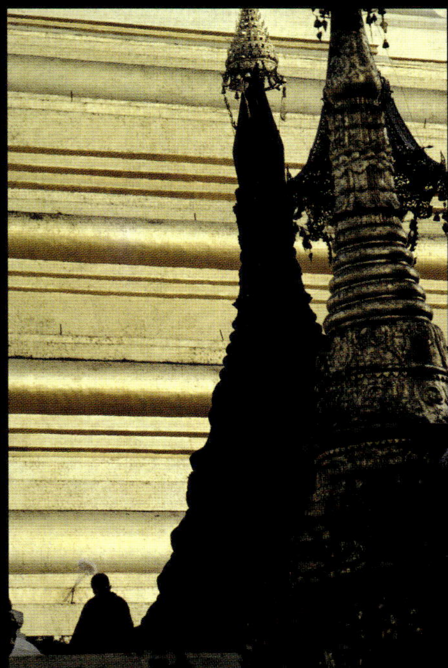

3

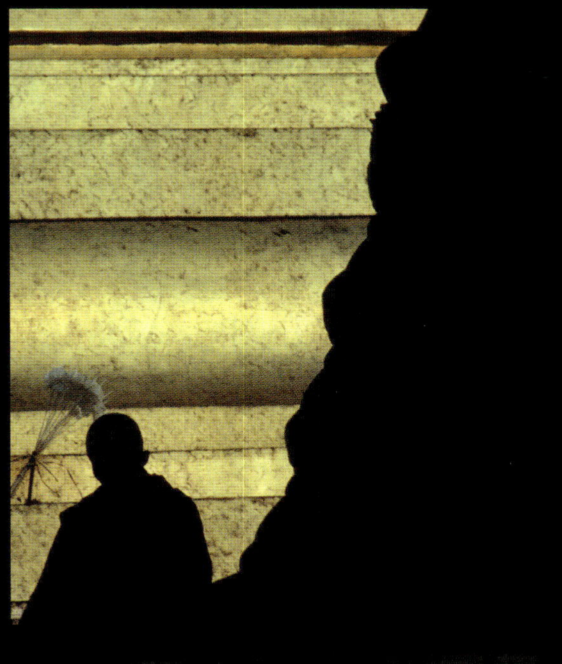

4

RITMO

Quando há muitos elementos semelhantes em uma cena, seu arranjo pode, sob certas condições especiais, armar uma estrutura visual rítmica. A repetição é um ingrediente necessário, mas, por si, não garante uma sensação de ritmo. Há uma analogia óbvia com a música e ela faz bastante sentido. Como a batida em uma peça musical, a batida óptica em uma figura pode variar de completamente regular a variações semelhantes, por exemplo, ao sincopado.

O ritmo em uma foto precisa de tempo e do movimento dos olhos para ser apreciado. As dimensões do quadro estabelecem certos limites, de modo que o que pode ser visto não é mais que uma expressão rítmica. Entretanto, o olho e a mente inclinam-se naturalmente a estender o que veem (a Lei da Continuidade da Gestalt) e, prontamente, assumem a continuidade do ritmo – como na fotografia da fila de soldados na página 183. Desse modo, um fluxo repetitivo de imagens é percebido como mais longo do que o que de fato pode ser visto.

O ritmo é tanto uma propriedade do modo como o olho esquadrinha a foto quanto da repetição. Ele é mais forte quando cada ciclo na batida estimula o olho a mover-se (como no exemplo à direita). A tendência natural do olho de mover-se de lado a lado (ver páginas 12-15) está particularmente evidente aqui, uma vez que o ritmo precisa de direção e fluência para que possa vir a existir. Por isso, o movimento rítmico ocorre normalmente para cima e para baixo, já que o ritmo vertical não é tão facilmente percebido. O ritmo produz força considerável em uma imagem, como o faz na música. Ele tem impulso e, por causa disso, um sentido de continuidade. Uma vez que a repetição é reconhecida pelos olhos, o espectador assume que a repetição vai continuar para além do quadro.

O ritmo também é uma propriedade da ação repetitiva, o que tem significado prático real para a fotografia de trabalho ou de outras ações semelhantes. Na figura principal de agricultores indianos peneirando arroz no campo próximo a Madras, ao lado, o potencial logo torna-se aparente. A primeira foto é desinteressante, mas mostra a situação. A ação em particular é a de cavar a pilha de arroz jogando-o para dentro da cesta e erguendo-o no alto, batendo de leve de modo que a brisa separe o arroz da palha. As pessoas trabalhavam independentes uma da outra, mas, inevitavelmente, uma ou mais acabariam na mesma posição ao mesmo tempo. Então, foi uma questão de esperar o momento em que três estivessem em uníssono e de encontrar um ponto de vista que as alinhasse para que o ritmo tivesse máximo efeito gráfico. Tais coisas jamais são certas – alguém poderia, simplesmente, parar de trabalhar –, mas a possibilidade em uma situação como esta é alta.

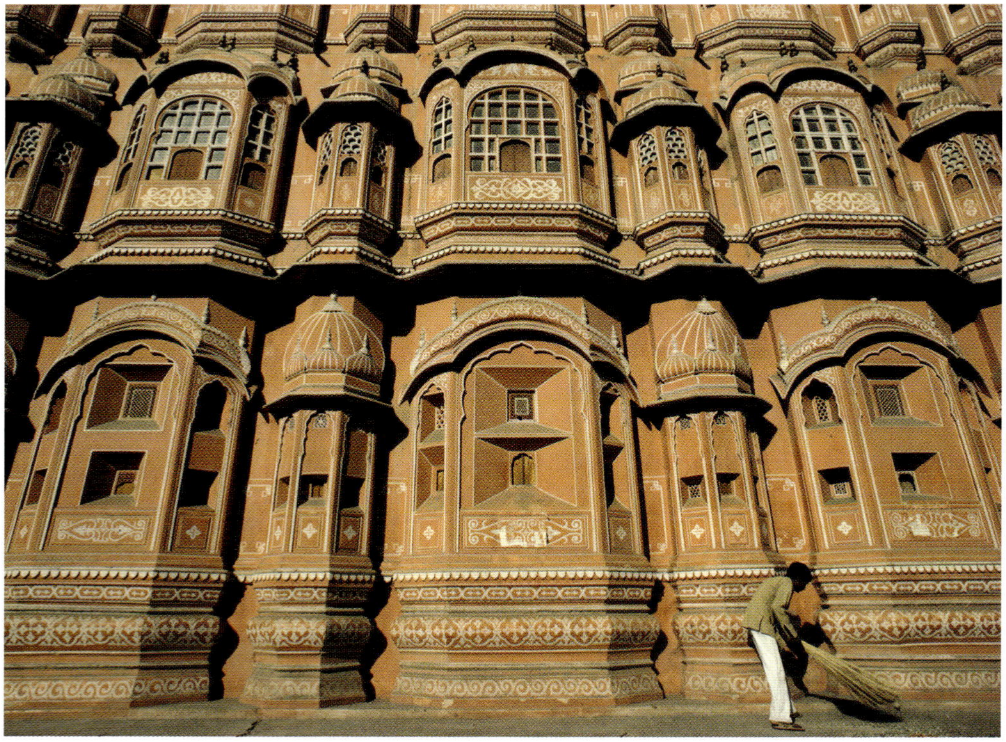

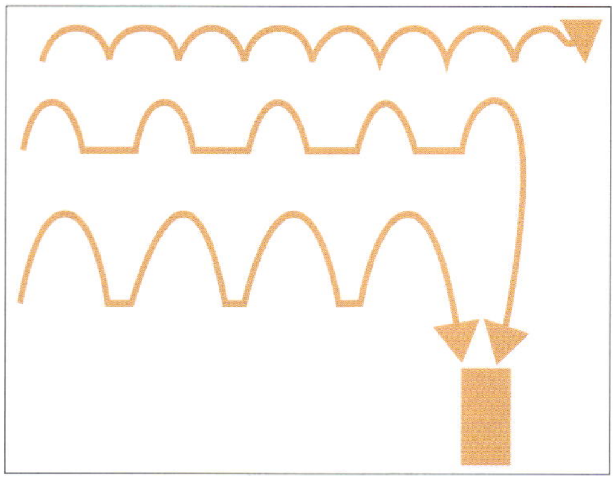

◄ ▲ RITMO E PARADA
Quando o ritmo é previsível, como na fachada deste palácio em Jaipur, na Índia, a repetição costuma ser tediosa. Neste caso, uma anomalia que interrompe o ritmo pode tornar a imagem mais dinâmica. Aqui, um homem varrendo é responsável pela parada necessária. Repare que, como o olho naturalmente segue uma estrutura rítmica da esquerda para a direita, situar a figura na extrema direita funciona melhor, de modo a dar tempo para que o olho estabeleça o ritmo.

A DINÂMICA

Em linha, fotografada com uma lente grande-angular, a ação é fortemente direcional graficamente e, por essa razão, as figuras foram situadas à esquerda do centro para que a direção ficasse voltada para dentro do quadro. A postura da mulher próxima à câmera colabora com o fluxo em curva. São típicas destas situações, nas quais o básico é conhecido, mas não há controle por parte do fotógrafo, as várias distrações e pequenos acontecimentos que não se conformam (é claro) a o que o fotógrafo gostaria. Esta sequência mostra as coisas se aproximando gradualmente daquilo que o fotógrafo tinha em mente.

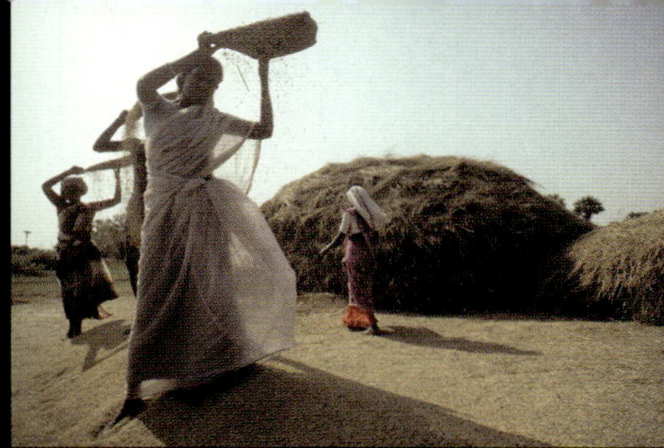

1

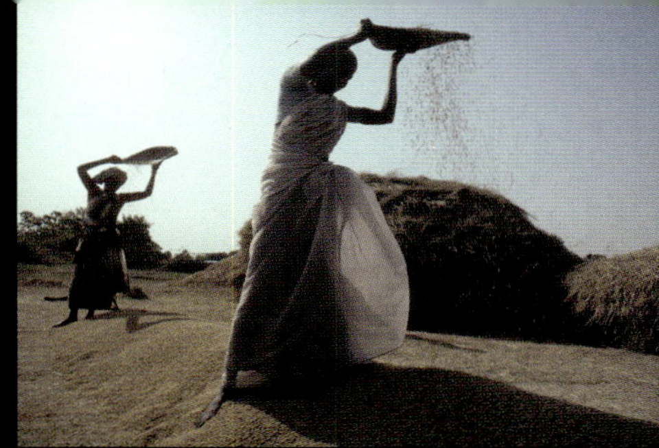

3

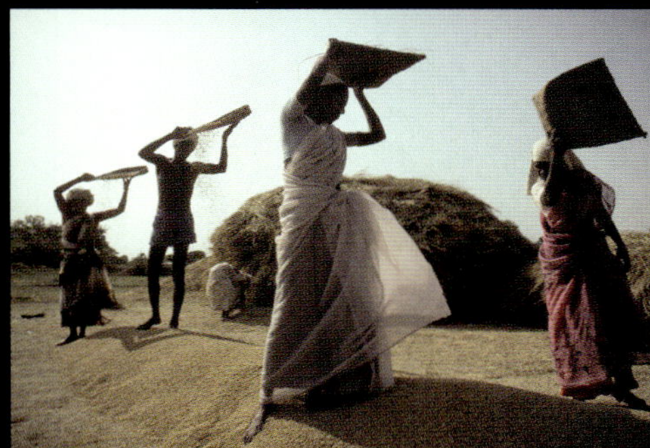

2

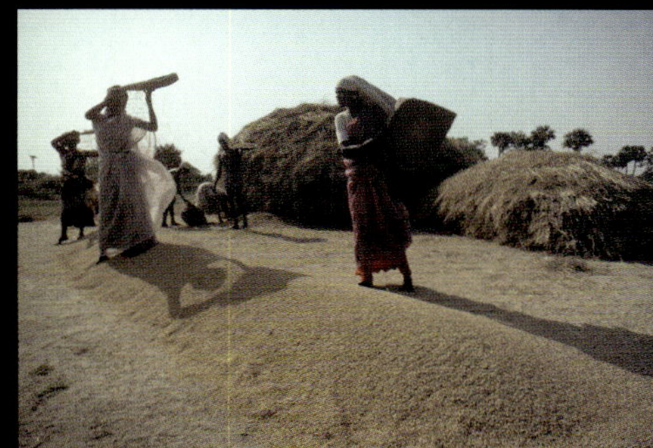

4

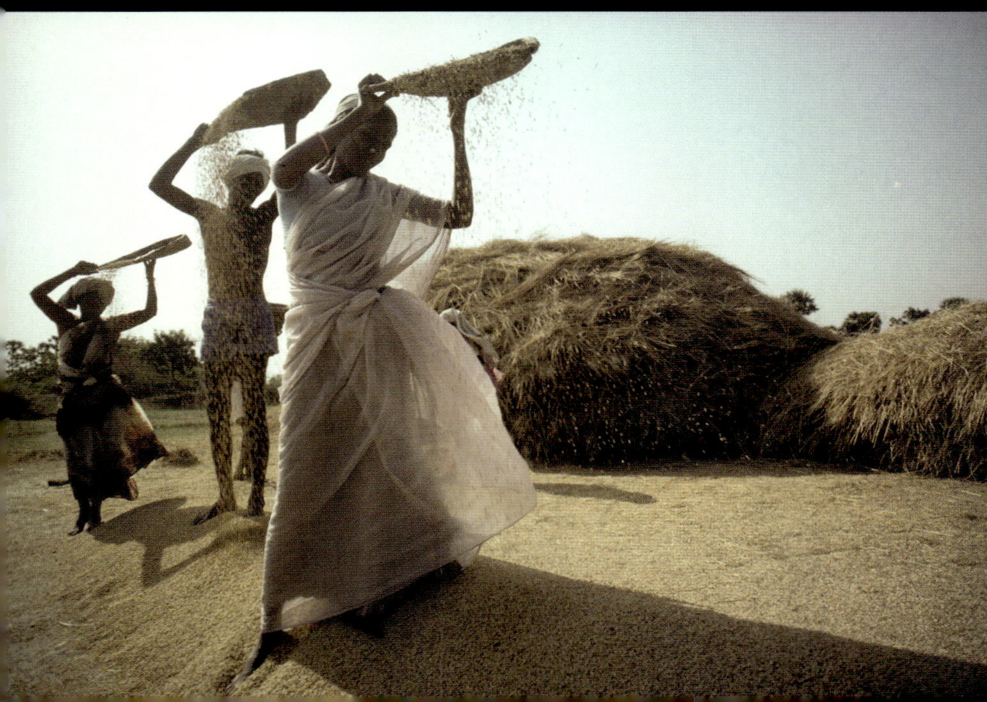

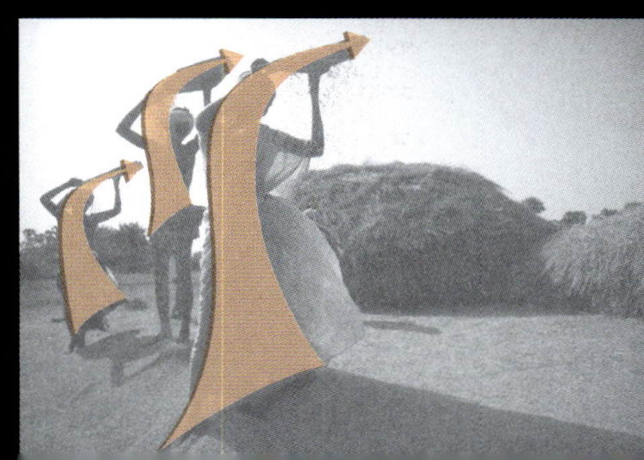

PADRÃO, TEXTURA, MUITOS

Assim como o ritmo, um padrão também é construído com base na repetição, mas, diferentemente do ritmo, está associado com a área, não com a direção. Um padrão não encoraja o olho a mover-se de um modo em particular, mas sim a perambular pela superfície da foto. Ele tem ao menos um elemento de homogeneidade e, como resultado, uma natureza um tanto estática.

A qualidade primordial de um padrão é a de que ele cobre uma área, por isso as fotografias que apresentam padrão mais forte são aquelas nas quais ele estende-se até os limites do quadro. Então, como em um ritmo de ponta a ponta, ocorre o fenômeno da continuidade, e o olho assume que o padrão estende-se para além do quadro. A fotografia dos selins de bicicleta ilustra isso. Em outras palavras, qualquer borda que se apresente ao padrão estabelece limites; se nenhuma pode ser vista, considera-se a imagem como parte de uma área maior.

Ao mesmo tempo, quanto maior o número de elementos que podem ser vistos em uma figura, maior é o sentido de que há um padrão, mais que em um grupo particular de objetos. Isso funciona até certa quantidade quando, então, já se torna difícil distinguir elementos individuais e, assim, tudo acaba se tornando mais uma textura. Em termos do número de elementos, os limites eficazes ficam entre cerca de dez a várias centenas e, quando nos deparamos com uma massa de objetos semelhantes, um exercício útil é começar a uma distância (ou distância focal) que pegue o grupo todo, certificando-se de que alcancem as extremidades do quadro e, então, tirar fotografias sucessivas, fechando o quadro, terminando com apenas quatro ou cinco das unidades. Dentro desta sequência de imagens, haverá uma ou duas nas quais o efeito do padrão é mais forte. O padrão, em outras palavras, também depende da escala.

Um padrão visto em escala suficientemente grande assume a aparência de textura. A textura é a qualidade primordial de uma superfície. A estrutura de um objeto é sua forma, enquanto a estrutura do material de que é feito é sua textura. Assim como ocorre com o padrão, ela é determinada pela escala. A textura de um arenito é a aspereza de cada um dos grãos compactados a uma fração de milímetro. Agora pense na mesma pedra de arenito como parte de um penhasco; a face do penhasco passa a ser a superfície, e a textura, agora em uma escala muito maior, passa a estar nas rachaduras e cristas da rocha. Finalmente, pense em uma cadeia de montanhas que contém a face desse desfiladeiro. Uma foto de satélite mostra até mesmo as maiores montanhas como rugas na superfície da Terra: a sua textura. Esse tipo escala repetitiva de textura está relacionada à geometria fractal.

A textura é uma qualidade da estrutura e não do tom ou cor e, por isso, apela principalmente ao sentido do tato. Mesmo que não possamos fisicamente alcançá-la e tocá-la, sua aparência age através desse canal sensorial. Isso explica por que a textura é revelada pela iluminação – é a única coisa que, em pequena, escala pode trazer o relevo. Especificamente, são importantes a direção e a qualidade da iluminação. O relevo e, portanto, a textura, parece mais forte quando a iluminação é oblíqua e quando a luz é dura em vez de suave e difusa. Essas condições combinam-se para criar as sombras mais definidas lançadas por elemento em uma textura, quer seja a ondulação em um tecido, as rugas no couro ou grãos na madeira. Como regra, quanto mais fina a textura, mas oblíqua e dura é a iluminação de que precisa para que seja vista claramente – exceto pelas mais lisas das texturas, tais como a do metal polido, que são refletoras e a textura é, então, substituída pelo reflexo (ver página 124).

A noção de muitos, muitos como em uma multidão de pessoas ou um grande cardume de peixes, está relacionada à ideia de padrão, mas com o conteúdo desempenhando papel mais forte. O apelo de um número enorme de coisas semelhantes costuma estar na surpresa de ver tantas delas em um mesmo lugar ao mesmo tempo. Diz-se que a visão da Kaaba em Meca, vista de um dos minaretes, por exemplo, abarca pelo menos um milhão de pessoas, e esse fato é notório por si só. Quantidades enormes congregando-se, normalmente, constituem um evento. Enquadrar a massa dentro dos limites de suas extremidades permite que o olho acredite que ela continua indefinidamente.

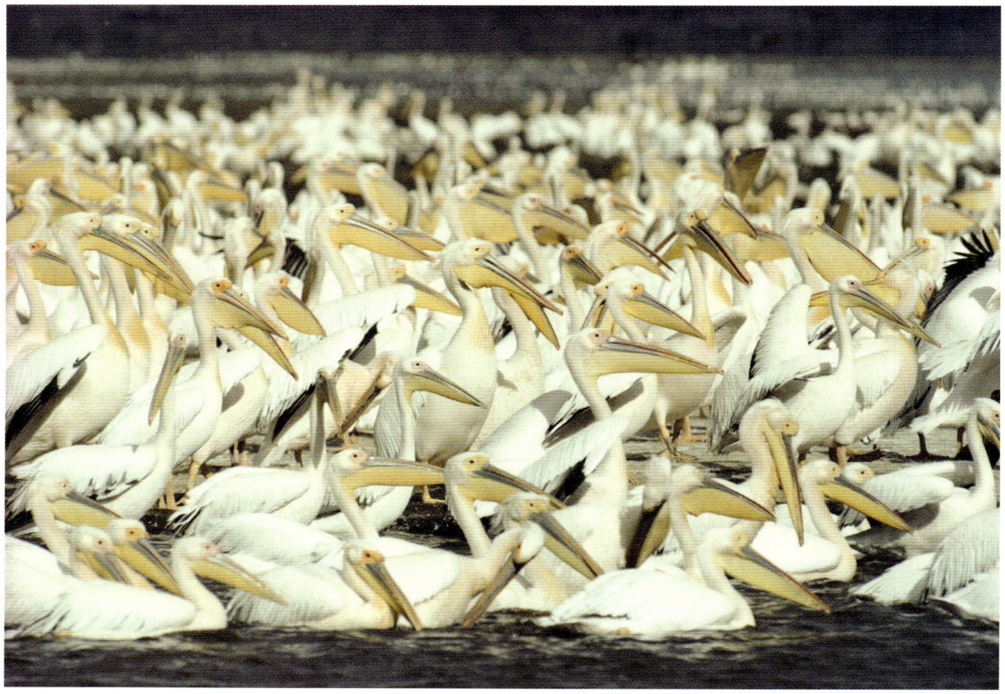

▲ MUITOS
Esta aglutinação de assuntos tem seu próprio atrativo, tanto pelo aspecto gráfico quanto pelo encantamento provocado pela simples quantidade inesperada. Preencher, ou quase preencher, o quadro é mais ou menos essencial para que esse tipo de imagem funcione. Neste caso, ainda que o ângulo de visão seja baixo, uma teleobjetiva de 600mm comprime a massa.

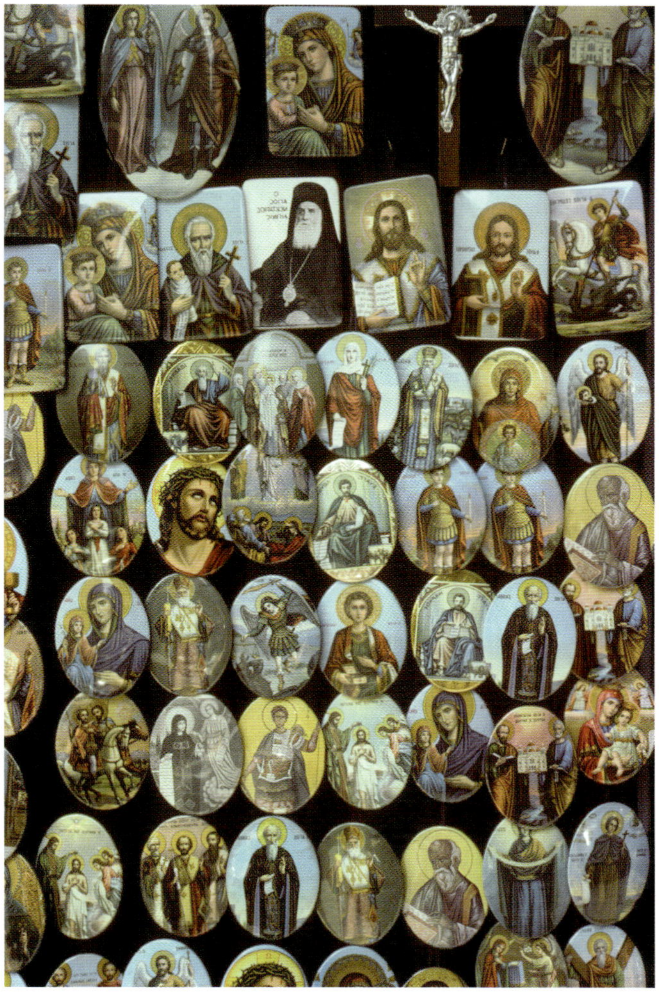

◄ PADRÃO REGULAR
Padrões regulares são feitos de linhas ordenadas e outros arranjos geométricos de várias coisas. O alinhamento, em um exemplo como este, não é particularmente atraente, e o interesse da fotografia depende muito da natureza do objeto: tampinhas de garrafa seriam menos chamativas que estas medalhinhas religiosas. Repare que o sentido de padrão depende da escala e do número; um recorte na foto perderia a ideia.

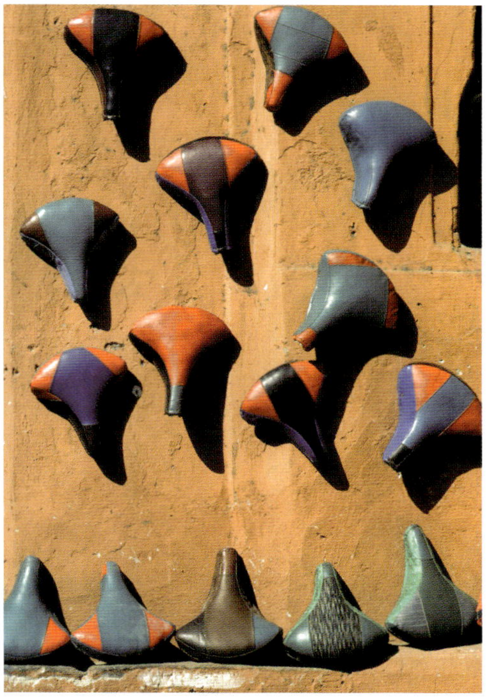

◄ PADRÃO IRREGULAR
Para serem irregulares e mesmo assim terem a aparência de padrão, os objetos ainda precisam estar agrupados de perto; a irregularidade não é tão desordenada quanto possa parecer. A eficácia de um padrão depende também da quantidade de área coberta por ele. Se os elementos tocam as extremidades do quadro em todos os lados, como nesta foto, o olho assume que continuam para além das bordas.

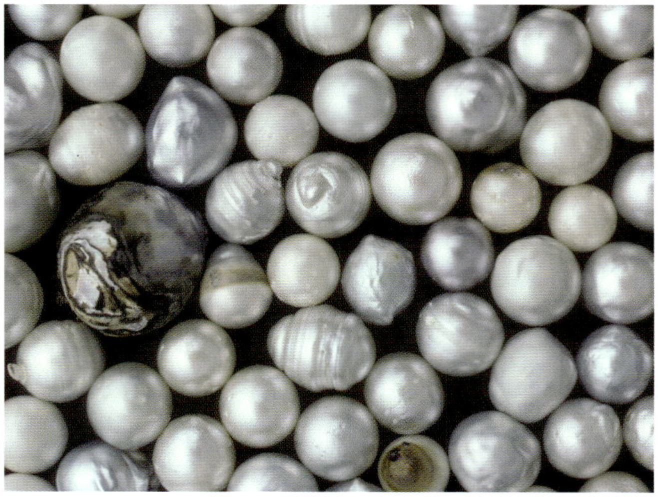

◄ ROMPENDO O PADRÃO
Os padrões tendem a não ter direção e, muitas vezes, dão melhores planos de fundo do que assuntos principais por si mesmos. Neste exemplo, porém, o assunto é a massa de pérolas, recém-extraídas de uma fazenda de pérolas no Taiti. Para exibir quantidade, foram arranjadas de modo a ultrapassarem os quatro cantos do quadro, mas, para transformar o arranjo em uma imagem, foi incluído um elemento visual contrastante – uma pérola barroca descolorida – que rompe o quadro para enfatizá-lo.

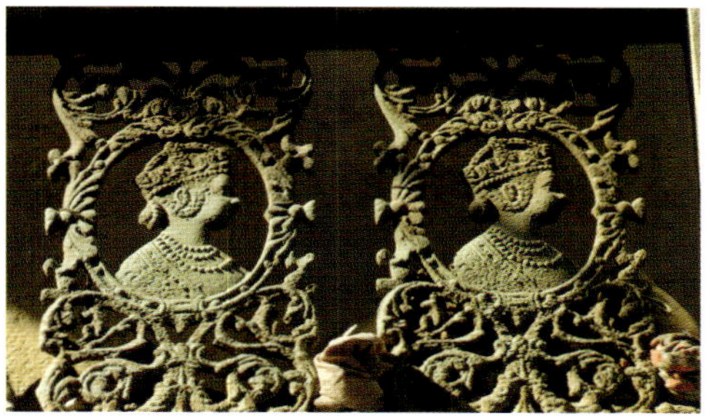

▲ ILUMINAÇÃO DIRETA OBLÍQUA
A condição de iluminação clássica para revelação de textura em seu máximo grau é a partir de um ângulo ativo e com uma fonte direta, não difundida. O sol em um céu claro é a fonte mais dura disponível, e aqui, quase paralela a esta grelha de aço forjado, ela faz a textura dominar a imagem.

PERSPECTIVA E PROFUNDIDADE

Um dos paradoxos da visão é o de que, apesar de a imagem projetada na retina obedecer às leis da óptica e mostrar objetos distantes menores que os objetos que estão próximos, o cérebro, dadas pistas suficientes, sabe seu tamanho adequado. Segundo uma visão, o cérebro aceita as duas realidades – objetos distantes que são pequenos e em tamanho natural ao mesmo tempo. O mesmo ocorre com a perspectiva linear. Os lados paralelos de uma estrada distanciando-se de nós convergem opticamente, mas, ao mesmo tempo, são percebidas como retas e paralelas. A explicação para isso é conhecida como "constância de tamanho" ou "constância de escala", um mecanismo perceptual pouco compreendido que permite que a mente solucione as inconsistências da profundidade. Seu impacto sobre a fotografia é que a imagem registrada é puramente óptica, portanto objetos distantes aparecem apenas como pequenos e linhas paralelas de fato convergem. Como na pintura, a fotografia precisa buscar maneiras de realçar ou reduzir o sentido de profundidade, e as imagens funcionam dentro de seus próprios modelos de referência, que não são aqueles da percepção normal.

A constante relação da fotografia com cenas reais faz o sentido de profundidade em uma foto ser sempre importante e esse, por sua vez, influencia o realismo da foto. Em seu sentido mais amplo, a perspectiva é a aparência dos objetos no espaço e suas relações uns com os outros e com o espectador. De modo mais usual, na fotografia, ela é usada para descrever a intensidade da impressão de profundidade. Os vários tipos de perspectiva e outros controles de profundidade serão descritos logo mais, mas, antes disso, devemos considerar como usá-los e por quê. Dada sua capacidade de fazer a diferença para a perspectiva, sob quais condições ela ajudaria a fotografia a realçar, ou a reduzir, o sentido de profundidade? Um sentido de profundidade elevado, obtido através de uma forte perspectiva, tende a aumentar a sensação do espectador de estar lá, frente a uma cena real. Ele valoriza mais as qualidades representativas do assunto e menos a estrutura gráfica.

Os seguintes tipos de perspectiva contêm as principais variáveis que afetam nosso sentido de profundidade em uma fotografia. Quais dominam depende da situação, assim como a influência que o fotógrafo tem sobre elas.

MODOS DE FORTALECER A PERSPECTIVA	MODOS DE ENFRAQUECER A PERSPECTIVA
Escolha um ponto de vista que mostre um intervalo de distâncias.	Altere o ponto de vista de modo que diferentes distâncias em uma cena apareçam como planos desconexos; quanto menos melhor.
Uma lente grande-angular realça a perspectiva linear se usada perto das partes mais próximas da cena e pode mostrar um intervalo.	Uma teleobjetiva comprime esses planos, reduzindo a perspectiva linear, caso seja usada a distância.
Coloque assuntos de cor quente contra fundos de cor fria.	Coloque temas de cor fria contra fundos de cor quente.
Use mais luz direta que difusa.	Use iluminação frontal, difusa e sem sombra.
Deixe os tons claros em primeiro plano e os tons escuros atrás, via iluminação ou posicionamento.	Equalize ou inverta a distribuição de tons, de modo que objetos claros não apareçam em primeiro plano.
Quando convier, inclua objetos de tamanho conhecido a diferentes distâncias para dar uma escala reconhecível. Use referencialmente objetos semelhantes.	Maximize a profundidade de campo de modo que, idealmente, a foto inteira esteja nitidamente em foco. Com uma câmera de grande formato ou uma lente basculante, use os movimentos para aumentar a nitidez geral.
Deixe o foco tornar-se menos nítido à medida que aumentar a distância.	Reduza a névoa atmosférica usando filtros ultravioleta e polarizadores.

PERSPECTIVA LINEAR

Este é o tipo de efeito de perspectiva mais proeminente em imagens bidimensionais. A perspectiva linear é caracterizada por linhas convergentes. Essas linhas, na maior parte dos casos, são de fato paralelas, como os cantos de uma pista ou o topo e a base de um muro, porém se eles distanciam-se da câmera, aparentam convergir em direção a um ou mais pontos de fuga. Se prolongam-se na imagem por uma distância suficiente, de fato, acabam por encontrar-se em um mesmo ponto. Se a câmera está nivelada e a cena é uma paisagem, as linhas horizontais convergirão no horizonte. Se a câmera está apontada para cima, as linhas verticais, como as dos lados de um prédio, convergirão em direção a uma porção não específica do céu; visualmente, para a maioria das pessoas, isso é mais difícil de se aceitar como uma imagem normal.

➤ LENTES BASCULANTES

Tirada com uma lente basculante, esta imagem é nítida não apenas nos textos cartográficos próximos à câmera, mas também no lado mais distante da sala. Uma lente basculante coloca os elementos da lente em ângulo com relação ao sensor, o que, por sua vez, coloca o plano focal da imagem a um ângulo proporcionalmente maior em relação ao sensor da câmera.

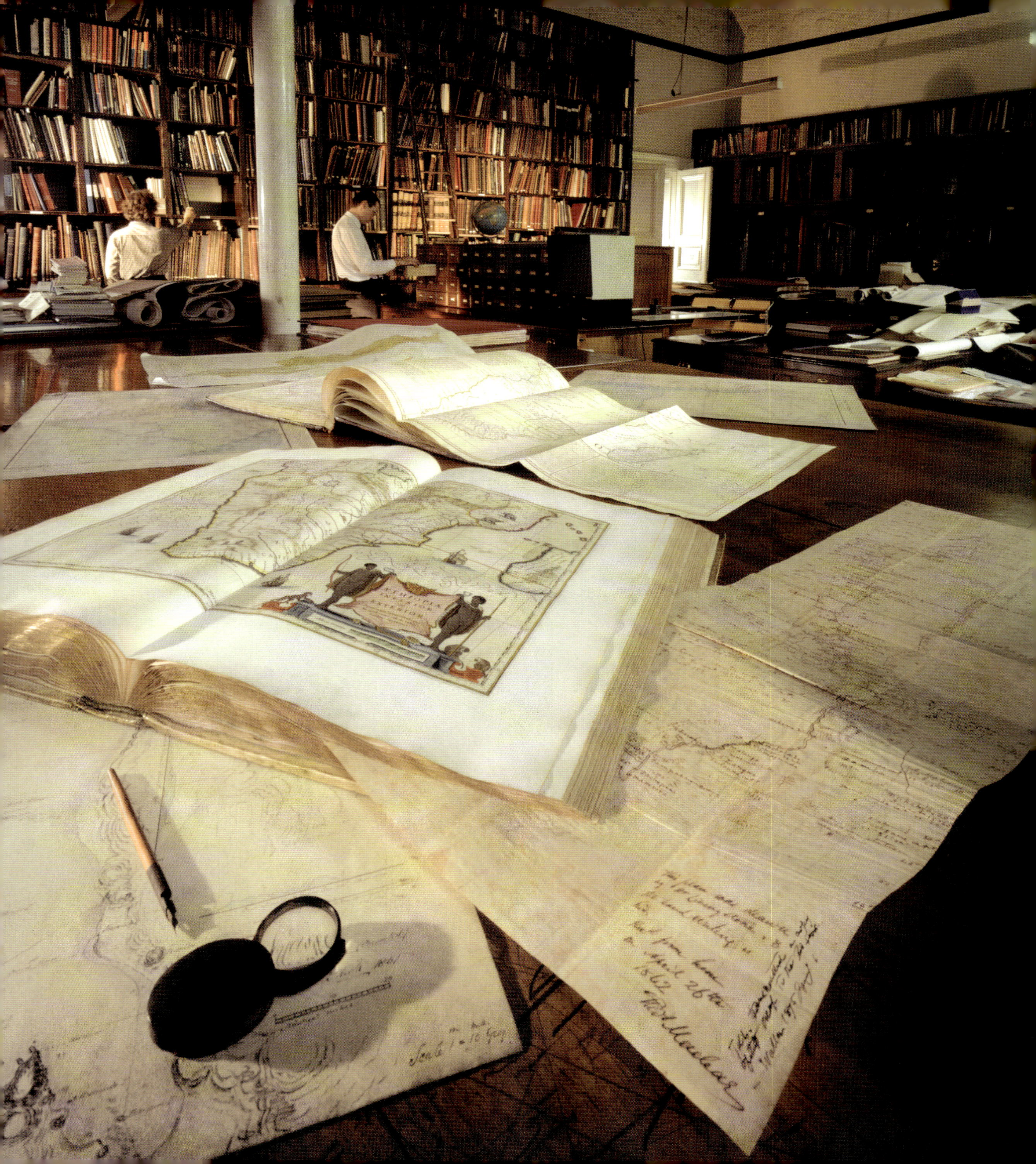

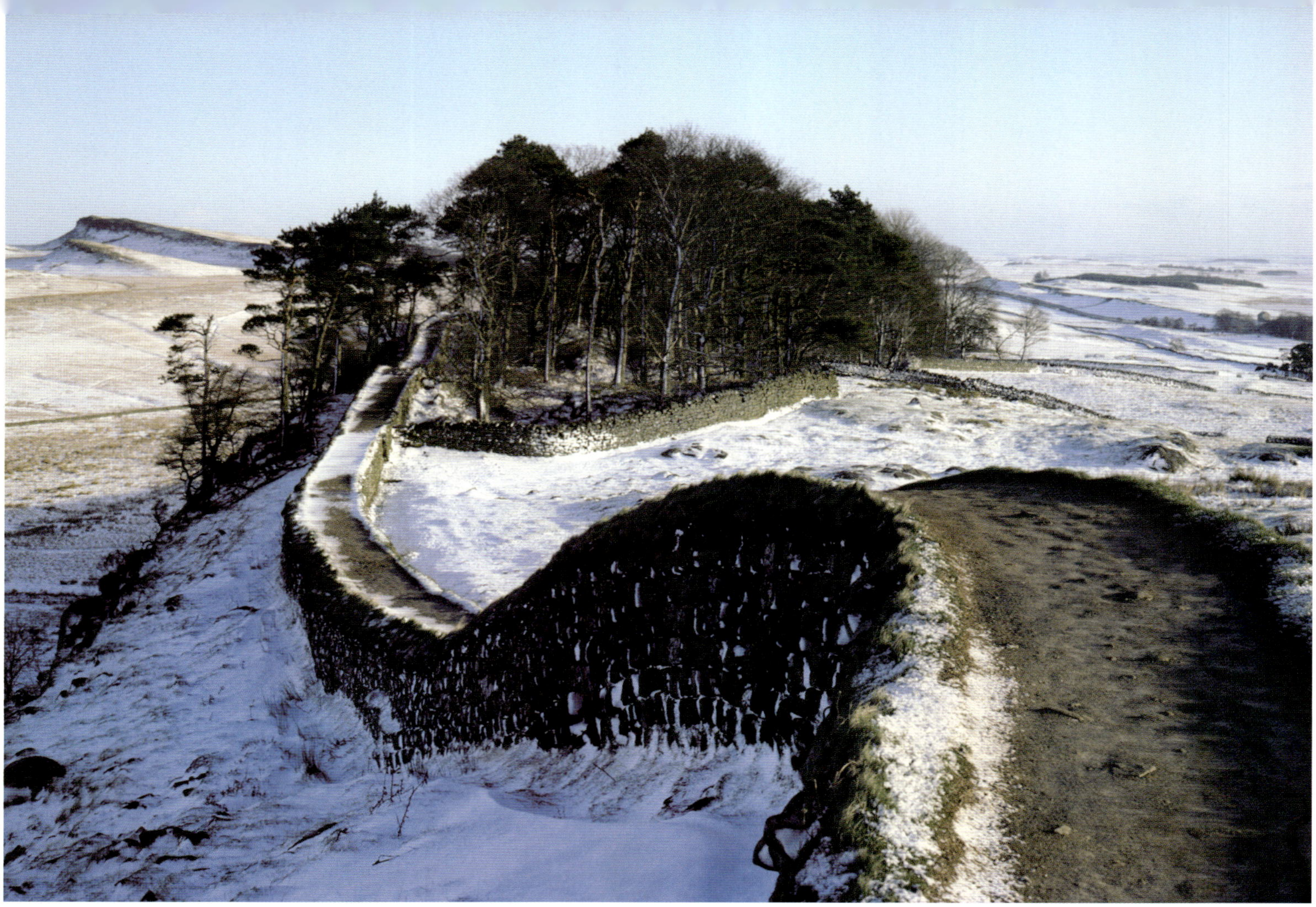

No processo de convergência, todas as linhas, ou quase, tornam-se diagonais e isso, como veremos nas páginas 76-77, induz tensão visual e uma sensação de movimento. O movimento em si colabora com a percepção de profundidade, conforme linhas que conduzem o olho para dentro e para fora da cena. Logo, por associação, linhas diagonais de todos os tipos sugerem profundidade e isso inclui as sombras que, se vistas obliquamente, podem ter aparência de linhas. Portanto, um sol direto, particularmente se estiver baixo, vai realçar a perspectiva se as sombras lançadas por ele ficarem na diagonal. O ponto de vista determina o grau de convergência e quanto mais agudo for o ângulo de visão em relação à superfície, maior será o grau de convergência – ao menos até antes de a câmera aproximar-se do nível do solo, ponto em que a convergência torna-se extrema suficiente para desaparecer.

A distância focal da lente é outro fator importante na perspectiva linear. Entre duas lentes apontadas diretamente para o ponto de fuga de uma cena, a lente grande-angular mostrará mais as linhas diagonais em primeiro plano, essas tenderão a dominar mais a estrutura da imagem. Portanto, lentes grande-angulares têm propensão a realçar a perspectiva linear, enquanto teleobjetivas tendem a achatá-la.

PERSPECTIVA REDUTORA

Está relacionada à perspectiva linear e, de fato, é uma de suas formas. Imagine uma sequência de árvores idênticas alinhadas em uma estrada. Um enquadramento da estrada ao comprido produzirá a conhecida convergência na linha de árvores, mas individualmente, elas parecerão ser sucessivamente menores. Isto é perspectiva redutora e funciona melhor com objetos idênticos ou semelhantes que estejam a distâncias diferentes.

Por razões semelhantes, qualquer coisa de tamanho reconhecível servirá de escala padrão; no local apropriado da cena, ela ajudará a estabelecer a perspectiva. Outros fatores associados à perspectiva redutora são o posicionamento (assume-se, por familiaridade, que coisas situadas na porção baixa da figura estão em primeiro plano) e a sobreposição (se o contorno de um objeto sobrepõe outro, assume-se que ele seja o que está à frente).

▲ PERSPECTIVA LINEAR
Uma lente grande-angular (equivalente a 20mm) e um ponto de vista que mostra as linhas paralelas de um muro (o Muro de Hadrian no norte da Inglaterra) afastando-se da câmera oferecem as condições clássicas para uma forte perspectiva linear. A altura da câmera acima do muro determina a distância vertical visível na fotografia. Por sua vez, isso determina o grau de convergência (ver página 55).

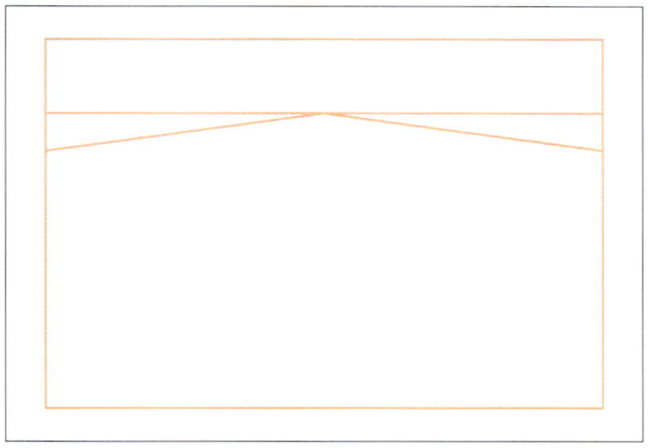

▲ **MUITO BAIXO**

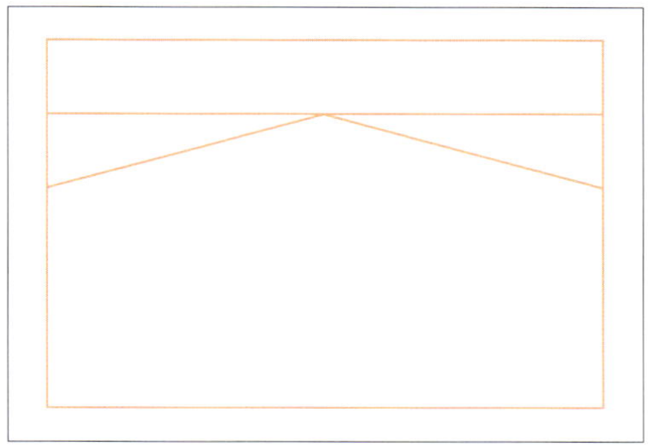

▲ **BAIXO**

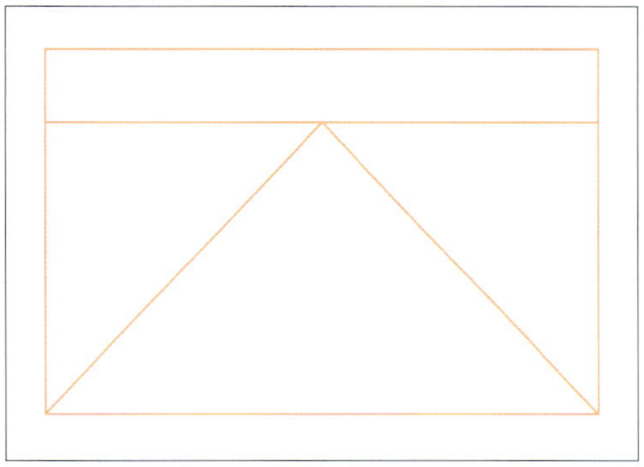

▲ **MÉDIO**

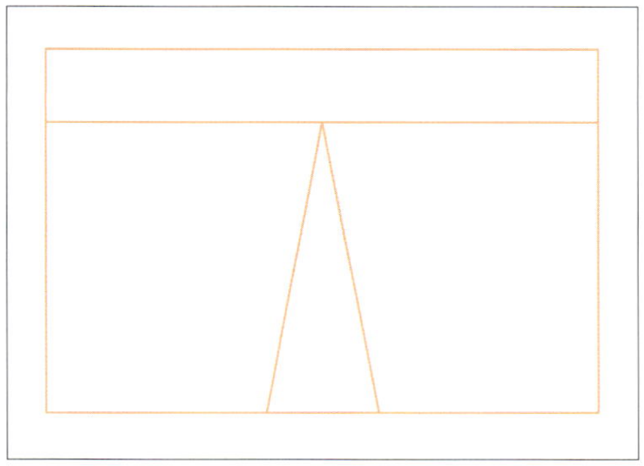

▲ **ALTO**

◄ **CONVERGÊNCIA E ALTURA**

O ângulo de visão em relação à superfície que conduz as linhas convergentes determina a força do efeito de perspectiva. Se for muito baixo, a leitura não será muito clara; se for muito alto, apresentará pouca convergência.

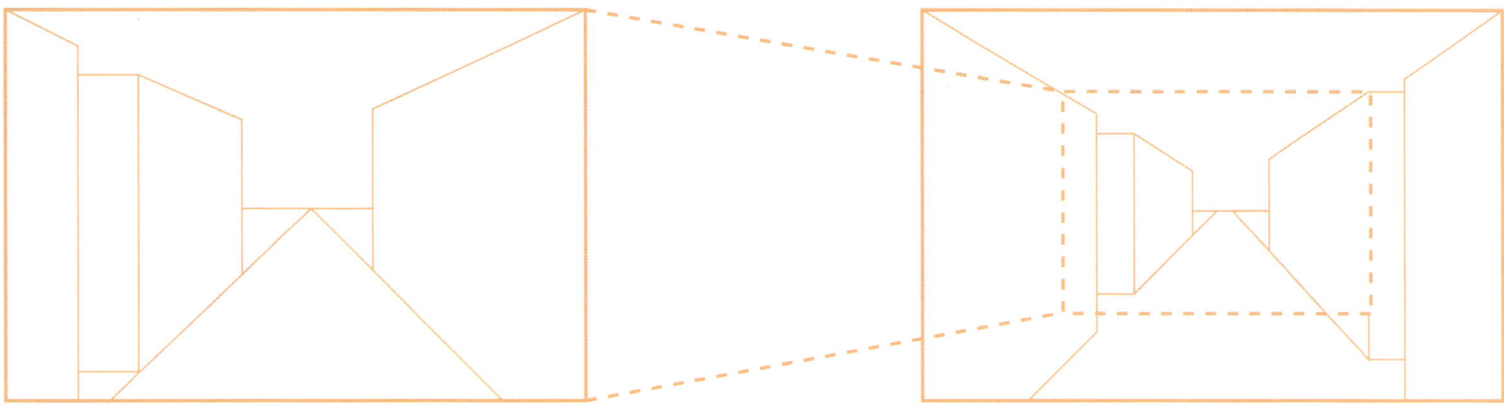

▲ **TELEOBJETIVA**

▲ **GRANDE-ANGULAR**

▲ **CONVERGÊNCIA E DISTÂNCIA FOCAL**

O mesmo ponto de vista com lentes de diferentes distâncias focais resulta em uma imagem diagonalmente mais convergente a partir da lente de maior ângulo de abertura.

PERSPECTIVA AÉREA

O vapor de água na atmosfera atua como filtro, reduzindo o contraste nas partes distantes de uma cena e suavizando seu tom. Nossa familiaridade com esse efeito (horizontes pálidos, por exemplo) permite que nossos olhos usem-no como indício de profundidade. Cenas enevoadas, nebulosas, parecem ter profundidade maior do que de fato têm por causa de sua forte perspectiva aérea. Ela pode ainda ser realçada pelo uso de retroiluminação, como no exemplo abaixo, e caso não sejam usados filtros (como os projetados para cortar a radiação ultravioleta) que reduzem o enevoado. Teleobjetivas tendem a apresentar maior perspectiva aérea do que lentes grande-angulares se usadas em assuntos diferentes, porque mostram menos partes de coisas que estejam próximas com pouca névoa entre elas e a câmera. Acentua-se o efeito ao privilegiar o canal azul quando a conversão de uma imagem digital RGB para preto e branco é feita usando mistura de canais.

PERSPECTIVA TONAL

À parte o efeito suavizador que a névoa tem sobre coisas distantes, tons suaves parecem avançar e tons escuros recuar. Então, um objeto suave contra um fundo escuro normalmente se projetará para frente com um forte sentido de profundidade. Isso pode ser controlado pelo posicionamento cuidadoso dos objetos, ou com iluminação. Fazer o contrário, como vimos nas páginas 46-47, cria uma ambiguidade figura/fundo.

PERSPECTIVA DE COR

Cores quentes tendem a avançar perceptualmente e cores frias tendem a recuar. Deixando de lado outros fatores, então, um tema vermelho ou laranja contra um fundo verde ou azul terá um sentido de profundidade por razões puramente ópticas. Novamente, o posicionamento adequado

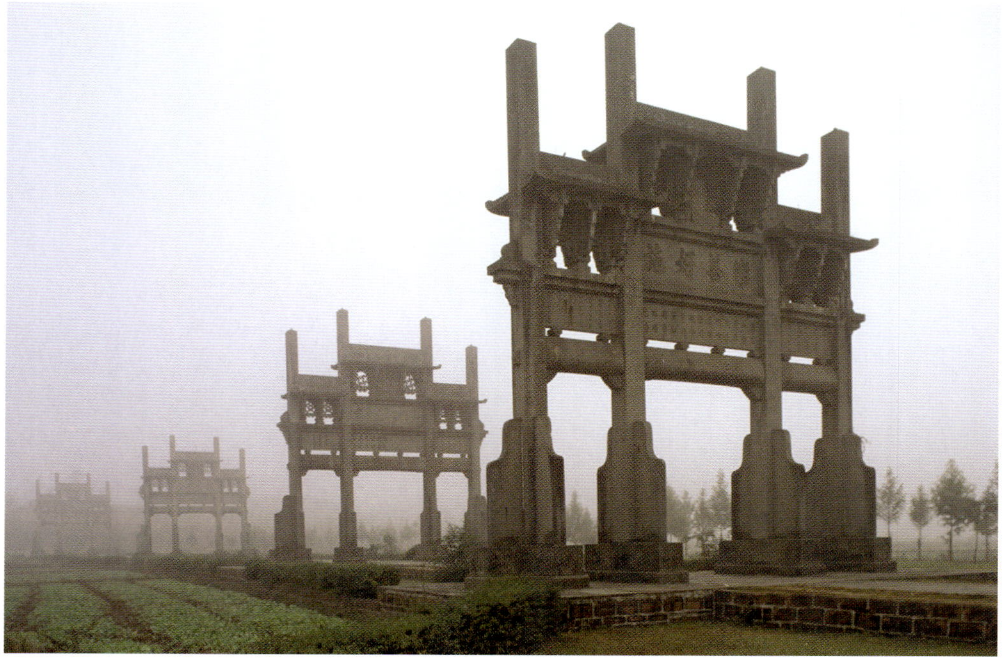

▲ PERSPECTIVA REDUTORA
Nesta fila de arcos memoriais na província de Anhui, na China, o olho assume que são idênticos. A progressiva redução de seu tamanho estabelece um forte sentido de profundidade. Também está presente a perspectiva aérea por causa da neblina.

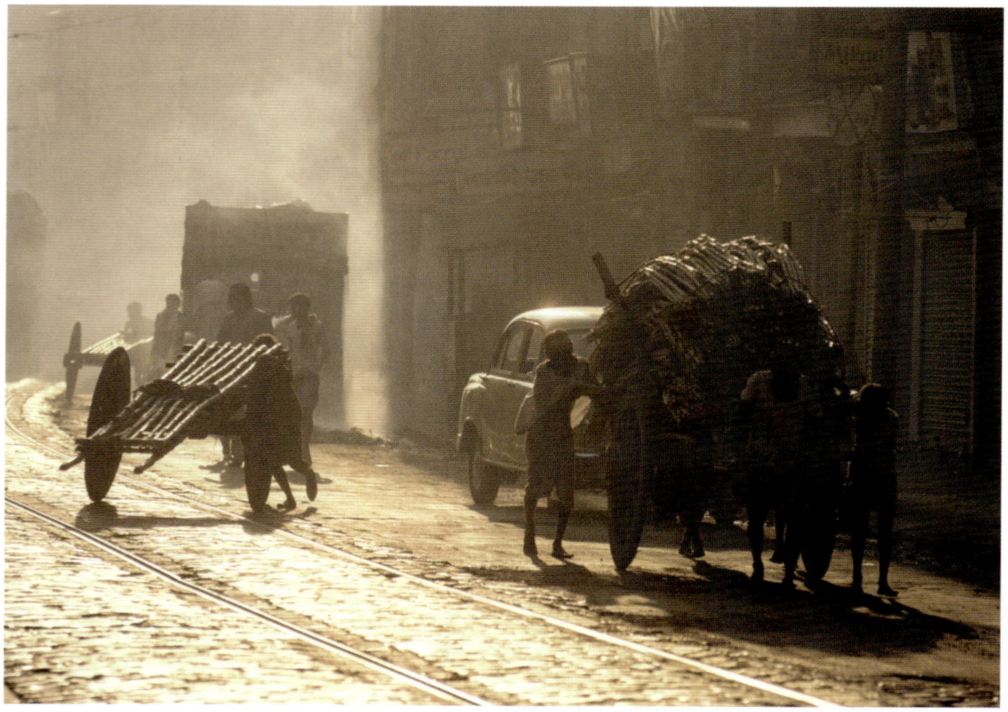

➤ PERSPECTIVA AÉREA
Tons de sombra progressivamente mais claros indicam o efeito de uma neblina atmosférica cada vez mais profunda. Os efeitos aparecem com mais força em contraluzes parecidos com este.

pode ser usado como controle. Quanto mais intensas as cores, mais forte o efeito, mas, se há uma diferença em intensidade, ela deve estar a favor do primeiro plano.

DEFINIÇÃO

Boa definição sugere proximidade, e qualquer coisa que crie uma diferença de definição em favor do primeiro plano aumentará a impressão de profundidade. A neblina atmosférica tem um pouco este efeito. Porém, o controle mais poderoso é o foco. Se há uma diferença na definição ao longo da imagem, por familiaridade, consideramos isso como indício de profundidade – ou o primeiro plano está fora de foco, ou o plano de fundo, ou ambos.

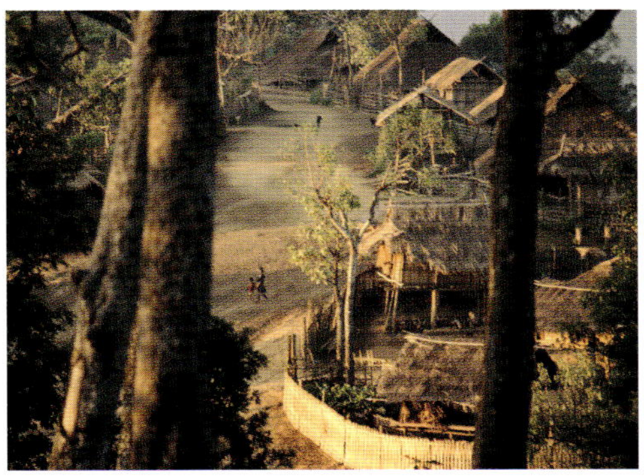

▲ DEFINIÇÃO
O foco seletivo estabelece profundidade ao explorar dois gatilhos perceptuais. Um é atrair a atenção para as áreas com maior densidade de informação (isto é, em foco). O outro é o que vivenciamos ao olhar para uma fotografia. Quando há uma área fora de foco sobreposta a uma área com definição sabemos que ela está a sua frente. Além disso, como podemos ver nesta imagem de uma aldeia de um dos povos da montanha no norte da Tailândia, há um componente psicológico – a sensação de estar de fora da comunidade espiando.

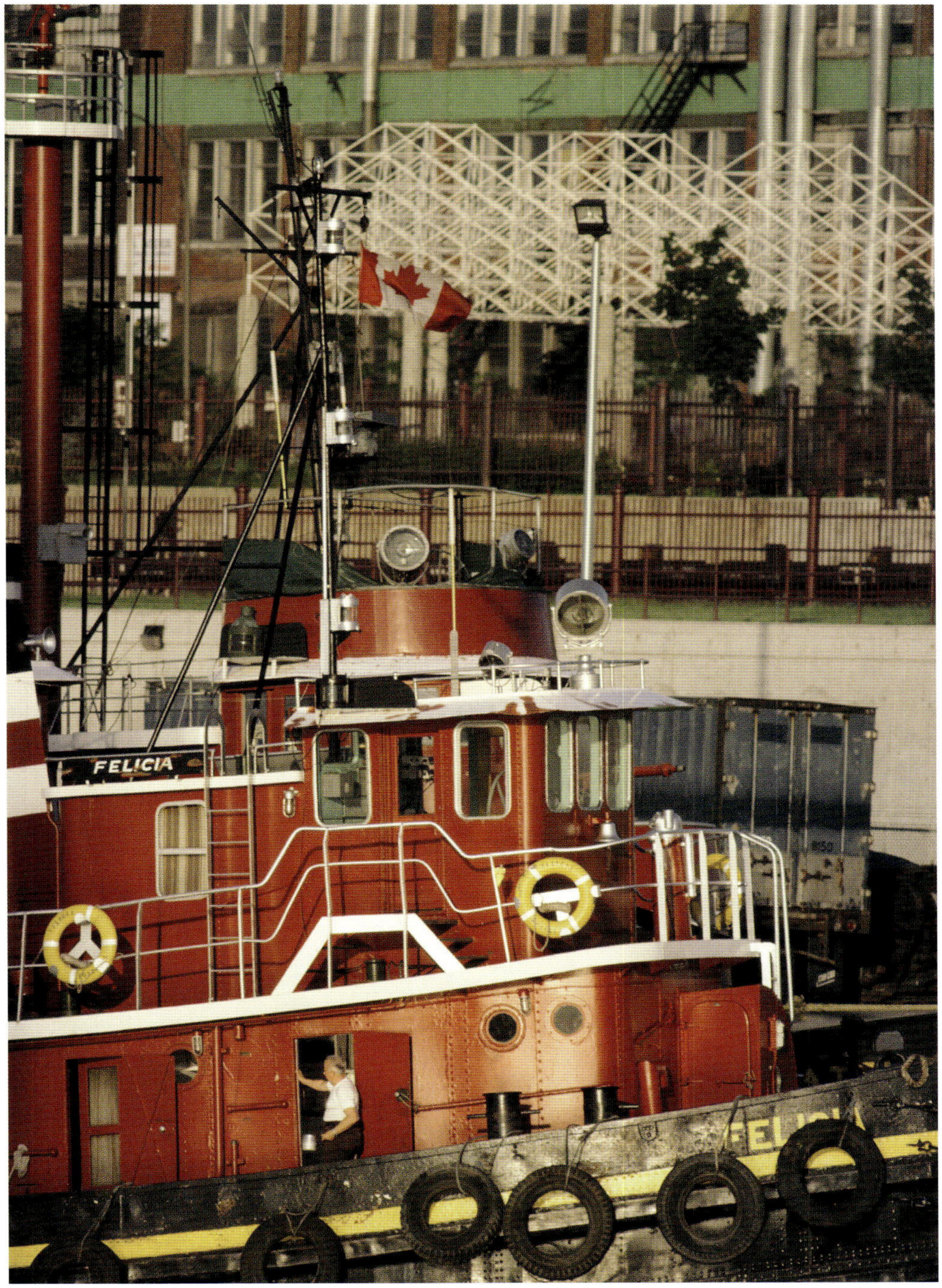

▲ FALTA DE PERSPECTIVA AÉREA
Luz frontal e tempo limpo são duas condições que reduzem a perspectiva aérea, como nesta fotografia das docas pela manhã. Os tons e o contraste local no plano de fundo e primeiro plano são muito parecidos e dão pouca sensação de profundidade.

PESO VISUAL

Tão óbvio, quase um truísmo, é o fato de olharmos mais para aquilo que nos interessa. Isso significa que, quando começamos a olhar para alguma coisa, seja uma cena real ou uma imagem, colocamos para funcionar o "conhecimento armazenado" que temos acumulado pela experiência. Isso é confirmado por pesquisas recentes sobre a percepção; Deutsch e Deutsch (1963) propuseram "pesos de importância" como fator principal na atenção visual. Isso é crucial no momento de decidir como as fotografias deverão ser vistas, porque, além da composição, certos tipos de conteúdo atrairão a atenção mais que outros. É claro que filtrar peculiaridades é difícil, para dizer o mínimo, mas há algumas generalizações úteis. Certos assuntos tenderão a atrair mais as pessoas do que outros, seja porque aprendemos a esperar mais informação deles ou porque apelam a nossas emoções ou desejos.

As partes principais do rosto humano, especialmente olhos e boca, são os assuntos altamente atraentes mais comuns, quase certamente porque deles é de onde derivamos a maioria da informação que precisamos para decidir como alguém irá reagir. De fato, pesquisas sobre o sistema nervoso mostraram que há módulos específicos do cérebro para o reconhecimento de faces e outros para o reconhecimento de mãos – prova clara do quanto esses assuntos são importantes visualmente.

Outra classe de assuntos que atraem o olho com maior peso é a escrita – novamente, algo de valor informativo obviamente elevado. Na fotografia de rua, por exemplo, sinais e cartazes têm a tendência de tirar a atenção e o significado das palavras pode acrescentar outro nível de interesse – considere uma palavra que tem intenção de chocar, como, às vezes, é usado em propaganda. Mesmo se a língua for desconhecida para o espectador (por exemplo, a imagem na página 42 para qualquer um que não fale chinês), ela ainda parece demandar a atenção. Ansel Adams escreveu a respeito de uma fotografia de lápides chinesas que: "Inscrições em uma língua estrangeira podem ter uma qualidade estética direta, inalteradas pela imposição de significado", mas o fato de que têm alguma qualidade visual deve-se a representarem uma linguagem.

Assim como os assuntos "informativos", há uma classe ainda mais vasta e difícil de definir que apela às emoções. Nela, incluem-se a atração sexual (imagens eróticas e pornográficas), fofura (filhotinhos e animais de estimação, por exemplo), horror (cenas de morte e violência), repugnância, moda, bens desejáveis e novidades. As reações nessa classe dependem mais dos interesses pessoais do espectador.

Não há como ponderar precisamente todos esses pesos, mas, em um nível intuitivo, é relativamente fácil, contanto que o fotógrafo esteja consciente dos vários graus de atração. Toda essa ponderação baseada no conteúdo também deve ser confrontada com os modos complexos pelos quais a forma da imagem – os elementos gráficos e as cores – dirigem a atenção.

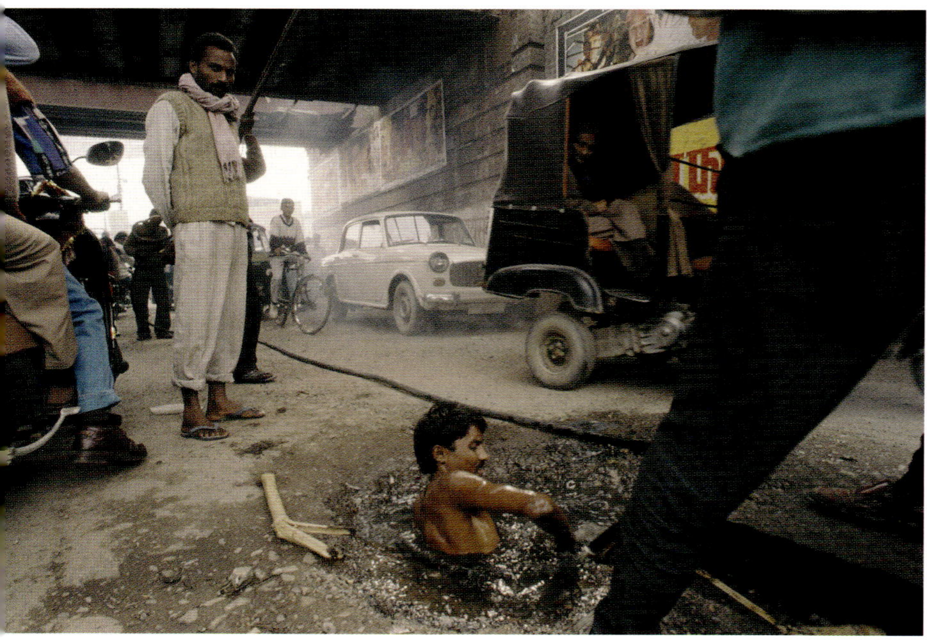

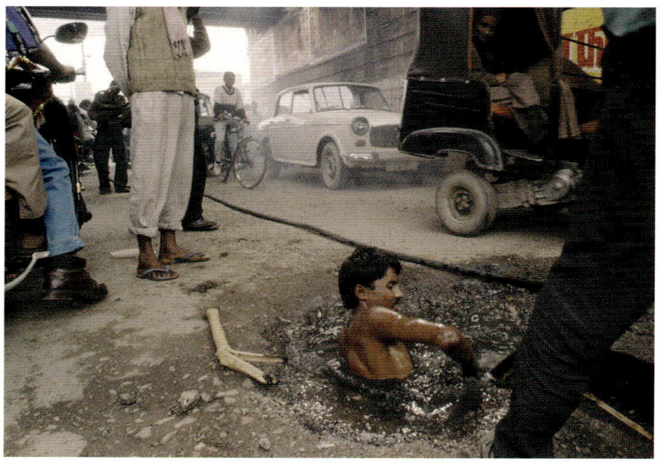

◄ ▲ RUA BENARES
Nesta cena em uma rua indiana, claramente o foco de atenção é o homem fazendo um trabalho que deve ser realmente desagradável e, possivelmente, perigoso no meio do tráfego. Contudo, como acontece muito frequentemente na Índia, qualquer demora para fazer a foto resulta em pessoas olhando para a câmera, o que não era o que eu queria, mas foi inevitável, dado o tempo que levei para ficar em posição. Na segunda versão, o rosto do curioso foi cortado e, quer esta seja uma melhoria para imagem em geral ou não, ela certamente demonstra a diferença no modo como o olho naturalmente viaja pelo quadro.

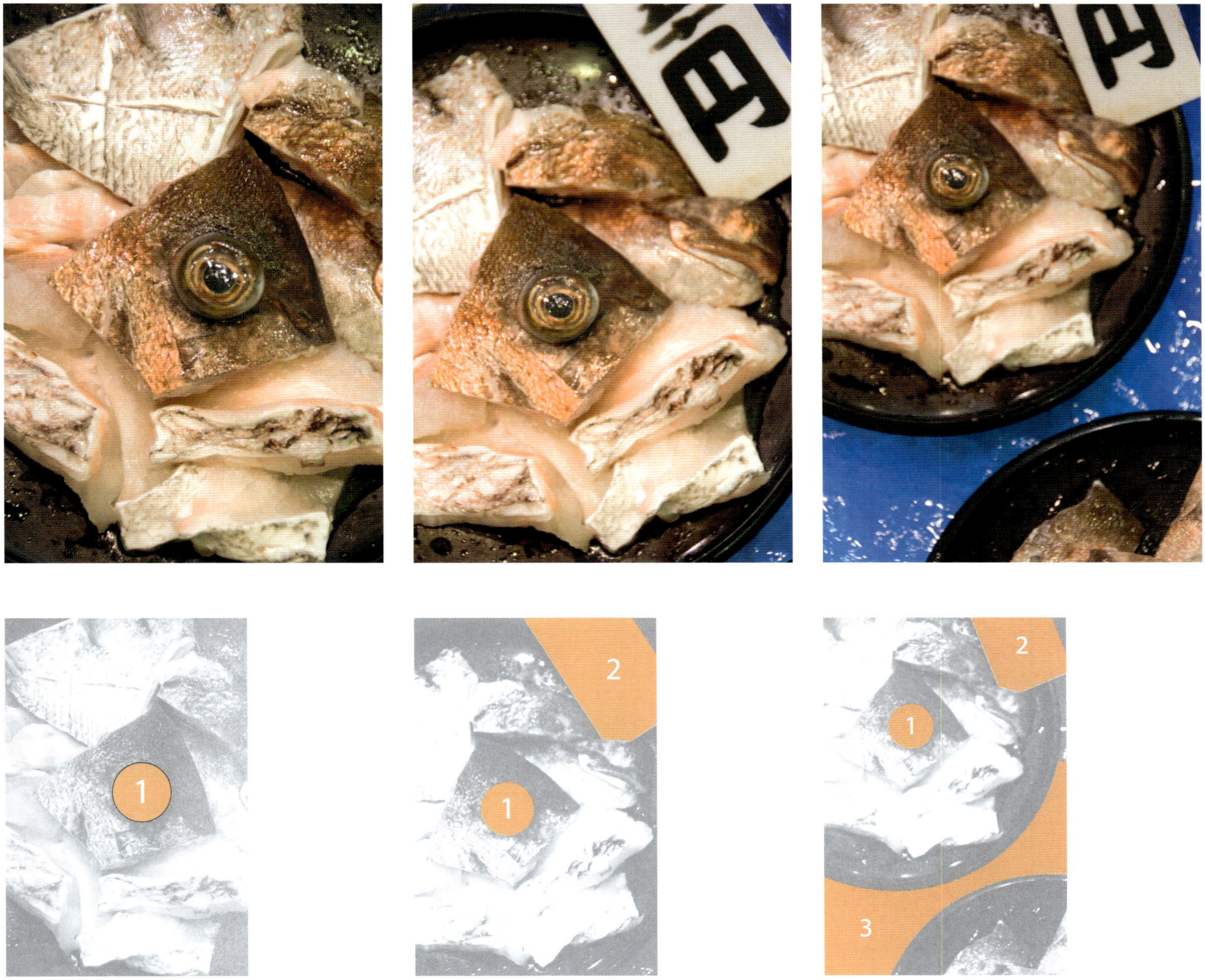

▲ MERCADO DE PEIXES

Um *close-up* em partes de peixes em um mercado de Kyoto, inesperadamente, oferece três "atratores": um olho (certamente separado do peixe, mas, ainda assim, um olho), um texto e uma intensa faixa de cor. Estes três enquadramentos foram tirados, naturalmente, sem intenção de fazer um exercício. No primeiro, o olho é o foco, situado ligeiramente fora do centro. Recuando e subindo, no segundo quadro, revela-se um caractere japonês e meio, e a atenção é fortemente atraída para esse canto. Recuando ainda mais, e descendo, enquadra-se um pedaço de plástico azul, de modo que o olho viaja entre os três pontos de interesse.

OLHAR E INTERESSE

O modo como as pessoas olham para as imagens é de importância fundamental para pintores, fotógrafos e qualquer um que crie tais imagens. A premissa deste livro é que o modo como você compõe uma fotografia irá influenciar o modo como alguém olha para ela. Ainda que isso seja implicitamente aceito nas artes visuais, localizar o como e o porquê da atenção visual tem sido dificultado pela falta de informação. Tradicionalmente, críticos de arte e fotografia têm usado sua própria experiência e empatia para adivinhar o que o espectador pode ou deve tirar de uma figura, mas foi apenas nas últimas décadas que isso foi pesquisado. A oculometria oferece as evidências experimentais de como as pessoas olham para uma cena ou imagem, e o estudo inovador deve-se a A. L. Yarbus em 1967. Ao olhar para uma cena ou imagem, o olho faz uma varredura em saltos rápidos, movendo-se de um ponto de interesse a outro. Esses movimentos dos dois olhos em conjunto são conhecidos como movimentos sacádicos. Uma razão para que ocorram é que apenas a parte central da retina, a fóvea, tem alta resolução, e uma sucessão de movimentos sacádicos permite que o cérebro monte uma visão total na memória de curta duração. Os movimentos sacádicos dos olhos podem ser rastreados e o caminho percorrido pelos olhos pode ser registrado. Quando sobreposto ao que foi visto – uma fotografia, por exemplo – esse caminho mostra como e em que ordem um espectador fez a varredura da imagem.

Tudo isso acontece tão rápido (sacadas duram de 20 a 200 milissegundos) que a maioria das pessoas não se dá conta do padrão de seu olhar. Entretanto, pesquisas mostram que há diferentes tipos de olhar, dependendo de o quê o espectador espera da experiência. Há o olhar espontâneo, quando o espectador está "só olhando", sem nada especial em mente. O padrão de visualização é influenciado por fatores como novidade, complexidade e incongruência. No caso de uma fotografia, o olho é atraído por coisas que interessam e por partes da figura que contêm informações úteis a sua compreensão. O peso visual, como vimos nas páginas anteriores, desempenha um papel importante; isso porque o olhar espontâneo também é influenciado por "conhecimento armazenado", o que inclui, entre outras coisas, saber que olhos e boca dizem muito a respeito dos sentimentos e atitudes de outras pessoas.

Um segundo tipo de olhar é o "pertinente à tarefa", pelo qual o espectador dá-se à tarefa de olhar procurando algo específico ou buscando informações específicas em uma imagem ou cena. Ao olhar para uma fotografia, podemos assumir que o espectador o faz por escolha e, provavelmente, por algum tipo de prazer ou entretenimento (ou na esperança de que a fotografia lhe proporcione isso). Esta é uma condição inicial importante. A seguir, vêm as expectativas do espectador. Por exemplo, se ele ou ela vê à primeira vista que há alguma coisa incomum ou inexplicada a respeito da imagem, isso possivelmente desencadeará um padrão de olhar que irá em busca de informações que explicarão as circunstâncias. O estudo clássico a esse respeito deve-se a Yarbus em 1967, no qual uma figura de um visitante chegando em uma sala de estar foi mostrada primeiramente sem quaisquer instruções, e depois com seis diferentes questões preliminares, incluindo a questão de estimar a idade das pessoas na imagem. Os caminhos percorridos pelo olho, tão diferentes uns dos outros, mostraram como a tarefa influencia o modo de olhar.

Outra pesquisa nessa área mostra que a maioria das pessoas tende a concordar sobre quais sejam as partes mais informativas de uma figura, porém que isso é sempre ponderado pela experiência de cada um (o conhecimento pessoal armazenado torna idiossincráticos os caminhos que o olho percorre). Além disso, a maioria dos pintores e fotógrafos creem que podem controlar, de alguma forma, o modo como outras pessoas veem seu trabalho (este é, afinal de contas, tudo de que trata este livro), e pesquisas apoiam essa ideia, em particular, um experimento (Hansen & Støvring, 1988) no qual um artista explicou como pretendia que os espectadores olhassem para a obra e o registro posterior do caminho percorrido pelos olhos provou que ele estava, em grande parte, correto. Outro experimento com potencial interessante é o de que o caminho que os olhos percorrem que surge à primeira vista ocupa 30% do tempo gasto na visualização e que a maioria dos espectadores, em seguida, volta a esquadrinhar a imagem do mesmo modo, sem aproveitar o restante do tempo para explorar outras partes da figura. Em outras palavras, a maioria das pessoas decide bem rápido o que pensam ser o mais importante e/ou interessante em uma imagem e põem-se a olhar para essas partes.

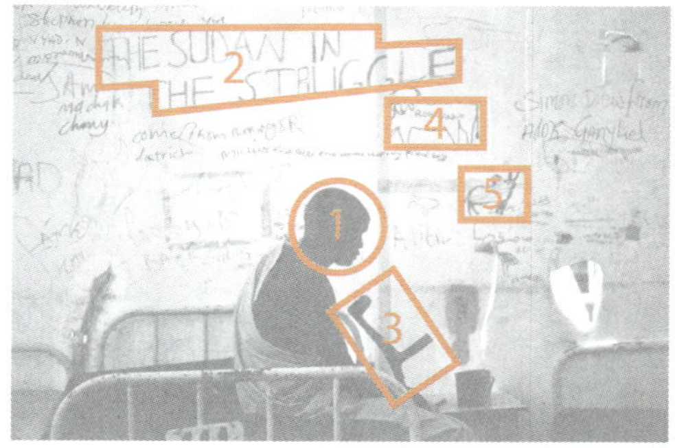

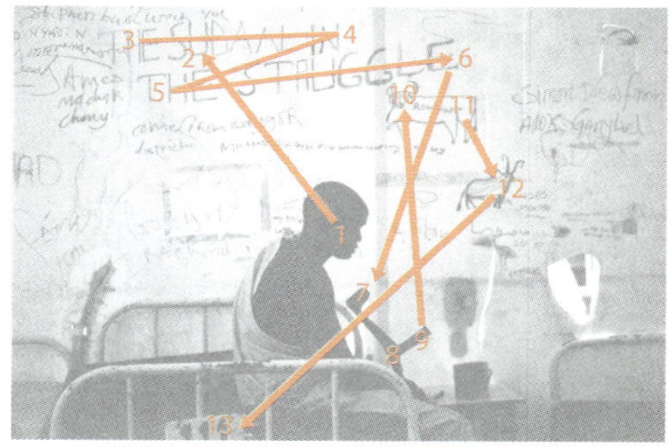

▲ ➤ ORDEM PRETENDIDA

Nesta fotografia de uma tenda em um hospital da Cruz Vermelha para feridos em combate na guerra civil no Sudão, eu quis mostrar duas coisas de modo mais ou menos igual. Uma era o soldado ferido, um amputado, e a outra era a rica história de grafites que acumulou-se com o tempo. Este grafite continha um slogan evidente que dispensava um título e desenhos de animais, em particular de gado (muitos dos pacientes eram oriundos de grupos étnicos criadores de gado), e lembravam pinturas em cavernas. Ainda que o modo como a fotografia seria vista não estivesse mapeado com precisão, identifiquei os elementos-chave em minha ordem de intenção (delineada e numerada na ilustração acima). A partir disso, eu tinha uma aproximação da ordem de visualização pretendida, como indicado pelas flechas na ilustração inferior (esta assumidamente reconstruída para os propósitos desta página).

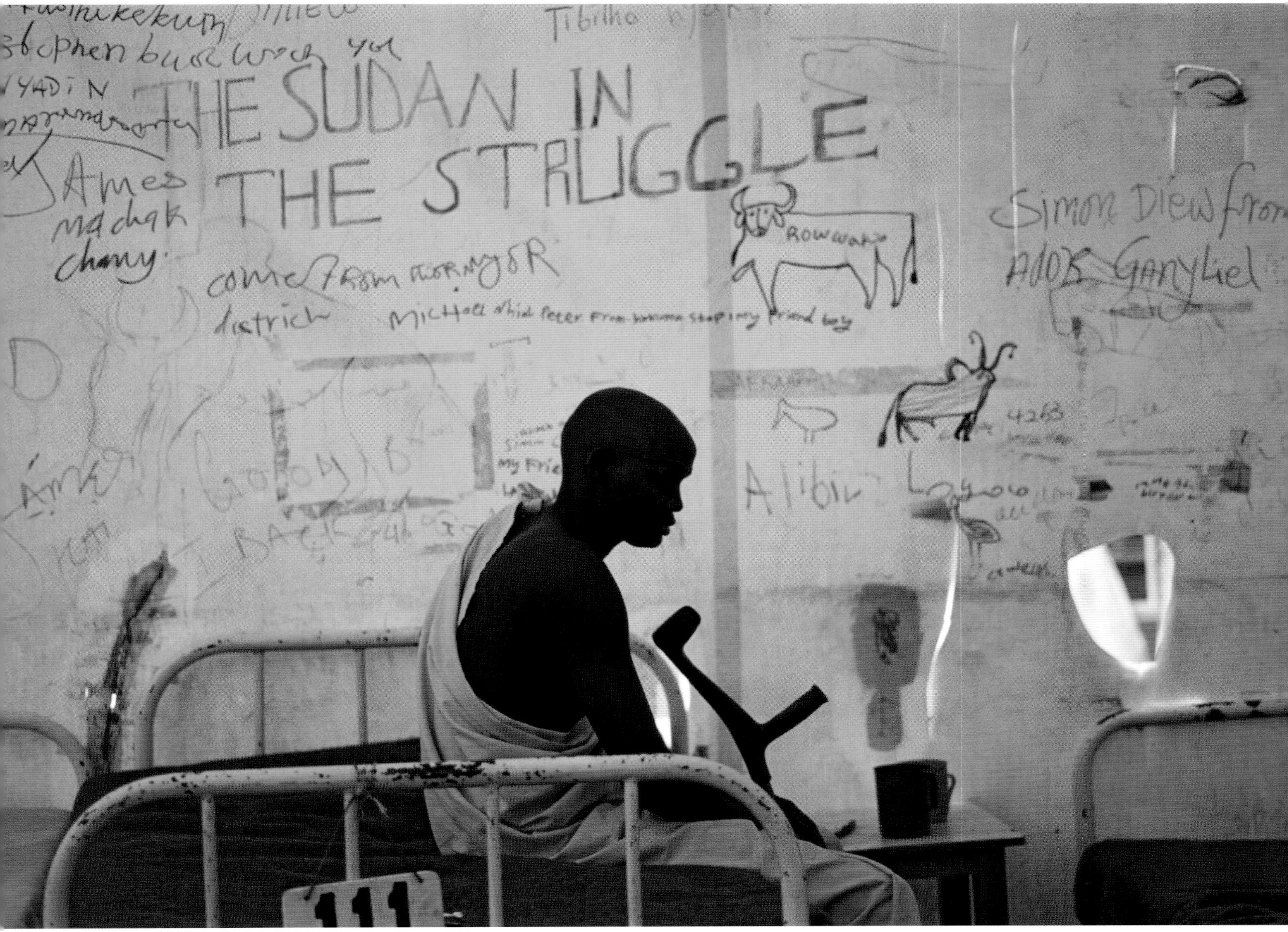
THE SUDAN IN
THE STRUGGLE
Simon Diew from
111

CONTEÚDO, FRACO E FORTE

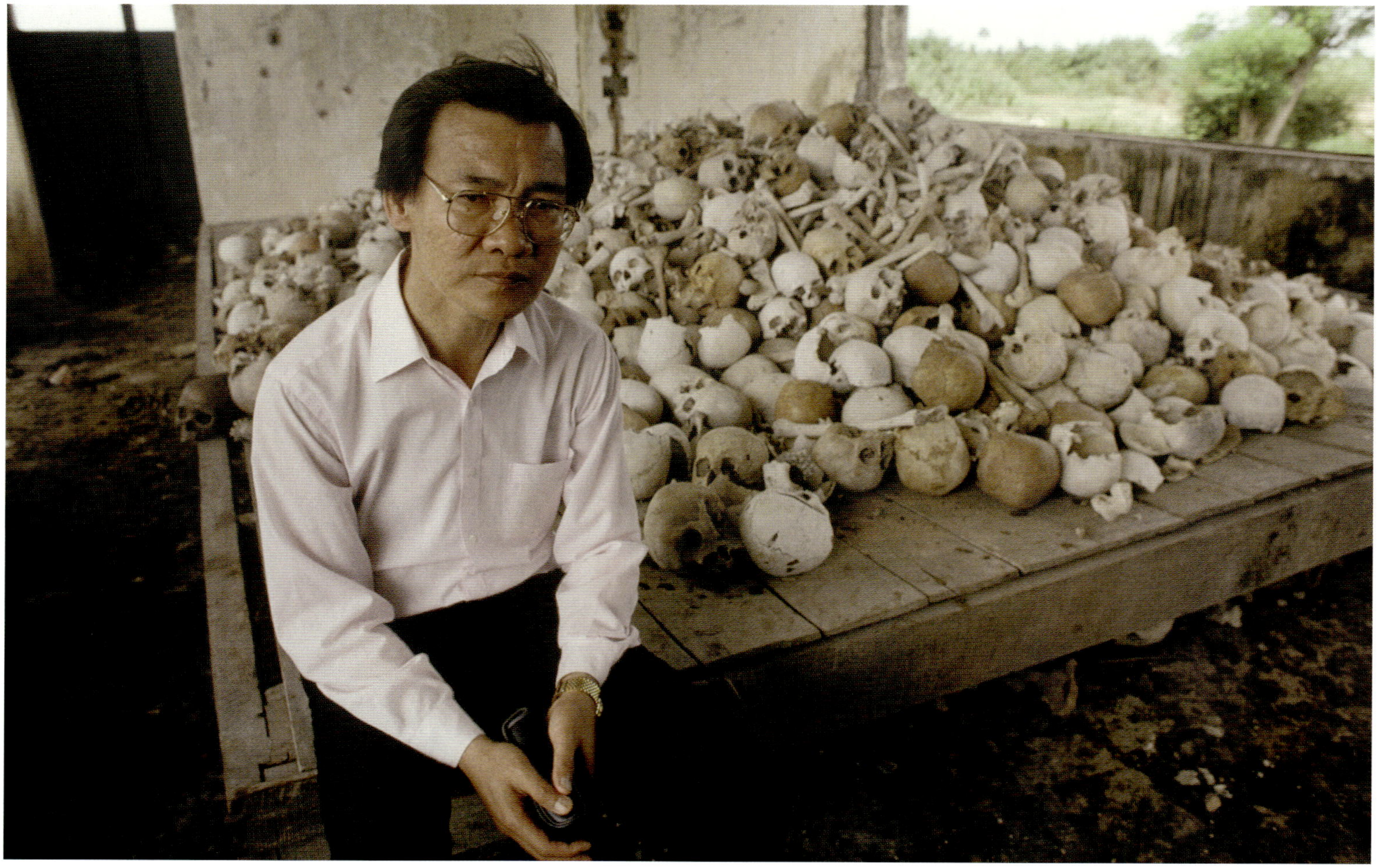

A relação entre o conteúdo e a geometria de uma fotografia, e a dificuldade de separá-los para análise, tem causado angústia, ou, pelo menos, uma perplexidade perene, em mais do que um punhado de escritores. Roland Barthes, por exemplo, considerava a fotografia mais ou menos inclassificável porque ela "sempre carrega seu referente consigo" e não há "fotografia sem algo ou alguém".

Enquanto questão filosófica, isso se aplica à imagem finalizada e a leituras reversas de fotografias, mas, no contexto da feitura das imagens, as questões tendem a ser simplificadas pelo conhecimento da tarefa em mãos. Em algum ponto da feitura de quase todas as fotografias, o fotógrafo sabe qual deve ser o assunto e está solucionando o problema de como transformá-lo em uma imagem da melhor maneira possível.

O conteúdo é a matéria do assunto, tanto concreta (objetos, pessoas, cenas, e assim por diante) como abstrata (eventos, ações, conceitos e emoções). O papel que ele desempenha como influência no design é complexo porque tem um valor de atenção específico. Além do mais, diferentes classes de assuntos tendem a conduzir o método de fotografar, em grande parte, por questões práticas. Na fotografia de reportagem, o fato de um evento é a questão crucial, ao menos para os editores. É possível fotografar em evento jornalístico e tratá-lo de diferentes modos, talvez procurando algo mais genérico ou simbólico, mas isso já não é mais o verdadeiro fotojornalismo. E se os fatos comandam o fotografar, provavelmente haverá menos oportunidades ou razões para experimentar tratamentos individuais. Um conteúdo forte, em outras palavras, tende a pedir um tratamento direto – composição prática em vez de incomum.

Talvez, neste ponto, a seguinte história do fotógrafo britânico George Rodger (1908-1995), cofundador da Magnum, não fique deslocada, mesmo que muitos de nós, felizmente, nunca venhamos a nos encontrar em situação tão extrema. No final da Segunda Guerra Mundial, Rodger entrou no campo de concentração de Belsen com tropas Aliadas. Mais tarde ele disse em uma entrevista: "Quando descobri que podia olhar para o horror de Belsen – 4.000 mortos e famintos caídos por todos os lados – e pensar apenas em uma boa composição fotográfica, soube que algo havia acontecido comigo e que isso tinha que parar."

◄ RETORNO AOS GRITOS DO SILÊNCIO

Incluo esta imagem porque, na noite do dia em que a tirei, pensei no comentário de George Rodger sobre Belsen. A ocasião foi o retorno ao Camboja dos protagonistas do filme *Os Gritos do Silêncio* – tanto Dith Pran, em cujas experiências o filme é baseado, quanto Haing Ngor, que interpretou seu papel no filme e recebeu um Oscar por isso. O conteúdo não é só dominante, como horrível. Ele levantou questões morais para mim e para o escritor, meu amigo Roger Warner. O propósito da viagem era fazer uma história forte para um programa de televisão norte-americano, *Prime Time*, com nossa pauta para a *The Sunday Times Magazine* em segundo lugar. O que todos queriam fazer, particularmente Dith Pran e Haing Ngor, era lembrar o mais vasto público possível do genocídio, o que significava que todos sabiam que eles tinham um trabalho a fazer. Dith Pran, em particular, vinha mantendo suas emoções em cheque, o que quer dizer que o produtor do programa estava tendo dificuldade em transmitir o horror pessoal da situação. Roger e eu conhecíamos essa velha escola abandonada próxima a Angkor em que crânios e ossos haviam sido grosseiramente depositados. Era óbvio que os dois homens ficariam perturbados se visitassem esse lugar. Colocamos a situação para eles; ambos aceitaram porque sabiam que resultaria em um documentário e história fotográfica mais eficientes. Não foi agradável para ninguém, mas todos nós julgamos necessário. Como você pode imaginar, qualquer discussão sobre composição ou técnica seria de mau gosto. Mesmo assim, como qualquer fotógrafo profissional admitiria, você sempre inclui suas habilidades e decisões em toda situação em que vai fotografar e, provavelmente, com mais cuidado e respeito em uma situação como esta.

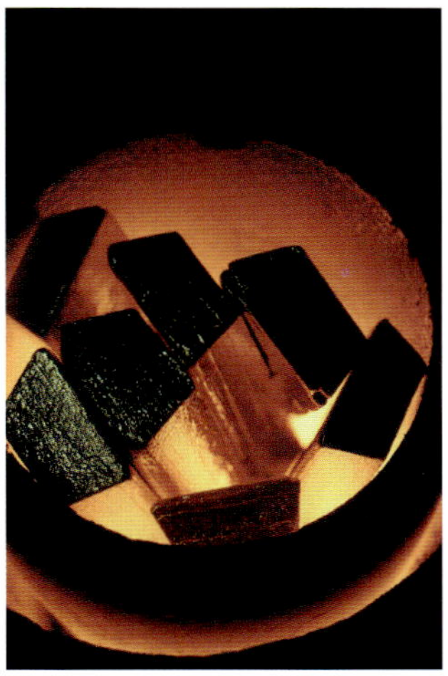

▲ PRINCIPALMENTE FORMA

O assunto, difícil de entender qual seja a partir deste enquadramento, trata-se do derretimento de lingotes de ouro em um cadinho. Visto de cima, o aspecto gráfico e as cores eram surpreendentes e encantadoras – em outras palavras, uma oportunidade para criar uma imagem surpreendente visualmente.

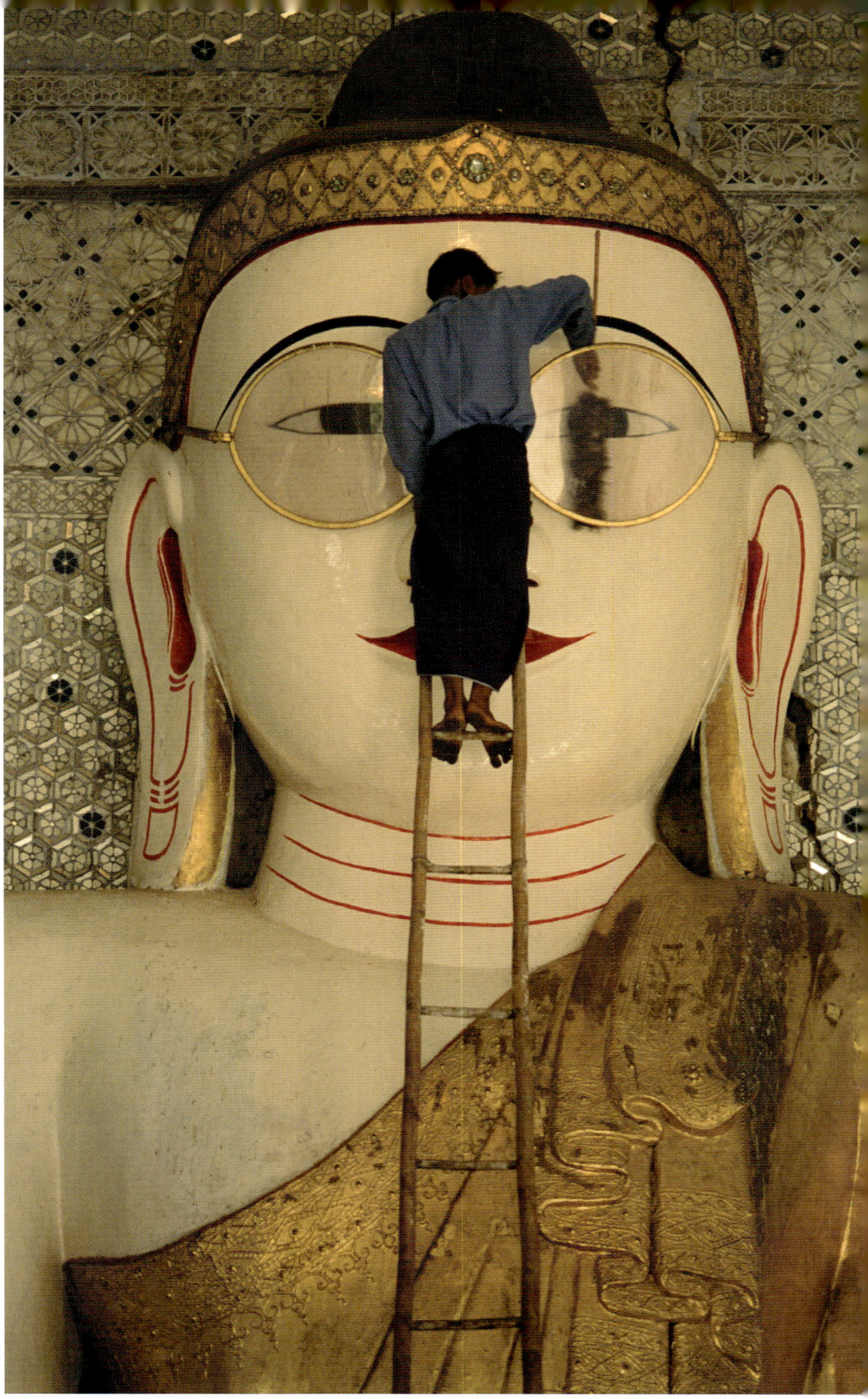

▲ PRINCIPALMENTE CONTEÚDO

Esta imagem é, em boa parte, a respeito de um fato – um objeto e um evento – e quase todo o interesse recai sobre o que está acontecendo, não no ângulo da câmera ou na geometria. Na legenda, lê-se "O 'Buda dos Óculos Dourados' em uma cidadezinha próxima a Pye, Birmânia. O Buda tem a reputação de ter poderes de ajudar com os problemas de visão, e esse par de óculos gigantes foi doado por um oficial colonial britânico em agradecimento pela cura das dificuldades de sua esposa. Os óculos são limpos mensalmente."

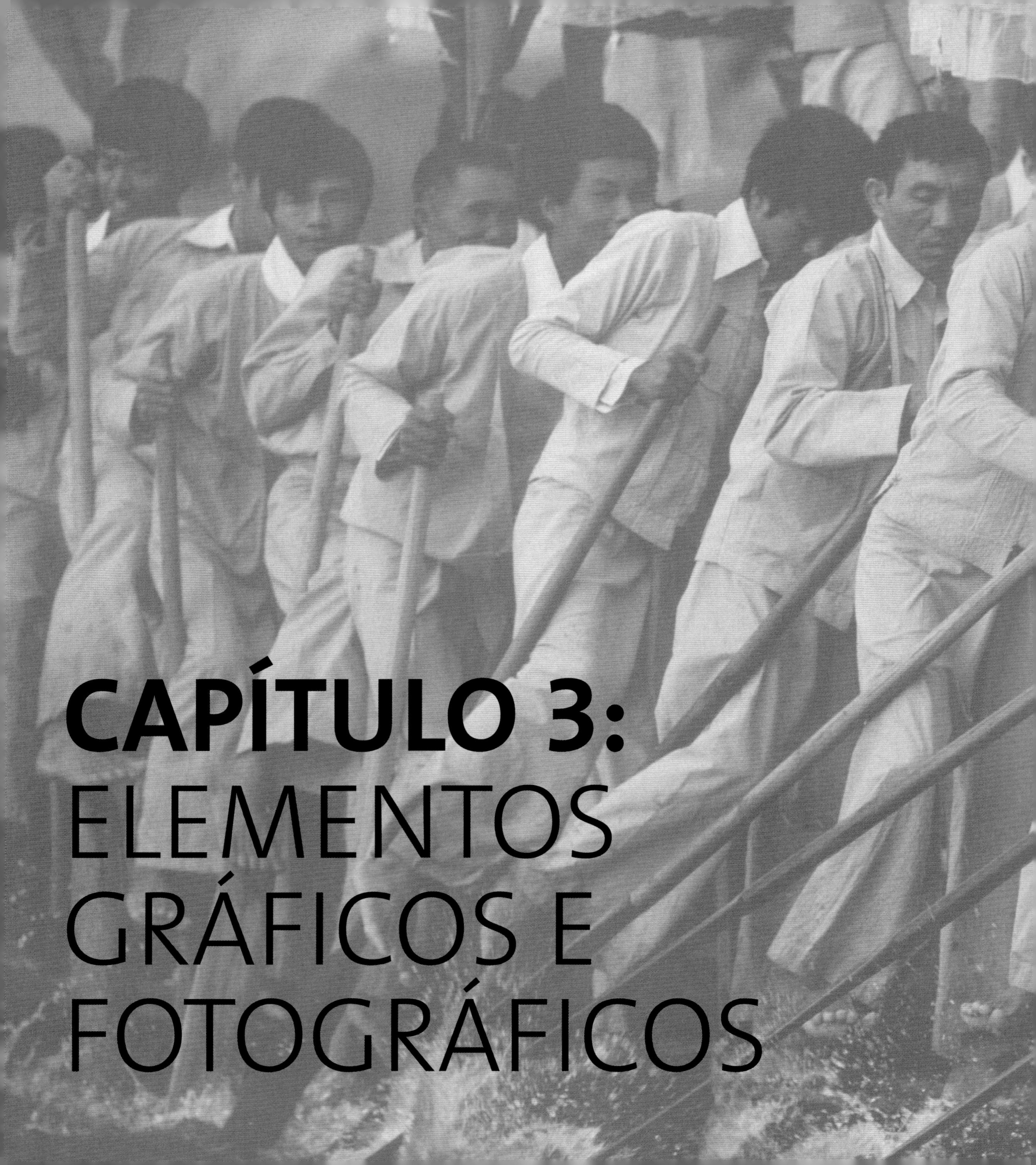

CAPÍTULO 3: ELEMENTOS GRÁFICOS E FOTOGRÁFICOS

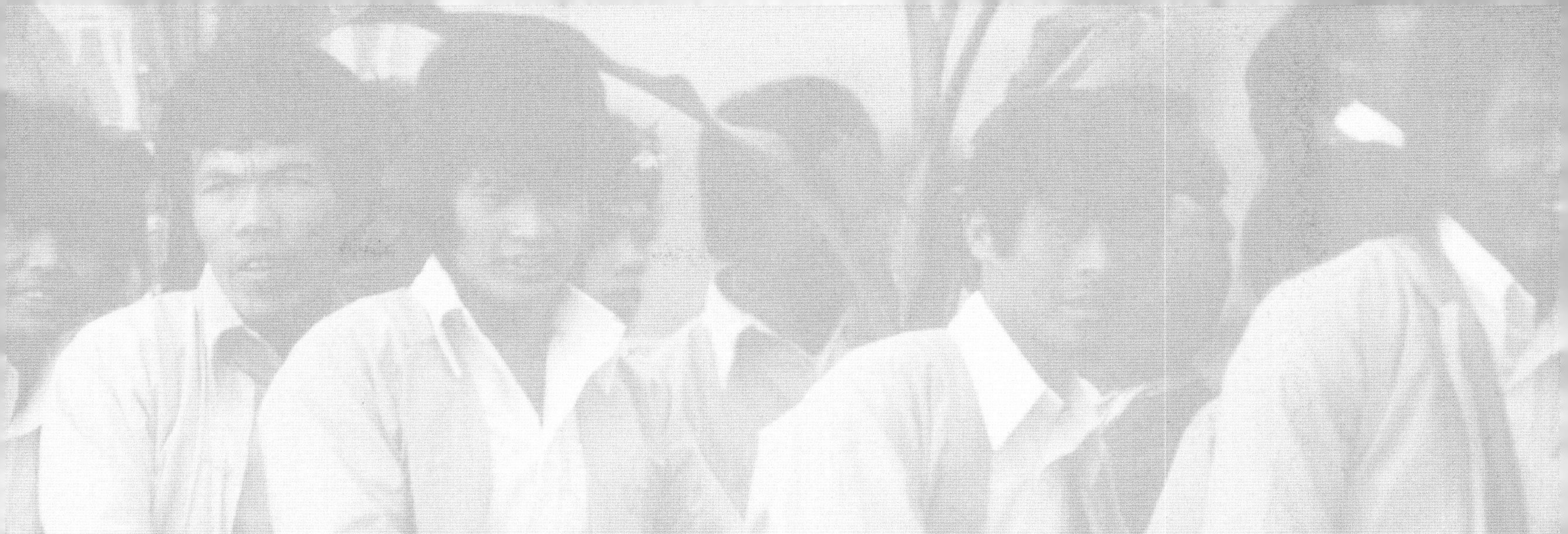

O vocabulário do design é composto pelo que chamamos de elementos gráficos, os elementos bidimensionais que aparecem dentro do quadro da figura. Na teoria clássica do design, relativa à pintura e à ilustração, não é tão difícil isolar dessas marcas e formas sobre o papel os assuntos reais; as coisas que elas podem ser usadas para representar. A pintura e a ilustração não demonstram nenhuma compulsão pelo realismo, de modo que um tratamento abstrato dos elementos básicos é perfeitamente aceitável para o espectador.

Na fotografia, contudo, isso não é tão simples. Voltamos a sua propriedade única, a de que suas imagens são sempre tiradas diretamente de coisas reais. As marcas em uma cópia fotográfica nunca são as mesmas que aquelas feitas à mão. Elas sempre representam algo que existiu. De modo algum isso invalida a ideia de elementos gráficos, porém torna mais complexo o modo como eles interagem.

Os elementos mais simples de todos são os pontos, os quais tendem a atrair a atenção. Uma ordem acima destes estão as linhas, as quais são valiosas na tarefa de direcionar e criar vetores. Uma ordem acima destas estão as formas, que têm o papel de organizar os elementos de uma imagem e dar estrutura. O que escolhemos identificar como ponto, linha ou forma em uma fotografia geralmente depende de como nós mesmos escolhemos considerar uma imagem, e isso pode ser influenciado pelo conteúdo e por nosso entendimento e interesse por ele.

Esses três grupos estão intimamente conectados, porque os elementos gráficos mais simples tendem a criar estruturas mais complexas. Uma fileira de pontos implica uma linha, linhas podem definir formas e assim por diante. Assim, as formas estão intimamente conectadas com as linhas, tanto gráfica quanto expressivamente. Retângulos são o produto de linhas horizontais e verticais, triângulos são feitos a partir de diagonais e círculos, de curvas. Mesmo que pareça que existe um número infinito de formas, há apenas três formas básicas: retângulo, triângulo e círculo. Todas as outras, de trapezoides a elipses, são variações destas e, como sua importância na composição sustenta-se por sua capacidade fundamental de serem reconhecidas, não há necessidade de irmos além das três básicas. As formas sutilmente configuradas que são implícitas e supostas estão entre as mais úteis de todas; elas ajudam a ordenar uma imagem dando-lhe forma reconhecível e dão aos olhos a satisfação de descobri-las com mínimo esforço visual.

Esses são os elementos clássicos em qualquer arte gráfica, mas para a fotografia há também outros – qualidades visuais do processo que são unicamente fotográficas. Essas influências puramente fotográficas podem ser, às vezes, limitações (a luz insuficiente, por exemplo, para que se use uma velocidade de obturador que congele a ação) e, às vezes, um tipo de artefato (como o *flare*, por exemplo). Porém, elas também podem ser usadas deliberadamente a favor da imagem (por exemplo, borrar as cores através do desfoque) e podem ser apreciadas como parte da sintaxe da fotografia.

PONTO ÚNICO

O elemento mais básico de todos é o ponto. Por definição, um ponto deve ser uma parte muito pequena da imagem toda, mas, para ser significante, deve contrastar de algum modo com seu entorno – em tom ou cor, por exemplo. A forma mais simples de ocorrência de um ponto em uma fotografia é um objeto isolado visto a distância contra um plano de fundo relativamente simples, como um barco na água, ou um pássaro contra o céu. Não há situação de design mais simples na fotografia que esta: um elemento sem forma significante e um plano de fundo único. O principal a se considerar, então, é a questão do posicionamento. Onde quer que o ponto esteja no quadro, será prontamente visualizado. Colocá-lo em certa posição é, principalmente, uma consideração quanto à estética da figura, para dar a ela o equilíbrio ou interesse que se queira e, talvez, dar atenção ao plano de fundo.

Algumas das questões envolvidas no posicionamento do assunto no quadro já foram tratadas nas páginas 24-25 e muito do que foi dito aplica-se aqui. Para resumir: de um ponto de vista puramente estético, colocar um ponto bem no meio do quadro pode ser lógico, mas é também estático e desinteressante e raramente é satisfatório. A escolha, então, muda para o quão longe do centro deve-se colocar o ponto e em qual direção? Quanto mais fora de centro a posição, mais ela pede uma justificativa.

O posicionamento livre, contudo, nunca é garantido na fotografia e as condições, geralmente, são tais que você não pode arranjar as coisas exatamente como gostaria que estivessem, mesmo mudando lentes ou pontos de vista. Esse é o caso do plantador de arroz nas páginas 68-69, mas o resultado ainda não é tão ruim. O que ele demonstra é quanta folga há na composição fotográfica. Também (e isso é uma opinião pessoal), geralmente, é melhor errar por fazer algo incomum do que ser previsível.

➤ GARÇA
O contraste tonal entre a garça branca e seu plano de fundo fazem dela um ponto natural. Repare que o menor motivo basta para que a direção da localização do ponto seja influenciada; neste caso, a fraca faixa de luz do sol é suficiente para colocar a garça em direção ao canto superior direito da foto, para opor-se a ela.

▼ ZONAS DE POSICIONAMENTO
Na prática, há três zonas dentro do quadro de uma figura onde se posicionar um ponto único, dominante. Contudo, os limites que aqui são traçados por conveniência não são, na verdade, precisos. Um ponto tem duas relações básicas com o quadro. Em uma, há forças implícitas que estão em proporção com sua distância em relação a cada canto e a cada lado. Em outra, linhas implícitas sugerem uma divisão vertical e horizontal do quadro.

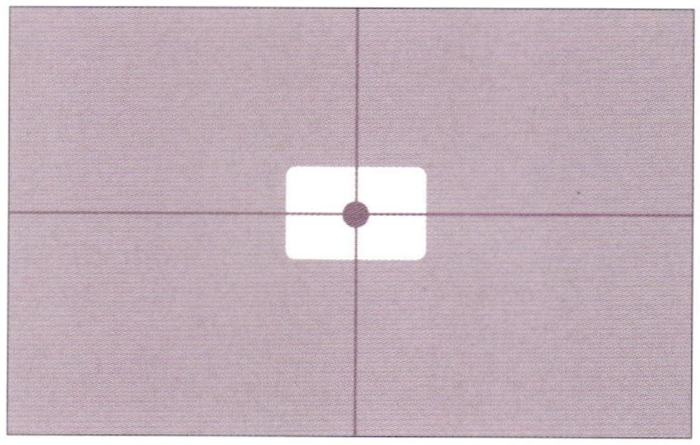

▲ CENTRAL
Estático e normalmente enfadonho

▲ PRÓXIMO AO CANTO
Nitidamente fora de centro, demandando alguma justificativa.

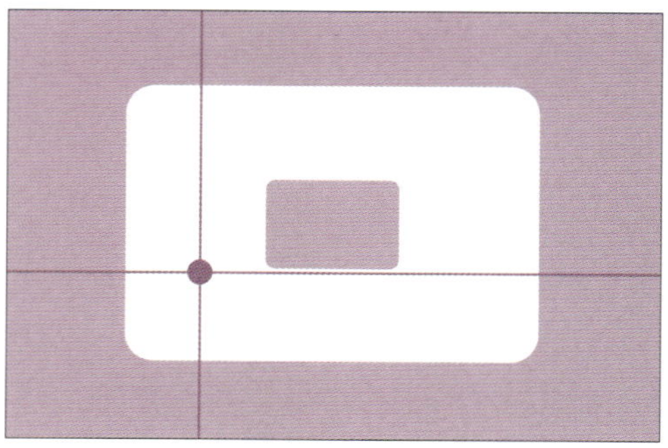

▲ LIGEIRAMENTE DESCENTRALIZADO
Moderadamente dinâmico, sem ser extremo.

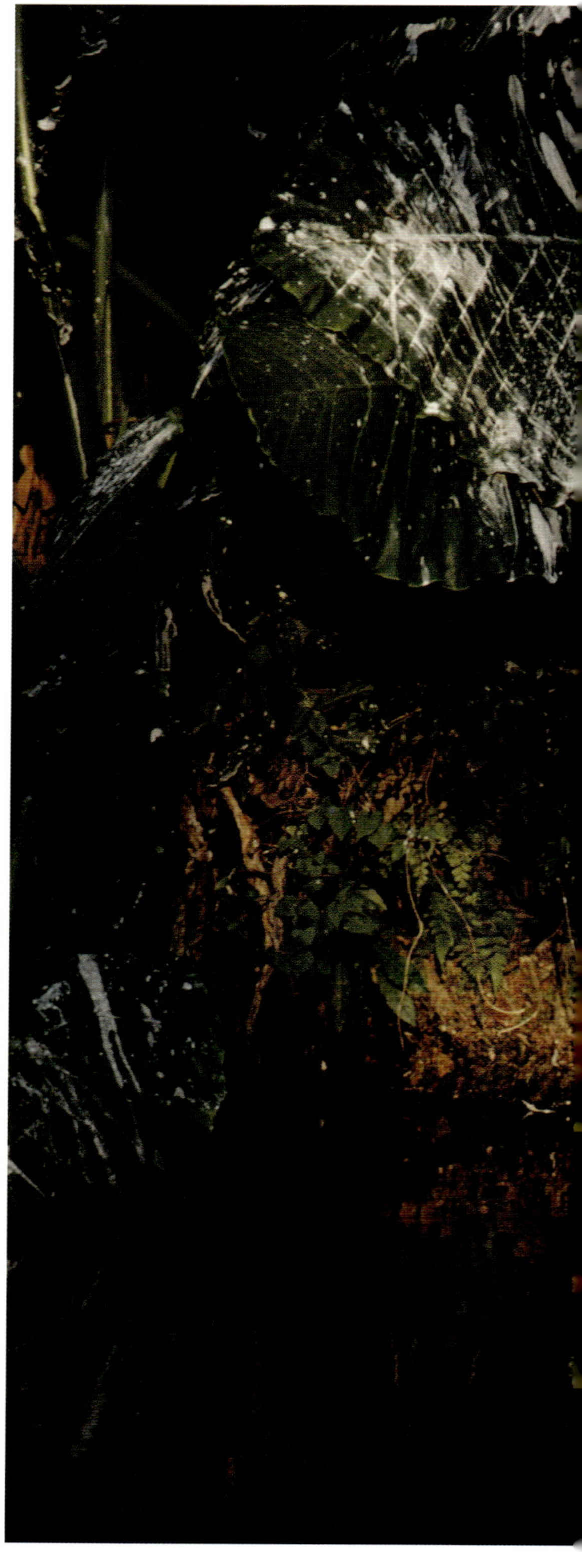

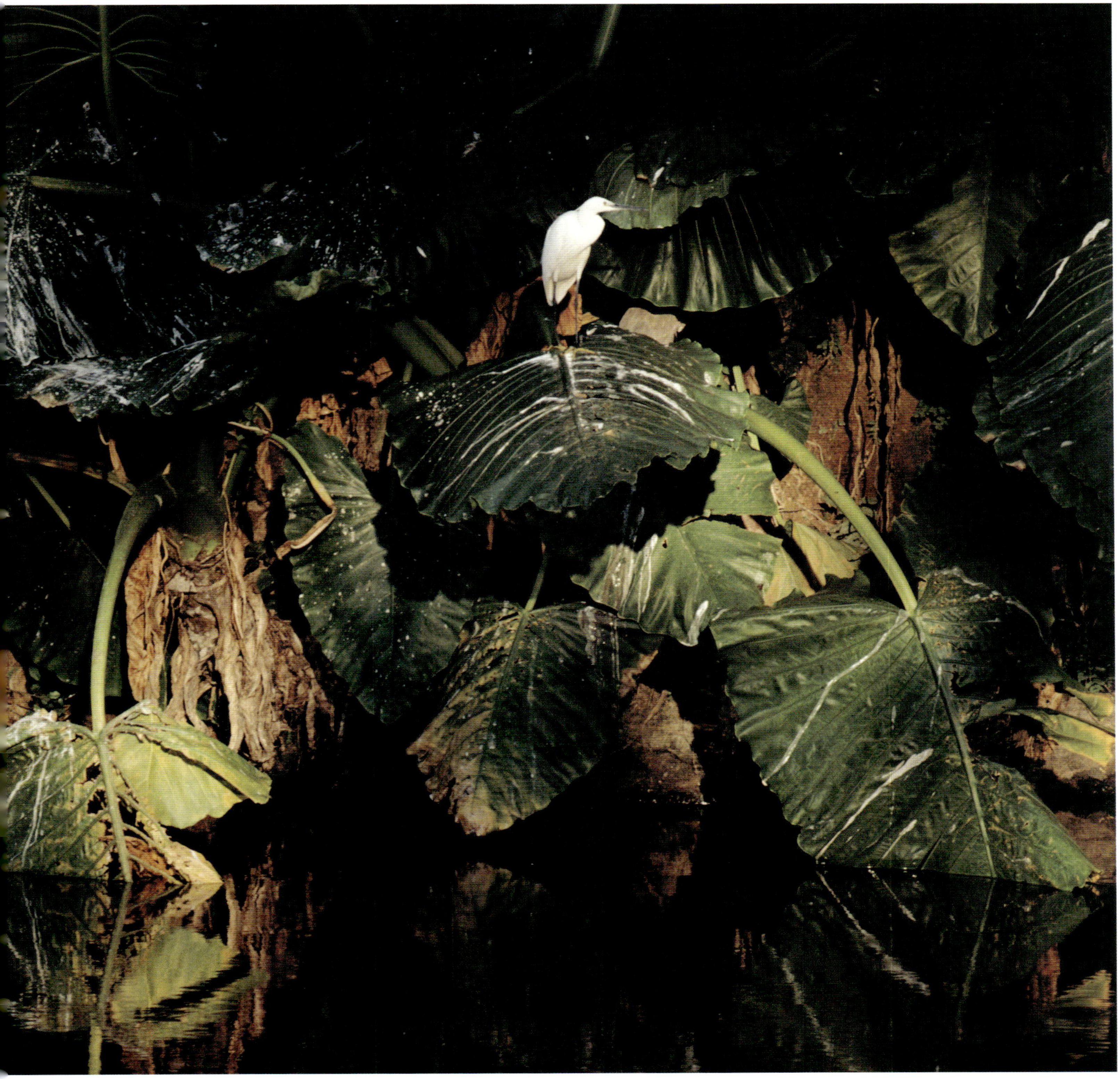

PLANTADOR DE ARROZ

Esta sequência mostra algumas das questões práticas envolvidas na composição de uma fotografia em torno de um único ponto. A locação era um campo de arroz no norte da Tailândia. A intenção era, simplesmente, criar uma foto do seguinte tipo – uma pessoa perto das bordas do quadro cercada de verde –, mas, como o ponto de vista era só um pouco elevado, havia pouca escolha em relação ao topo do quadro. Os primeiros quatro quadros foram feitos com uma lente 180mm (equiv.) e os resultados, quanto ao posicionamento, foram muito fora de centro. Consequentemente, a lente foi substituida por uma 400mm (equiv.), que deu relativamente mais espaço no topo; cada foto foi enquadrada o mais alto possível, sem abandonar o campo de arroz. Variações verticais também foram tentadas, mas a foto que finalmente foi usada em página dupla em uma revista foi a de número 5, que teve sua escolha influenciada pela ação do agricultor.

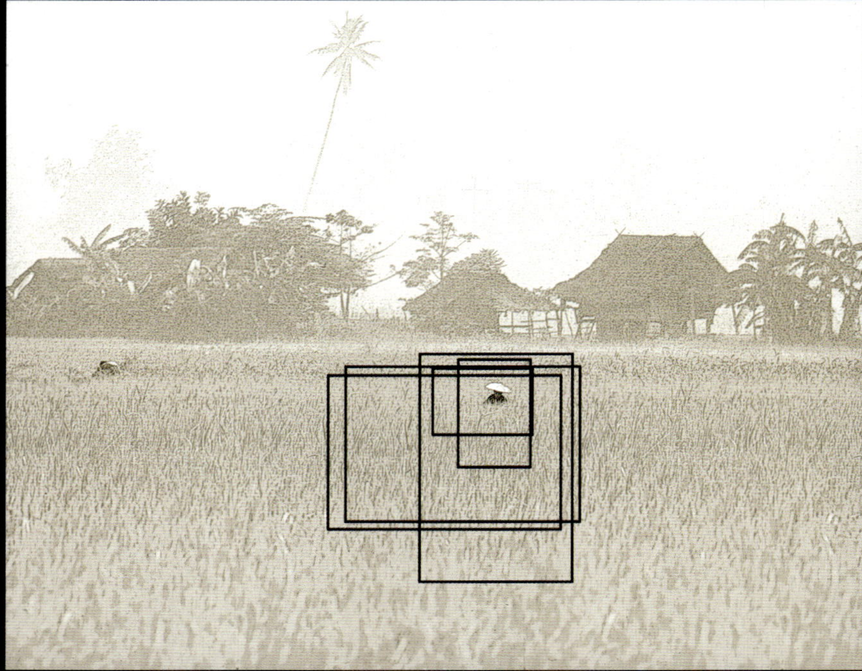

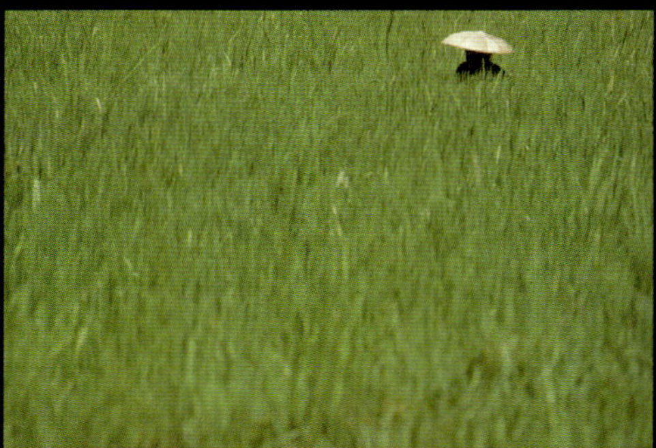

1

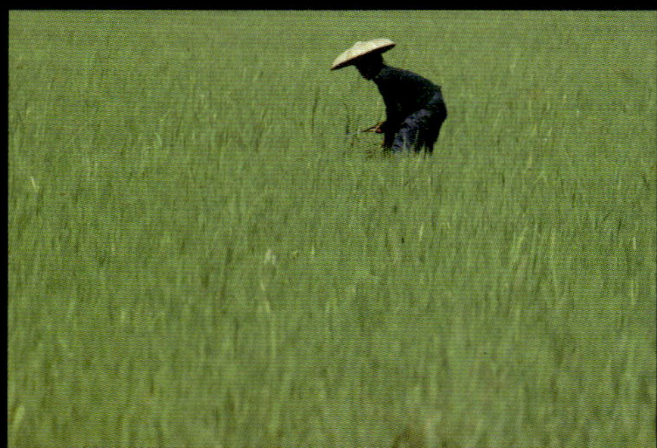

2

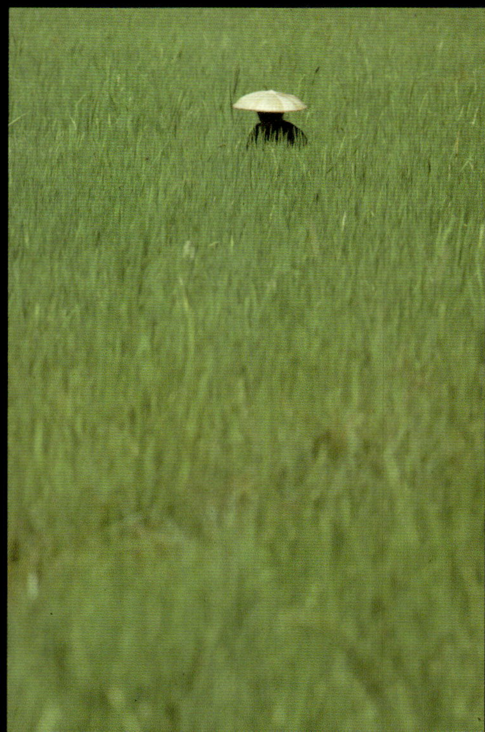

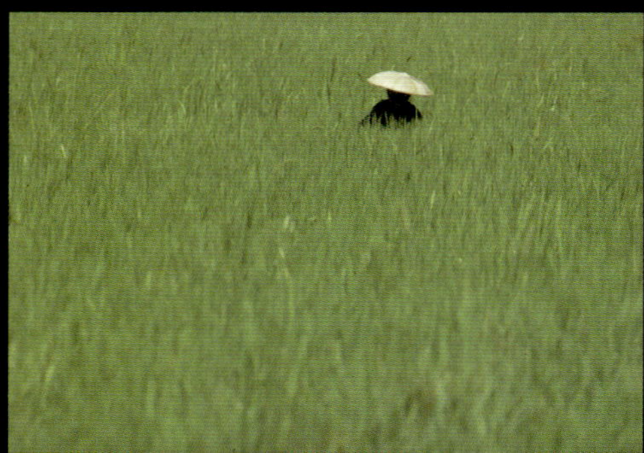

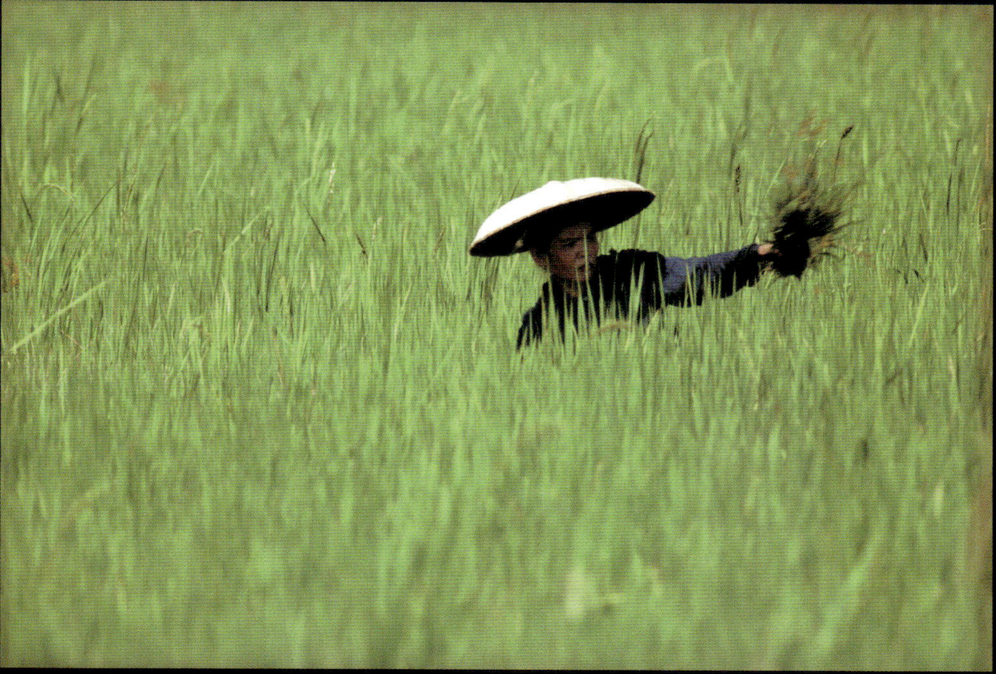

5

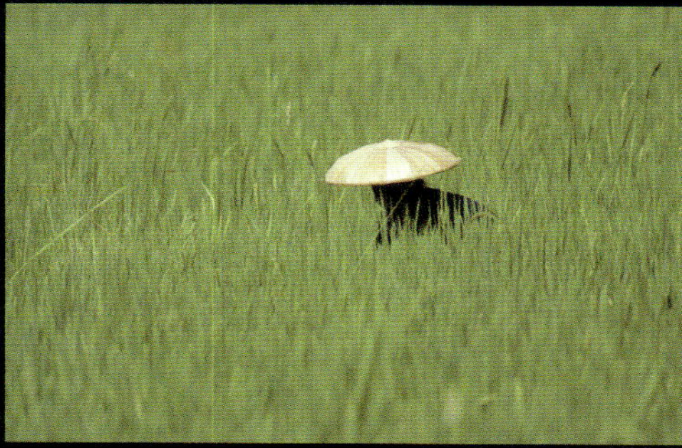

6

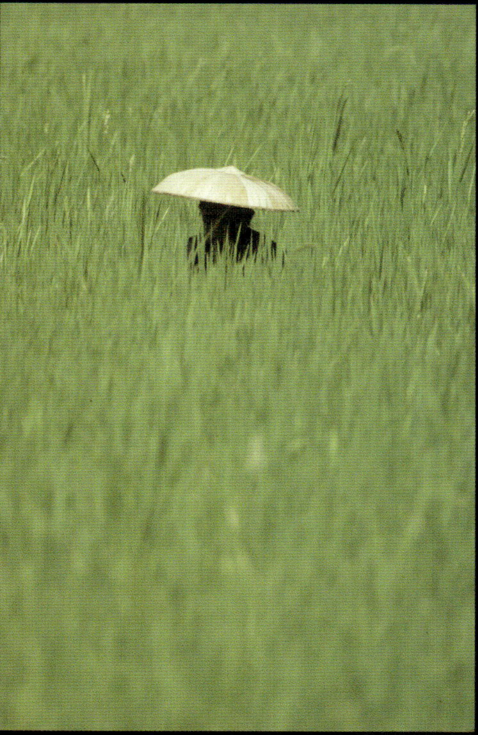

7

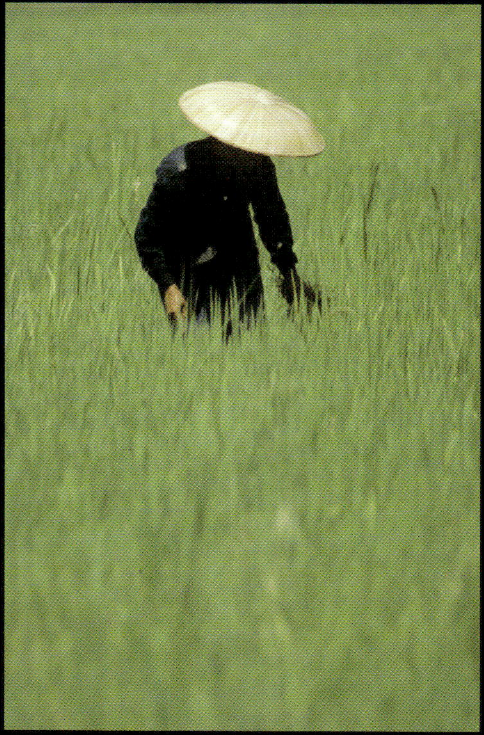

8

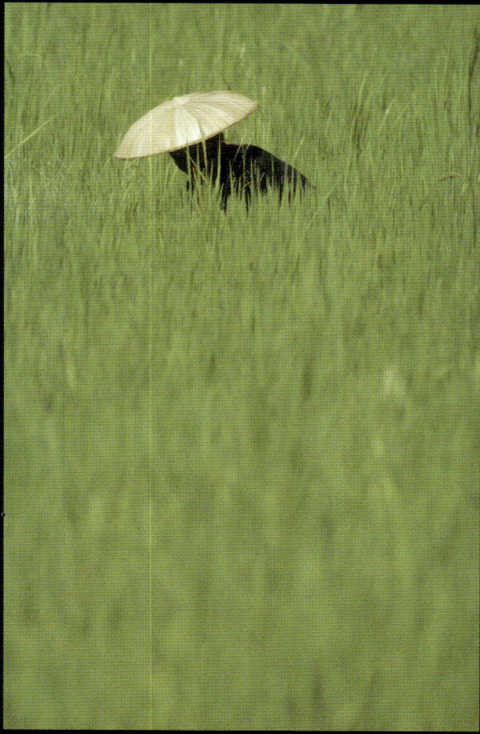

9

MUITOS PONTOS

Tão logo mais um ponto seja acrescentado, a simplicidade é perdida. Dois pontos dominantes em um quadro criam uma dimensão de distância, uma medida de partição do quadro. A força da relação entre dois pontos depende, naturalmente, de quão dominantes são e de quanto o plano de fundo distancia-se deles. Os exemplos escolhidos aqui são bastante claros a esse respeito, mas, em imagens complexas, elementos a mais na figura reduzem as relações entre dois pontos.

O olho é induzido a ir e voltar de um ponto a outro, de modo que sempre há uma linha implícita conectando os pontos. Essa linha é a dinâmica mais importante em uma imagem de dois pontos; sendo uma linha, tem relação com as arestas verticais e horizontais do quadro e tem também direção. A direção da linha depende de uma série fatores, mas tenderá a ser do ponto mais forte para o mais fraco e em direção ao ponto que estiver próximo a uma extremidade.

Múltiplos pontos trazem consigo a sensação de ocupar o espaço entre eles, novamente por implicação. Deste modo, podem unificar a área. Esse efeito, porém, depende de suas localizações e espaçamento e, com um grupo, o olho tem uma tendência quase irresistível de criar formas a partir de seu arranjo (ver Percepção da Gestalt na página 38). Essas podem servir para excluir outras áreas do quadro e, portanto, quebram a imagem.

Quando vários objetos precisam ser arranjados para uma fotografia, a ordem e o posicionamento podem se tornar muito trabalhosos. Como o agrupamento deve ser estruturado? Deve-se tentar buscar a naturalidade? Se fica totalmente óbvio que uma imagem é de um arranjo, e não encontrada, como é o caso nos três exemplos na página 71 (jade, pérolas e objetos envoltos em resina), um arranjo muito rebuscado pode, simplesmente, insultar a inteligência do espectador. O fotógrafo americano Frederick Sommer tem o seguinte a dizer sobre composições arranjadas *versus* encontradas (ele estava sendo questionado sobre se havia rearranjado um grupo de carcaças): "As coisas nos ocorrem de modo muito mais complexo do que poderíamos arranjar. Deixe-me dar um exemplo. Podemos pegar cinco pedrinhas, pouco maiores que um dado, de forma mais ou menos irregular. Podemos ficar atirando-as indefinidamente e conseguiríamos arranjos interessantes. Cada arremesso dessas pedrinhas nos daria uma combinação de relações que arranjando-as por nós mesmos nem sequer chegaríamos perto de conseguir. Em outras palavras, as forças da natureza estão constantemente trabalhando por nós."

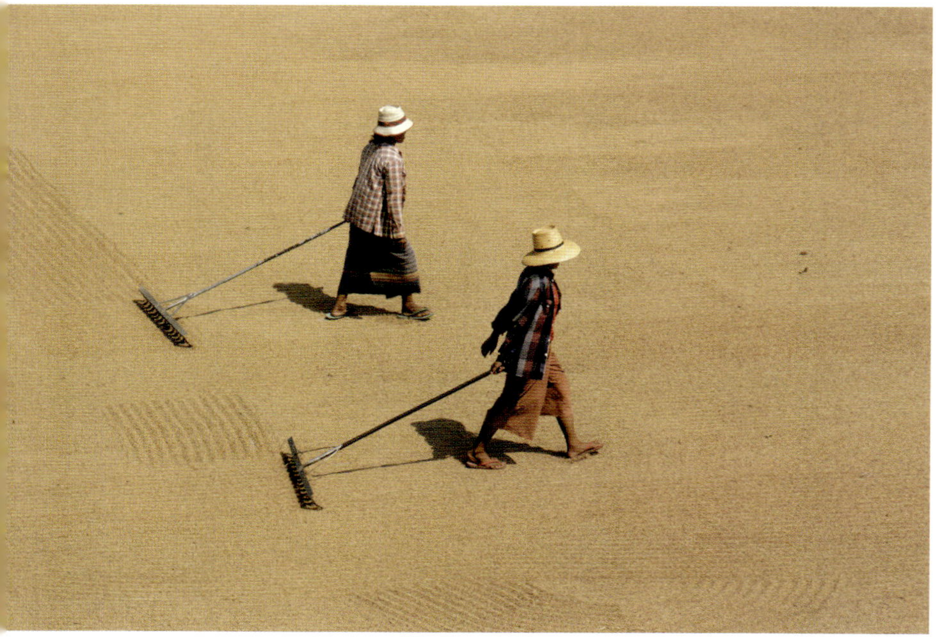

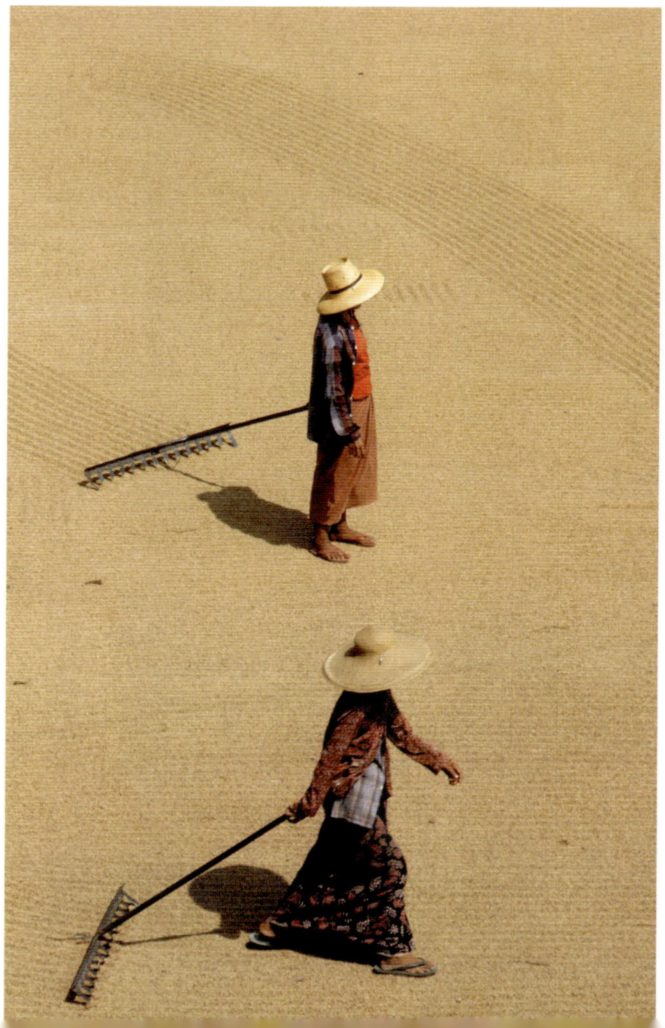

▲ ➤ ARANDO ARROZ
Trabalhadores cruzam e recruzam um espaço aberto coberto de cascas de arroz em um moinho de arroz Tailandês. De um ponto avantajado em cima de um telhado, houve escolhas de sobra de tempo e posicionamento e casos a favor de cada um. Repare as diferentes dinâmicas entre formatos verticais e horizontais.

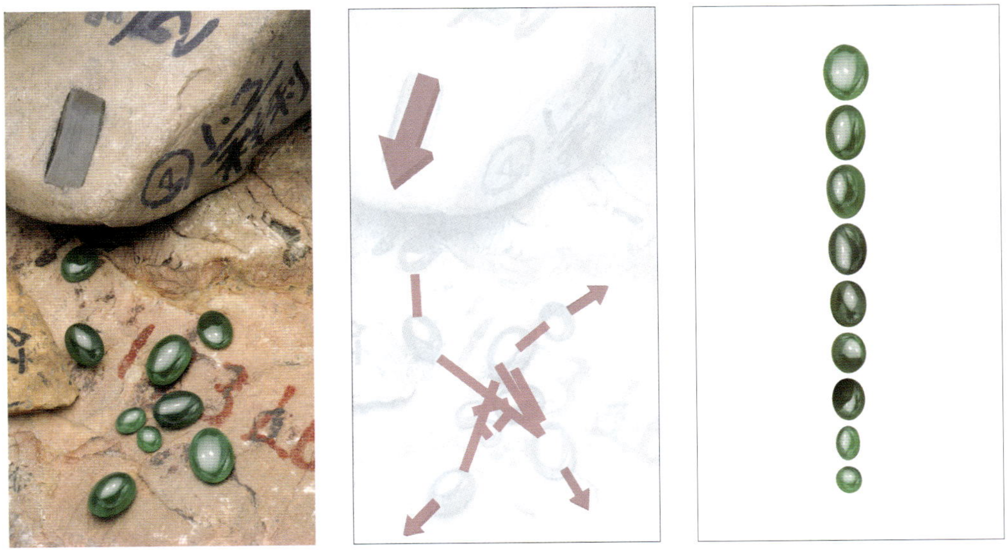

▲ PEDRA DE JADE

Uma natureza-morta, planejada capturada *in loco*, com um comerciante de pedras. As pedras brutas serviram de fundo, uma delas com uma "janela" característica na superfície. Isso determinou a área disponível para distribuir os nove cabochões. Uma das situações que mais saltam aos olhos em uma fotografia não planejada é o surgimento inesperado de formas e padrões regulares, mas a fotografia de estúdio costuma apresentar o problema inverso. Fica claro que as pedras foram arranjadas e não encontradas. Ainda assim, o estilo da imagem é frouxo, não geométrico. Arranjar nove objetos praticamente idênticos para que não ficassem presos a uma forma óbvia levou vários minutos, e alguma atenção foi dada aos vetores. A "janela" deu início a um movimento no grupo, e a estrutura final ficou com linhas de direção que puxam para fora, porém sem muita força, em três direções. Criar uma desordem que mantenha-se coesa costuma ser mais difícil que estabelecer a ordem.

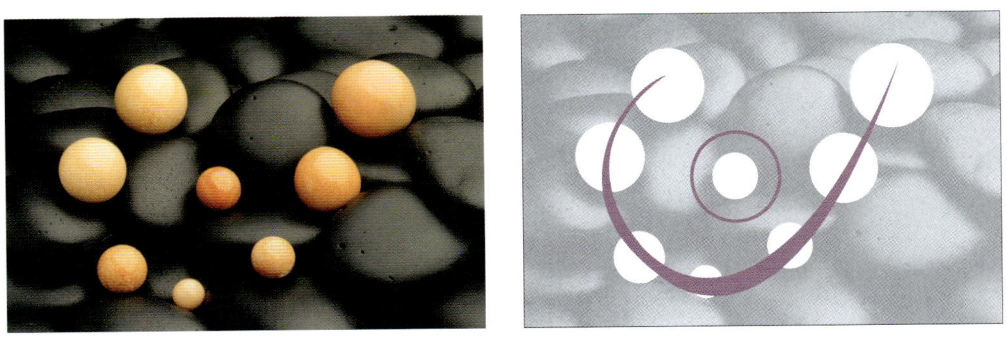

▲ PÉROLAS LARANJAS

Outra natureza-morta planejada, desta vez de raras pérolas laranjas. Aqui, a decisão chave foi criar um fundo de pedras negras polidas para dar contraste de cor e de textura. O efeito que tiveram sobre a composição foi o de produzir certo número de separações entre elas para o posicionamento das pérolas. A estrutura final escolhida foi uma curva do tipo ferradura.

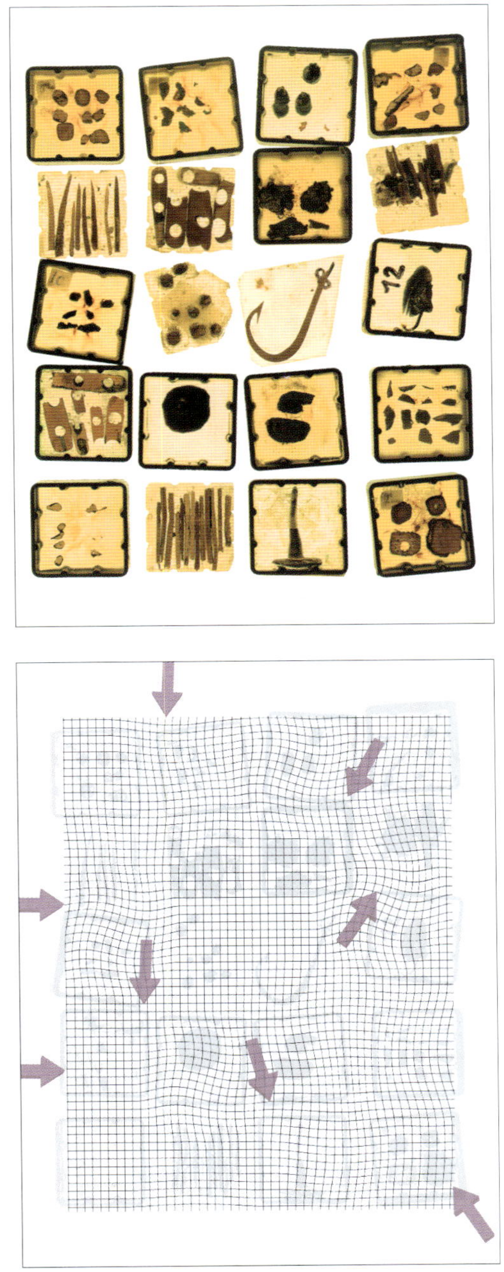

▲ ESPÉCIMES EM RESINA

Estes fragmentos de ferramentas romanas em metal embutidas em blocos de resina sugeriram um arranjo ordenado para uma história sobre arqueologia. Apesar disso, há limites para atração pela precisão. Inicialmente, elas foram arranjadas em um padrão extremamente regular, porém várias delas, em seguida, foram ligeiramente rotacionadas propositalmente para evitar o que poderia ter vindo a ser uma composição um tanto obsessiva.

LINHAS HORIZONTAIS

Arranjos de muitos pontos, como acabamos de ver, produzem o efeito de estarem unidos, o que, naturalmente, leva ao próximo grande grupo de elementos em uma imagem: as linhas. Enquanto na ilustração uma linha geralmente é a primeira marca a ser feita, na fotografia, ela ocorre de modo menos óbvio e, normalmente, por implicação. Quanto a esse respeito, ela é semelhante ao modo como nós, de fato, vemos o mundo, onde a maioria das linhas de fato são, de fato, bordas. O contraste desempenha o papel principal na definição visual de linhas; o contraste entre luz e sombra, entre áreas de cores diferentes, entre texturas, entre formas e assim por diante.

Como você poderia esperar, as qualidades gráficas das linhas são um tanto mais fortes que as dos pontos. Assim como eles, elas estabelecem uma localização, que é uma propriedade estática, mas também contêm as propriedades dinâmicas de direção e movimento ao longo de seu comprimento. Além disso, como o quadro de uma foto é ele próprio constituído de linhas, estas convidam a uma comparação natural de ângulo e linha.

As linhas também têm certa capacidade de expressão. Talvez seja melhor não fazer muito caso quanto a isso, mas diferentes formas de linha têm diferentes associações. Linhas horizontais, por exemplo, têm efeito mais plácido que linhas diagonais; um zigue-zague pode trazer agitação. Linhas fortes, definidas, podem expressar coragem; linhas curvas, finas, sugerem delicadeza e assim por diante. Porém, ainda que nas artes abstratas isso possa ser usado como o próprio fundamento da expressividade, não seria realista esperar que se faça muito uso delas em fotografia. Essas associações, que serão descritas em maior detalhe nas páginas seguintes, são suficientemente reais, mas, em uma fotografia, o assunto geralmente passa por cima delas. Mesmo assim, ser sensível a elas paga seus dividendos quando surge a oportunidade.

A horizontal é, em mais de um sentido, a linha base na composição. Como já descrito nas páginas 12-13, há uma notável componente horizontal no modo como vemos. Nosso quadro de visão é horizontal e os olhos vasculham mais facilmente indo de lado a lado. Não é surpresa que linhas horizontais sejam as mais confortáveis visualmente. Ainda, o horizonte é uma linha de referência fundamental – a mais familiar de todas – e até a gravidade nos recorda de que uma superfície horizontal é uma base que dá suporte. Por todas essas razões, linhas horizontais geralmente expressam estabilidade, peso, calma, e repouso. Por sua associação com o horizonte, podem também sugerir distância e espaço. Observe, porém, que tais qualidades expressivas, normalmente, só se tornam importantes quando há pouca informação real a ser tirada do conteúdo da fotografia.

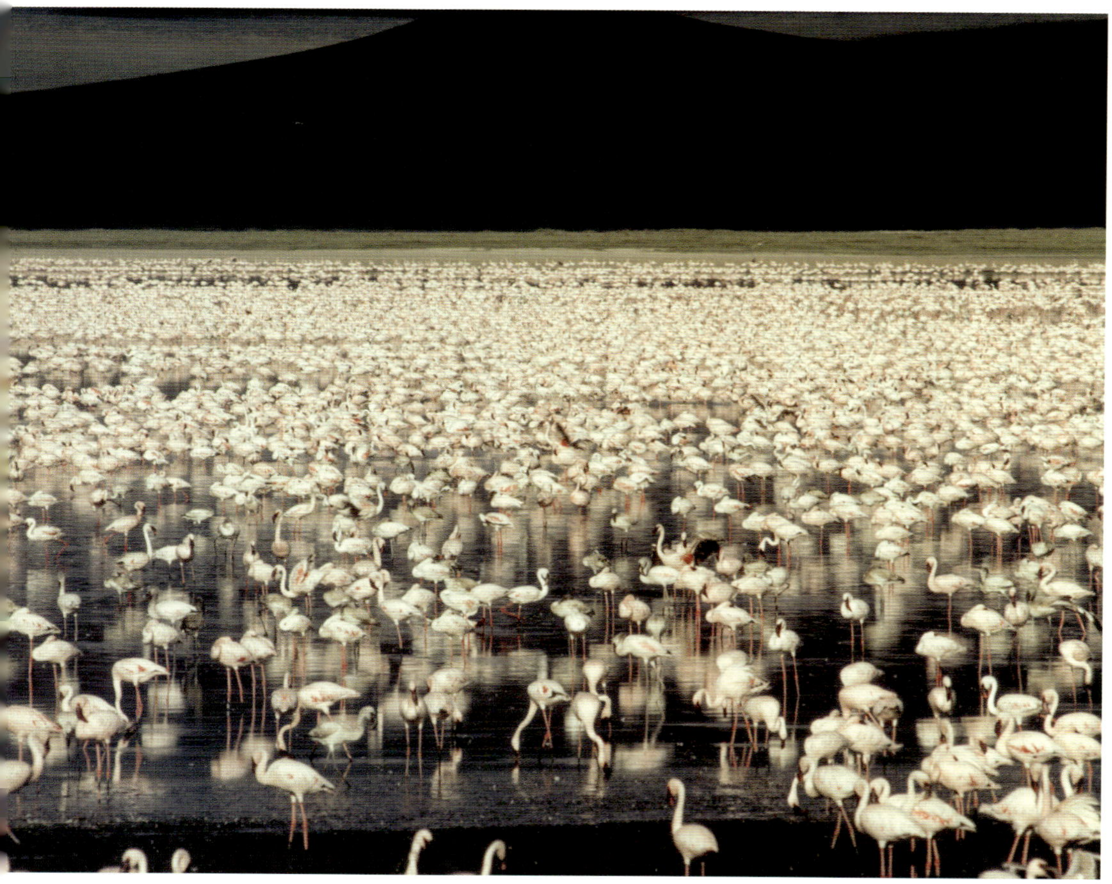

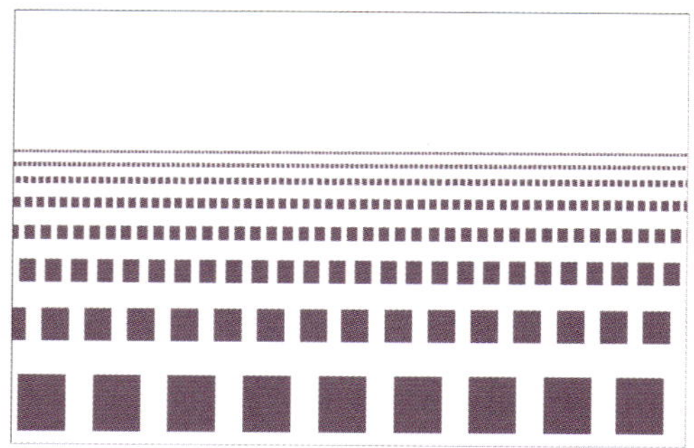

▲◄ HORIZONTAIS DE PERSPECTIVA
Mesmo agrupamentos irregulares acabam se tornando, com a distância, faixas horizontais e até linhas. As componentes horizontais desta fotografia de flamingos na Cratera de Ngorongoro, no Quênia, ocorrem apenas por causa do ângulo de visão agudo.

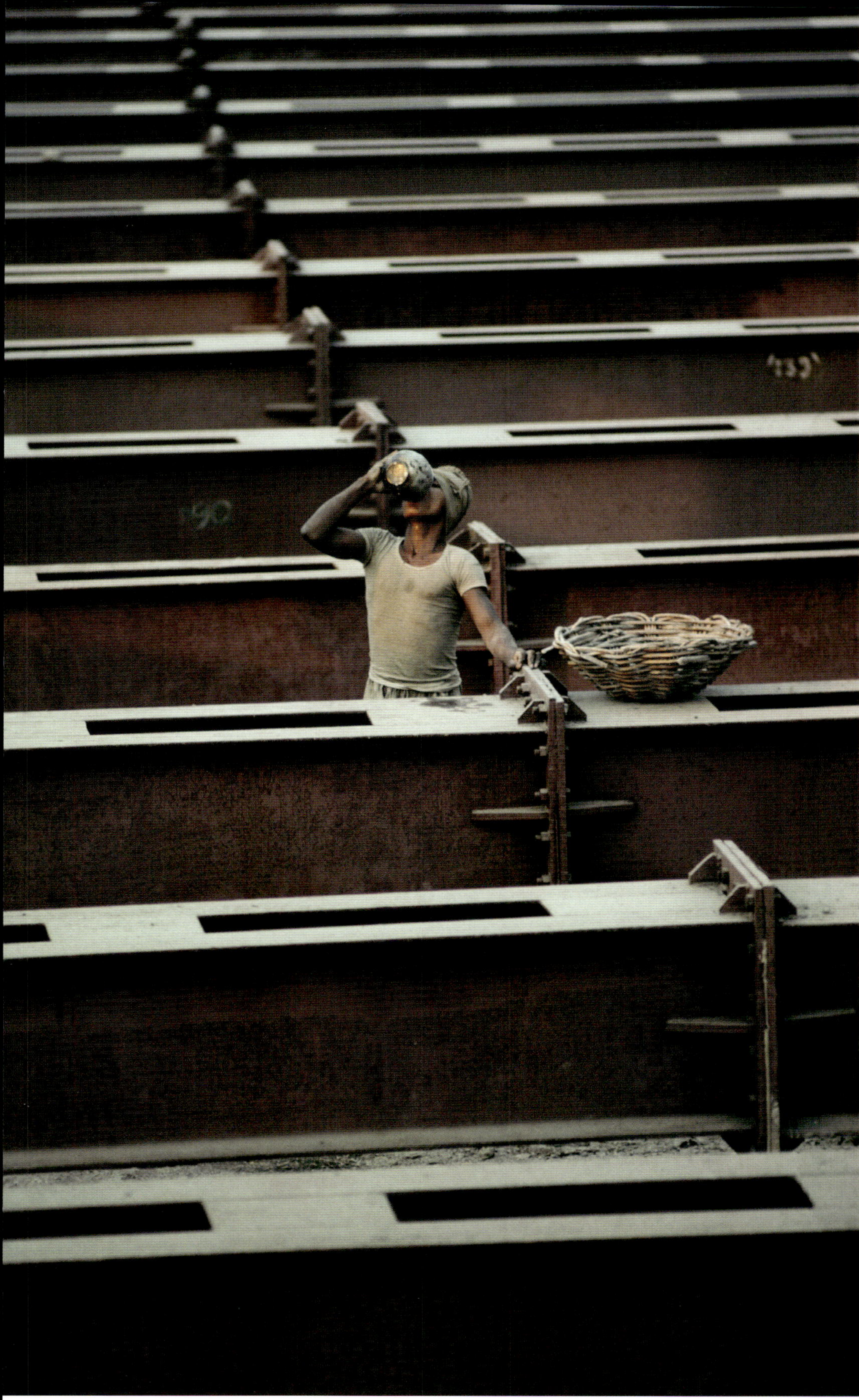

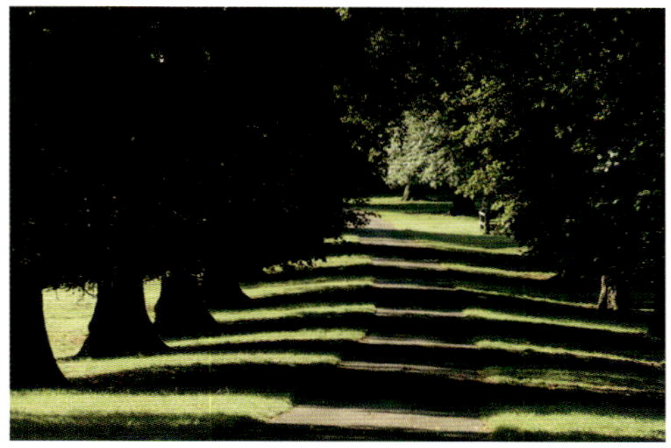

▲ CONTRASTE DE SOMBRA
Ao longo de uma estrada em uma propriedade inglesa, luz e sombra vindas de uma fileira de árvores formam faixas progressivamente menores, em um exemplo muito preciso de como formam-se linhas por contraste. Expressivamente, isso ajuda a dar uma sensação de estabilidade e tranquilidade à cena; graficamente, o padrão retroativo é interessante. Esse recuo também dá uma pista da abundância de linhas horizontais em vistas que abrangem certa distância, praticamente todos os detalhes fundem-se e convergem no horizonte.

◄ A IMPORTÂNCIA DO PONTO DE VISTA
Foi apenas pelo ponto de vista e distância focal que esta fileira de vigas de aço em um canteiro de obras em Calcutá tornou-se um cenário horizontal dominante para a foto de um trabalhador bebendo água. De um ponto de vista mais baixo, elas teriam se fundido em uma massa indistinta e, de um ponto de vista mais alto, teriam se separado. Uma teleobjetiva tanto comprimiu a perspectiva quanto possibilitou um recorte que excluísse distrações ao redor.

LINHAS VERTICAIS

A vertical é a segunda componente primária do quadro e, por isso, é naturalmente vista em termos de alinhamento com o formato e com os lados da foto. Uma única forma vertical compreensivelmente acomoda-se melhor em um formato vertical que em um horizontal. Uma série de verticais, entretanto, adquire uma estrutura horizontal, como pode ser visto pela fotografia dos remadores em pé ao lado; nesse caso, um quadro horizontal de fato possibilita que a série seja melhor aproveitada.

Uma linha vertical também é a componente principal na imagem da figura humana e de uma árvore. Sua direção é a força da gravidade, ou algo que lhe escapa. Sem as associações implícitas com uma base de suporte, que tanto caracterizam as linhas horizontais, uma linha vertical, geralmente, tem mais um sentido de velocidade e movimento, tanto acima quanto abaixo. Vistas como linhas em pé de um ponto de vista ao nível do solo, formas verticais podem, sob circunstâncias apropriadas, confrontar o espectador. Muitas formas verticais podem ter associações com barreiras, como postes, ou uma linha de homens voltados para câmera. Até certo ponto, podem expressar força e poder. Em um nível prático, o alinhamento exato é muito importante, como é para linhas horizontais. Em uma fotografia, ambos são imediatamente comparados pelos olhos com as bordas do quadro e mesmo a menor discrepância fica imediatamente perceptível.

Juntas, linhas verticais e horizontais são complementares. Elas criam um equilíbrio, no sentido de que suas energias são perpendiculares uma com a outra; cada uma funciona como uma contenção para a outra. Também podem criar uma sensação fundamental de equilíbrio por terem associações com a postura ereta, sustentada por uma superfície ao nível do solo. Se usada com força e de modo simples em uma imagem, isso pode produzir um sentimento sólido e gratificante.

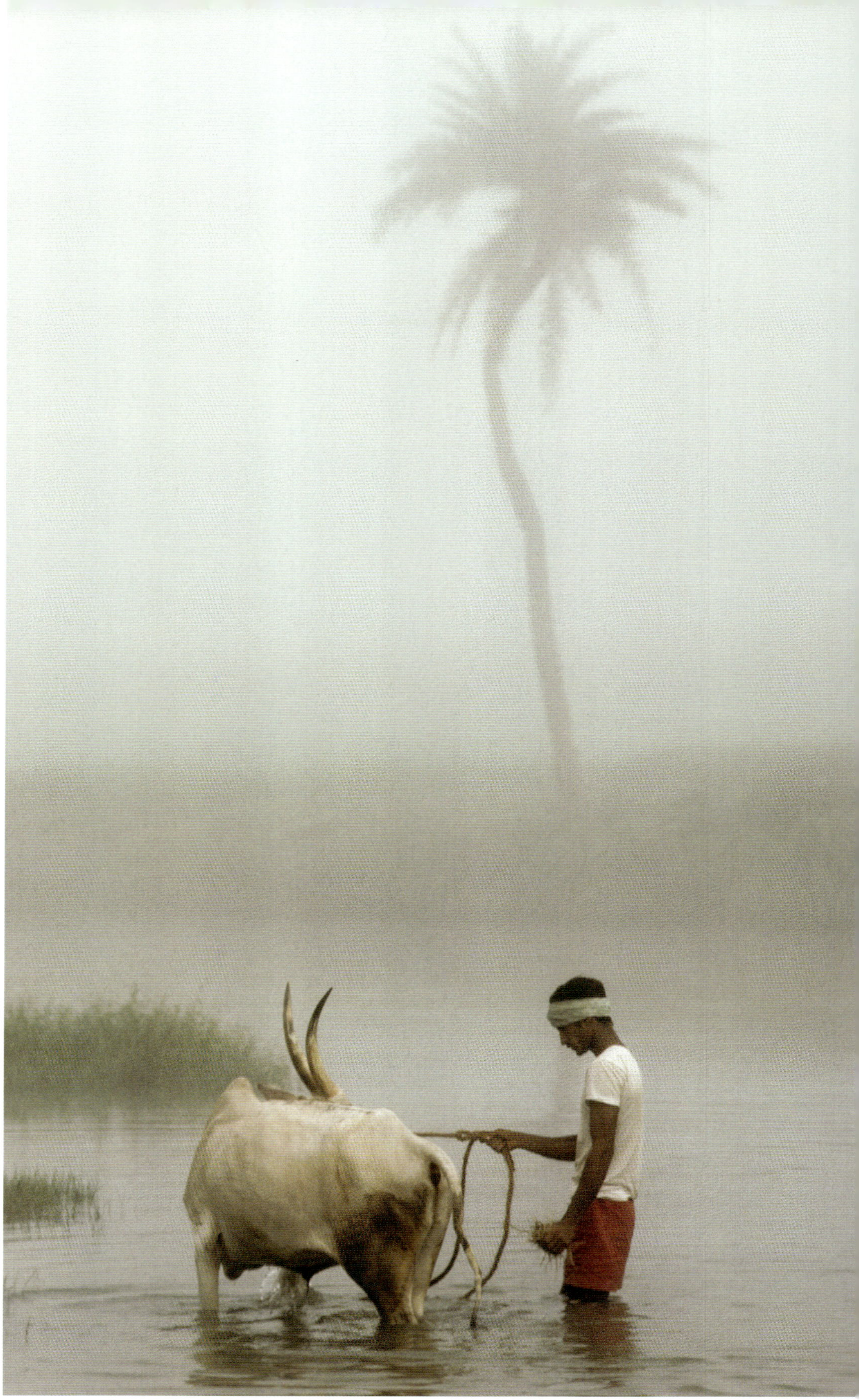

➤ CONTINUIDADE
Em um exemplo clássico da Lei da Continuidade da Gestalt, a linha vertical, porém suavemente ondulante, da palmeira conecta-se com o perfil do agricultor indiano conduzindo sua vaca para a água. A linha vertical resultante, indo de cima a baixo, domina e ordena a composição.

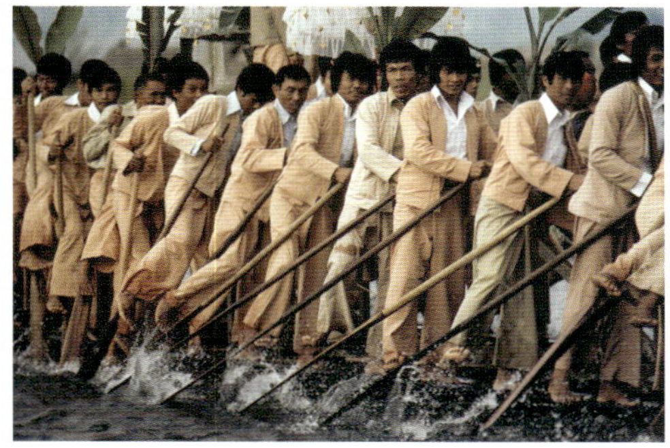

▲ VERTICAIS EM QUADRO HORIZONTAL
Verticais paralelas frequentemente acomodam-se melhor em um quadro horizontal, que dá a elas uma distribuição melhor – importante quando há necessidade de mostrar uma quantidade, como nesta telefoto de remadores no Estado de Shan, Birmânia. A distância focal comprida é útil em comprimir a perspectiva. Compare com o tratamento similar dado a uma única figura na página 163.

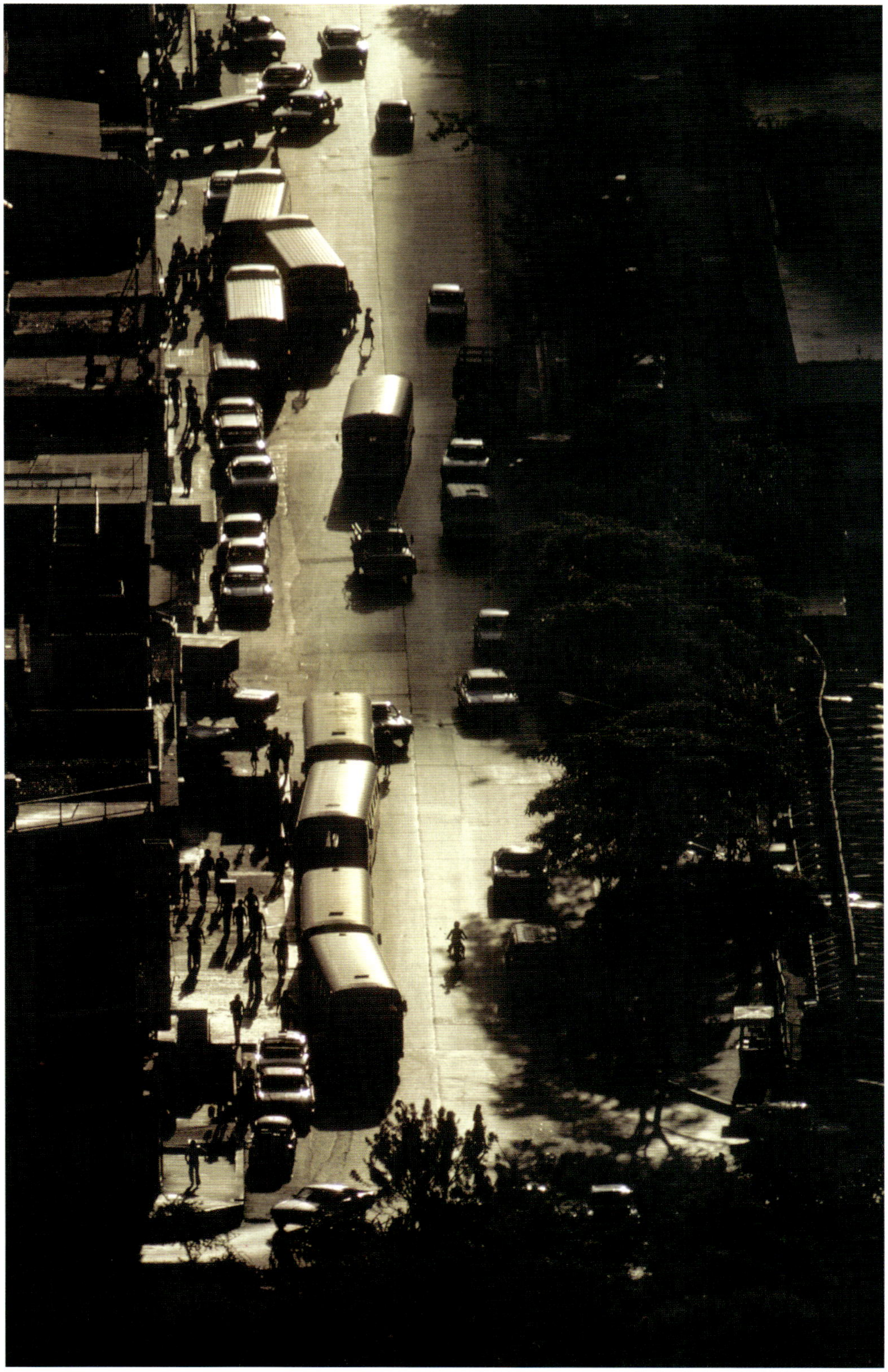

◄ VERTICAIS POR ACHATAMENTO
Através de seu efeito de achatamento, uma poderosa teleobjetiva – equivalente a 400mm – transforma em um design vertical o que, de outro modo, seria uma perspectiva redutora. Como ocorre com a maioria das imagens que apresentam linhas dominantes de um mesmo tipo, é mais interessante ter uma certa descontinuidade, neste caso, a linha irregular da lateral direita do quadro.

LINHAS DIAGONAIS

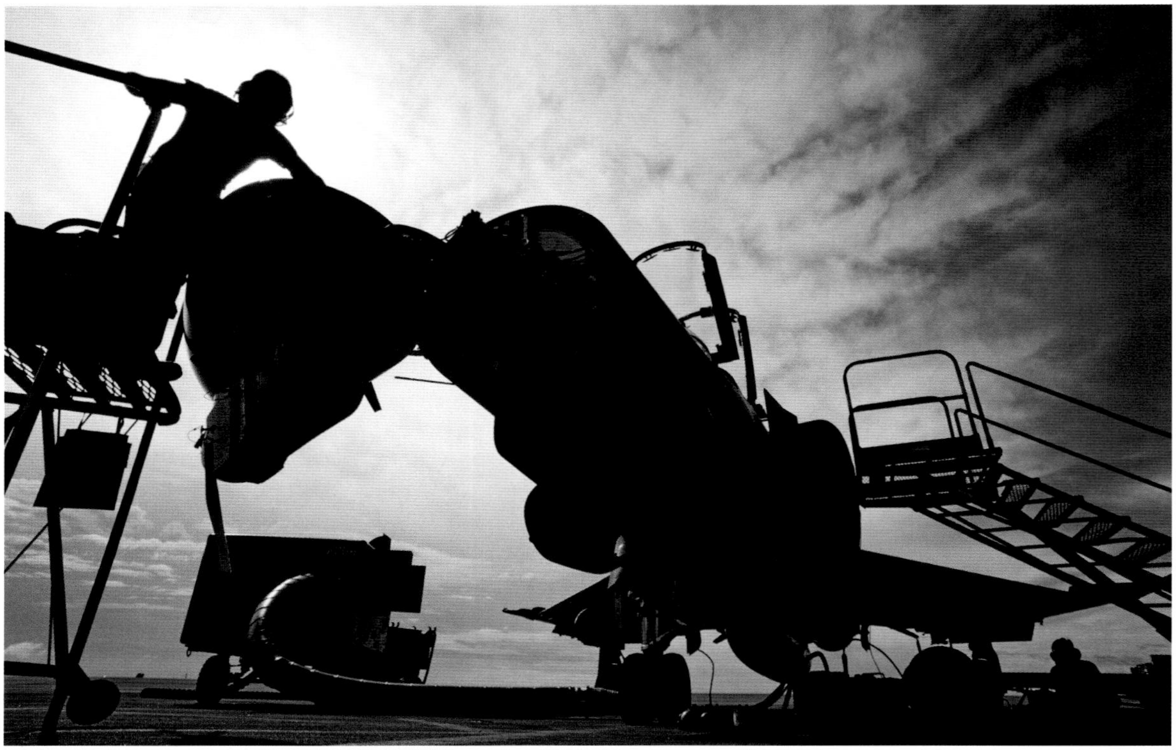

◄ IMPONDO UMA ESTRUTURA DIAGONAL
No caso de um assunto com potencial para confusão, uma solução é impor uma estrutura gráfica simples. Neste exemplo, o trabalho de manutenção em um jato F4 foi um problema de design justamente desse tipo. Uma diagonal de ponta a ponta frequentemente é bem fácil de montar, contando com uma lente grande-angular e certo espaço para o sol poente. O braço do engenheiro completa a linha e a silhueta a enfatiza ao reduzir os tons.

▼ DINÂMICA DAS DIAGONAIS
As diagonais parecem mais dinâmicas quando formam um ângulo mais acentuado em relação ao lado mais longo do quadro. Diagonais paralelas reforçam umas as outras; uma variedade de diagonais dá máxima energia a uma imagem.

Livres da necessidade de alinharem-se perfeitamente com as bordas do quadro, linhas diagonais podem ter uma variedade de direções proibidas para as linhas verticais e horizontais. Na prática, isso significa que em fotografias que não dependem de um horizonte ou de alguma outra forma de referência absoluta, há um elemento a mais de escolha: o ângulo da linha.

De todas as linhas, as diagonais são as que introduzem maior dinamismo à figura. São ativas em alto grau, com expressão de direção e velocidade ainda maiores que as verticais. Trazem vida e atividade precisamente porque representam uma tensão não resolvida. Se a relativa estabilidade e força das horizontais e verticais deve-se a sua associação simbólica com a gravidade (ver páginas 72-75), a tensão ao olhar uma diagonal tem a mesma origem. Ela tem uma posição instável e não resolvida; em processo de queda, se você preferir. De fato, estruturalmente, a maioria das coisas e das cenas são compostas por verticais e horizontais, em vez de diagonais, particularmente em ambientes feitos pelo homem. Pelo visor da câmera, a maioria das diagonais aparece como resultado do ponto de vista – enquadramentos oblíquos de linhas verticais ou horizontais. Isso é mesmo muito útil, porque elas estão, como consequência, muito mais sob controle do fotógrafo do que verticais e horizontais. As próprias bordas do quadro dão um certo contraste. Esse efeito ativador é proporcional ao ângulo que a diagonal forma com as bordas do quadro. O máximo para um único conjunto de diagonais, ou paralelas, é 45°, mas, com duas ou três diagonais combinadas, o efeito mais forte é quando os ângulos relativos são todos máximos sem serem iguais.

Em vistas normais, ao nível dos olhos, linhas horizontais que distanciam-se dos olhos convergem em uma fotografia; esse é o efeito normal da perspectiva. Convergindo, tornam-se diagonais, ou pelo menos a maioria delas. Como isso é muito familiar, as diagonais trazem consigo certas associações com profundidade e

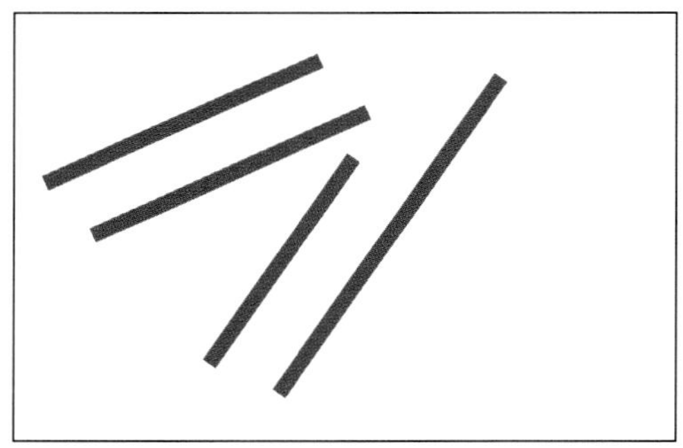

▲ DIAGONAIS DINÂMICAS

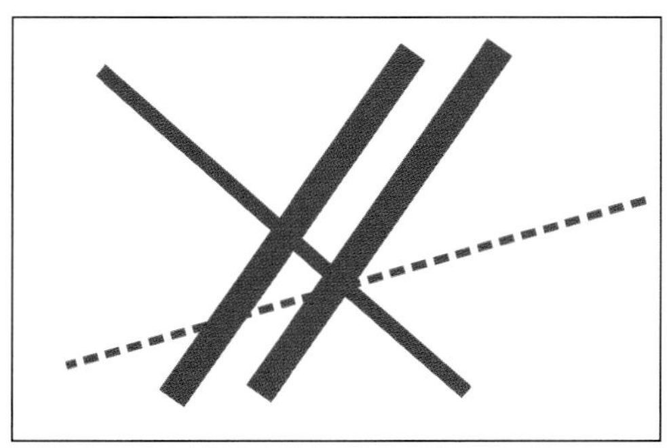

▲ DIAGONAIS PARALELAS

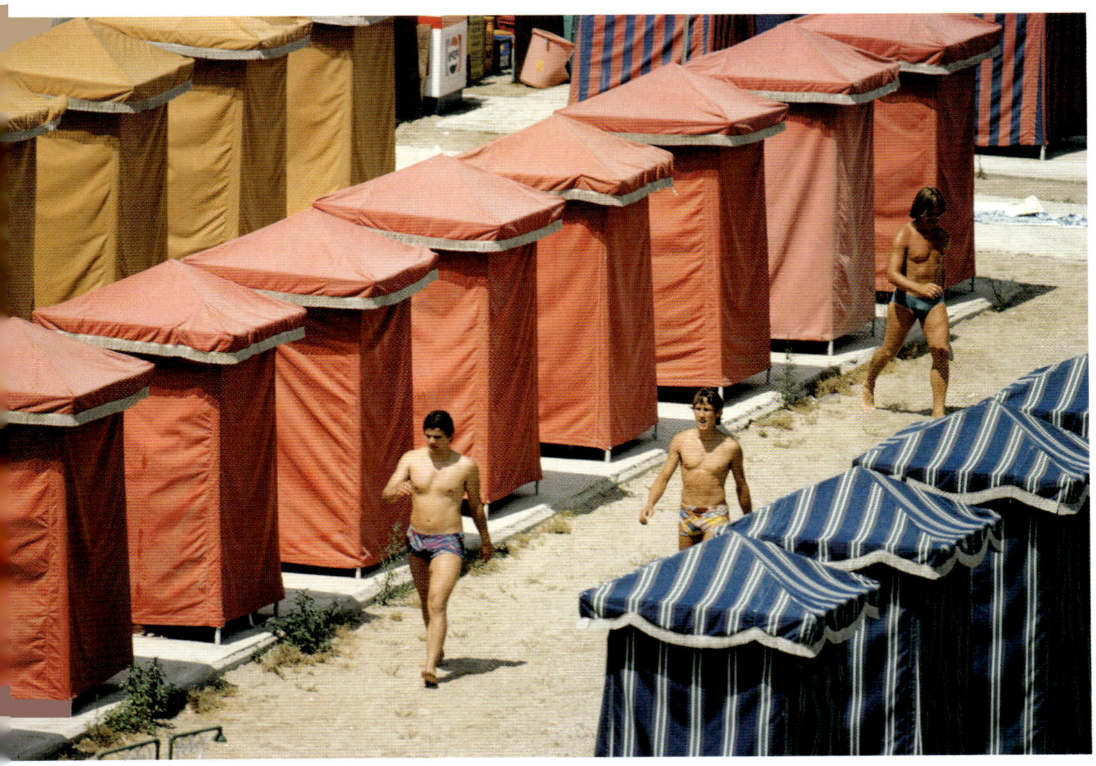

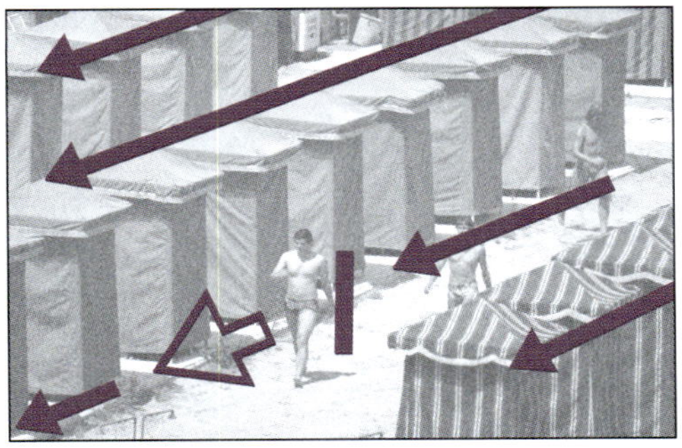

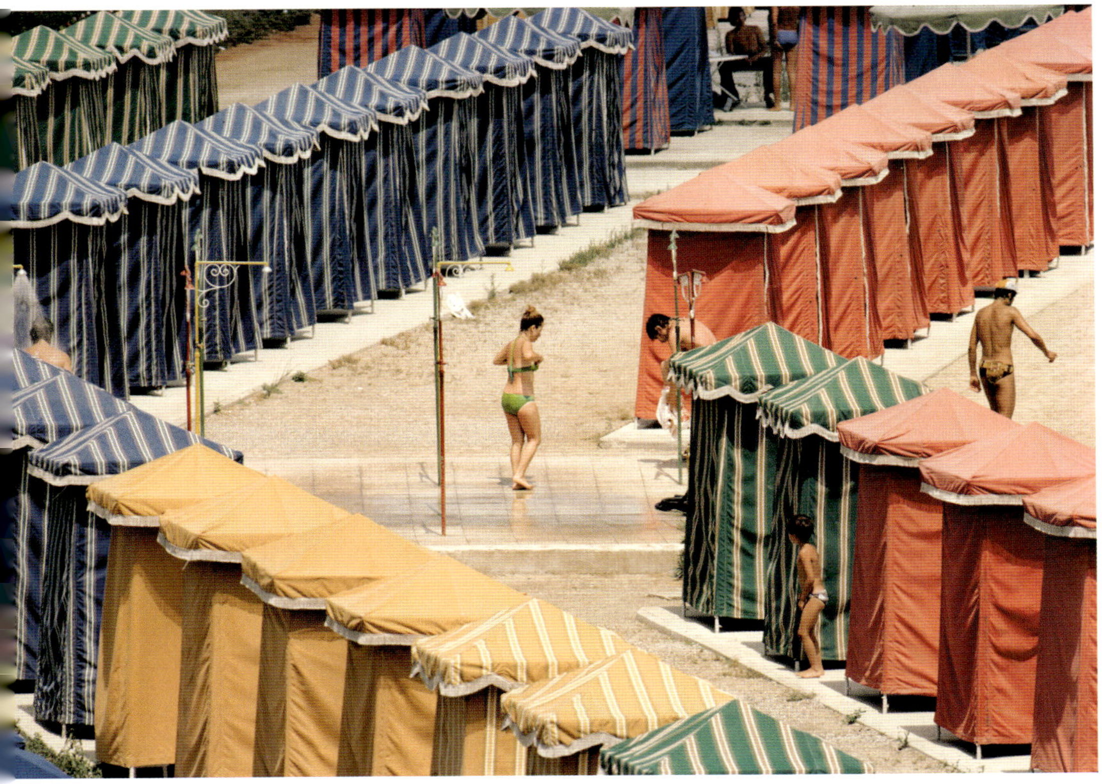

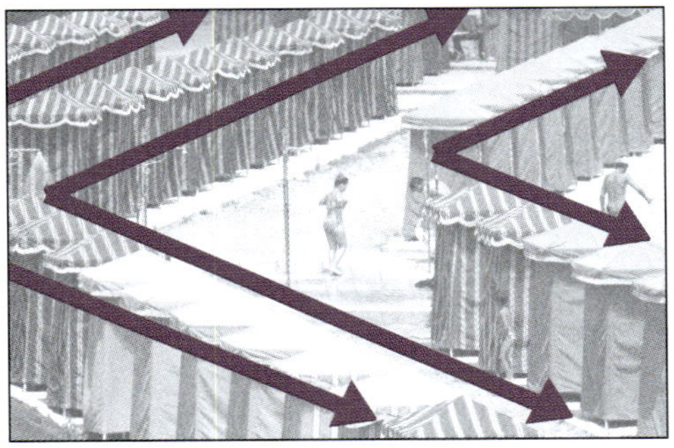

◄ ▲ ZIGUE-ZAGUES
Vistas oblíquas de ângulos retos produzem zigue-zagues, dando um efeito como o de divisas de múltiplas diagonais. Os ângulos são articulados, portanto, a impressão de movimento ao longo da diagonal é mantida, porém com uma dobra pontiaguda. Como pode ser visto nestas duas fotografias de fileiras de tendas de banho, uma tirada poucos instantes após a outra, esse tipo de efeito dinâmico é diferente. Na figura diagonal, o movimento gráfico é simples e direto (a tendência de direção é definida pelos caminhantes). Na versão em zigue-zague, a mudança de direção gera mais atividade interna.

distância, particularmente se há mais de uma e elas convergem. Pode-se fazer uso considerável disso na tentativa de manipular o sentido de profundidade em uma imagem. Incluir ou fortalecer as diagonais em uma paisagem (muitas vezes, apenas uma questão de alinhar objetos ou extremidades) tende a aumentar a impressão de profundidade; mesmo o arranjo dos elementos de uma natureza-morta pode produzir, um tanto artificialmente, uma sensação de distância. O movimento está relacionado a isso. Uma diagonal conduz o olho consigo mais do que qualquer outra linha. Isso faz dela um recurso extremamente valioso na tarefa de encorajar a atenção a mover-se em certas direções em uma fotografia, algo que consideraremos em maior detalhe na página 94.

Essas diagonais de perspectiva parecem mais fortes através de uma lente grande-angular, ainda mais de um ponto de vista próximo. Contudo, teleobjetivas também têm seus usos no tratamento de diagonais. Dando uma visão seletiva, uma lente com distância focal longa pode enfatizar uma parte distinta de uma diagonal. Vistas oblíquas de certa altura, normalmente, produzem o tipo de diagonais vistas na fotografia das barracas de banho (página 77). O que fortalece essas imagens, em particular, é a repetição de linhas diagonais; o efeito de compressão que uma lente longa tem sobre a perspectiva as faz parecer paralelas. Uma grande-angular, mais de perto, as faria convergir na imagem.

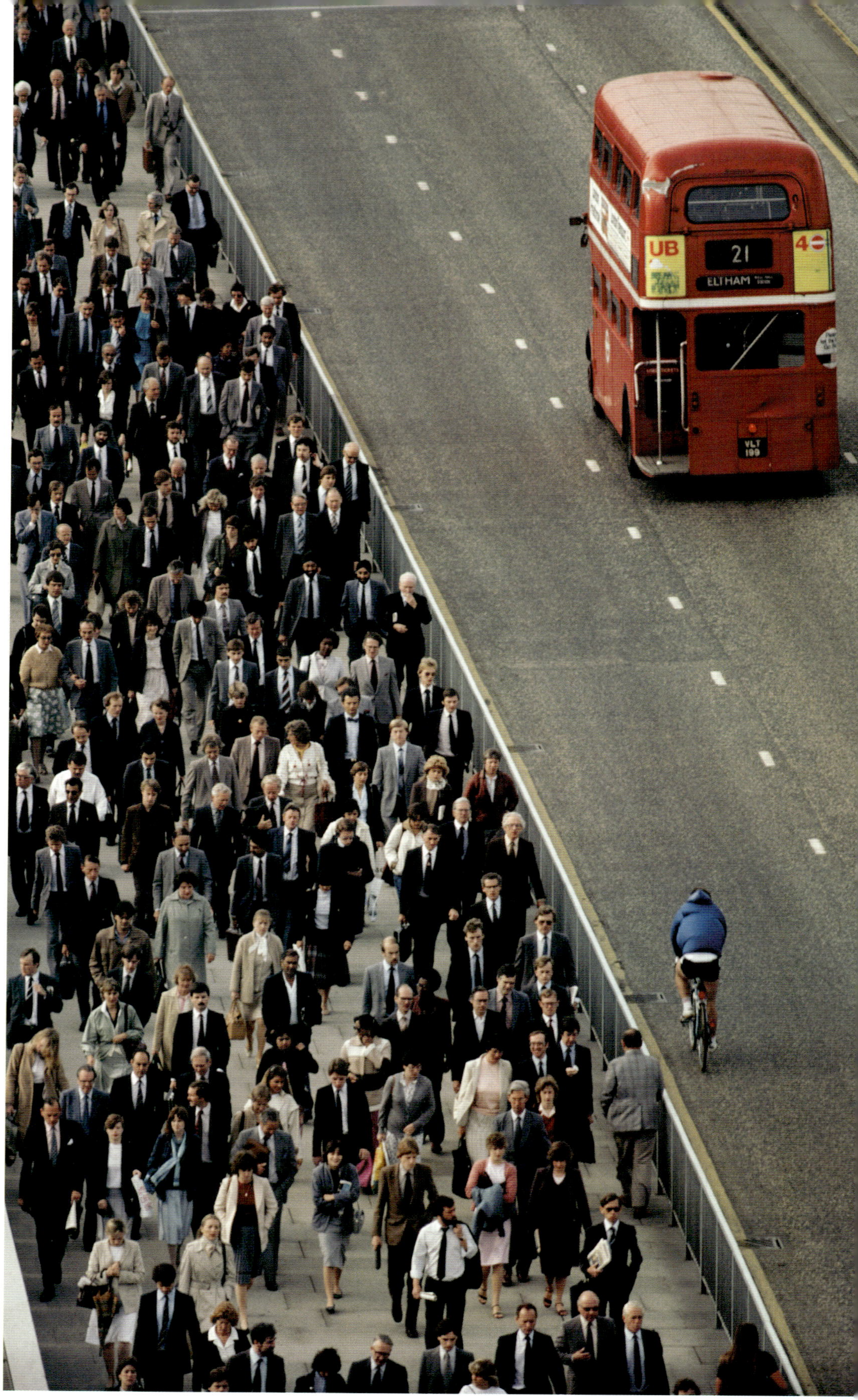

➤ DIAGONAIS REFORÇADAS PELO MOVIMENTO
Há apenas uma linha diagonal significante nesta foto – a grade – mesmo assim, a fotografia está repleta de “diagonalidade”. O que cria isso é, simplesmente, o movimento percebido, a massa de pedestres caminhando na mesma direção pela Ponte de Londres. Isso é reforçado pelo ônibus e pelo ciclista viajando em direção oposta, que atua como contraponto. A composição e o tempo da foto foram justamente em função dessa oposição.

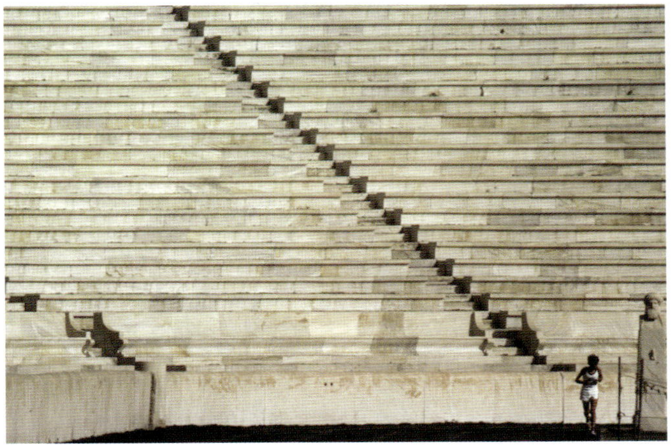

▲ **LINHA DIAGONAL ÚNICA**

Neste emprego simples de uma linha diagonal muito conveniente e proeminente, a intenção era fazer uma foto que mostrasse alguma coisa do estádio junto com a atividade de um atleta. A diferença de escala entre os dois assuntos foi um problema em potencial; ao mostrar uma porção substancial do estádio poderíamos reduzir a figura à insignificância. A solução foi usar essa diagonal para direcionar a atenção. A direção natural ao longo da diagonal é para baixo e o atleta ficou livre para correr posicionado junto ao pé da escada. O enquadramento foi escolhido para dar tanto comprimento quanto possível à diagonal. A foto foi enquadrada antecipadamente e tirada quando o corredor surgiu em posição. Situando o nível do solo junto à base do quadro, deu-se o máximo de espaço para a diagonal.

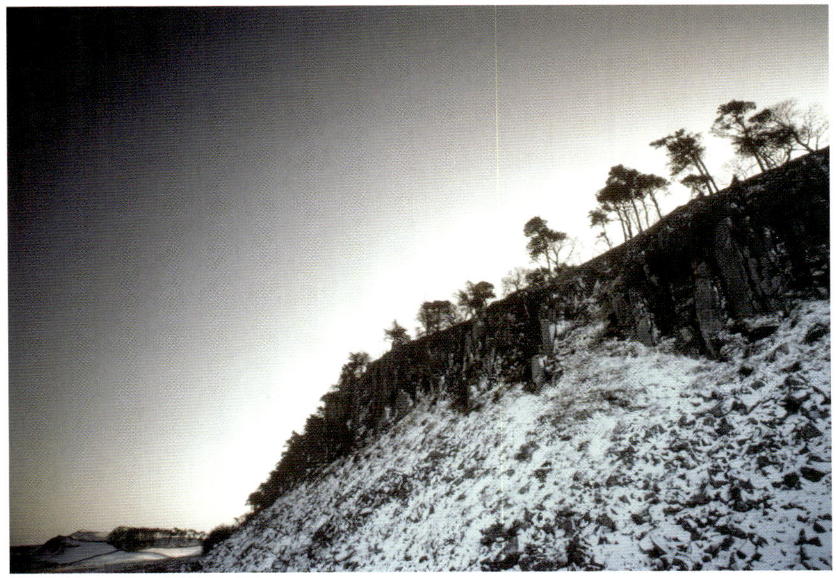

▲ **PERSPECTIVA GRANDE-ANGULAR**

Uma lente grande-angular próxima de um muro comprido produz uma diagonal previsível que radia a partir do ponto de fuga. Neste caso, o muro é a Muralha de Adriano, no norte da Inglaterra, a lente é uma 20mm (equiv.) e a composição escolhida para introduzir um certo drama visual. Uma vista de frente teria mostrado essa seção da muralha romana como nada mais que uma simples escarpa. Repare que as diagonais foram reforçadas pelo uso de um filtro graduado neutro, em ângulo, para escurecer o céu alinhado com a linha diagonal no topo desta muralha.

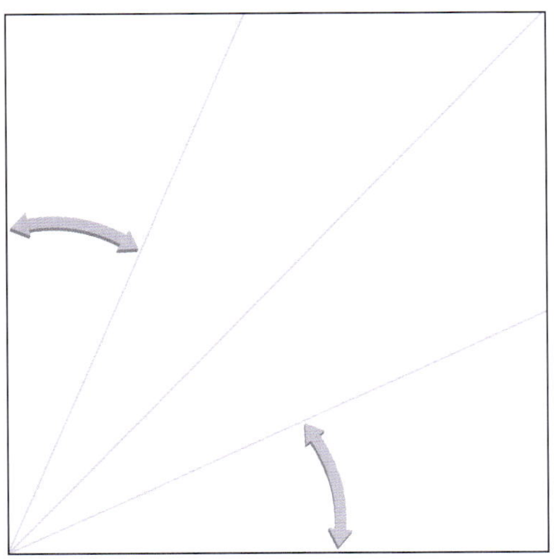

▲ **INSTABILIDADE DIAGONAL**

Boa parte da qualidade dinâmica das linhas diagonais vem da tensão não resolvida de seu posicionamento, entre deitado e em pé.

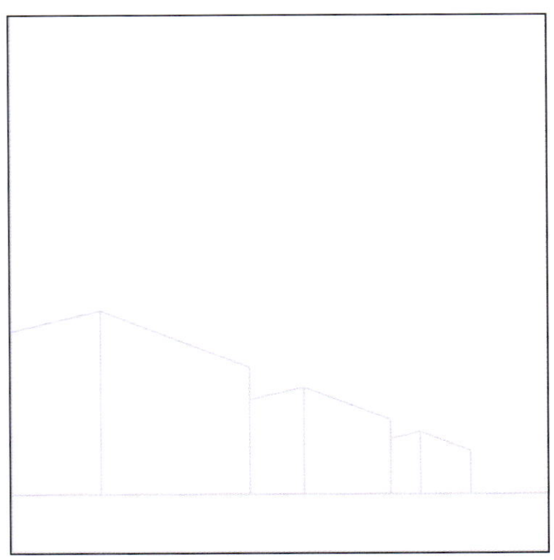

▲ **PERSPECTIVA**

Efeitos de perspectiva são os responsáveis, em última instância, pela maioria das linhas diagonais que aparecem nas fotografias. A inclinação do ângulo varia de acordo com o ponto de vista.

CURVAS

Até o momento, preocupamo-nos apenas com linhas retas. As curvas têm qualidades totalmente diferentes, tanto gráfica quanto expressivamente. Como uma linha, a propriedade única de uma curva é que ela tem mudança de direção progressiva e, portanto, parece evitar qualquer tipo de comparação direta com as arestas verticais e horizontais do quadro. Muitas curvas estão, apesar de tudo, alinhadas principalmente em uma direção ou outra, como pode ser visto nos exemplos mostrados ao lado; de outro modo, uma curva pode ser vista como uma série de linhas retas em ângulos que se alteram progressivamente. Por essas razões, as curvas interagem, sim, com as linhas retas em uma imagem.

A qualidade progressiva de uma curva dá a ela um ritmo que falta às linhas retas (além dos zigue-zagues). É também maior o sentido de movimento e aceleração ao longo da curva. Por exemplo, se a foto de um veículo for animada pelo rastro luminoso das luzes atrás dele (por uma exposição longa), a maior impressão de velocidade será dada se esse rastro for ligeiramente curvo. Um movimento curvo como esse é suave, e muitas das outras associações atribuídas às linhas curvas terão algo a ver com suavidade, fluência, graça e elegância. As curvas são inerentemente atraentes para a maioria das pessoas, particularmente quando ondulam. Assim como as diagonais têm um caráter específico – ativo e dinâmico – e uma qualidade de movimento, as curvas têm um caráter suave e fluente e carregam o olho ao longo de si. Elas são, portanto, um segundo recurso útil para o controle do modo como o espectador deverá ver uma fotografia.

Porém, as curvas são mais difíceis de introduzir em uma figura do que as diagonais. Enquanto uma diagonal é normalmente uma linha reta com qualquer direção e que é alterada pelo ponto de vista, as curvas normalmente devem começar como curvas reais. Elas podem ser exageradas sendo vistas de um ângulo mais agudo, mas o único método óptico disponível para o fotógrafo criá-las, de fato, é pelo uso de uma lente olho de peixe, e isso simplesmente entorta todas as linhas transformando-as em curvas sem discriminação. Todavia, às vezes, é possível produzir uma curva por implicação, a partir de um arranjo de pontos, como na fotografia dos pelicanos, ou com várias linhas curtas ou pontas.

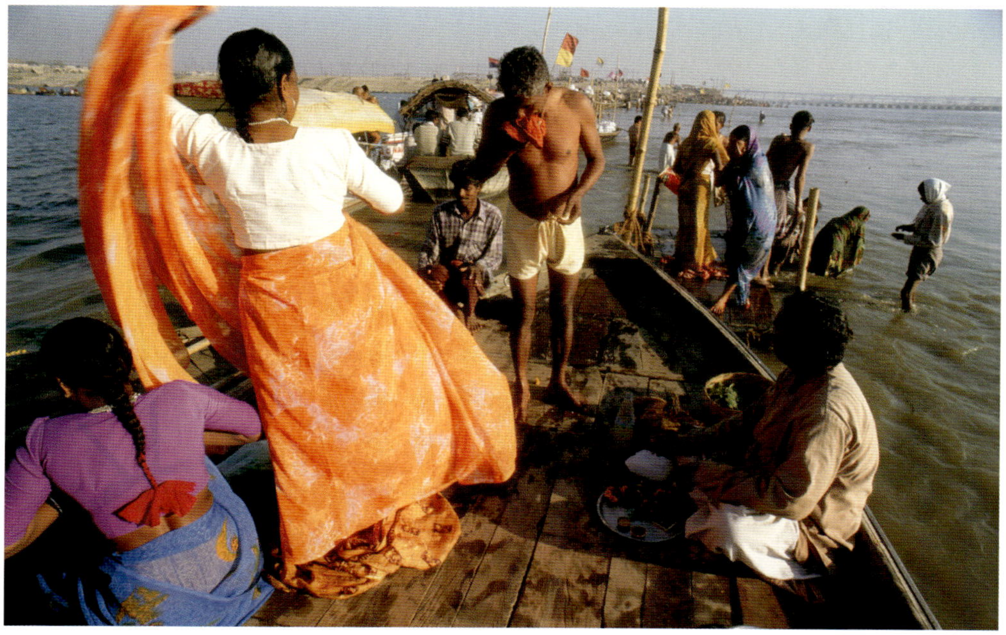

▲ **GESTO**
Um sari indiano brilhante sendo ajustado por uma peregrina em um barco no Ganges cria uma curva forte que atua graficamente como uma lente convergente, chamando a atenção em direção ao centro e à direita da imagem.

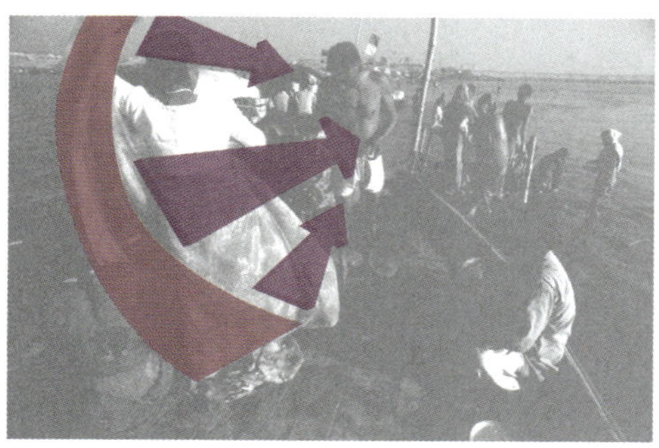

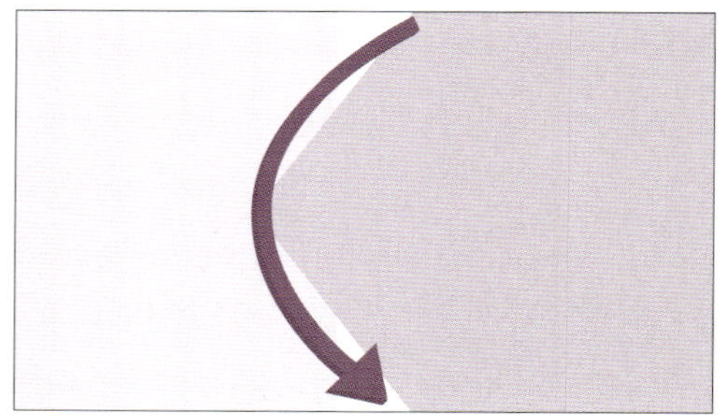

▲ **RELAÇÃO COM LINHAS RETAS**
Ainda que uma curva esteja continuamente mudando de direção, ela tem componentes retas implícitas, particularmente nas terminações.

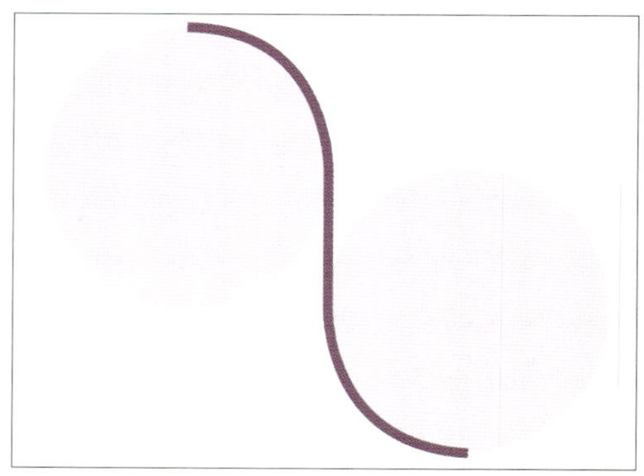

▲ **RELAÇÃO COM CÍRCULOS**
Uma curva também pode ser visa, pelo menos em parte, como a seção de um círculo. Isso ajuda a explicar a sensação de enclausuramento das curvas.

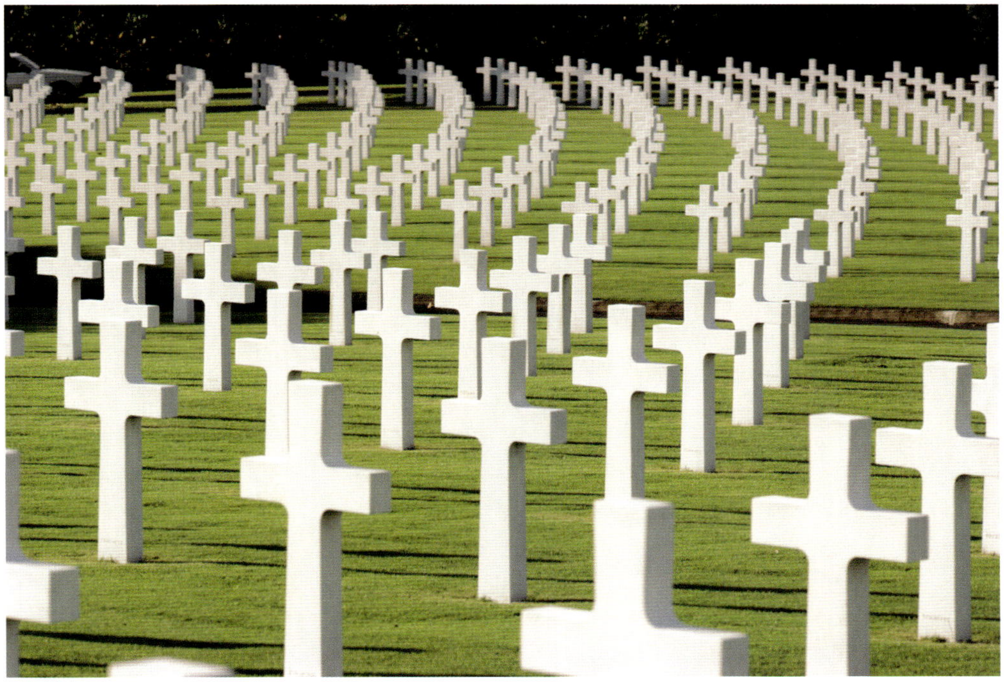

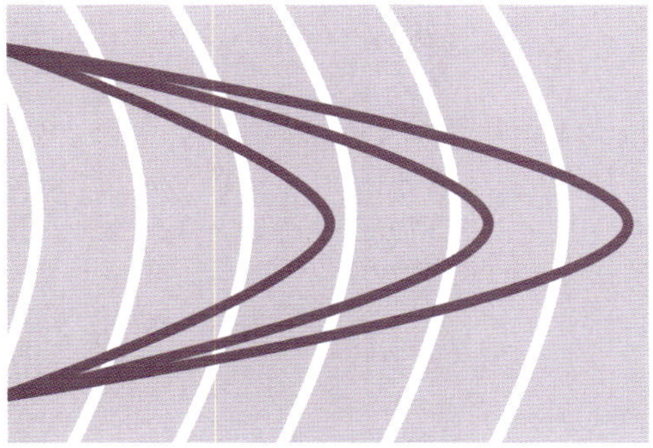

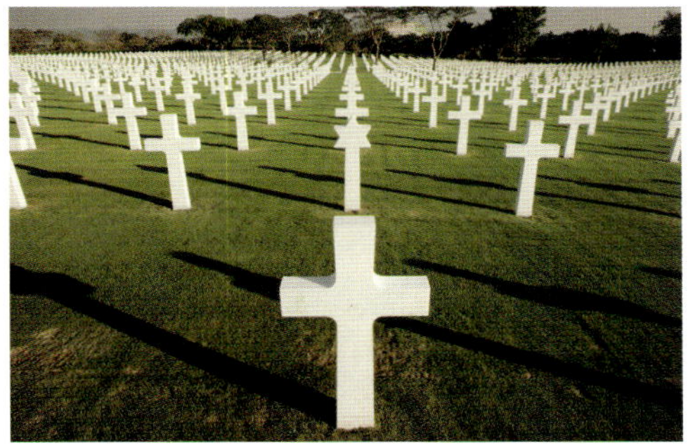

▲ **CURVAS CONCÊNTRICAS**

Como ocorre com qualquer outro tipo de linha, várias curvas concêntricas reforçarão umas às outras. A forte sensação de movimento pode ser sentida, mesmo nessas fileiras estáticas de cruzes em um cemitério militar nas Filipinas, especialmente porque as fileiras se aproximam da câmera. Essa fotografia também demonstra como um ponto de vista baixo, dando um ângulo de visão agudo às linhas, fortalece a curvatura (no esquema, o branco representa ângulo aberto e o roxo fechado). A imagem menor demonstra a importância única do ponto de vista.

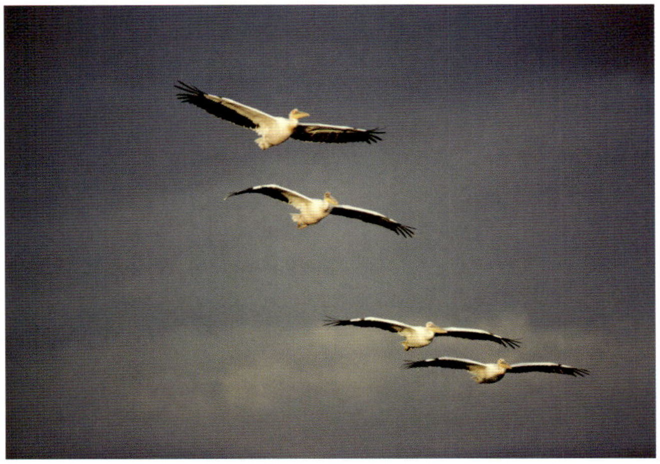

▲ **CURVA IMPLÍCITA**

Um método para criar uma curva é a partir do alinhamento de outros elementos. Neste caso, os pelicanos em pleno voo parecem, da posição onde está a câmera, formar uma curva e isso se transforma na estrutura da fotografia.

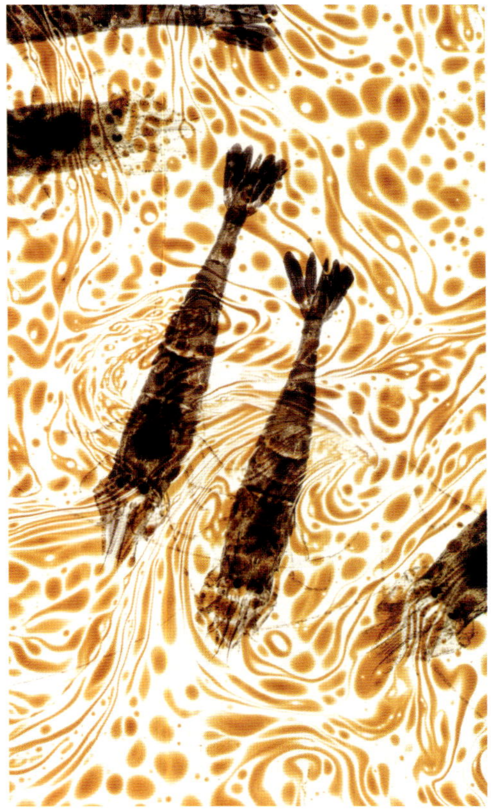

➤ **CONTRASTE DE LINHA**

Linhas curvadas contrastam mais substancialmente com linhas retas do que os diferentes tipos de linhas retas entre elas. Aqui, o contraste é empregado delicadamente: o intrincado padrão curvado de glóbulos de petróleo na água do mar formam um plano de fundo para a linha diagonal de camarões bebê.

LINHAS DOS OLHOS

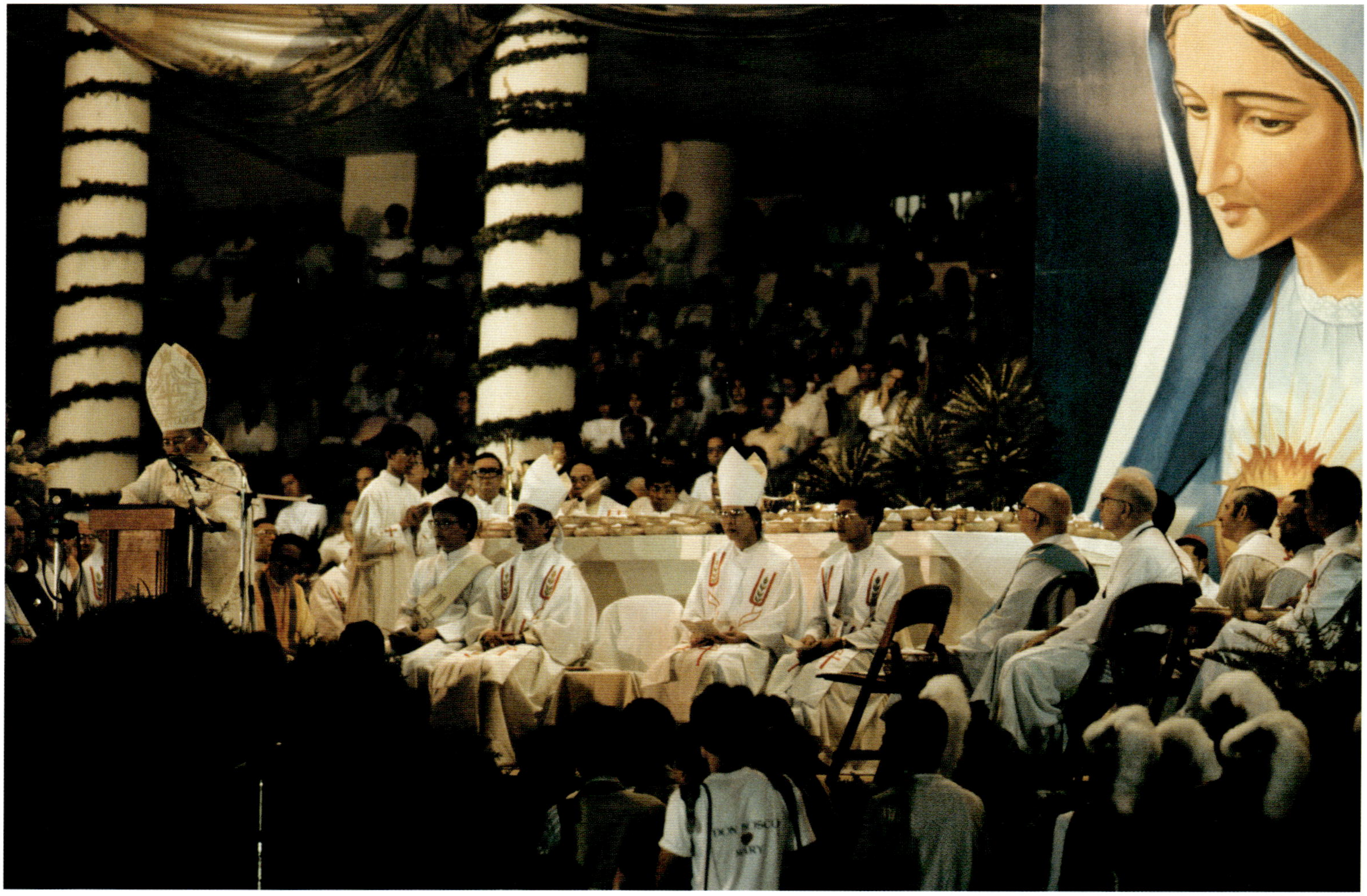

Isso nos leva a uma das mais valiosas linhas implícitas que se pode usar no design de uma fotografia. Nossa atração por imagens do rosto humano é tão forte que instantaneamente prestamos atenção a qualquer rosto que apareça com clareza em uma fotografia. Em particular, se a pessoa na fotografia está olhando para alguma coisa, nossos olhos seguem aquela direção. É curiosidade pura e simples, ver para onde os olhos estão olhando e isso cria uma forte direção na imagem. Conhecidas como linhas dos olhos, sempre que ocorrem, são, com frequência, um elemento importante na estrutura da imagem.

As linhas dos olhos são um bom exemplo do funcionamento da Lei da Continuidade da Gestalt (ver página 38), mas devem sua insistência à alta importância associada a qualquer imagem do rosto, particularmente dos olhos (ver páginas 58-59). Mesmo sendo o contato visual direto entre a pessoa fotografada e o espectador o atrator mais forte, ainda queremos saber o que a pessoa está olhando, baseando-nos na suposição razoável de que se aquilo é interessante para uma pessoa, deve nos interessar também. O olhar nos "aponta" para outro elemento na imagem ou, se ele dirige-se para fora do quadro – como na imagem dos espectadores na página 141 – fica não resolvido e cria certa dúvida na mente do espectador. Isso não é uma falha, de modo algum, e pode ser útil para criar ambiguidade (ver páginas 140-143).

▲ LINHA DOS OLHOS DIAGONAL
A pintura da Virgem, para uma celebração pública ocorrida nas Filipinas, já foi, é claro, posicionada para que parecesse estar olhando para o cardeal. Para usar isso de modo mais eficaz na fotografia, a pintura foi posicionada na extrema direita do quadro, de modo que a linha dos olhos dominasse. Em outras palavras, como o olho é naturalmente atraído primeiro para a imagem forte do rosto da Virgem, colocá-la na extremidade significa que não há distrações no lado oposto do quadro. A atenção começa em um lugar previsível e se move em uma direção previsível.

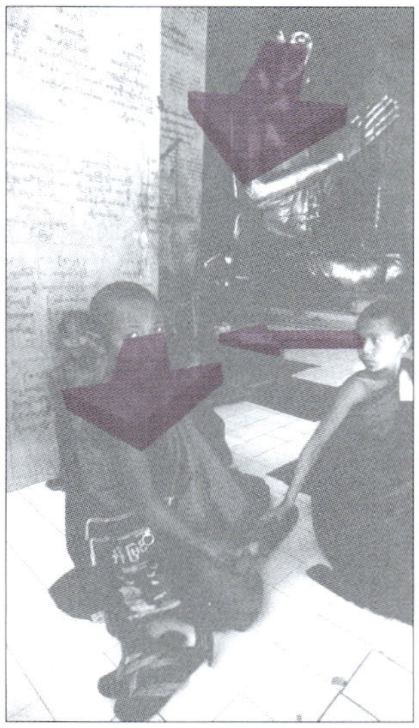

▲➤ MORRO DE MANDALAY
Por meio de uma combinação de elementos de design, esta fotografia de monges noviços em um templo birmanês está organizada para ser vista de apenas um modo. Apesar de o momento para efetuar o disparo ter sido muito breve – apenas o necessário para o gesto e o olhar do segundo garoto –, houve tempo suficiente para preparar e antecipar a maioria das possibilidades, incluindo o fato de a estátua dourada ao fundo poder ser vista como se estivesse olhando para o primeiro plano. A coincidência das expressões faciais dos dois garotos, é claro, não foi planejada, mas a antecipação facilitou o reconhecimento do potencial da cena e a efetuação do disparo no tempo certo. O resultado é uma imagem muito estruturada, devido ao modo como as três linhas dos olhos se combinam para projetarem-se para fora em direção ao espectador.

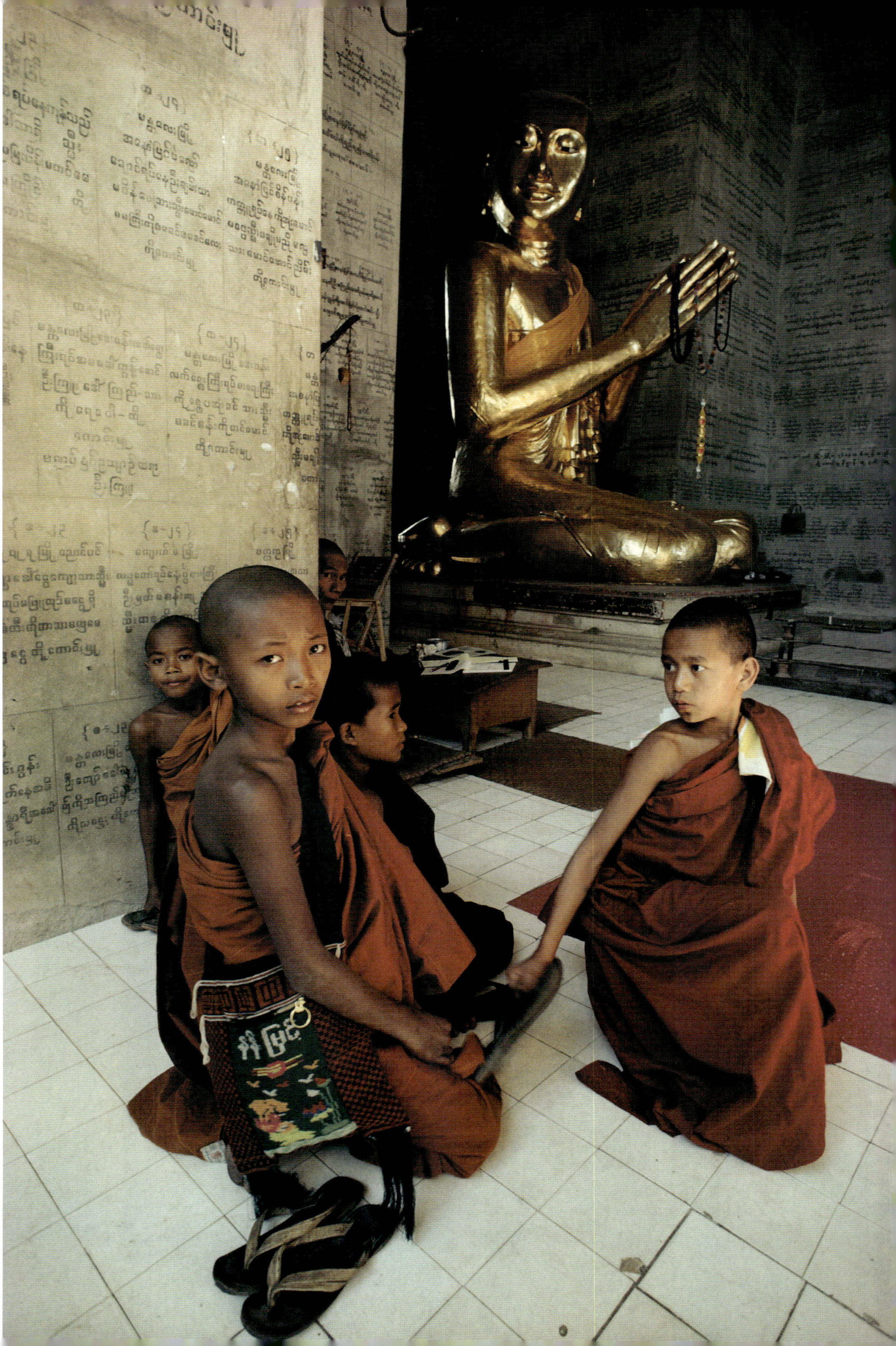

TRIÂNGULOS

Em uma composição fotográfica, os triângulos são as formas mais úteis por uma série de razões. Eles são comuns, em parte, porque são simples de construir ou implicar (precisam apenas de três pontos para os ápices e esses não precisam estar arranjados de nenhum modo em particular) e, parcialmente, por causa da convergência – os efeitos gráficos naturais da perspectiva tornam muito comuns na fotografia as diagonais convergentes, particularmente com lentes grande-angulares. Eles também são as formas geométricas mais básicas de todas, com o menor número de lados. Além disso, têm a interessante combinação de serem tanto dinâmicos, por causa das diagonais e pontas, como estáveis – dado que um dos lados é uma base.

Um triângulo é uma forma tão forte que aparece facilmente aos olhos. Com linhas, geralmente, bastam duas; a terceira pode ser pressuposta ou, então, uma aresta apropriada do quadro pode ser considerada como um dos lados. Quanto aos pontos, quaisquer três centros de interesse proeminentes servirão, particularmente se forem semelhantes quanto ao conteúdo, tom, tamanho ou alguma outra qualidade. Diferentes dos retângulos e círculos, que precisam ter suas componentes principais em uma ordem exata, os triângulos podem ser formados em quase qualquer configuração. O único arranjo de três pontos que não forma um triângulo é o em linha reta. Por exemplo, um retrato de três pessoas quase inevitavelmente vai conter um triângulo, com cada um dos rostos como vértice.

A tendência natural da perspectiva linear é de que as linhas convirjam em um ponto de fuga ao longe e formem dois lados de um triângulo. Se a câmera estiver nivelada, o vértice principal do triângulo estará apontando mais ou menos horizontalmente (você poderia pensar no triângulo formado por uma fileira de casas se afastando como um dos lados, com o ápice no horizonte e a base reta o mais próximo da câmera). Se, em vez disso, a câmera estivesse apontando para cima, para um prédio, árvores ou qualquer outro agrupamento de linhas verticais, o ápice estaria no topo da figura, e a linha de base abaixo. Essa é também a configuração mais estável de um triângulo.

A sensação de estabilidade inerente a muitos triângulos vem da associação estrutural;

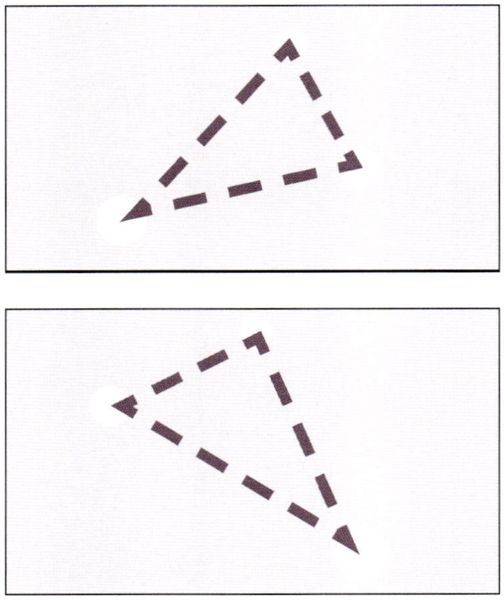

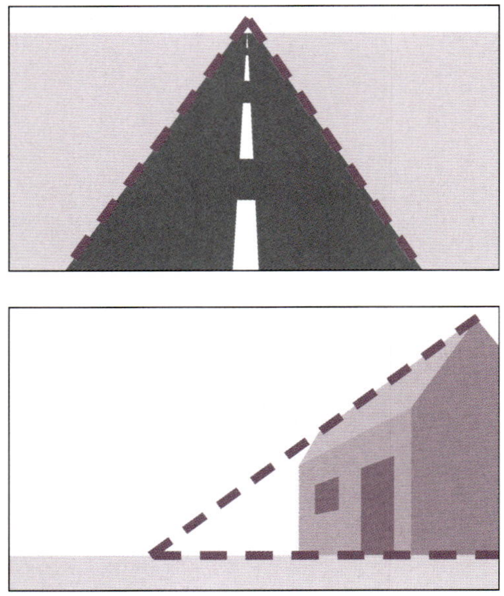

▲ **TRIÂNGULOS POR IMPLICAÇÃO**
Qualquer arranjo de três objetos (exceto em linha reta) produz um triângulo implícito.

▼ **CONVERGÊNCIA VERTICAL**
Uma vista inclinada ascendente com uma lente grande-angular cria um triângulo por convergência.

▲ **TRIÂNGULOS POR CONVERGÊNCIA**
A convergência causada pela perspectiva linear, particularmente uma lente grande-angular, cria, pelo menos, dois lados de um triângulo. Superfícies verticais que recuam até o horizonte criam triângulos que parecem estar deitados de lado. O vértice principal está direcionado ao ponto de fuga.

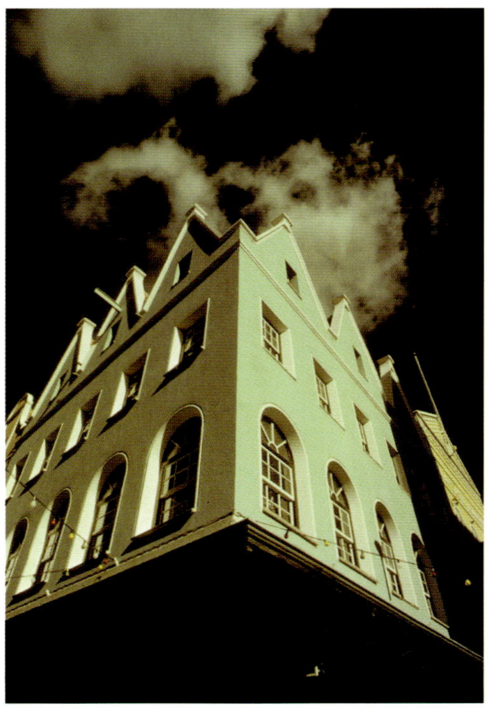

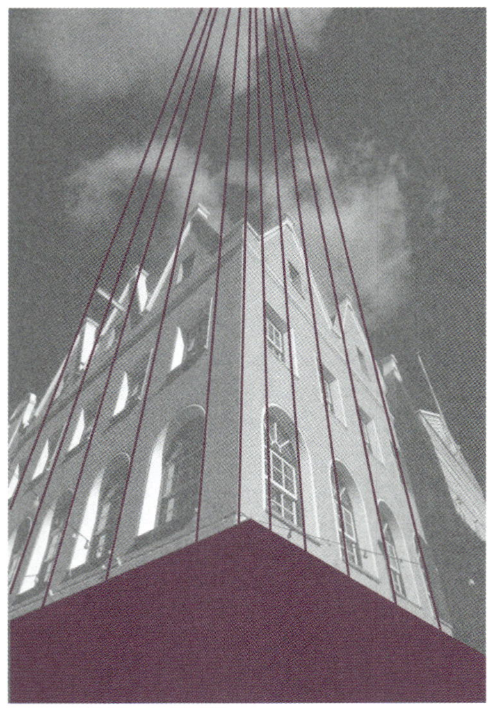

➤ FECHAMENTO TRIANGULAR

Esta sequência de quadros ilustra bem como uma estrutura triangular implícita pode fortalecer a organização e a dinâmica de uma imagem. A locação é a enfermaria de malária de um hospital no Sudão, onde os pacientes precisam compartilhar as camas. Uma lente grande-angular foi escolhida para mostrar o máximo de informação. Apesar de os dois primeiros quadros terem sido satisfatórios, o movimento do médico, e em particular seu gesto em postura alongada, repentinamente organizou a imagem toda. Um momento mais tarde essa forte geometria enfraqueceu.

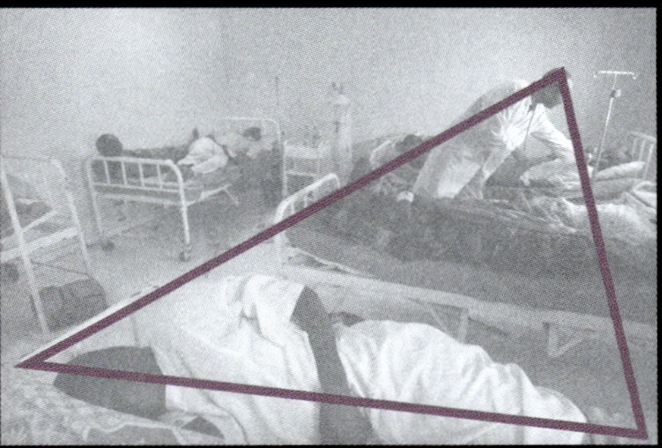

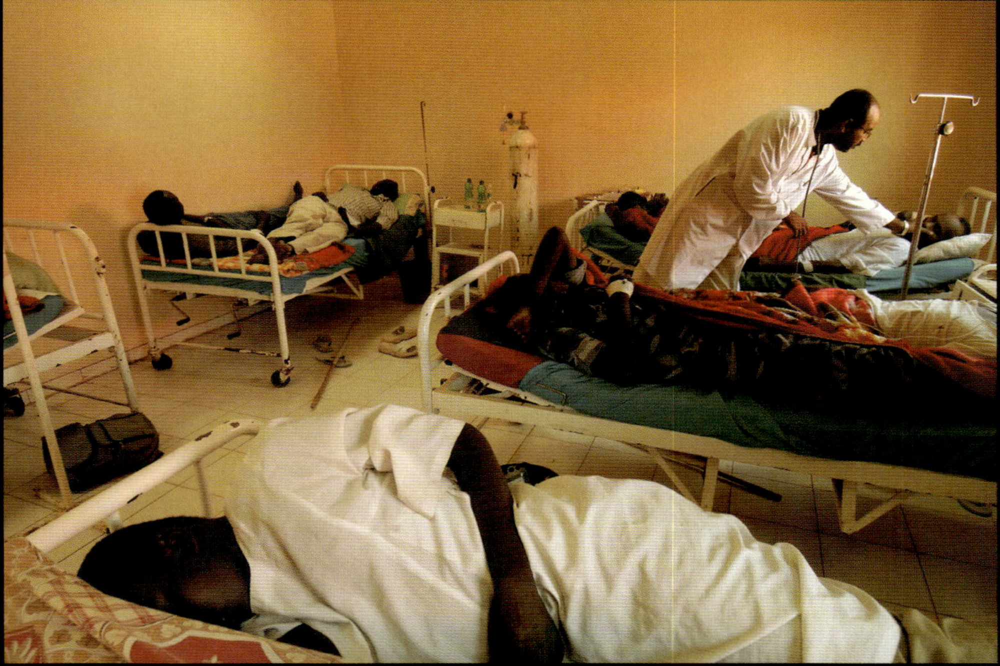

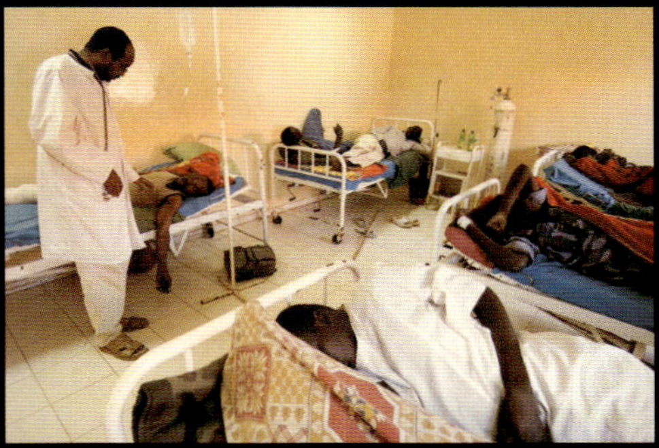

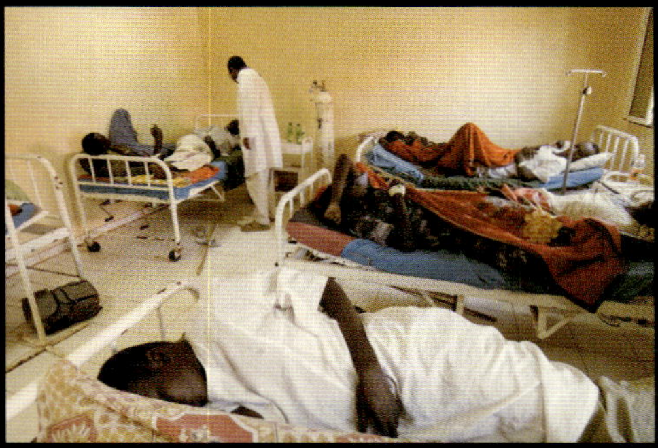

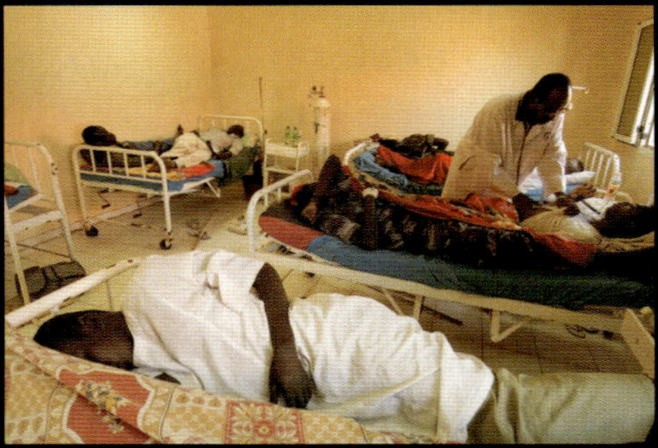

é o formato de uma pirâmide, ou de dois contrafortes inclinados para dentro escorados um no outro. Portanto, arranjar três objetos de modo que dois formem uma base e o terceiro um ápice acima deles cria uma forma estável e essa associação é levada para a imagem. É a clássica foto de trios e isso permite que os sujeitos sejam manipulados. Reposicionar as coisas dessa forma é uma técnica padrão e de frequente sucesso. As duas diagonais em tal triângulo ajudam a driblar o peso de um arranjo quadrado ou retangular.

A configuração inversa, com a base no topo da figura e o ápice embaixo, é uma forma igualmente útil de se introduzir em um design. Ela tem uma associação diferente: menos estável, mais agressiva, e contendo mais movimento. O apontar do ápice é mais óbvio, provavelmente porque parece voltar-se para a câmera e para o espectador, e há o tipo de tensão que se esperaria de uma forma que simboliza um equilíbrio extremamente precário. Uma aplicação especial de triângulos invertidos ocorre no design de naturezas-mortas e outras fotos de grupos em que os objetos têm tamanhos diferentes e, apesar disso, precisam ser unificados em uma mesma foto – colocando o menor mais próximo da câmera, no ápice do triângulo, e os objetos restantes atrás. Uma lente grande-angular, usada a partir de uma posição elevada e apontada levemente para baixo, deverá enfatizar as proporções de um triângulo invertido, assim como uma lente grande-angular apontando para cima criará linhas verticais convergentes ascendentes.

Sob quais circunstâncias é útil tentar impor uma estrutura triangular? É importante ver os triângulos implícitos como um dos poucos recursos usados para trazer ordem a uma imagem, ou para arranjar o que se esteja fotografando. As ocasiões em que tal organização é necessária, normalmente, são aquelas nas quais há necessidade de clareza. Isso é comum na fotografia de naturezas-mortas e em várias formas de reportagem quando a coisa mais importante é representar algo claramente, geralmente em uma locação visualmente suja. Como isso é uma condição comum na fotografia profissional, a ideia de estruturar uma imagem em um arranjo gráfico simples é principalmente profissional.

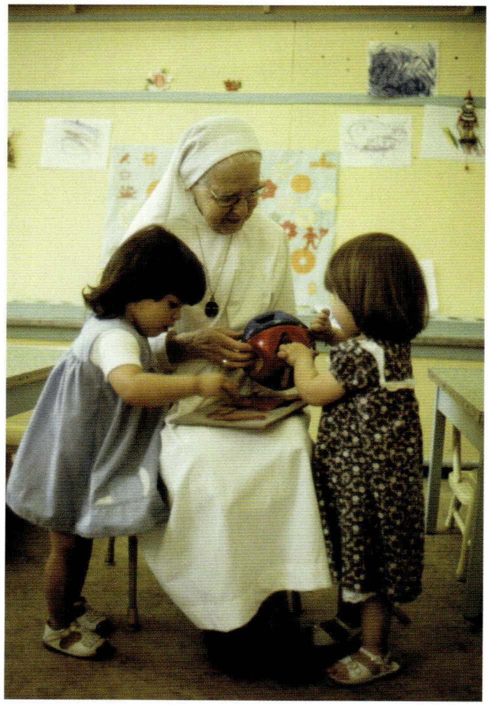

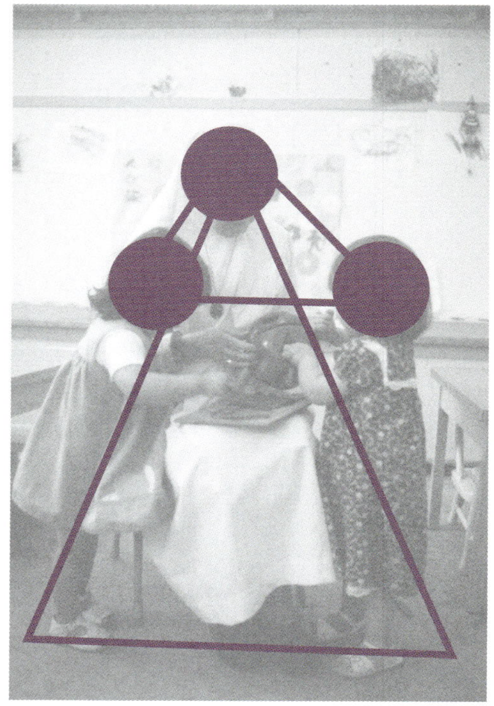

▲ FOTO DE TRIOS
Fotos de trios, normalmente, têm potencial para uma estrutura triangular. Aqui, ela foi deliberadamente fortalecida pelo ponto de vista, que não apenas mostra um relacionamento triangular nas cabeças, mas um triângulo no contorno das três figuras.

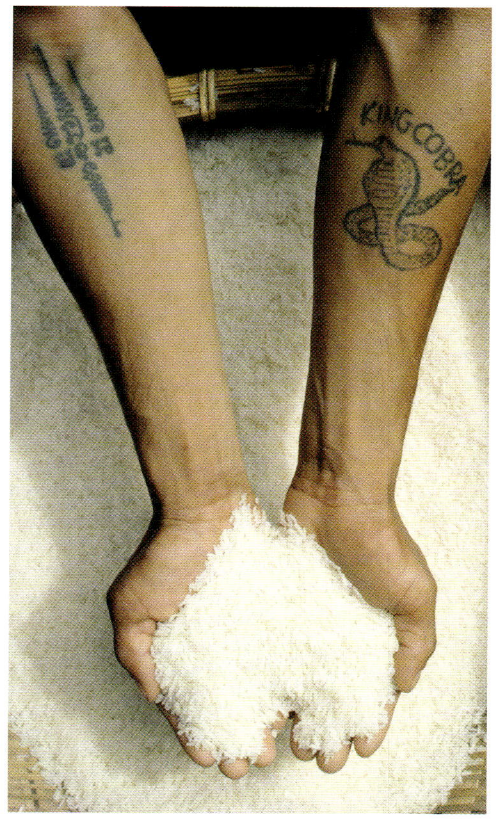

➤ TRIÂNGULO INVERTIDO PARA DAR FOCO
Um triângulo com seu ápice à frente da figura dá uma configuração útil, não apenas para grupos de objetos em uma natureza-morta, mas também para focar a atenção mais fortemente no ápice, quando os lados convergentes atraem o olho em direção a esse ponto em primeiro plano. Neste exemplo, tal recurso foi escolhido porque o assunto, o arroz, visualmente era muito suave.

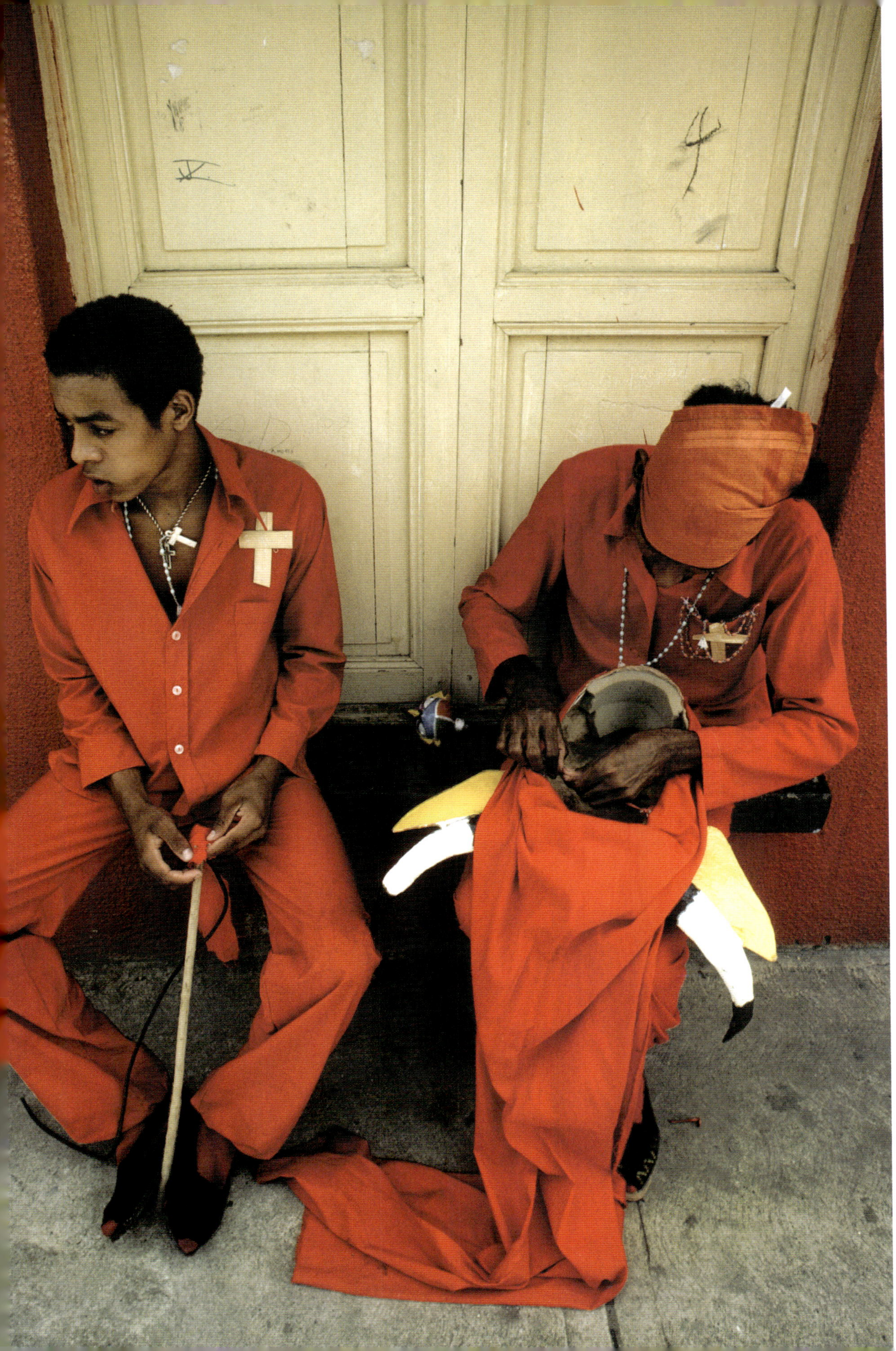

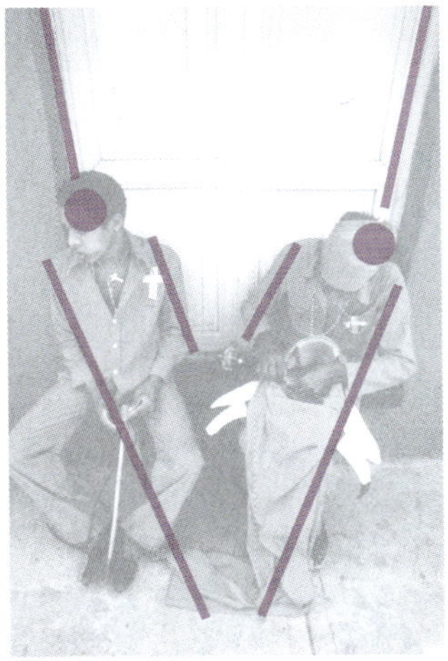

◄ ▲ TRIÂNGULO INVERTIDO
Em si, o arranjo de duas figuras humanas sentadas sugere apenas levemente uma forma triangular, mas uma fotografia em pé, apontando para baixo com uma lente 20mm, reforça as estruturas através da convergência.

CÍRCULOS E RETÂNGULOS

Depois das estruturas triangulares, as outras formas básicas – círculos e quadrados – tendem a ser mais raras em fotografia, e tanto menos uma opção na composição. Assim como com os triângulos, elas são mais interessantes quando implícitas – sugerindo uma forma em vez de ser algo pré-formado.

Os círculos têm lugar especial na composição. Diferentes dos triângulos e linhas, eles não são tão fáceis de serem implícitos porque precisam ser quase completos e ter um formato muito preciso e reconhecível. Contudo, eles de fato ocorrem com frequência, tanto os feitos pelo homem quanto os naturais. Na natureza, o crescimento radial, como pode-se encontrar nas flores e bolhas, tende a fazer um círculo. Os círculos são valiosos para a composição de figuras porque têm um efeito de fechamento. Eles "contêm" as coisas situadas dentro deles, atraem o olhar pra dentro e, por essa razão, são úteis em fotografias arranjadas, particularmente naturezas-mortas, quando o fotógrafo põe-se a criar uma composição do zero. O efeito de focar a atenção do espectador pode ser tão forte ao ponto de fazer tudo ao redor parecer menos importante visualmente, portanto os círculos devem ser usados com cautela. Há uma leve sugestão de movimento ao redor da circunferência, por causa de associações com rotação.

Derivados dos círculos são as elipses, outras formas cíclicas flexionadas e quase qualquer forma achatada feita de curvas em vez de linhas e ângulos. As elipses representam um caso especial em fotografia porque essa é a forma projetada sobre o filme por um círculo de verdade quando visto em ângulo. Até certo ponto, o olho soluciona a questão da forma elíptica, assumindo um círculo.

Os retângulos abundam em estruturas feitas pelo homem, são mais raros na natureza e são úteis para a composição por serem a forma mais fácil para subdividir o quadro. De fato, a forma que tem correspondência mais próxima com o quadro de uma fotografia é um retângulo. É preciso um alto grau de precisão, já que o modo mais comum de arranjar formas retangulares em um quadro é alinhá-las com as arestas verticais e horizontais do próprio quadro. Assim, os desalinhamentos são fáceis de serem notados e fáceis de serem corrigidos digitalmente. De fato, a correção de distorções causadas por características no design das lentes por inclinação da câmera são um procedimento padrão de pós-produção digital, como, por exemplo, no recurso *Filtro > Distorção > Correção de Lente*, do Photoshop.

Os retângulos têm associações com gravidade, solidez, precisão e limitação definida, um resultado de suas conotações com os dois tipos de linhas – verticais e horizontais – que os compõem. Tendem a ser estáticos, inflexíveis e formais. Enquanto forma perfeita do retângulo, o quadrado exibe essas qualidades de modo mais forte. Para que uma forma retangular apareça retangular na foto, deve ser fotografada em esquadro e nivelada. Vistas em ângulo e lentes grande-angulares tendem a distorcer os retângulos formando trapezoides. Portanto, o estilo de fotografar que utiliza estruturas retangulares é, normalmente, ele próprio formal e ponderado.

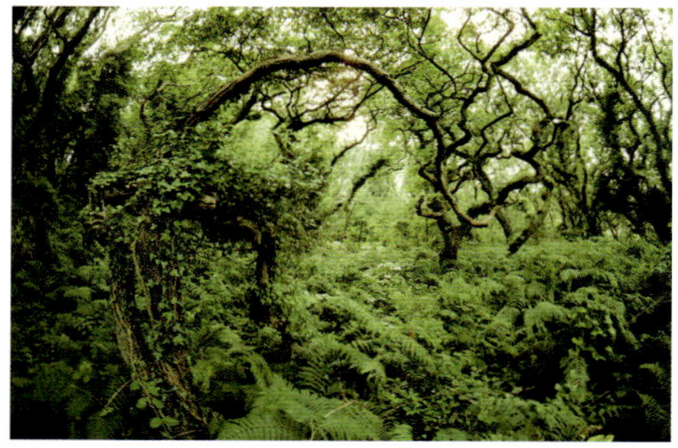

▲ LENTE OLHO DE PEIXE
O assunto é uma floresta de carvalhos consideravelmente densa, mas o problema de design está em sua falta de estrutura. A solução, aqui, foi encontrar uma cena com uma estrutura com um pouquinho de potencial (o proeminente galho curvado) e, depois, exagerá-la usando uma lente olho de peixe full-frame.

▼ ORDEM NO DESIGN SHAKER
Este é um exemplo de um livro que foi fotografado inteiramente com um motivo de formas retangulares. O tema é a arquitetura e artesanato Shaker, e a natureza severa, funcional do material sugeriu um tratamento apropriado. A regularidade definida dos retângulos torna-os especialmente adaptáveis a um design que estressa o equilíbrio e a proporção.

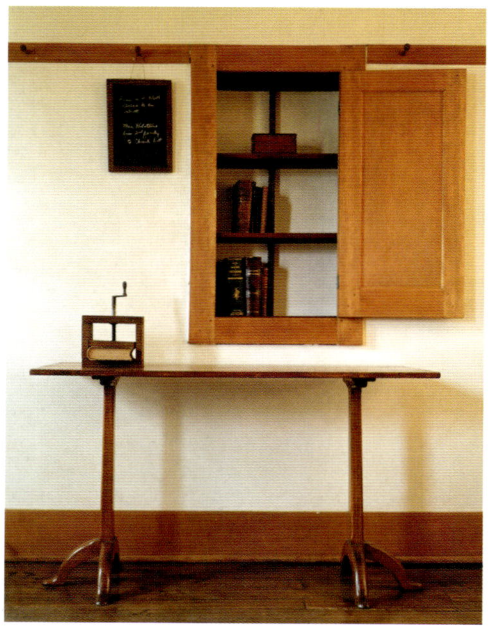

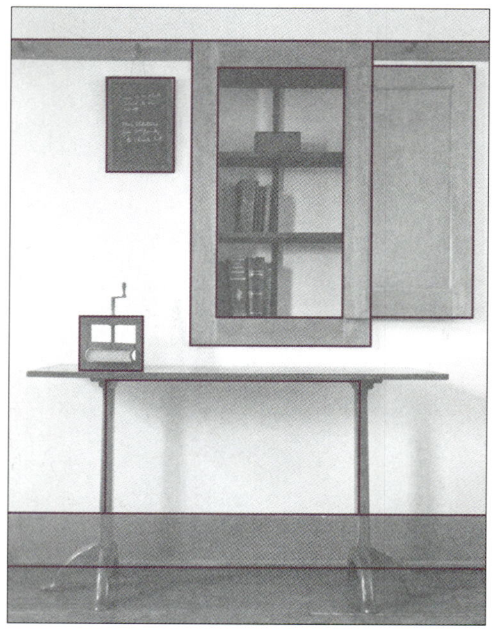

PÉROLAS

Este arranjo de uma variedade de diferentes tipos de pérolas foi para a capa de uma revista e, portanto, não tinha apenas que ser claro ao mostrar as pérolas, mas também tinha que ser atraente e simples, com espaço no topo para o título. O problema foi que era preciso mostrar várias pérolas, pérolas demais para que fossem arranjadas em um único grupo. A solução foi dividi-las em três grupos, porém mantendo a conexão entre elas visualmente de tal modo que o arranjo parecesse razoavelmente natural e que o olho pudesse percorrer a imagem suavemente.

A chave para o sucesso da foto está na escolha de conchas de diferentes espécies de ostra, com a coloração iridescente típica de madrepérola. Especificamente, as duas conchas principais funcionam como fechamentos circulares, um encaixando na curva do outro. A pérola do Mar do Sul de 15mm à direita é grande o suficiente para ser seu próprio círculo e os três círculos estão conectados de dois modos – primeiro por sua relação triangular, e também pela curva sinuosa em S, que ajuda a direcionar o olho entre eles.

Como em qualquer natureza-morta, o arranjo é construído cuidadosamente, com a câmera travada em posição. O grupo principal foi montado, primeiramente, na concha grande, depois, um grupo menor foi acrescentado à concha abaixo e alguns acréscimos feitos ao primeiro grupo. Finalmente, a pérola maior foi colocada contra uma concha mais escura para dar contraste.

As estruturas de design principais são os círculos, os dois maiores formados pelas conchas. Por sua vez, esses três círculos estão inevitavelmente conectados por um padrão triangular. Finalmente, o arranjo do plano de fundo deliberadamente faz uso da curva reversa da concha maior para criar uma curva em forma de S.

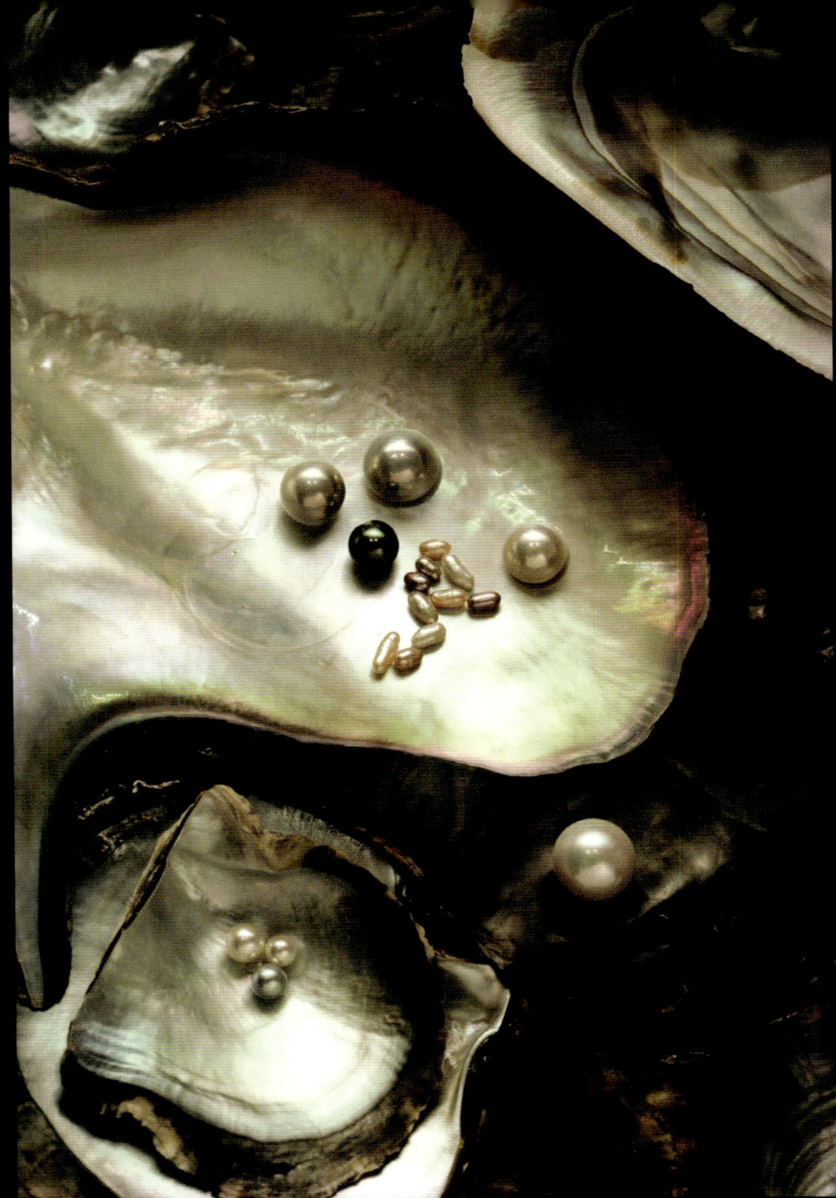

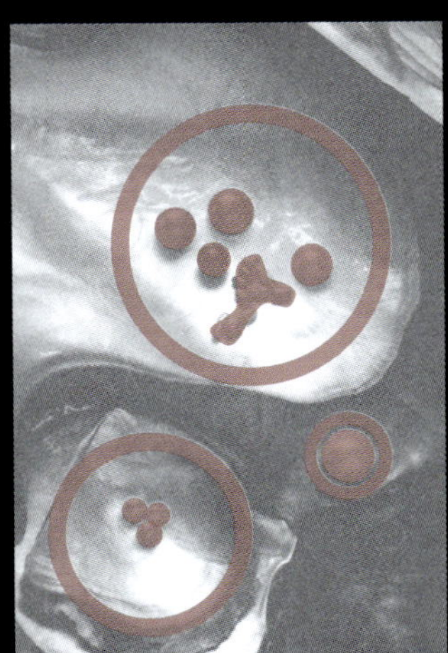

CÍRCULOS IMPLÍCITOS

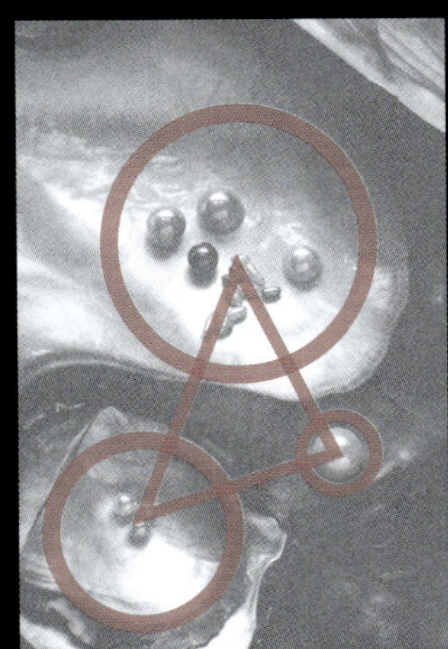

RELAÇÃO TRIANGULAR

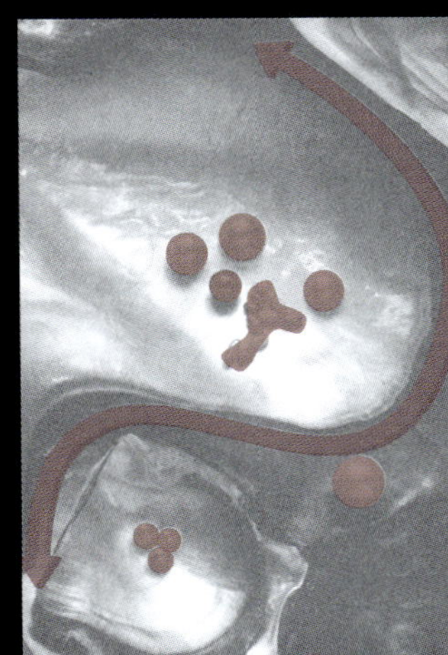

CURVA EM S

VETORES

Vimos o quanto o olho prontamente segue uma linha, ou mesmo a sugestão de uma linha. Essa tendência é o recurso mais importante à disposição do fotógrafo para a composição de uma imagem que deve ser vista de certa maneira. Em princípio, ao menos, se você consegue equilibrar uma figura de modo que a atenção é primeiramente tomada por um ponto previsível, e depois dá uma linha que sugere movimento em uma direção, você terá dado uma rota para o olho. Os vetores são elementos gráficos (ou combinações) que têm movimento e, portanto, passam uma qualidade dinâmica pra a imagem. Outro termo que, às vezes, é utilizado é Cinética.

As linhas mais fortes que podem ser usadas desse modo são aquelas com sentido mais claro de direção e movimento. As diagonais, portanto, são particularmente úteis e, se há duas ou mais, e elas convergem, tanto melhor. As curvas também têm sensação de movimento e, ocasionalmente, de velocidade e aceleração. Contudo, as oportunidades de usar linhas reais são limitadas pela cena, naturalmente, e costumam não estar disponíveis quando você as quer. Linhas implícitas não são tão definidas e óbvias, mas podem, ao menos, ser criadas pelo fotógrafo, usando o ponto de vista e lentes para criar alinhamentos. Esses alinhamentos podem ser de pontos, ou de diferentes tipos de linhas, tais como as bordas de sombras.

Outro recurso é qualquer representação de movimento. A imagem de uma pessoa caminhando traz a sugestão de direção e isso tem impulso. O olho tem a tendência de se mover um pouco à frente da pessoa, na direção que está sendo tomada. O mesmo é verdadeiro para qualquer objeto que está obviamente em movimento, como, por exemplo, caindo ou voando. Como o movimento nas fotografias está congelado, mesmo a direção para onde aponta um objeto já transmite uma leve sugestão de movimento; ela precisa ser reconhecível, como no caso de um carro, por exemplo.

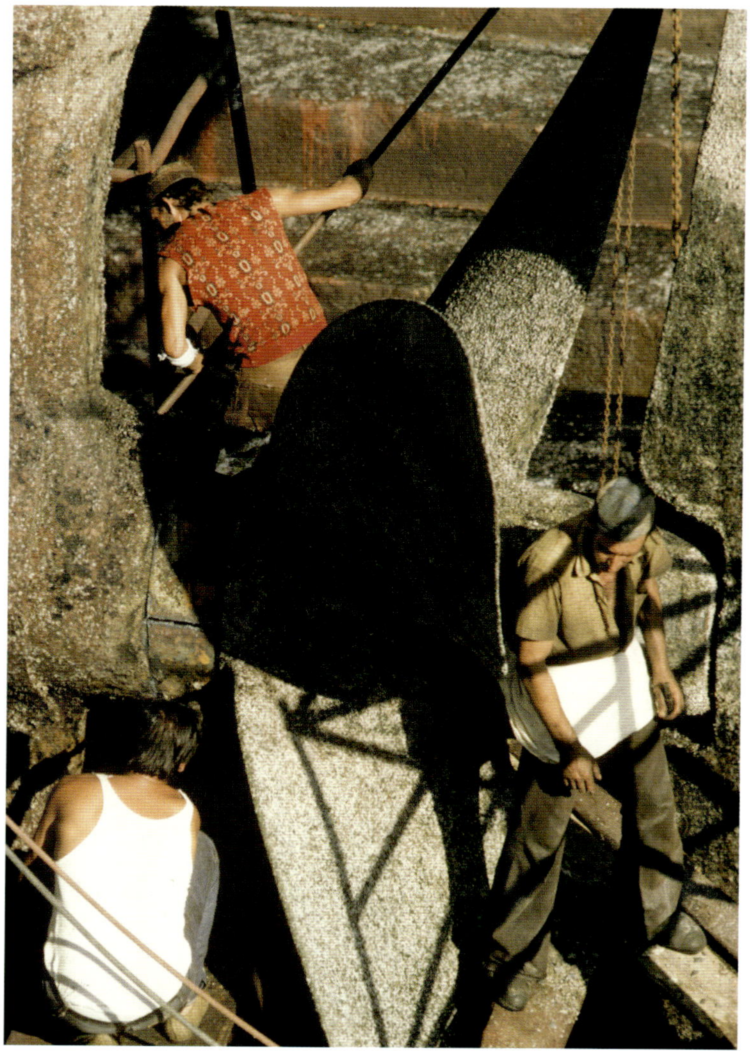

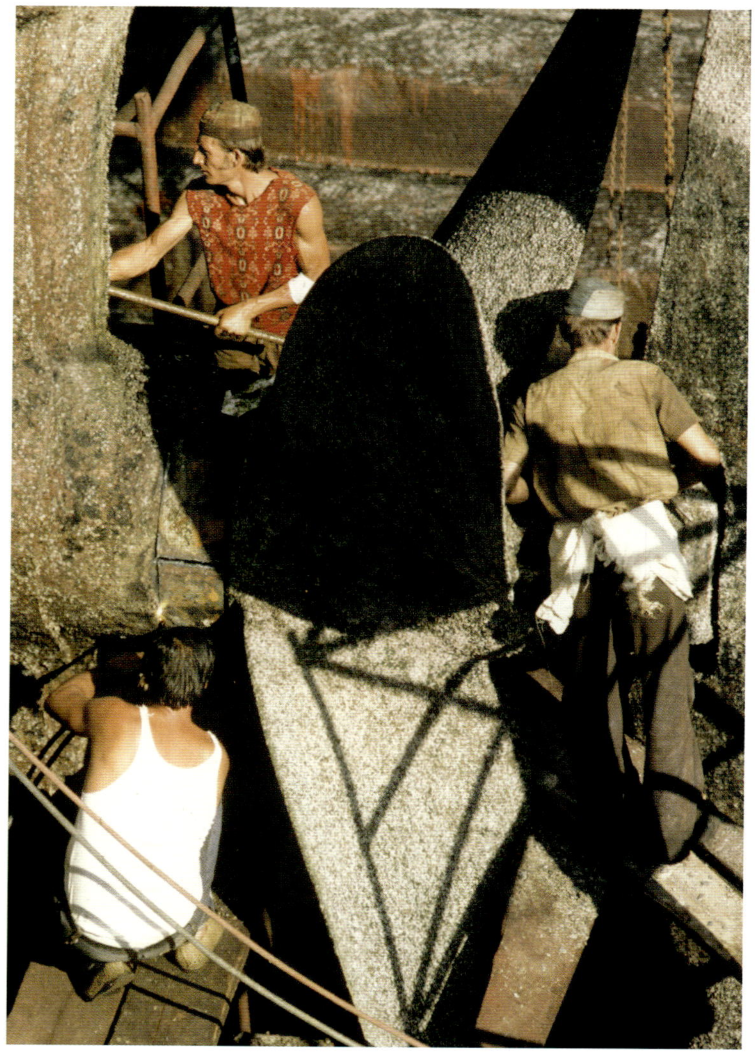

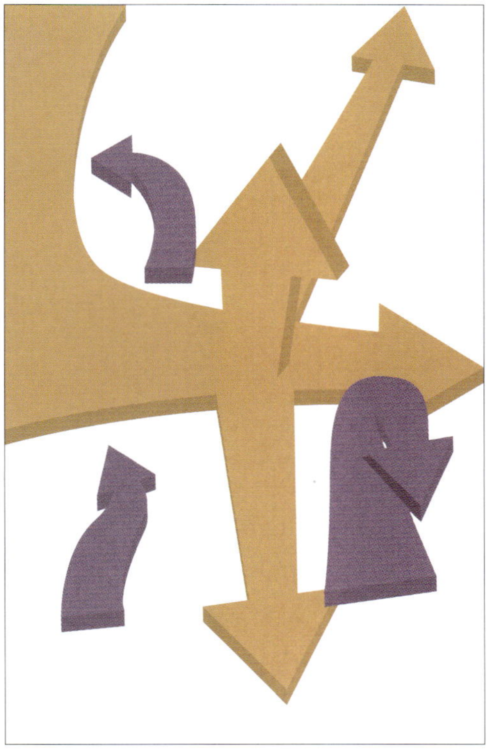

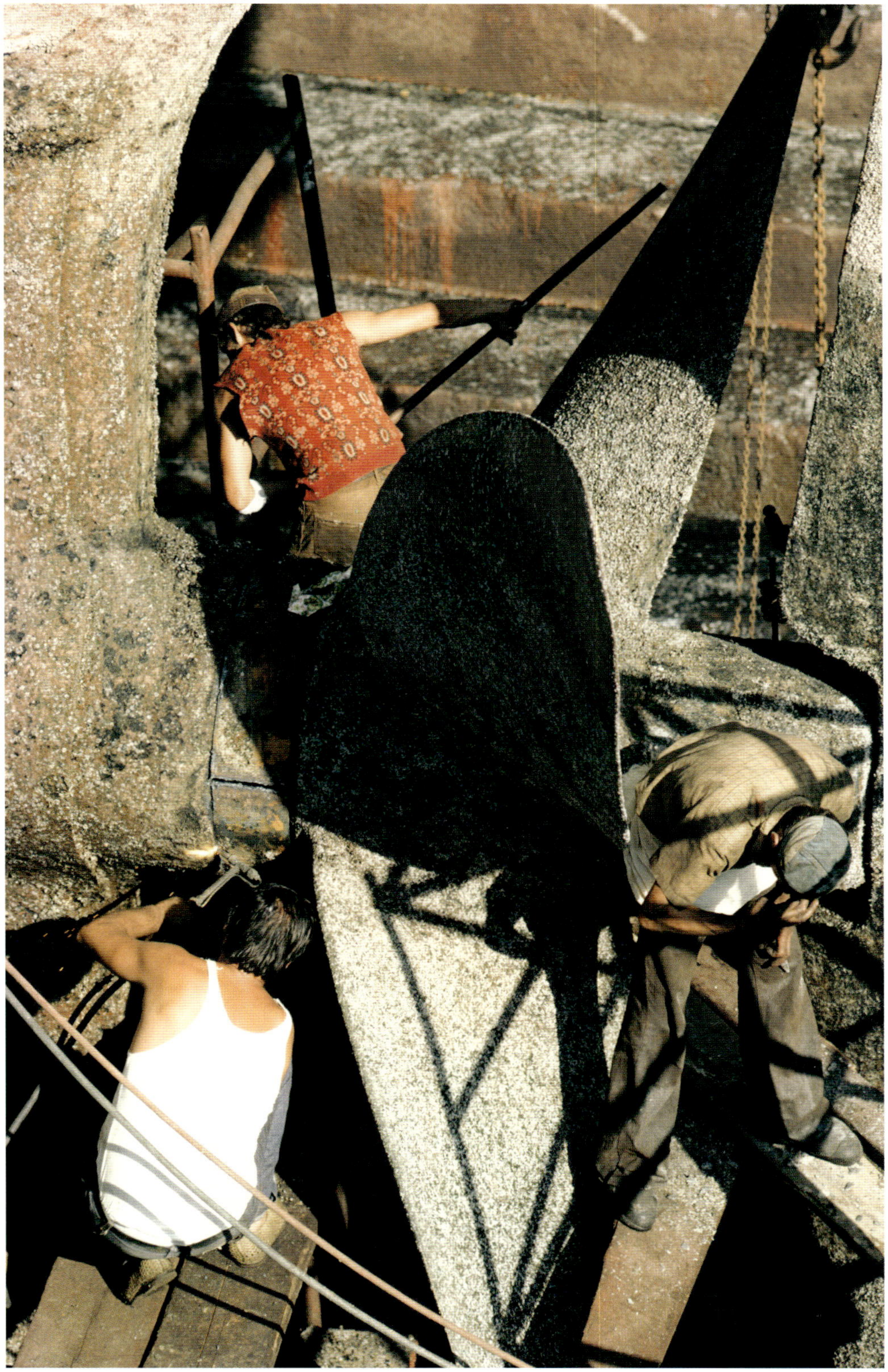

◄▲► ROTAÇÃO ESPIRAL
O tema central desta cena, o propulsor de um grande navio em doca seca, sugere a estrutura da figura, uma espiral composta de três linhas curvadas principais. Contudo, o reforço necessário vem dos três homens trabalhando no propulsor. Para completar a imagem, os três homens tinham que estar espaçados igualmente, visíveis, e voltados em direções que ajudassem a confirmar a direção das espirais. Uma vez escolhido o ponto de vista, a única coisa a fazer foi esperar até que chegasse o momento apropriado. As fotos com menor dinâmica foram incluídas para demonstrar o efeito diminuto.

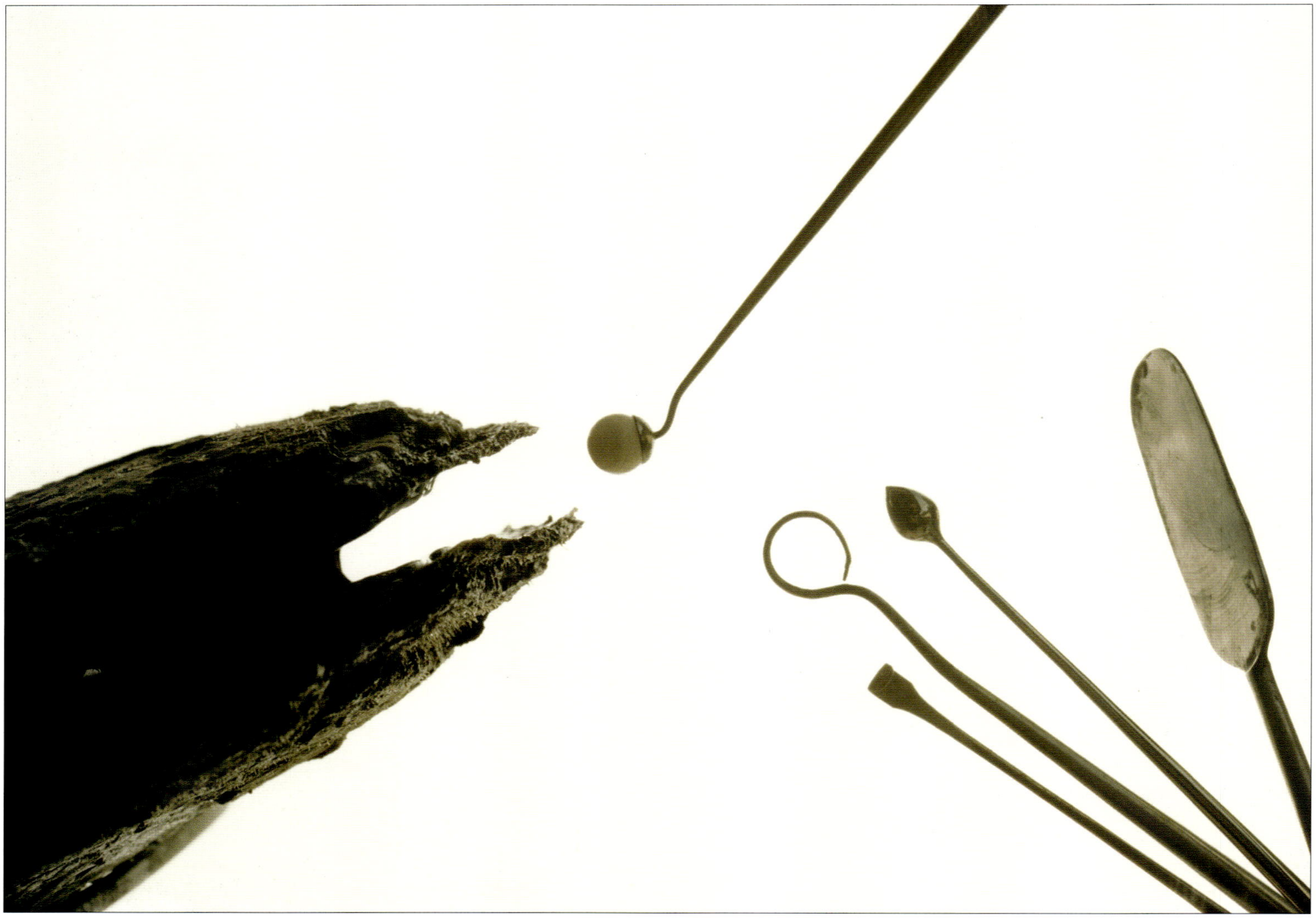

▲ DIAGONAIS CONVERGENTES

Esta é uma foto arranjada, com o objetivo de mostrar os equipamentos e procedimentos para inseminação de uma ostra de pérolas. Decidiu-se que o estilo da fotografia seria limpo, econômico e clínico, atendo-se à ideia de que o processo é como um procedimento cirúrgico. Os ingredientes necessários eram a ostra, as ferramentas cirúrgicas especiais, a semente (na verdade uma pequena esfera) e, é claro, a ação de inseri-la.

A semente é o elemento central, mas também o menor, por isso a estrutura gráfica foi projetada para focar a atenção sobre ela. A forma básica é a de três linhas que convergem para a semente de modo que, apesar do peso bruto da forma da ostra aparecendo em silhueta, a semente continua sendo o centro da atenção. O ângulo das linhas foi escolhido de modo a não ser simétrico, o que teria sido muito previsível e sem graça.

Os instrumentos à direita foram abertos em leque para evitar que cada linha apontasse demais para o centro, e a boca aberta da ostra introduziu uma sensação de movimento. Os olhos movem-se para a semente ao centro, depois um pouco para baixo à esquerda em direção à ostra. As linhas tornam a ação clara.

➤ DIRECIONANDO A ATENÇÃO

Aqui, o assunto é a comida: um prato tailandês e seus diversos acompanhamentos. Em parte, por esse tipo de culinária asiática ter melhor sabor que aparência, quando vista em detalhe, e, em parte, porque estava disponível uma locação muito atraente, decidiu-se fazer esta foto em uma locação externa.

Uma vez tomada essa decisão, a questão importante era o equilíbrio da atenção. Não há motivo para criar-se um problema tentando arranjar uma boa locação se as pessoas não puderem ver o suficiente dela para sentirem um pouco da atmosfera. Por outro lado, o assunto é a comida. Felizmente, como já foi explicado, não havia nenhum motivo forte que levasse a mostrar a comida em mais detalhes. Foi decidido que a comida ocuparia cerca de um terço do quadro e que a estrutura tentaria mover o olho entre o plano de fundo e a comida, de modo que ambos receberiam a devida atenção.

O resultado foi uma variedade de linhas e formas. A comida foi situada na base de um quadro vertical, que, por si só, encorajaria o olho a ir acomodando-se até embaixo. As mesas circulares concentram a atenção localmente e para dentro. O tronco da palmeira dá um empurrão maior para baixo, da locação à comida, e isso é capturado pela sombra diagonal. Assim, a curva das mesas se move em direção aos campos ao fundo, como mostrado ao centro no diagrama abaixo. A garota foi incluída para dar atmosfera, mas ela inclina-se para largar os cestos por duas razões: o modo como olha confere um movimento descendente, assim como a linha dos olhos (suposta), sem ser muito artificial.

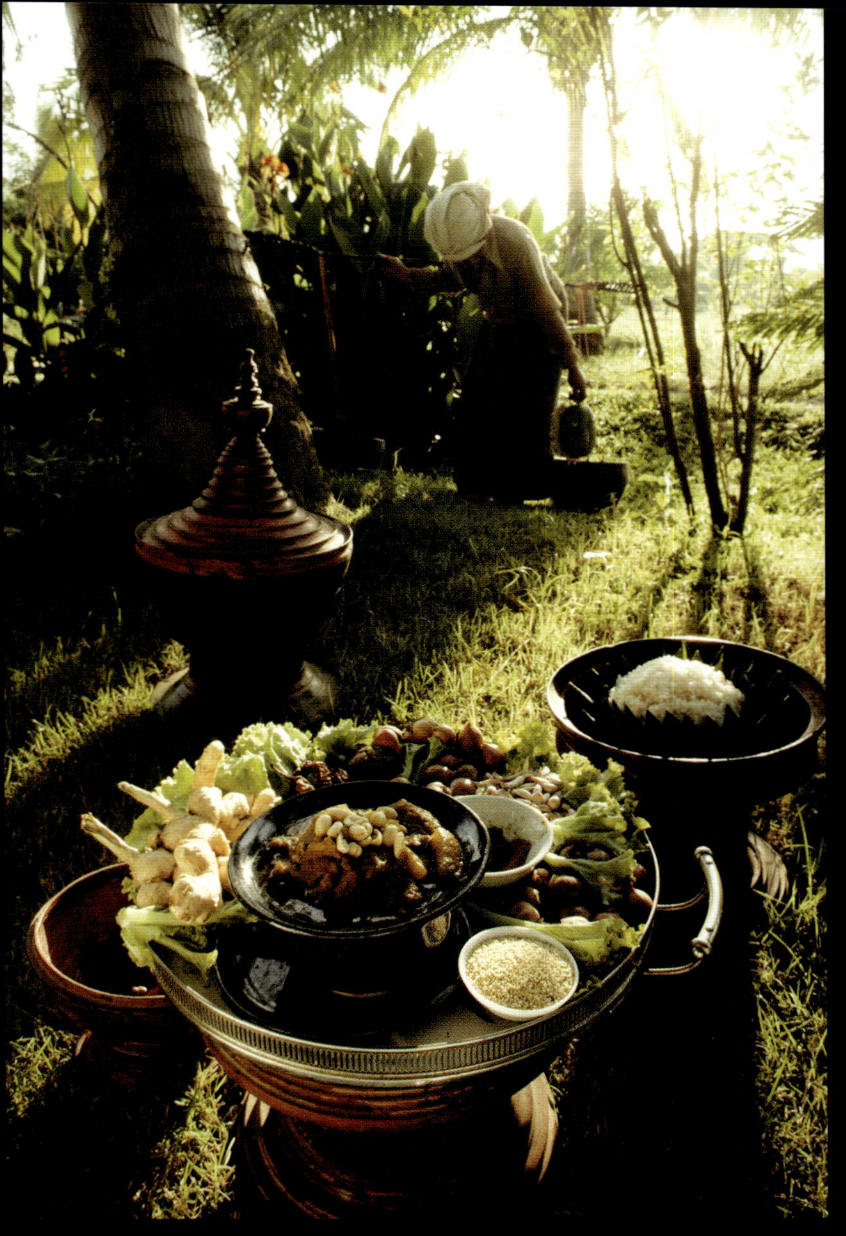

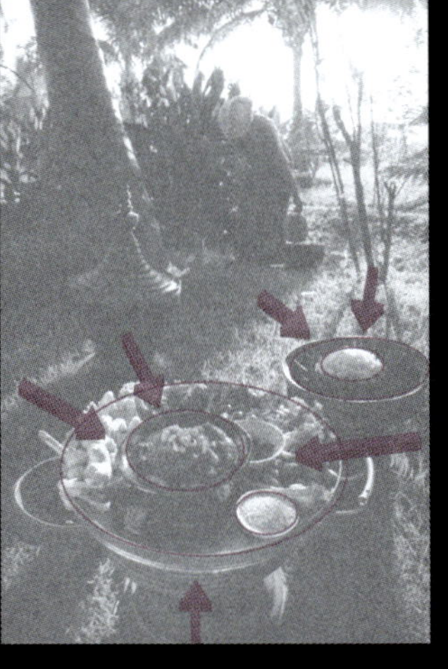

CÍRCULOS FOCAM A ATENÇÃO

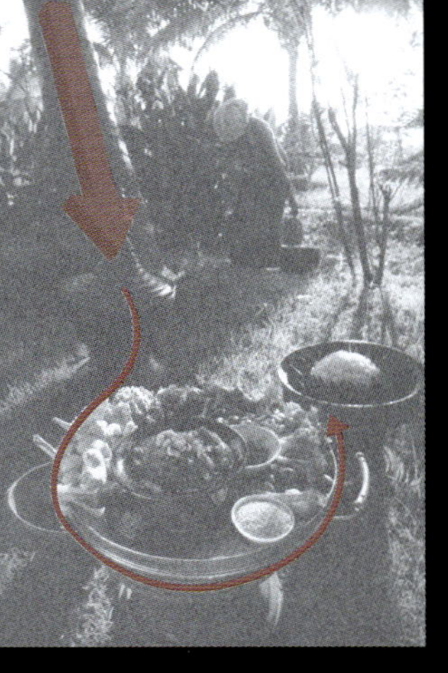

TRONCO INCREMENTA O VETOR

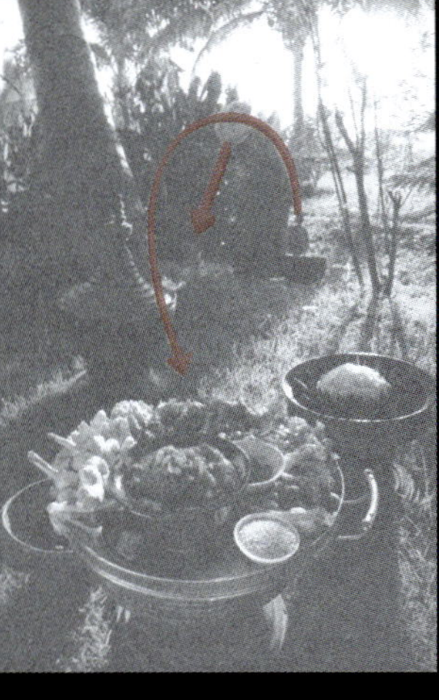

VETOR VINDO DA FIGURA

FOCO

Um foco definido é um padrão tão aceito na fotografia que raramente é tratado senão como um meio de produzir uma imagem "correta", assim como inserir o cartão de memória antes de fotografar e outras essencialidades óbvias. Apenas ocasionalmente ocorre à grande parte das pessoas variar o foco buscando o efeito que ele tem sobre o design. Ainda assim, sob circunstâncias corretas, isso pode ser muito eficaz.

A questão de onde colocar o foco surge raramente porque a prática normal de fazer uma fotografia é de, primeiro, decidir qual deverá ser o assunto e, depois, apontar a câmera. Muito naturalmente, é claro, e os casos comuns de problema com o foco são aqueles relacionados à precisão em vez de seleção. Sob condições normais, o ponto a ser focado – os olhos em um rosto, ou uma figura humana em frente a um plano de fundo – apresenta-se sem qualquer alternativa.

Certas situações, contudo, apresentam escolha e ela está, principalmente, no modo como você define a imagem. Ao fotografar um grupo de objetos, todos devem aparecer em foco? Não seria mais eficaz se apenas um ou alguns estivessem em foco e os demais progressivamente desfocados? Caso fosse, quais deveriam estar em foco e quais não? E mais, pode não haver necessariamente tal escolha entre foco longo ou curto. Se o nível de luz é baixo para a combinação de filme e lente em uso, talvez seja possível ter apenas uma zona da imagem em foco e, nesse caso, você seria forçado a tomar uma decisão seletiva.

Quaisquer que sejam as razões, nunca subestime o poder visual do foco. O fato de a definição ser um padrão praticamente não questionado já é suficiente para mostrar que o que quer que esteja em foco torna-se o ponto de atenção de fato. O mau uso deliberado – aliás, o uso inesperado – funciona extremamente bem porque quebra o procedimento já estabelecido.

Se você está usando o foco do modo esperado, é importante apreciar seus diferentes usos com diferentes distâncias focais. Mesmo sem qualquer conhecimento das técnicas da fotografia, grande parte das pessoas que olham para uma fotografia estão familiarizadas com o modo como o foco é normalmente distribuído. Com uma teleobjetiva, a profundidade de campo é curta e, normalmente, há um intervalo de foco que pode ser visto em uma fotografia, indo de suave a definido. Como espera-se que a área definida coincida com o ponto de interesse principal – onde os olhos devem finalmente repousar –, o intervalo de foco tem um sentido de direção indo do indefinido ao definido. Isso não está nem perto de ser um indutor tão forte para o olho como o são as linhas de visão que acabamos de ver, mas, ainda assim, funciona. O importante é que ele funciona por causa da familiaridade do espectador com o modo como seus próprios olhos focariam um objeto.

Distâncias focais mais curtas resultam em imagens com melhor profundidade de campo que distâncias focais mais longas, e estamos acostumados a ver cenas fotografadas com lentes grande-angulares que têm foco definido em toda sua extensão. No caso de uma imagem com uma teleobjetiva, a perda de foco, tanto no fundo quanto no primeiro plano, é uma condição tão familiar que já a esperamos. Com uma imagem em grande-angular, por outro lado, não são esperadas áreas fora de foco e, quando isso acontece com uma lente grande-angular rápida usada em sua abertura máxima em um assunto bem ao fundo, ela pode facilmente parecer errada de algum modo.

▾▸ SENTIDO DE MOVIMENTO NO FOCO
Com uma lente 600mm focalizada em um objeto distante, a profundidade de campo é muito curta, como nesta foto do Lago Magadi na Cratera Ngorongoro, na Tanzânia. De um ponto de vista levemente elevado (o teto de um veículo), o foco é progressivo, conduzindo o olho rapidamente acima em direção ao ponto de foco, onde a hiena capturou um flamingo. Situando esse assunto de interesse principal acima no quadro, aproveitamos da melhor maneira esse efeito.

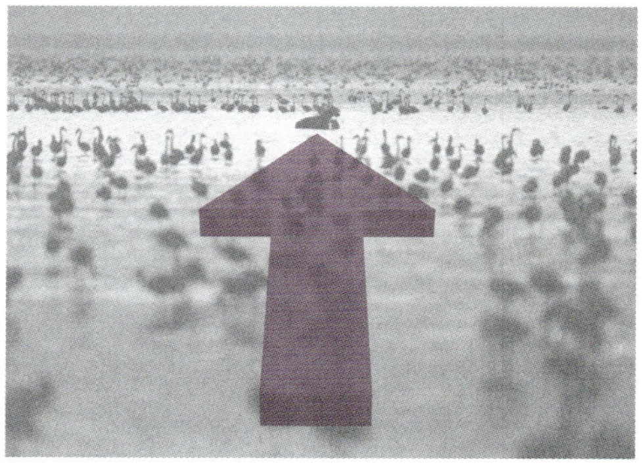

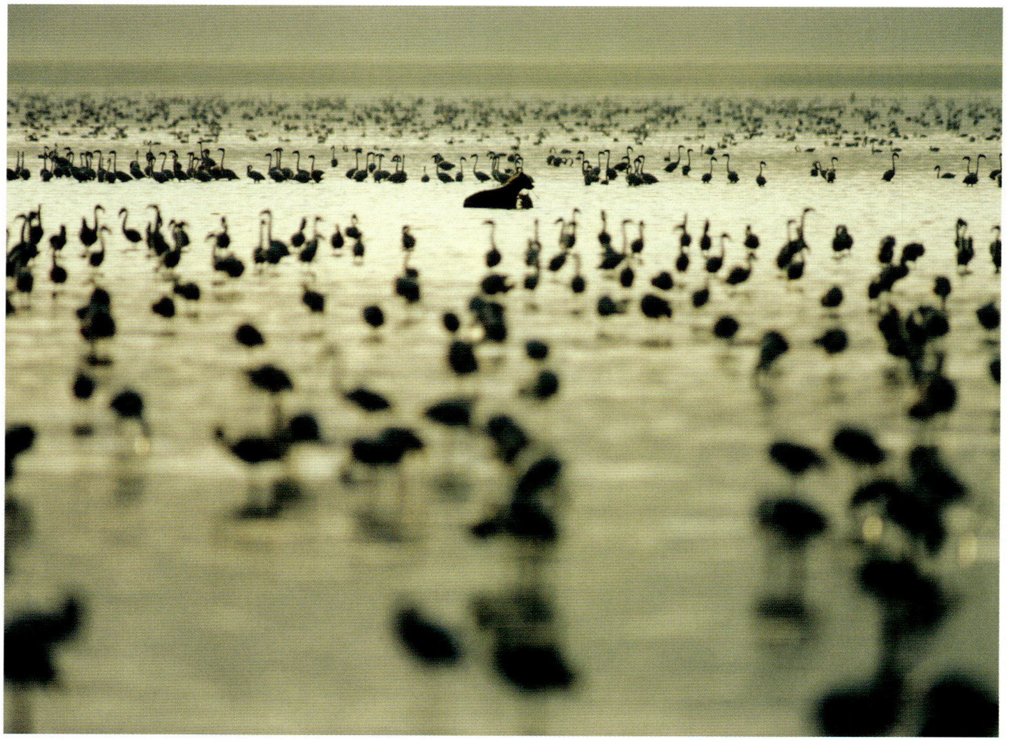

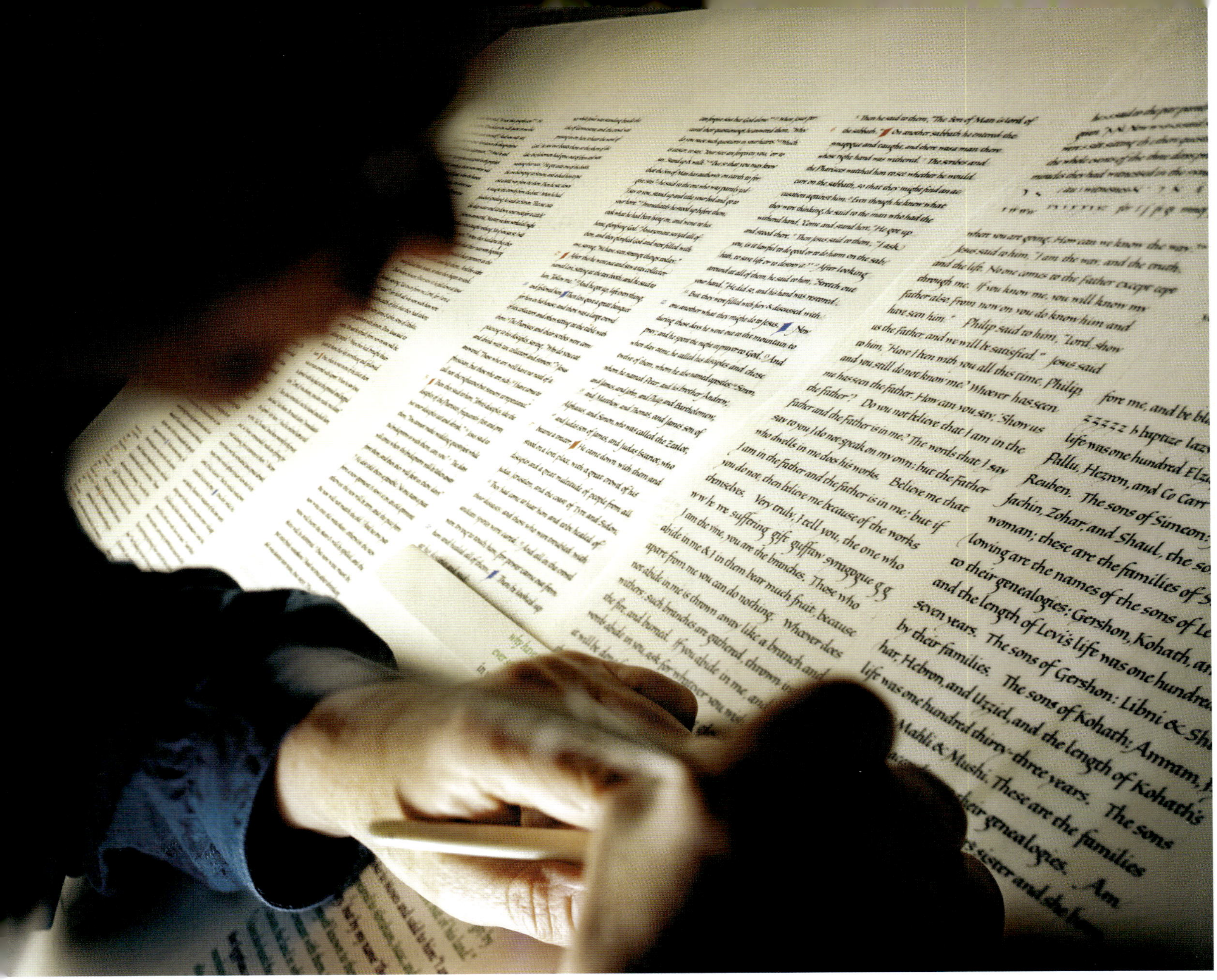

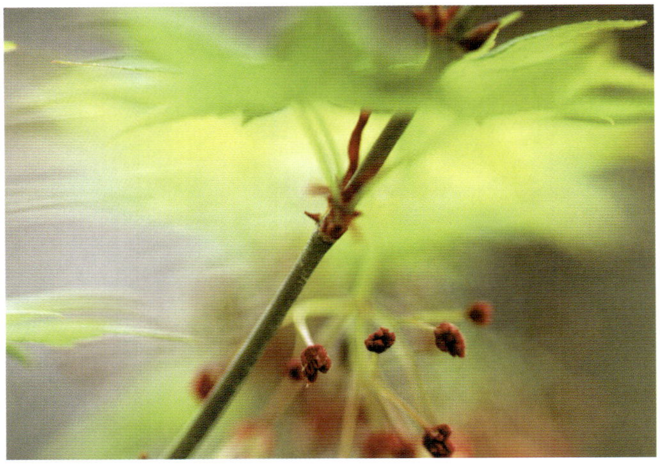

◄ LAVAGEM DE COR

Uma profundidade de campo curta é típica de imagens macro – na verdade, praticamente inevitável. O intenso borrado antes e depois do ponto de foco cria um lavado de verdes e amarelos, de modo que o assunto principal transforma-se nas puras cores da primavera.

▲ FOCO SELETIVO

A melhor coisa em um foco limitado é sua capacidade de concentrar a atenção em uma parte específica da imagem à escolha do fotógrafo, e tudo funciona bem desde que os elementos fora de foco continuem legíveis. Neste caso, um escriba trabalhando em um *scriptorium*, o propósito da técnica foi o de registrar a caligrafia, apesar de seu tamanho relativamente reduzido no quadro. O foco seletivo aqui é particularmente acentuado pelo uso de uma câmera 4 × 5 pol. de grande formato com o plano da lente inclinado para dar profundidade de campo mínima, com a lente em abertura máxima.

MOVIMENTO

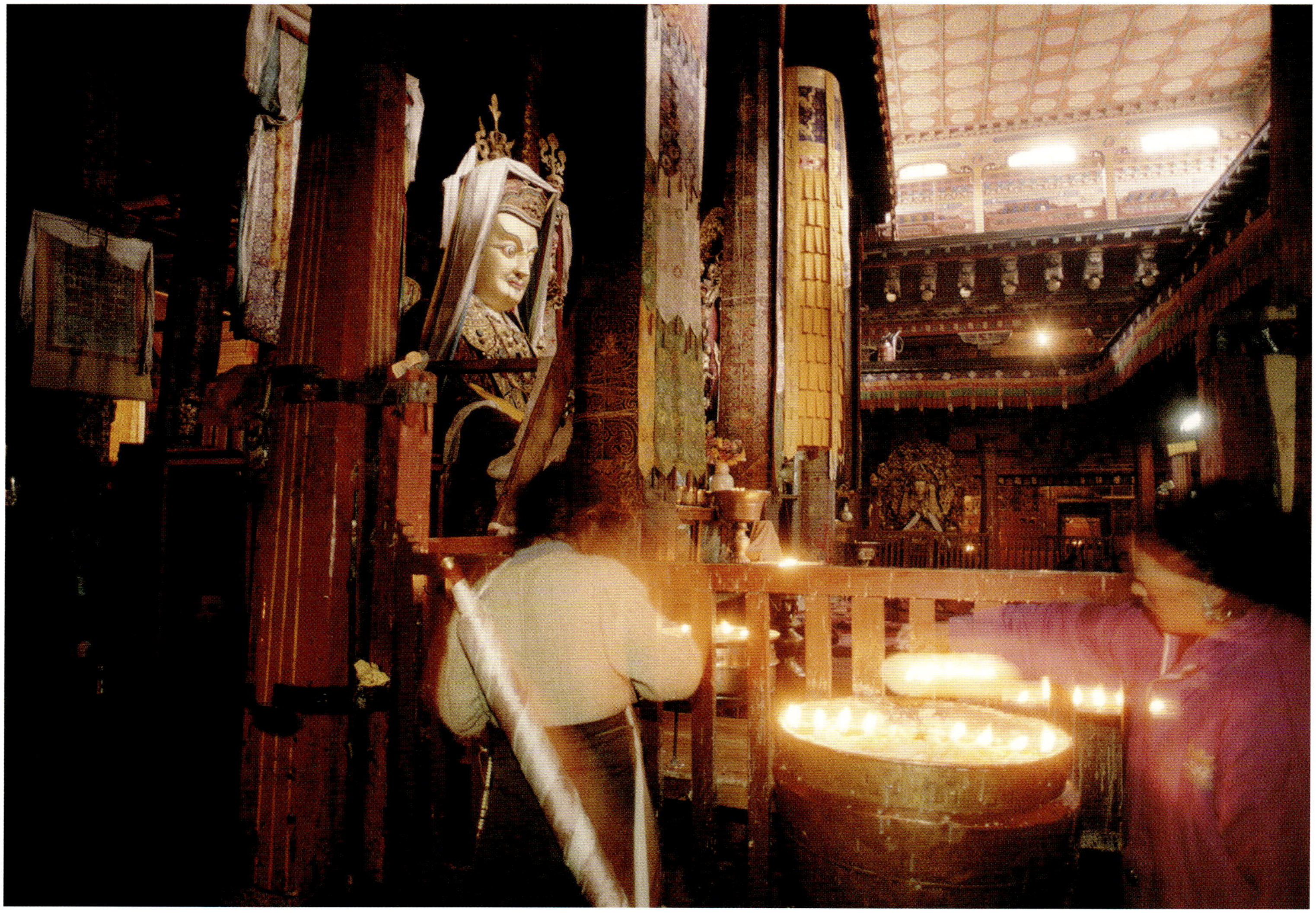

O intervalo entre o definido e o indefinido, em fotografia, não é restrito ao foco. Ele também ocorre de uma forma diferente, como desfoque de movimento. Como os usuários de filtros digitais no Photoshop e em outras aplicações sabem, também há tipos diferentes de desfoque de movimento e cada um tem sua característica e sensação própria. Há o desfoque brusco de câmera tremida, geralmente produzindo bordas duplas com fantasmas. Há o complexo riscado causado por um assunto que moveu-se durante a exposição e o riscado mais linear de uma câmera sendo movida em panorâmica ou de uma foto feita em um veículo em movimento. Há muitas combinações e permutações, tais como movimento em panorâmica com movimentação independente do objeto (como no exemplo da gaivota na página 97), ou também a técnica, agora bem conhecida, do obturador em segunda cortina, quando o riscado resultante de uma exposição longa é finalizado com uma imagem bem definida por meio de um flash disparado sobre o assunto por cima da imagem inicial.

Como nas páginas 94-95, que tratam do foco, aqui estou preocupado com os usos da indefinição em vez de lidar com os modos de evitá-la. A convenção sugere que o desfoque de movimento é um defeito, mas isso depende muito do efeito que o fotógrafo está buscando. Como elemento expressivo, pode funcionar muito bem e há fortes argumentos contrários a estarmos constantemente fixados na definição. Henri Cartier-Bresson protestou contra o que chamou de "um desejo insaciável por definição nas imagens. Esta é a paixão de uma obsessão? Ou essas pessoas esperam conseguir, através dessa técnica *trompe l'oeil* [uma escola de arte realista], ficar mais próximas de agarrar a realidade?" O desfoque de movimento, nas circunstâncias apropriadas, pode conferir movimento e factualidade, e o elemento de incerteza ao capturá-lo com exposições lentas dá uma sensação de experimentação ao ato de fotografar. Talvez, a questão mais importante a ser resolvida seja a de saber se deve-se lidar com o movimento desse modo ou congelar um momento em particular no tempo. Examinaremos a segunda opção nas páginas 98-99.

◄ TRIPÉ COM MOVIMENTO DO OBJETO
Uma capela com iluminação fraca no Templo de Jokhang, em Lhasa, fotografada com câmera no tripé com velocidade de obturador de meio segundo. Inevitavelmente, o movimento de pessoas está borrado, mas isso é aceitável porque a locação em si está nítida.

▲ DESFOQUE DE MOVIMENTO COM PANORÂMICA
Uma gaivota em pleno voo contra um fundo escuro, fotografada com uma lente 400mm e velocidade de obturador de um segundo, revela o movimento de suas asas em um padrão que beira o reconhecível.

MOMENTO

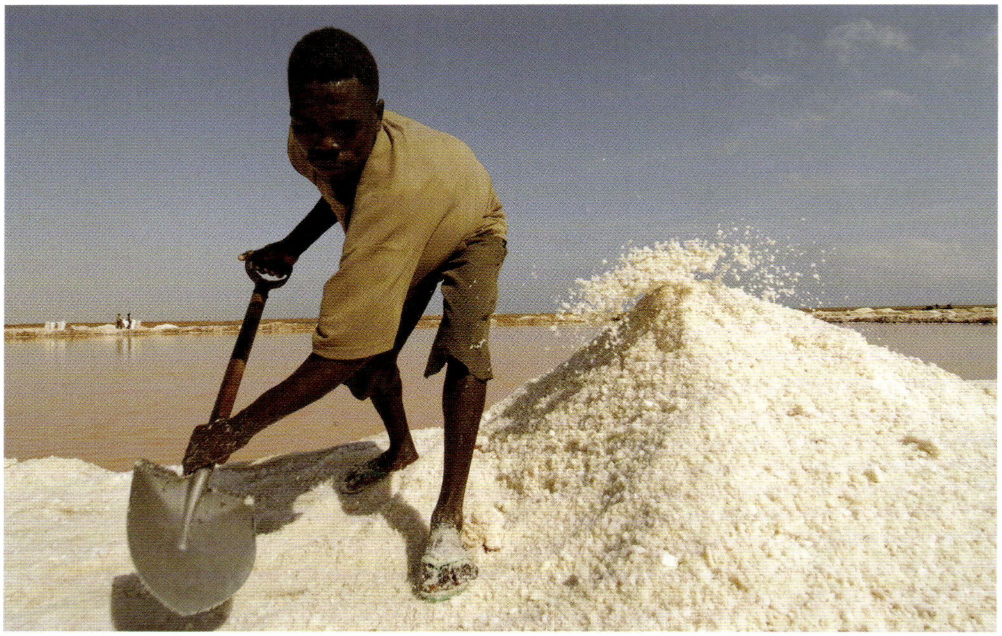

◄ AÇÃO REPETITIVA
Certos tipos de ação permitem antecipação, neste caso, um operário empilhando sal com uma pá. Após ver isso muitas vezes, escolhi este momento, com uma carga de sal suspensa no ar, assumindo um posicionamento de câmera baixo de modo a mostrá-lo claramente.

O momento certo de fazer a foto não é apenas uma qualidade essencial do fotografar como também tem efeito direto sobre o design da imagem. As fotografias de todos os assuntos, exceto dos completamente estáticos – portanto, a maioria das fotografias – precisam levar em conta o tempo. Fazer uma fotografia é criar a imagem de um evento. O evento pode ser breve – uma questão de milissegundos – ou pode ser suficientemente longo, como na mudança de luz do dia sobre uma paisagem, quando o momento é escolhido em termos de horas.

A própria palavra, é claro, invoca uma das expressões mais famosas da fotografia, "o momento decisivo." Henri Cartier-Bresson, o fotojornalista por excelência que aplicou a expressão à fotografia, tirou-a do Cardeal de Retz, do século XVII, que escreveu "*Il n'y a rien dans ce monde qui n'ait un moment decisif*," (Não há nada neste mundo que não tenha um momento decisivo") e assim o definiu: "No movimento, há um momento quando os elementos em movimento estão em equilíbrio. A fotografia deve capturar esse momento e manter imóvel seu equilíbrio."

Isso faz tanto sentido que tem perseguido muitos fotógrafos desde então, e houve muitas tentativas de se argumentar contra isso, mais recentemente, segundo, uma veia pós-modernista. O fotógrafo norte-americano Arnold Newman, por exemplo, fez esta crítica não inteiramente convincente: "Todo momento é um momento decisivo, mesmo se você tenha que aguardar uma semana por ele... É uma boa frase, como todas as frases de efeito simplistas, que realmente faz os estudantes ficarem pensando a respeito de seu próprio modo de trabalhar. O problema mesmo é que eles pensam tão seguidamente "Bem, se é o momento decisivo, é isso que estou procurando." O que deveriam estar procurando são fotografias, não o momento decisivo. Se leva uma hora, duas horas, uma semana, ou dois segundos, ou um vigésimo de segundo – não existe isso de apenas um momento certo. Há muitos momentos. Às vezes, uma pessoa vai tirar uma fotografia em um momento; outra pessoa vai tirar uma fotografia em outro momento. Pode ser que uma não seja melhor, elas apenas serão diferentes."

A visão de Newman está repleta de senso comum, mas também de comprometimento, e está, de fato, criando uma desculpa para os momentos não tão bons. A fotografia, como qualquer arte, exibe-se para um público e é julgada. Algumas imagens, e, portanto, alguns momentos, são considerados mais reveladores que outros e, quando a pessoa que está avaliando é o fotógrafo, o julgamento é ainda mais crítico. Eu acho que o verdadeiro problema é que Henri Cartier-Bresson foi um modelo difícil de ser seguido, e que a boa fotografia de reportagem que vai atrás do momento decisivo é uma prática relativamente rara.

Qualquer que seja a ação, uma pessoa caminhando ou núvens se agrupando sobre uma montanha, certamente deverá se mover através do quadro. A ação, portanto, inevitavelmente afeta o design da foto porque ela altera o equilíbrio. Considere, por exemplo, uma cena em frente a qual alguém está prestes a passar. Antes de isso acontecer, a composição que se apresenta como possibilidade é, provavelmente, diferente de uma que incluísse a pessoa. Antecipar a dinâmica em mudança é sempre vital. Pode parecer óbvio, mas a reação natural em qualquer situação fotográfica é a de seguir o movimento e ir fazendo aquilo que pareça ser intuitivamente a composição mais satisfatória a cada momento. Contudo, se uma imagem é planejada de antemão, é importante imaginar qual será o resultado quando tudo estiver em seu lugar. Assim, é geralmente mais fácil enquadrar a cena como ela será e esperar que aquele movimento passe pelo quadro.

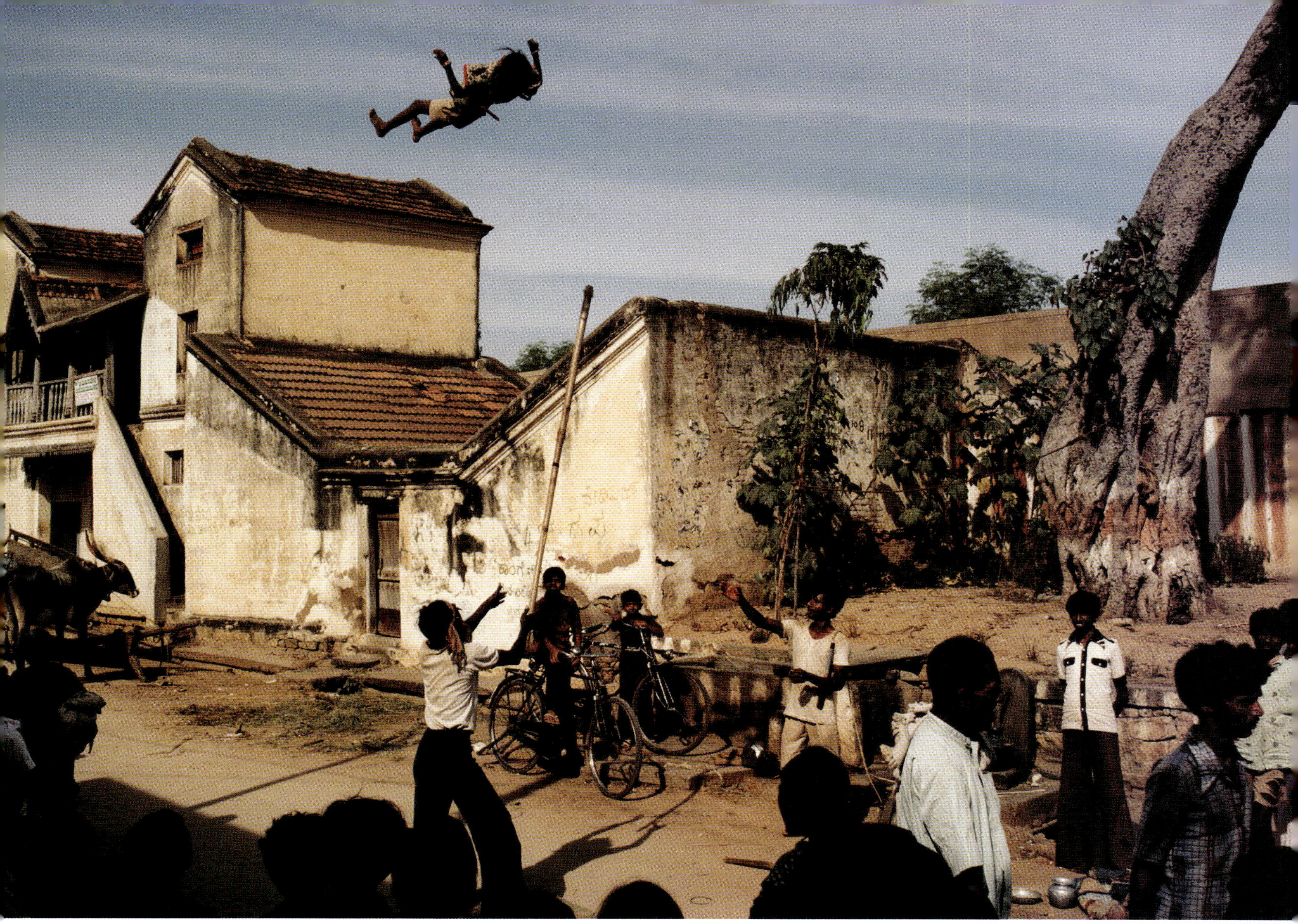

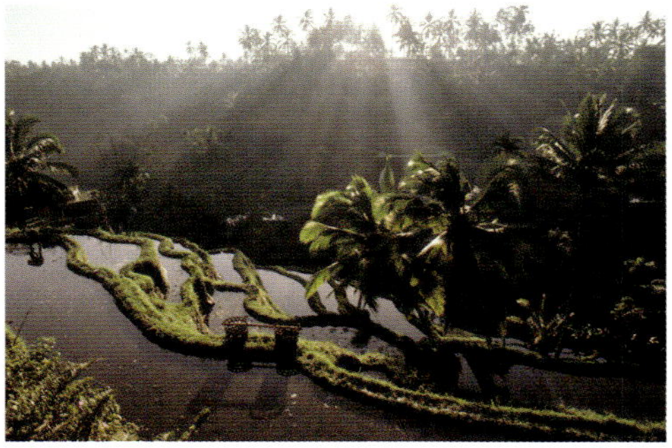

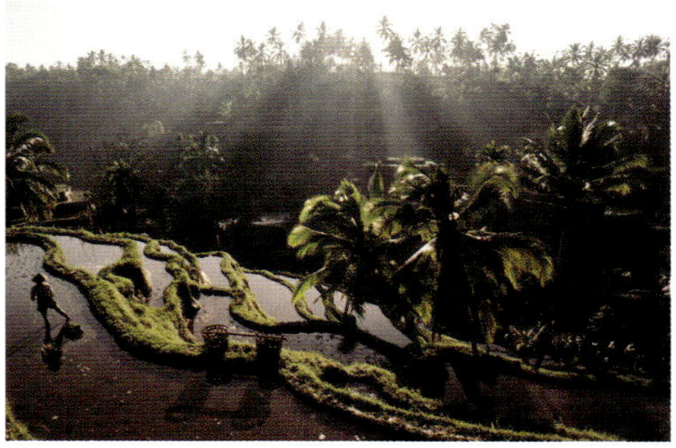

▲ FIGURA HUMANA EM UMA PAISAGEM
Nesta cena, de terraços de arroz em Bali, o assunto é a paisagem, mas ele será claramente realçado pelo agricultor se este estiver em uma posição clara e apropriada. A situação foi bastante simples de planejar de antemão. Sentiu-se que a posição ideal para o homem plantando arroz estava à extrema esquerda, para que ocupasse a parte mais clara do terraço de arroz inundado e, assim, ficasse claramente visível. A primeira foto, com um homem em uma posição menos satisfatória mais distante, foi feita por segurança. Nesta situação, o homem moveu-se como havia sido antecipado, de volta aos cestos à extrema esquerda.

▲ ANTECIPAÇÃO
Nesta cena de acrobatas itinerantes em uma cidade indiana, fica óbvio que a garota está prestes a ser lançada ao ar, mas a que altura? Pode não haver uma segunda chance pelo simples fato de que esta é a Índia e, tão logo a câmera seja notada, provavelmente haverá pessoas passando e olhando para ela. Primeiro, a cena é enquadrada com a altura aproximada e depois, quando a garota é lançada para cima, a câmera é movida, acompanhando o movimento. A pressuposição é a de que, no ponto máximo, a imagem da garota estará livre do topo das construções, e isso de fato ocorre, ainda que haja tempo suficiente para apenas um quadro. A velocidade de obturador de 1/125s é suficiente para congelar o movimento.

ÓPTICA

Como a imagem em fotografia é formada opticamente, a escolha das lentes é uma parte essencial do processo de design. A escolha da distância focal faz muito mais do que alterar a cobertura de uma cena. A distância focal determina boa parte da geometria da imagem e, também, pode afetar profundamente seu caráter. Além disso, há algumas construções ópticas especiais, especialmente do tipo olho de peixe e lentes basculantes, que mudarão o formato das coisas em uma fotografia.

Apesar de ser apenas o ângulo de visão que varie com uma mudança de distância focal, isso tem efeitos pronunciados sobre a estrutura linear de uma imagem, na percepção de profundidade, nas relações de tamanho e em qualidades mais expressivas, menos literais de visão. A distância focal pode, por exemplo, afetar o envolvimento do espectador na cena, tanto que uma teleobjetiva tende a distanciar um assunto, enquanto uma lente grande-angular irá atrair o espectador para dentro da cena.

O padrão de referência é a distância focal que dá, aproximadamente, o mesmo ângulo de visão que nós temos. Apenas uma aproximação é possível porque a visão humana e as imagens produzidas por lentes são bem diferentes. Nós vemos por varredura e não temos um quadro de visão definido com exatidão. Contudo, para uma câmera 35mm, uma distância focal de cerca de 40 a 50mm dá, aproximadamente, a mesma impressão.

Lentes grande-angulares têm distâncias focais mais curtas, e o ângulo de visão é diretamente proporcional à distância focal. Elas afetam a estrutura da imagem de três modos principais. Mudam a perspectiva aparente e, portanto, também a percepção de profundidade; têm tendência a produzir diagonais (reais e implícitas) e, consequentemente, tensão dinâmica; e induzem um ponto de vista subjetivo, atraindo o espectador para dentro da cena. O efeito de perspectiva depende muito do modo como a lente é usada, especificamente do ponto de vista. Usada da beirada de um penhasco ou de prédio alto, sem nenhum plano de fundo na foto, não há efeito algum sobre a perspectiva; somente um ângulo de visão maior. Porém, usada em uma escala de distâncias completa, indo desde próximo à câmera até o fim no horizonte, uma lente grande-angular dará uma impressionante sensação de profundidade, como no exemplo ao lado. (Ver páginas 52-57 para mais a respeito das técnicas de aprimoramento da percepção de profundidade.)

A diagonalização das linhas está associada a esse efeito sobre a perspectiva aparente. O ângulo de visão é grande, portanto, uma porção maior das linhas que convergem para o ponto de fuga da cena estão visíveis e estas são, geralmente, diagonais. Além disso, a correção da distorção em barril feita já no projeto de uma lente grande-angular resulta em uma distorção linear, um estiramento radial que é mais forte à medida que se afasta do centro do quadro. Um objeto circular, por exemplo, é estirado ao ponto de aparecer oval no canto do quadro.

Lentes grande-angulares tendem a ser envolventes para o espectador porque, se usadas como mostrado aqui e se reproduzidas em tamanho suficientemente grande, levam a atenção do espectador para dentro da cena. O primeiro plano está obviamente mais próximo e o estiramento em direção às pontas e arestas envolve a imagem ao redor do espectador. Em outras palavras, o espectador é levado a crer que a imagem estende-se para além do quadro e esse é um estilo amplamente usado no fotojornalismo – rápido, de estrutura espontânea e envolvente. As coisas fotografadas são, em sua maioria, pessoas e movimento. No cinema, o estilo equivalente é conhecido como câmera subjetiva e suas características são todas aquelas que você associaria à participação no próprio evento. Isso é fotografia SLR ao nível dos olhos, usando lentes grande-angulares ou normais (nunca uma teleobjetiva, que dá um caráter mais frio, distante à imagem). Em seu ponto máximo de eficiência, o enquadramento inclui a região mais próxima do primeiro plano e trunca figuras e faces nas bordas; esse recorte aparentemente imperfeito estende a cena para os lados, dando ao espectador a impressão de que ela o envolve. Imperfeições no enquadramento e na profundidade de campo podem ajudar a dar uma qualidade levemente grosseira que sugere que a fotografia teve que ser tirada rapidamente, sem tempo para compor com cuidado. Repare, porém, que as fotografias tiradas por fotojornalistas experientes são, normalmente, bem compostas, mesmo sob estresse.

➤ UMA CENA, DUAS LENTES

Estas duas fotografias, do mesmo assunto, mas de distâncias diferentes, ilustram a característica principal das lentes grande-angulares e teleobjetivas. A primeira foto foi tirada com uma lente 20mm, a segunda com uma lente 400mm. A referência para as duas figuras é a largura desta construção. Nas duas fotografias ela ocupa metade da largura do quadro.

400mm

- Ângulo de cobertura pequeno.
- Linhas horizontais e verticais mais proeminentes que diagonais.
- Relações de tamanho alteradas pela compressão; a construção de trás parece relativamente maior.
- Apesar de a câmera ainda estar levemente mais abaixo que as construções, uma distância maior precisa de uma inclinação ascendente menor e praticamente não há convergência.
- Estrutura de linhas da lente: principalmente horizontais e verticais.
- Estrutura do plano da lente: achatado, aproximado.

20mm

- Relações de tamanho exageradas; a construção de trás parece muito menor.
- Linhas diagonais proeminentes.
- Maior cobertura angular.
- Leve inclinação ascendente causa convergência de linhas verticas.
- Estrutura de linhas da lente: principalmente diagonais.
- Estrutura do plano da lente: profundo, anguloso.

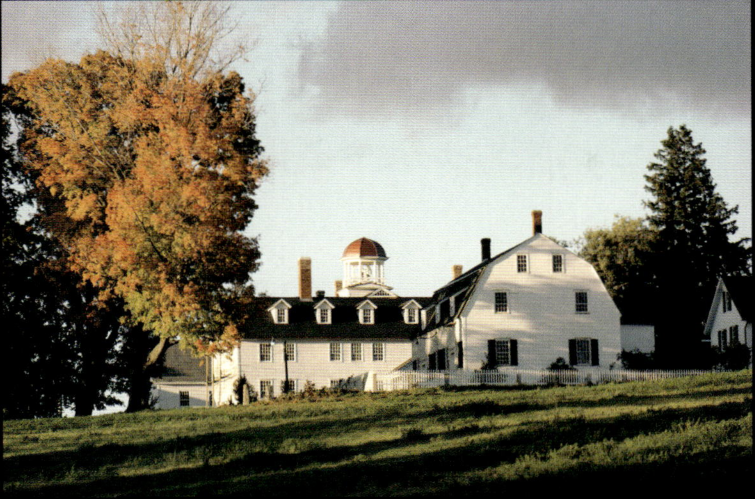

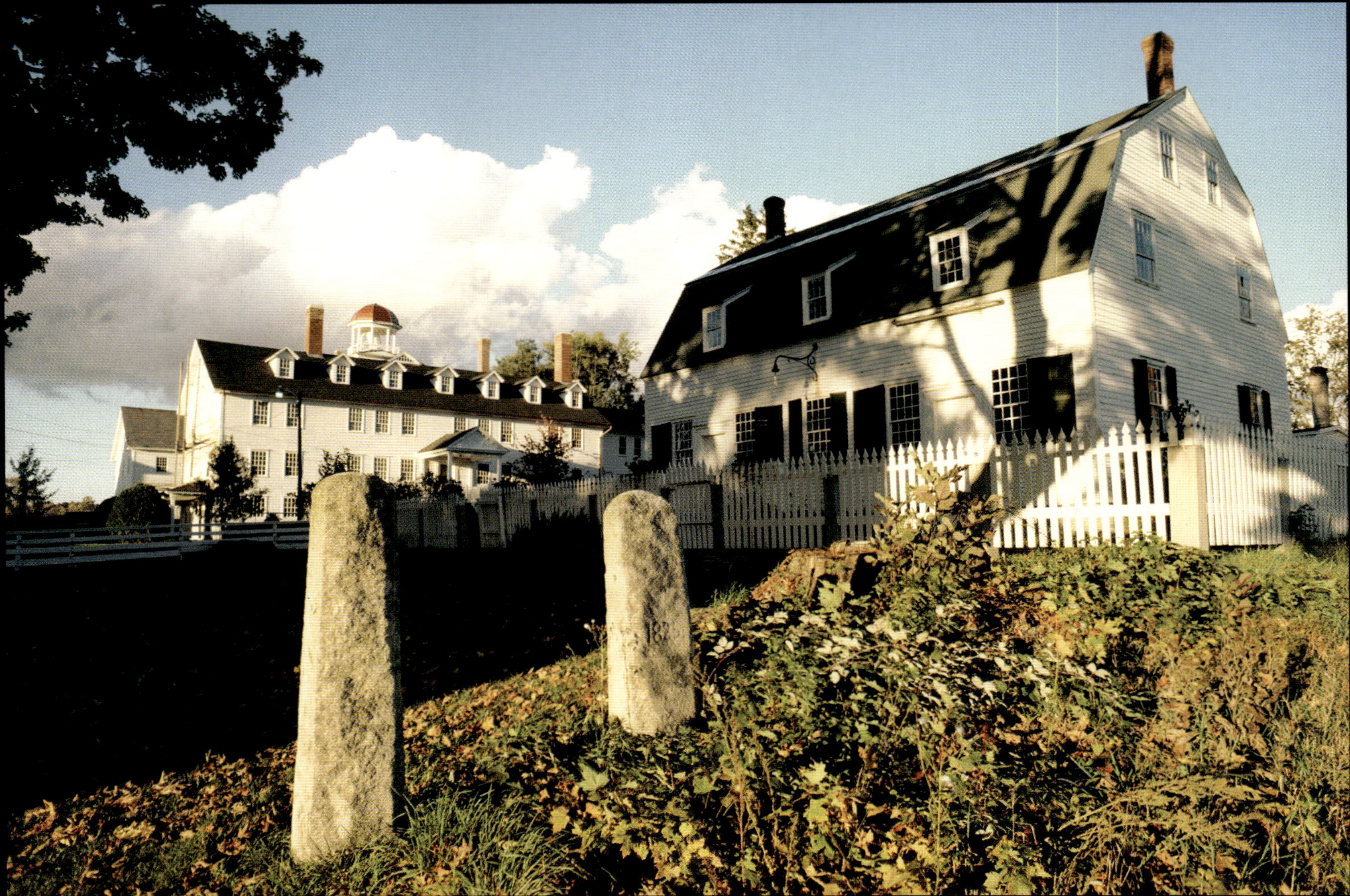

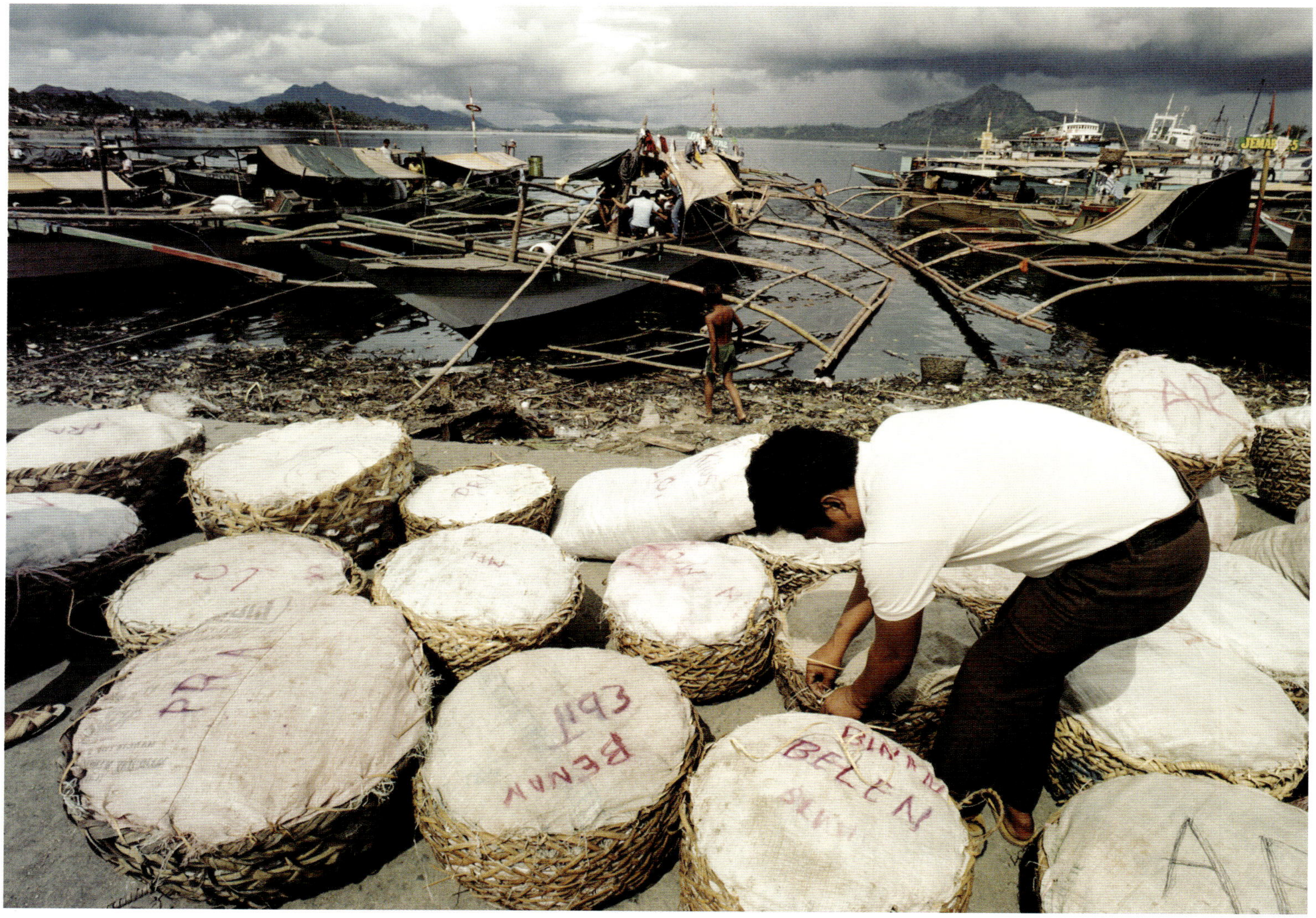

Do outro lado das lentes normais estão as teleobjetivas (na verdade, construídas a partir de uma lente de foco longo, mas, agora, esse é o termo mais comumente empregado) e elas também têm vários efeitos sobre a estrutura da imagem. Elas reduzem a impressão de profundidade ao comprimirem os planos da imagem; isso dá uma visão seletiva e pode ser usado para destacar estruturas gráficas precisas; geralmente simplificam a estrutura linear de uma imagem, com tendência para horizontais e verticais; facilitam a justaposição de dois ou mais objetos e criam um modo mais objetivo, frio, de ver as coisas, distanciando o espectador do assunto (como o fotógrafo distancia-se quando está fotografando).

O efeito de compressão tem seu valor porque é um modo diferente de ver as coisas (o incomum pode ser atraente por si só) e também porque permite compor de modo bidimensional, com um conjunto de planos em vez de um sentido totalmente realista de profundidade – e isso tem comparações óbvias com as pinturas japonesas e chinesas tradicionais. Um uso prático específico é dar certa altura a uma vista oblíqua ao nível do solo. Com uma lente normal, o ângulo agudo de visão tende a interferir; uma teleobjetiva usada a distância dá a impressão de que a superfície está inclinada para cima e para frente, como mostra a fotografia na página 105.

A seletividade devido ao ângulo de visão estreito permite eliminar elementos que estejam distraindo ou desequilibrando a composição. O equilíbrio exato também é geralmente mais fácil, precisando apenas de uma leve mudança no ângulo da câmera; o arranjo de áreas de tom ou cor pode ser alterado sem mudar a perspectiva. Pela mesma razão, a direção das linhas tende a ser mais uniforme. Se de um lado uma lente grande-angular usada de muito perto puxa as linhas formando uma variedade de diagonais, uma teleobjetiva deixa linhas paralelas e ângulos

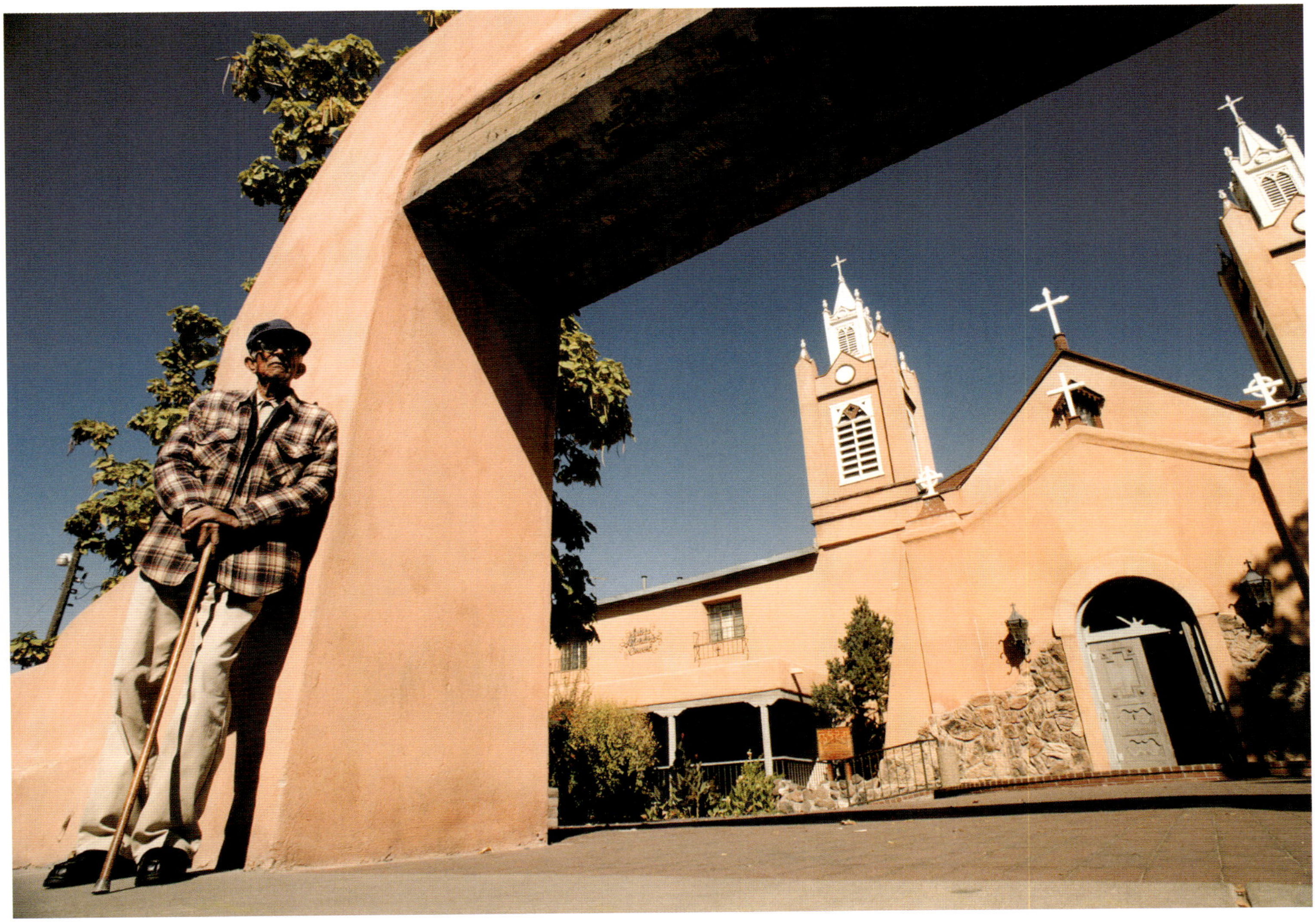

◂ EFEITOS DE PERSPECTIVA DE UMA GRANDE-ANGULAR
Aqui são combinados dois efeitos de perspectiva por meio de uma lente 20mm: perspectiva linear, das linhas que convergem no horizonte, e perspectiva redutora, das formas aparentemente semelhantes.

▴ GRANDE-ANGULAR: LINHAS DINÂMICAS
Com o ângulo de câmera apropriado, uma lente grande-angular produz fortes diagonais, particularmente se o fundo for incluído.

retos como estão. Expressamente, isso costuma contribuir para que se tenha um caráter mais estático, menos dinâmico.

A justaposição é um dos grandes usos em composição para uma teleobjetiva (ver páginas 178-179). Isso pode ser feito com qualquer lente simplesmente trocando o ponto de vista ou movendo um dos objetos, mas apenas uma teleobjetiva permite que isso seja feito sem maiores alterações no restante da imagem. Além disso, quando duas coisas estão afastadas a uma certa distância, o efeito de compressão de uma teleobjetiva ajuda a trazê-las para junto uma da outra.

Finalmente, o modo como uma teleobjetiva é normalmente usada – a distância – fala por si só ao espectador e deixa uma impressão objetiva, menos comprometida. Há uma grande diferença de caráter visual entre fotografar inserido na situação com uma lente grande-angular e fotografar do outro lado da rua, longe do assunto.

Certos designs diferentes de lente, à parte variações em distância focal, alteram o formato da imagem. Seus usos primários são especializados, mas permitem que a imagem seja espichada ou curvada de várias maneiras. Uma delas é a olho de peixe, da qual existem duas variedades, circular e *full-frame*. Ambas têm um enorme ângulo de visão, 180° ou mais, mas na versão *full-frame* o círculo projetado é levemente maior que o quadro retangular normal de uma SLR. A curvatura acentuada é altamente anormal e, na melhor hipótese, tem uso apenas ocasionalmente. Com esse tipo de lente, pouca sutileza é possível, a menos que faltem ao assunto linhas retas mais óbvias (tal como na fotografia da floresta na página 88).

Outro modo de mudar a estrutura da imagem é inclinando a lente ou *back* da câmera, ou ambos – um procedimento relativamente comum na fotografia com câmeras de grande formato. Inclinar a lente inclina o plano focal, de modo que a definição de foco em uma imagem pode ser distribuída mais ou menos igualmente e à vontade, mesmo em abertura máxima. Inclinar o sensor ou filme também controla a distribuição de definição, mas distorce a imagem, espichando-a progressivamente na direção em que o sensor ou filme está inclinado. O exemplo das gotas de chuva mostra como isso funciona.

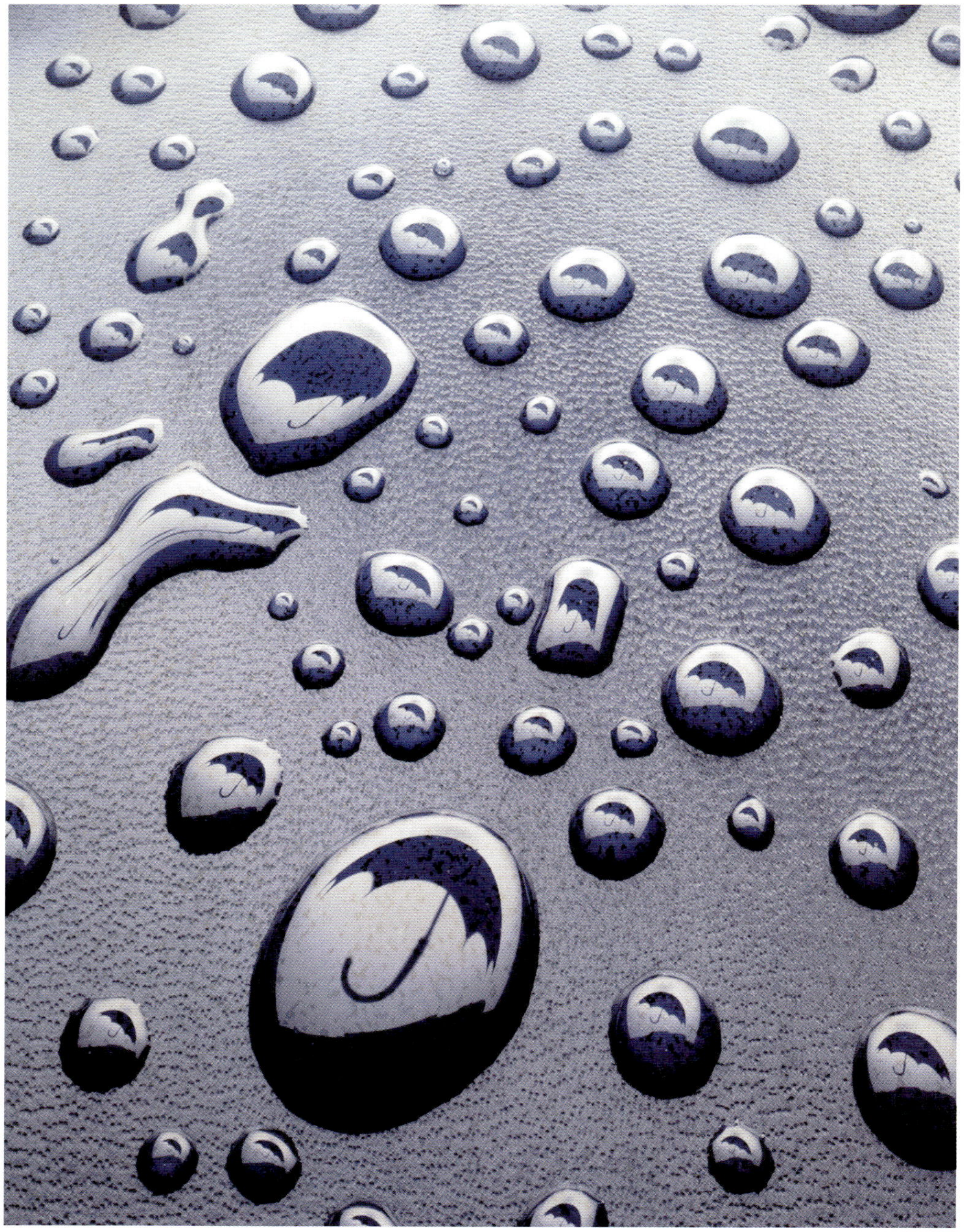

▲ LENTE BASCULANTE: ALTERANDO A DISTRIBUIÇÃO DE DEFINIÇÃO
Inclinando a lente ou o *back* da câmera (neste caso, possível apenas com câmeras especializadas) pode-se inclinar o plano focal tirando-o de sua posição vertical normal de frente para a câmera. Neste exemplo, um close de gotas de chuva, foi possível ter foco definido da frente ao fundo (o ajuste da profundidade de campo por meio da abertura não teria sido suficiente).

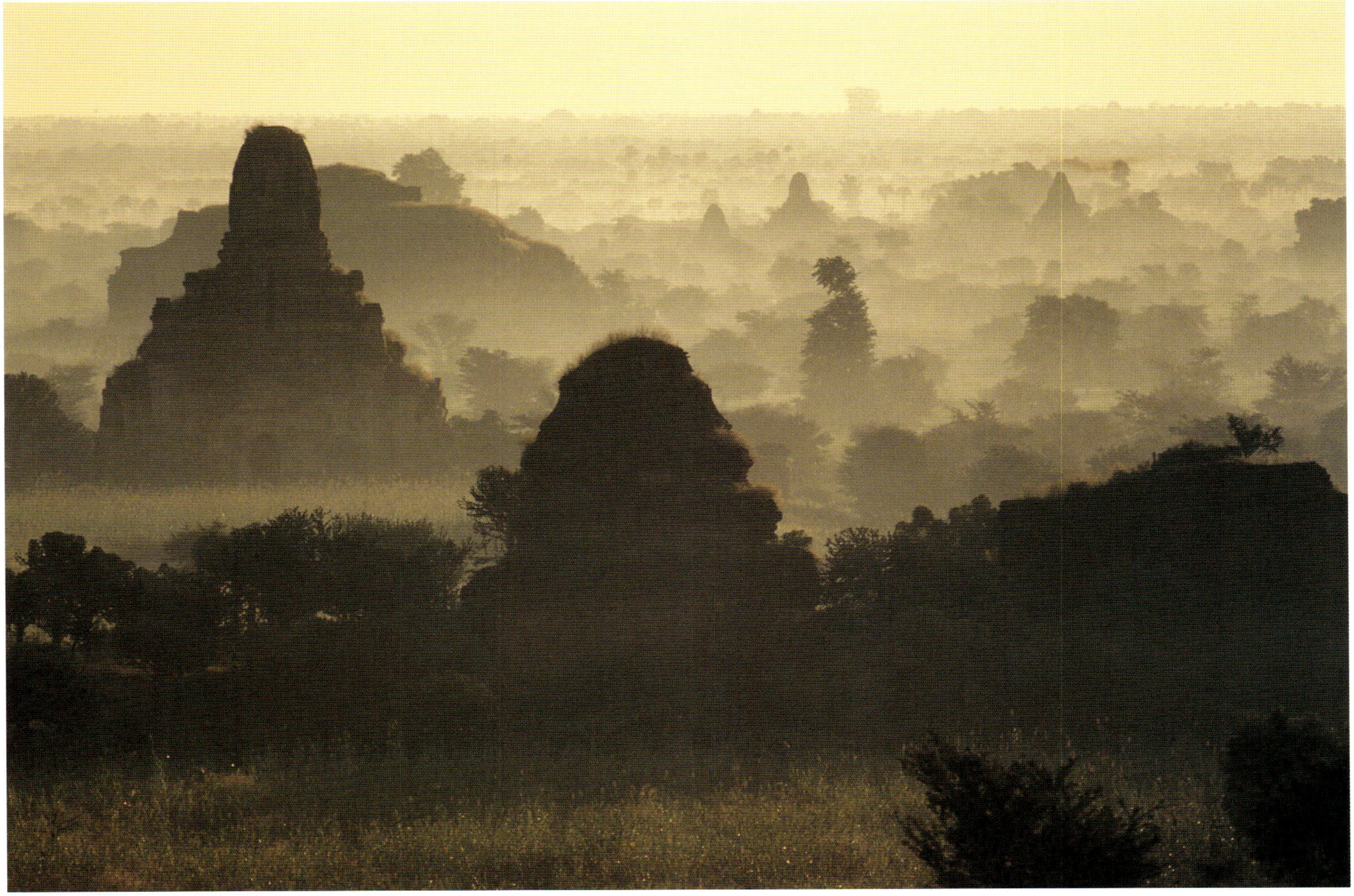

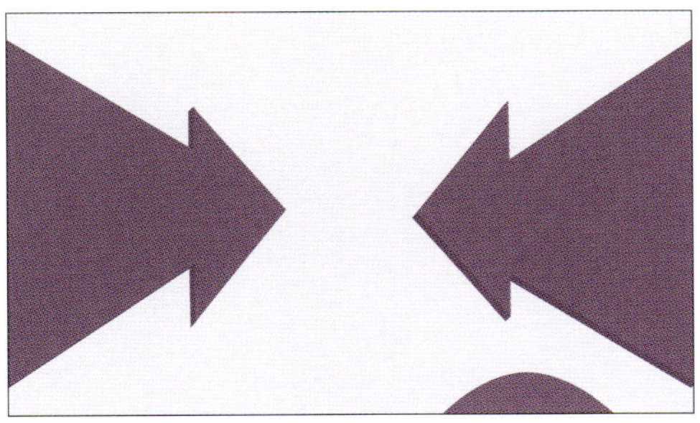

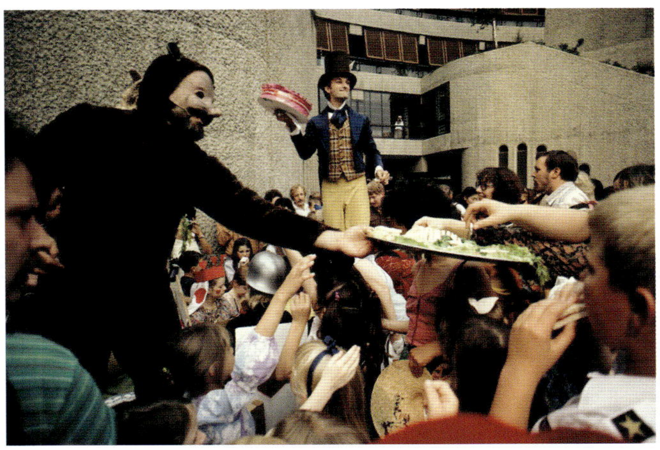

▲ TELEOBJETIVA: COMPRESSÃO
Uma das impressões visuais mais evidentes de uma cena de teleobjetiva usada a distância é a de como se os planos do assunto tivessem sido inclinados para cima voltando-se de frente para a câmera.

▲ ➤ CÂMERA SUBJETIVA
Uma lente grande-angular usada de perto em uma cena de multidão dá a sensação de estar no meio de tudo, típica de cenas feitas em câmera subjetiva. A truncagem e a perda de foco nas laterais ajudam a dar essa impressão de estar dentro da ação.

EXPOSIÇÃO

Do mesmo modo que o foco é mais comumente usado de modo padronizado, para produzir um tipo de apuro técnico em uma fotografia, a exposição também é, geralmente, vista como tendo um papel "correto" a desempenhar. Devo enfatizar que esse é o modo como as coisas são vistas por convenção, não como podem ou devem ser usadas. Decidir quanto à exposição correta envolve tanto considerações técnicas quanto julgamentos. Do lado técnico, os limites superior e inferior da exposição são definidos, primeiro, pelo que está visível, depois, pela aparência esperada. Em outras palavras, parte da tarefa de determinação da exposição é normalizar a cena em vista – aproximar-se de como vemos a cena real.

As convenções de exposição têm muito em comum com as de foco. O olho tem uma tendência a mover-se em direção a áreas de exposição "normal", particularmente se essas áreas são mais claras. Um contraste mais alto em uma cena, portanto, provavelmente conduzirá a atenção das sombras à luz, enquanto um contraste baixo permitirá ao olho vagar pelo quadro, como mostram as duas versões dos morros durante o nascer do sol. Uma variação desse caso é a diferença radial de brilho devido à formação de vinheta, muito comum em lentes grande-angulares porque seu projeto típico permite que mais luz atinja o centro do que as bordas.

Na fotografia em cores, a exposição pode ter um efeito crucial sobre a saturação, dependendo do processo. O filme Kodachrome, produzido inicialmente em 1935, se destacou na fotografia profissional dos anos 1950 em diante quando foi usado por fotógrafos amplamente reproduzidos, tais como Ernst Haas e Art Kane. Sua tecnologia única favorecia a subexposição para dar cores ricas, saturadas, mas ele era intolerante à superexposição. Isso deu início à estratégia de expor para as luzes altas que dominou a fotografia em cores desde então – com particular importância para a captação digital.

Duas propriedades dominantes da exposição em fotografia que podem ser consideradas elementos gráficos por mérito próprio são a silhueta e o *flare*, às quais retornaremos no final do livro quando consideraremos a sintaxe mutante da fotografia. Expor para as luzes altas é uma pré-condição para silhueta, em que a ausência total de detalhe na forma não iluminada em primeiro plano leva a uma técnica de escolha de orientação, ponto de vista e momento para comunicar por meio apenas do contorno. Do outro lado da escala de exposição está o *flare*, que pode assumir várias formas, mas a principal para a composição fotográfica é de um brilho intenso com bordas difusas.

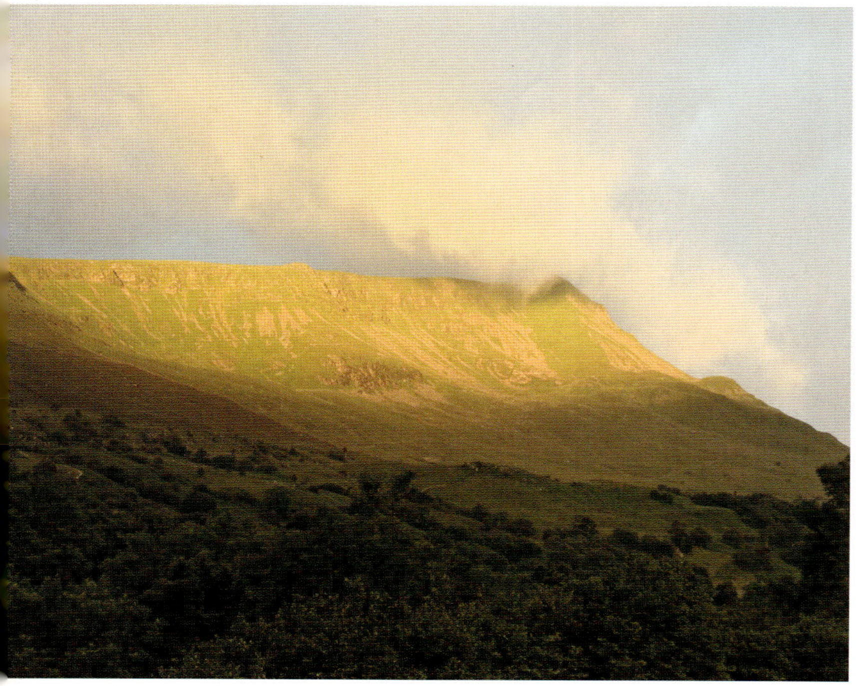

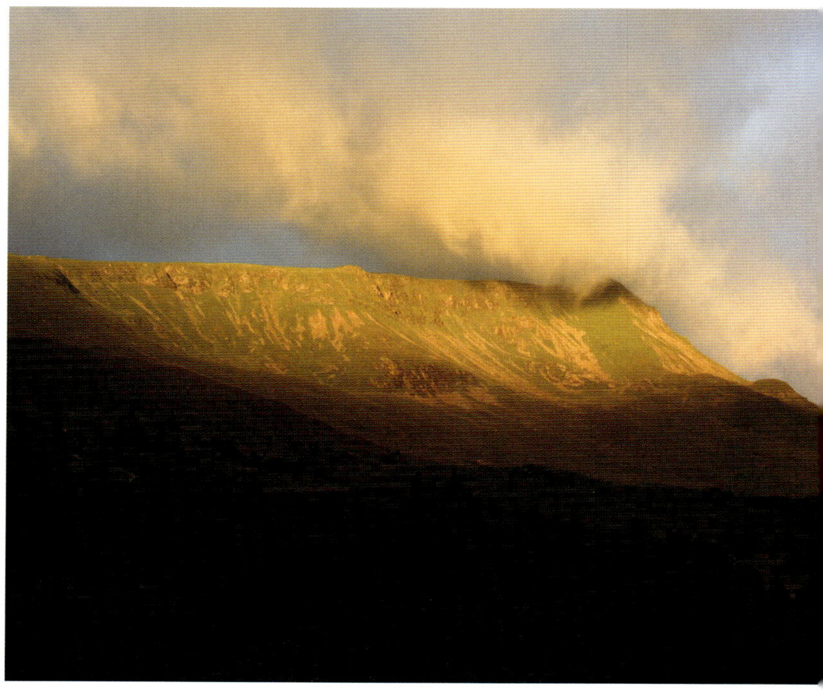

▲ DISPERSANDO OU CONCENTRANDO A ATENÇÃO

A exposição pode estreitar ou expandir a atenção em uma figura se houver duas áreas distintas de brilho, como nesta única imagem digital do primeiro sol da manhã batendo no pico de uma montanha galesa através das nuvens. Há duas interpretações, o que significa duas formas de processar o arquivo de imagem RAW desta fotografia digital. A otimização automática abre as sombras, resultando que o olho desliza indo do topo iluminado pelo sol para o resto da cena. Assim, a exposição ajudou a radiar a atenção para fora. Aumentar o contraste e reduzir a exposição, por outro lado, concentra a atenção sobre o topo levemente iluminado, faz dele o assunto, e aumenta o drama da iluminação. Isso também eleva a sensação de estar situado no tempo; estamos cientes de que, nos primeiros momentos do dia, o sol está destacando uma pequena área, só por um instante.

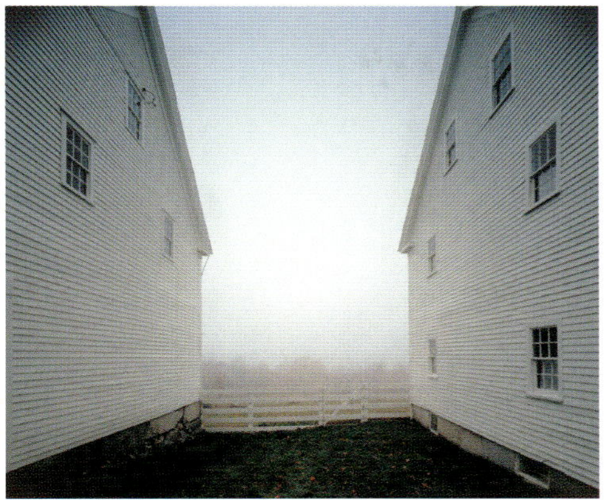

▲ VINHETAMENTO
O escurecimento radial em direção às bordas nesta fotografia em grande-angular do espaço entre duas construções Shaker, no Maine, foca a atenção para dentro, reforçando as fortes diagonais.

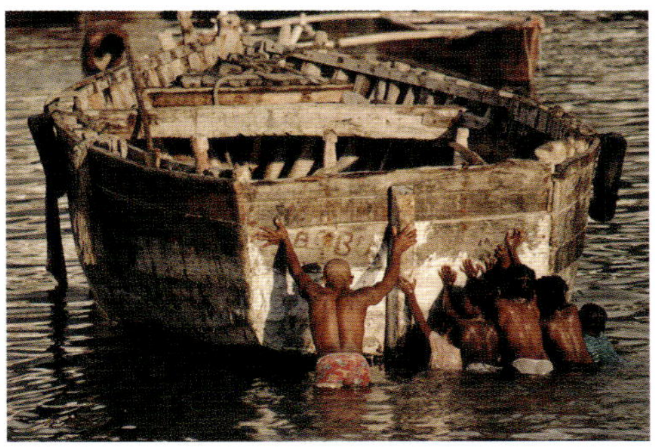

▲ CONCEITO DE EXPOSIÇÃO KODACHROME
A amplamente utilizada técnica de expor para conter as luzes altas começou com o filme Kodachrome. Meios-tons escuros subexpostos retêm uma rica saturação e podem ser abertos durante a reprodução ou em pós-produção digital. É essencial não superexpor luzes altas significativas e, em uma câmera digital, a exibição do alerta de luzes altas é um auxílio crucial.

➤ FLARE
O *flare* que ocorre em uma lente é uma entidade gráfica por mérito próprio, e ser considerado como um defeito ou uma contribuição para a imagem depende inteiramente do gosto e da escolha do fotógrafo. Esta vista aérea do Rio Orinoco, na Venezuela, poderia ter sido feita sem os raios de *flare* causados pelo sol simplesmente protegendo a lente. Em vez disso, são usados para ajudar a unir a composição e dar a sensação de luz do sol cegando o observador.

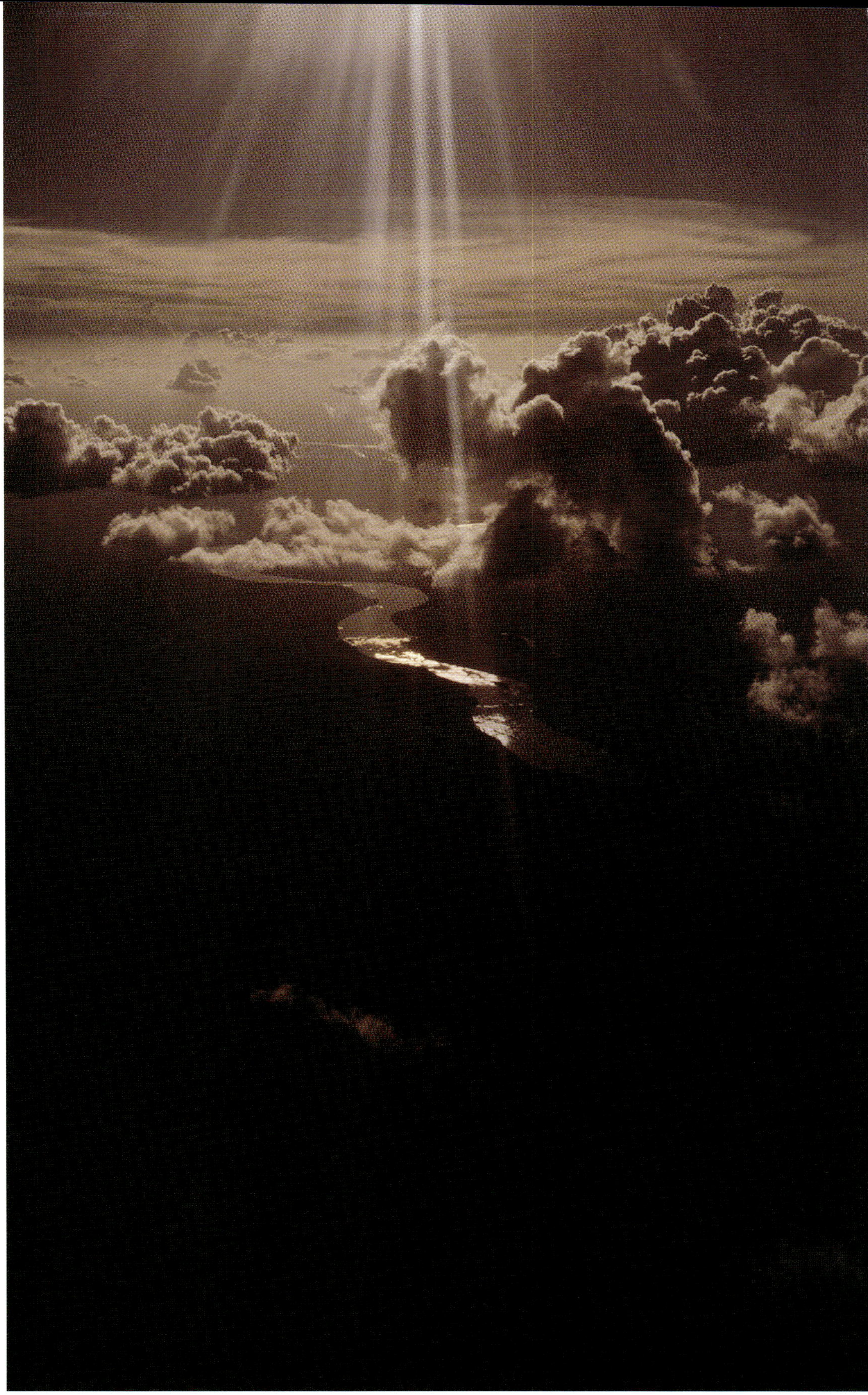

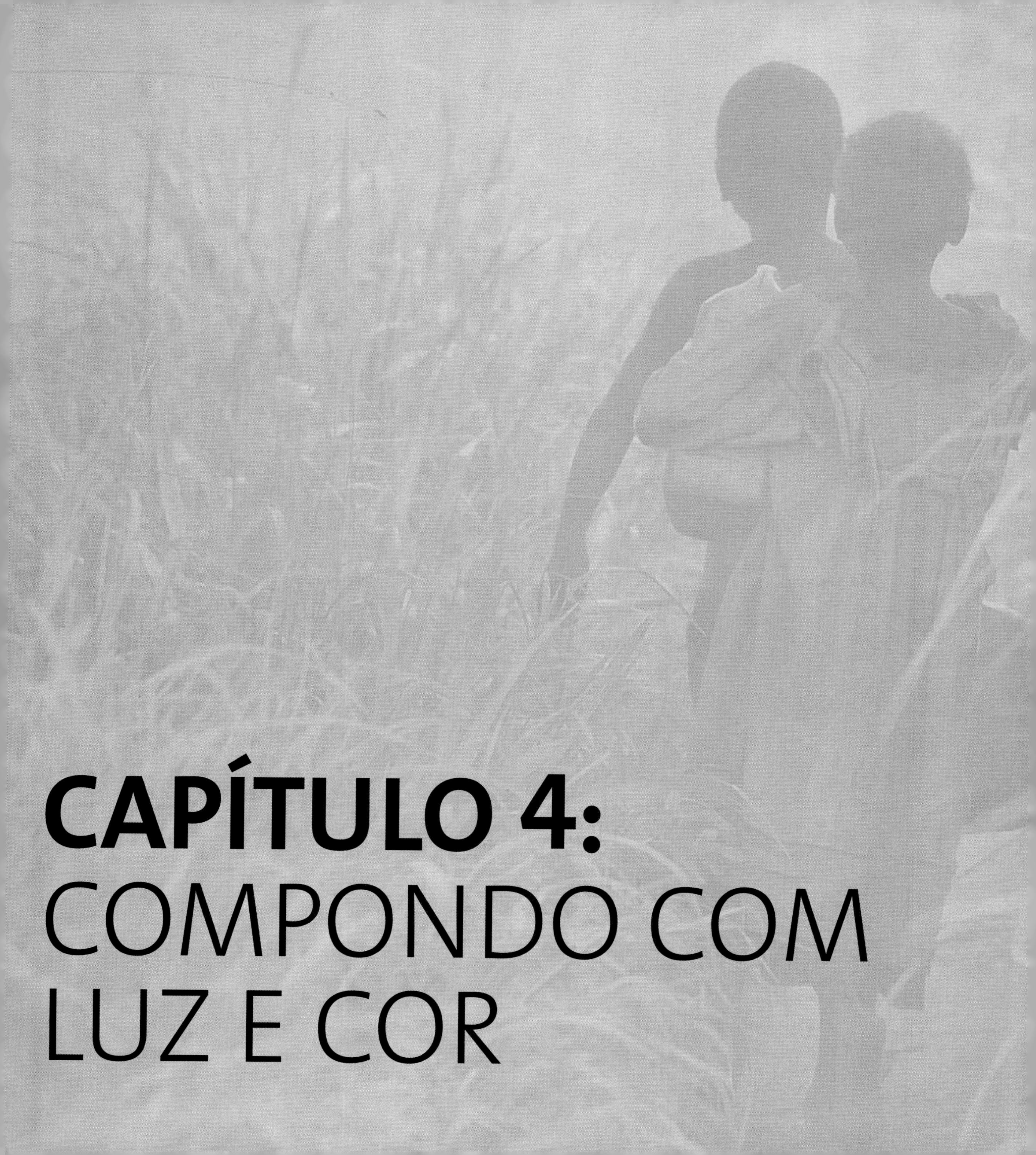

CAPÍTULO 4: COMPONDO COM LUZ E COR

Outra perspectiva sobre a composição em fotografia é a da distribuição de tons e cores. Ela está intimamente ligada à exposição e aos modos como é interpretada posteriormente – tradicionalmente, no laboratório durante o processo de revelação e cópia e, agora, na pós-produção digital, quando o arquivo de imagem é otimizado e ajustado. Isso se interconecta com a manipulação de elementos gráficos que examinamos no capítulo anterior – de fato, as duas perspectivas são inseparáveis. Um ponto funciona em uma fotografia porque tem um contraste tonal ou de cor em relação ao seu fundo. As linhas e formas também têm efeito proporcional a quão distintas elas são e, em última instância, isso se resume a relações tonais e/ou de cor. Esses são os componentes espectrais do design.

Tom e cor estão relacionados, ainda que se mantenham distintos, em uma inter-relação complexa. Um dos benefícios menos óbvios da fotografia digital é que o processo de otimizar imagens no computador ensinou mais pessoas sobre a ciência da imagem do que jamais seria possível sem a tecnologia digital. A maioria dos fotógrafos sérios agora está inteiramente familiarizada com coisas que costumavam ser consideradas secretas, como histogramas, ajustes de curva, pontos de preto e de branco. Ajustar as imagens com Níveis, Curvas e controles deslizantes de Matiz-Saturação-Brilho (HSB, Hue-Saturation-Brightness) deixa perfeitamente claro o modo como tom e cor estão próximos e relacionados um com o outro.

Ao mesmo tempo, a cor tem suas próprias influências sobre nossa percepção, e sua complexidade multifacetada vem sendo reconhecida desde os primórdios da arte. Há efeitos ópticos de cor, como contraste sucessivo, que funcionam independentemente de gosto, cultura e experiência, mas há também efeitos emocionais e contextuais que, mesmo não inteiramente compreendidos, não deixam de ser muito poderosos. Curiosamente, a própria fotografia tem ajudado a promover essa distinção entre tom e cor por meio de seu desenvolvimento histórico.

A cor chegou relativamente tarde na cena fotográfica – em termos de uso em massa, apenas nos anos 1960 – e não foi mundialmente bem-vinda. Não foram apenas os fotógrafos tradicionalistas que ficaram desconfiados (naturalmente, porque ela desafiava suas habilidades adquiridas com tanto custo e seus modos de ver), mas também críticos e alguns filósofos, muitos dos quais a consideravam marcada pelo comercialismo da propaganda e dos produtos de consumo.

Nem por isso a fotografia colorida deixou de ser adotada por profissionais e artistas e, é claro, pelo público. O influente fotógrafo suíço Ernst Haas, que mudou-se para os Estados Unidos em 1951, identificou seu amor pela cor em fotografia com a experiência europeia em tempos de guerra: “Eu desejava que ela viesse, precisava dela, estava pronto para ela. Queria celebrar em cores os novos tempos, repleto de novas esperanças.” Como veremos, a interpretação da cor vem sendo, desde então, o assunto de experimentos e debates ainda em andamento.

O preto e branco, enquanto isso, continua vigorosamente saudável e, longe de sucumbir à fotografia colorida, continua a ser usado com entusiasmo, não apenas por artistas e tradicionalistas, mas por diretores de arte e editores de imagem na mídia impressa.

CHIAROSCURO E CHAVE

O contraste, como vimos no início do capítulo 2, é a base para a composição, e uma das formas mais básicas de contraste é a tonal. A expressão italiana chiaroscuro (literalmente claro/escuro) refere-se especificamente à modelagem dramática de assuntos em pintura por meio de raios de luz iluminando cenas escuras. Em sentido mais geral, ela expressa o contraste essencial que estabelece relações tonais. Johannes Iten (ver páginas 34-35) identificou o chiaroscuro como "um dos mais importantes e expressivos meios de composição" em seu curso básico na escola de arte Bauhaus. Ele não apenas controla a força de modelagem em uma imagem (e, portanto, sua tridimensionalidade), mas também a estrutura de uma imagem e quais partes atraem a atenção.

Usar ou não a escala completa de tons do preto puro ao branco puro é uma decisão básica, ainda mais importante agora com a fotografia digital, que oferece o histograma e controle de níveis em pós-produção. A maioria da informação nas fotografias encontra-se nos meios-tons, e boa parte da fotografia convencional trabalha, principalmente, nessas áreas tonais "seguras". As sombras e luzes, entretanto, podem contribuir enormemente com o clima e atmosfera de uma fotografia.

O esquema abaixo mostra todas as distribuições tonais possíveis para uma fotografia – em certo sentido, os estilos de iluminação. Se ignorarmos, por enquanto, a cor, essas variações serão definidas por dois eixos – contraste e brilho –, que são imediatamente familiares a qualquer um que trabalhe com imagens digitais no Photoshop. Dentro desses agrupamentos, há uma variedade infinita de modos nos quais os tons podem ser distribuídos. O chiaroscuro, em seu sentido estrito, ocupa a extremidade de alto-contraste dessa escala. O segundo eixo, do brilho geral, define muito daquilo que seria o clima da imagem. Quando a expressão geral é escura, favorecendo os tons de sombra, a imagem é em *low key* (ou chave baixa). O oposto, com toda a modulação tonal ocorrendo em tons claros, é *high key* (ou chave alta). Traçando o gráfico de uma frente à outra, a gama de possibilidades forma um padrão em forma de cunha, porque para máximo contraste em uma imagem são necessárias áreas de preto e branco aproximadamente iguais.

Usando esses dois eixos, contraste e brilho (contraste e chave), como guia, a escolha de estilo em uma imagem depende de três coisas: as características da cena (vegetação escura, pele clara, céu limpo e assim por diante), o modo como a cena é iluminada e a interpretação do fotógrafo. O último desses fatores, por causa da pós-produção digital, é mais influente agora do que nunca. Nas páginas 112-113, escolhi uma imagem, de elefantes embaixo de uma acácia, e mostrei como ela pode ser feita em diferentes chaves (*keys*) de modo muito simples – e como qualquer uma delas pode ser válida.

Uma propriedade interessante do tratamento em função da chave de uma imagem é como ele pode fazê-la mudar de aspecto quando tratada em preto e branco e em cores, e é mais difícil fazer um trabalho em *high key* em cores. Se por um lado as imagens em *high key* em preto e branco parecem luminosas e de forte presença gráfica (quando o assunto é escolhido corretamente), as imagens coloridas são, de modo geral, interpretadas em termos negativos, como lavadas ou expostas incorretamente. Parcialmente, isso tem a ver com a fotografia em cores estar mais literalmente conectada com a realidade e, parcialmente, tem a ver com gosto e familiaridade – a estratégia de exposição induzida pelo Kodachrome de expor para conter as luzes altas.

BAIXO-CONTRASTE

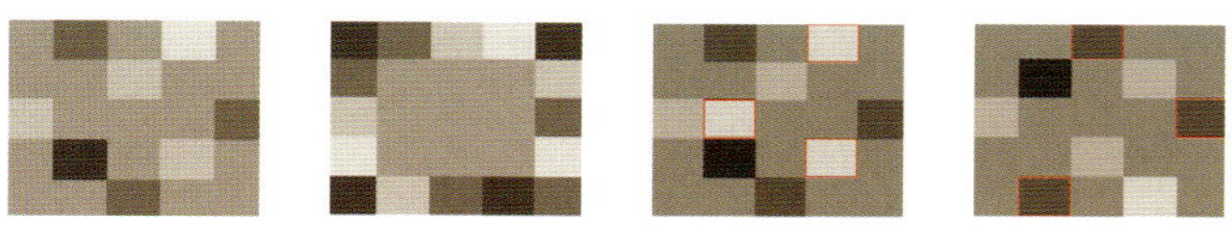

MÉDIO CONTRASTE

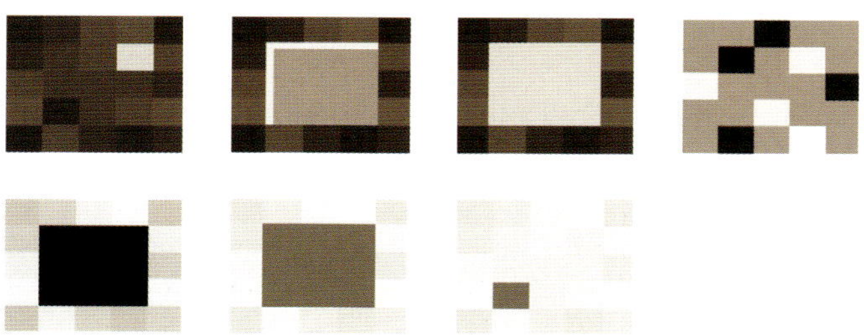

ALTO-CONTRASTE

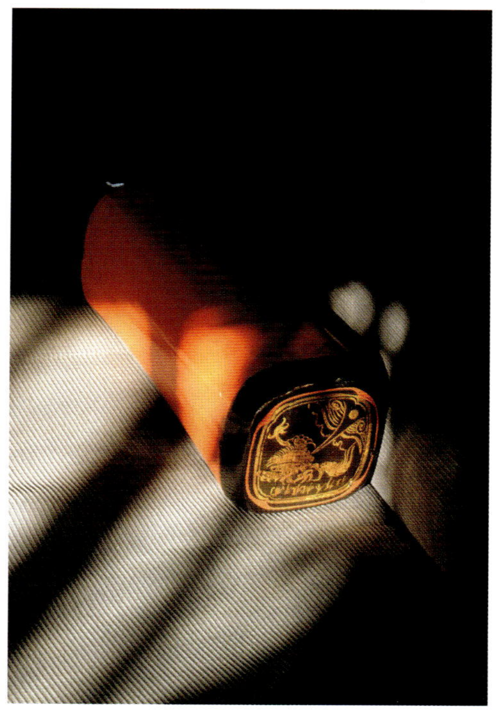

➤ INTENSIDADE DE COR
Exposto a luzes altas – como sempre nesse tipo de foto – o chiaroscuro da luz da manhã através da janela sobre um travesseiro de ópio chinês aumenta, pelo contraste, a impressão de cores ricas, saturadas.

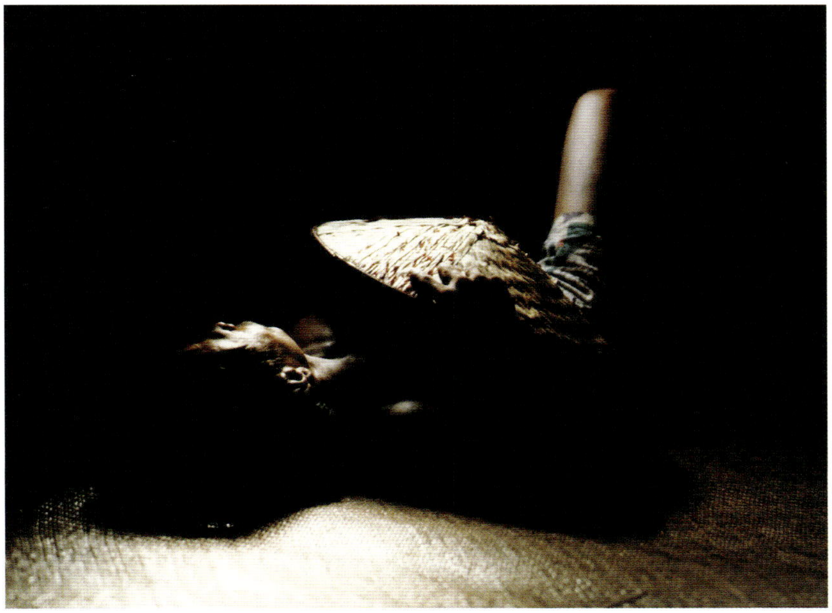

▲ **AMBIGUIDADE**
Um agricultor Iban em Borneo descansando próximo a uma janela na casa comunitária. Um contraste tão alto inicialmente torna difícil compreender a imagem, e esse atraso e ambiguidade dão a ela seu apelo.

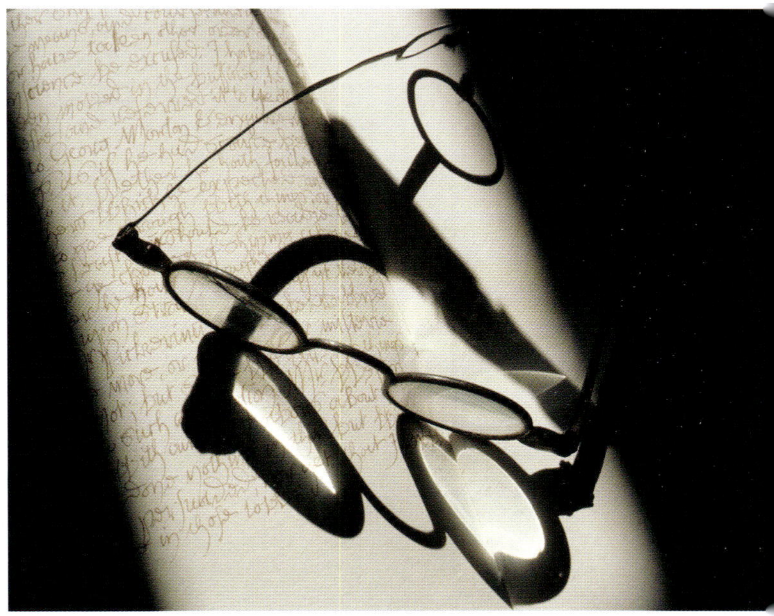

▲ **CÁUSTICA**
Padrões de luz cáustica são formados quando a luz é refletida ou refratada com força, e parcialmente focada, sobre uma superfície difusa como este papel.

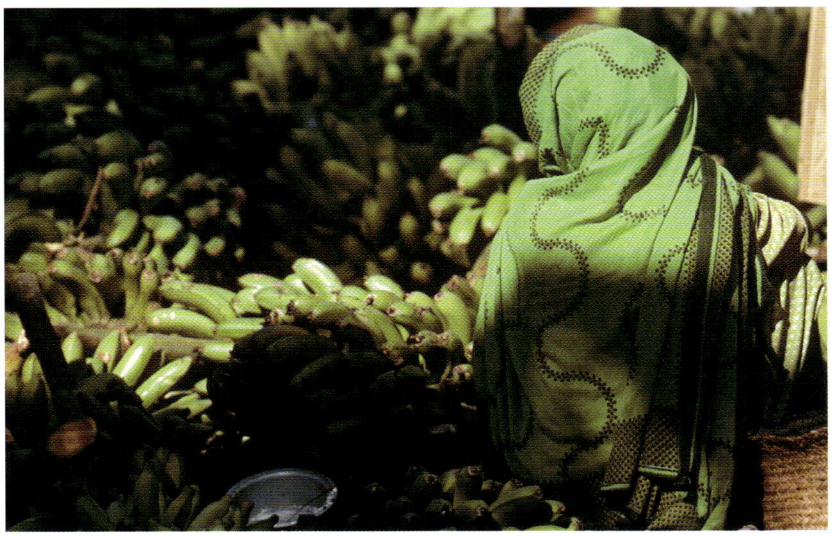

▲ **REFORÇANDO PADRÕES**
As sombras em uma cena de alto-contraste também podem reforçar formas e padrões presente na cena, como a sombra ondulante que fortalece as curvas do véu que esta mulher usa e também as bananas.

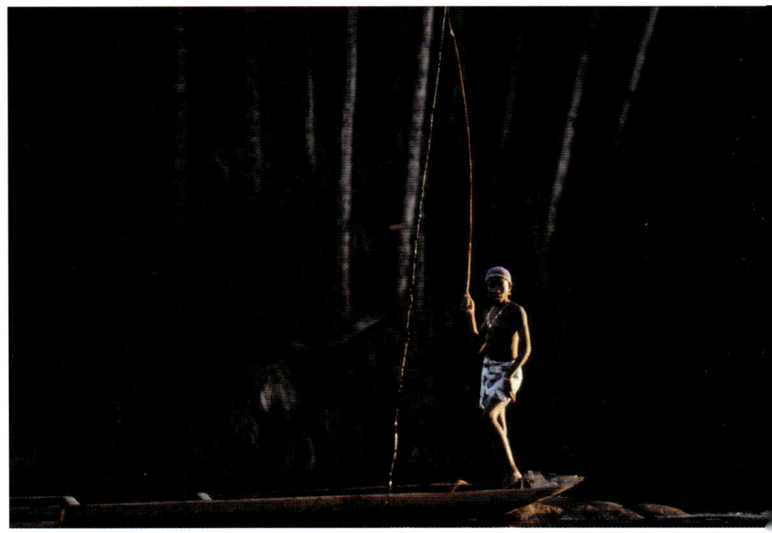

▲ **LOW KEY EM CORES**
Apenas o contorno da garota e sua vara de pesca, levemente tocadas pelos últimos raios de sol, definem esta imagem feita à margem de um rio no Suriname. As formas sombrias das árvores de trás completam a cena que, exceto pelos estreitos contornos, está toda no registro baixo da escala tonal.

➤ CENA E VARIAÇÕES DE CHAVE

Uma imagem tratada em diferentes registros tonais. A original era um Kodachrome, mas, após digitalização, ele foi otimizado como arquivo digital. A *low key*, reduzindo o brilho, dá uma interpretação nebulosa e quase incandescente à cena, com ênfase nas nuvens. A *high key* dá a impressão de uma luz clara permeando a cena, vinda do vasto céu africano, e é mais gráfica, com a árvore e os elefantes quase flutuando no limbo. Repare que a versão menos bem-sucedida é a em *high key* em cores, que mais parece ter sido mal exposta do que intencional.

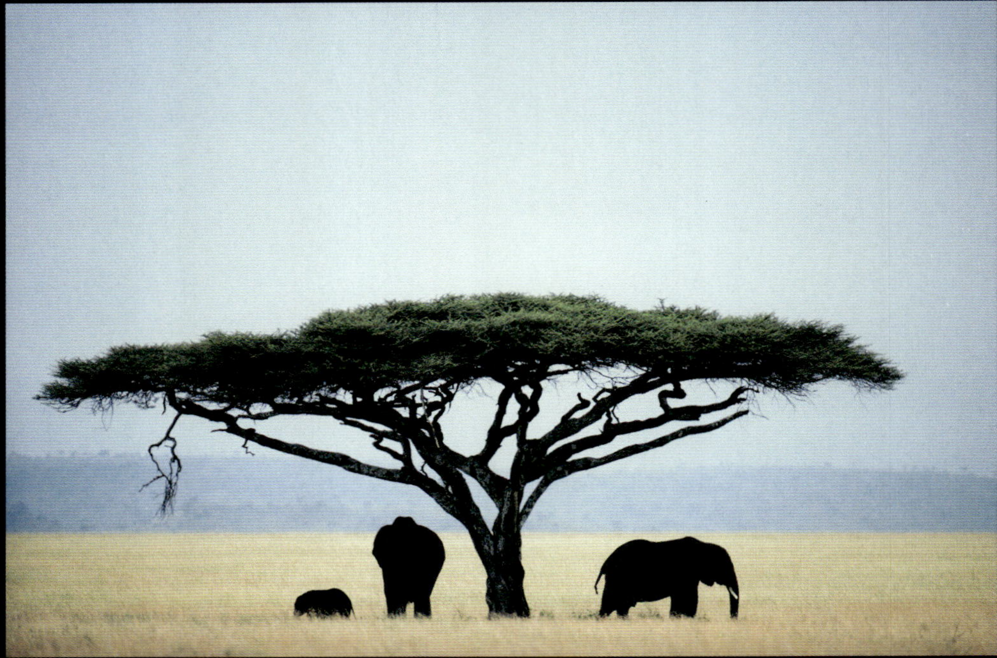

ORIGINAL

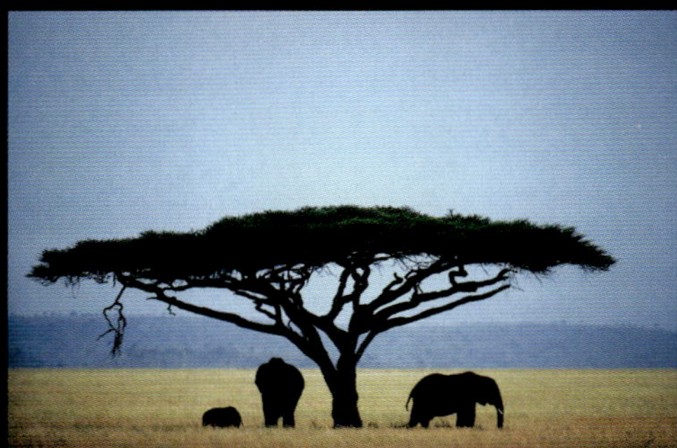

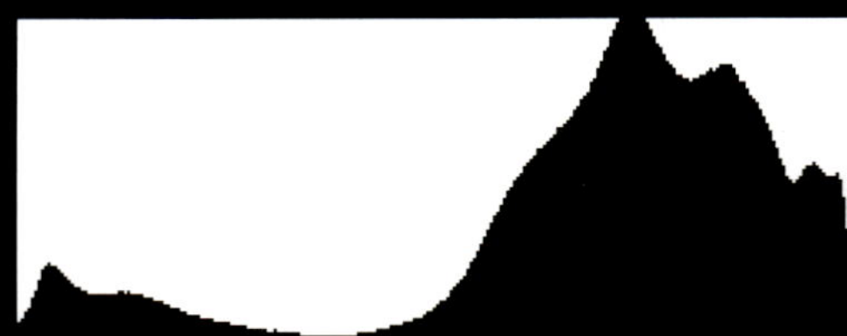

LOW KEY EM CORES

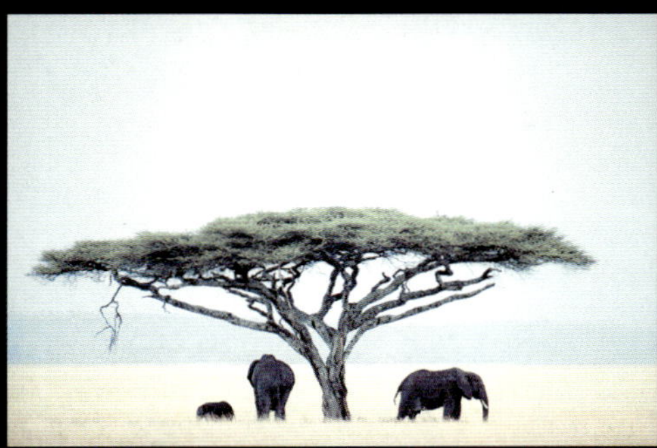

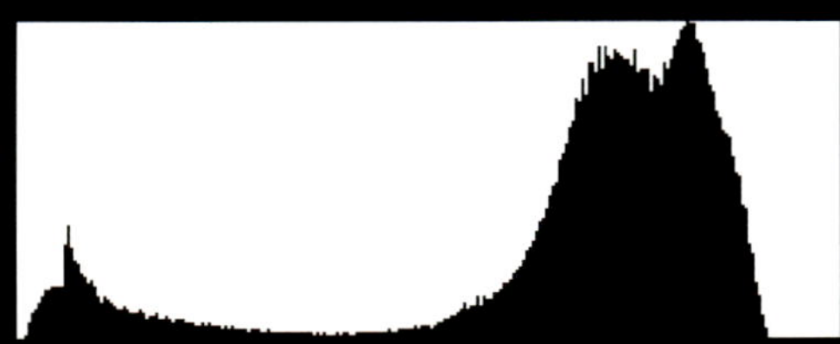

HIGH KEY EM CORES

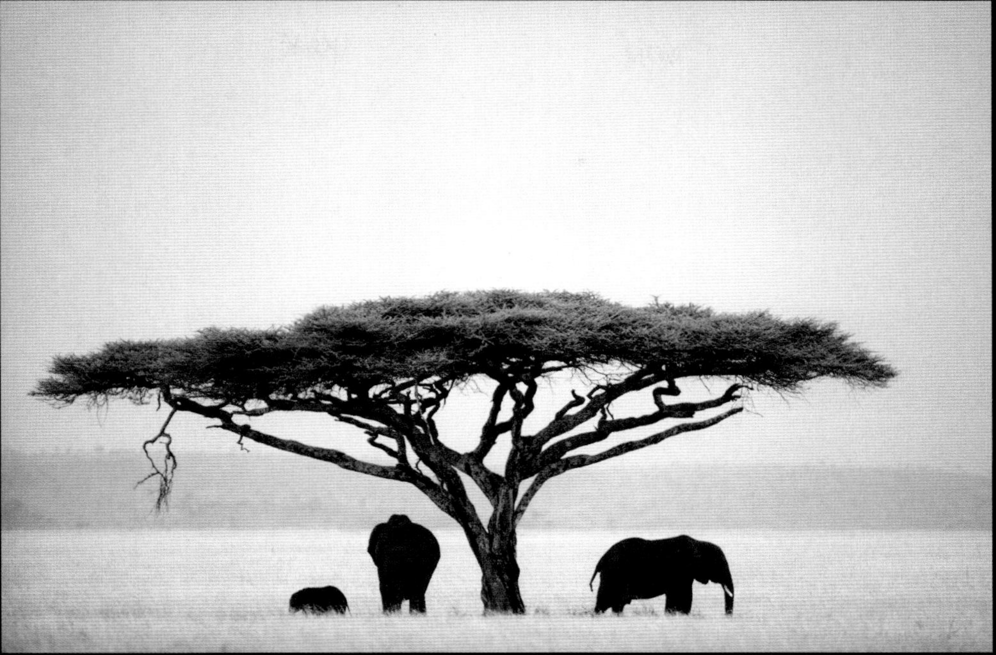

PRETO E BRANCO

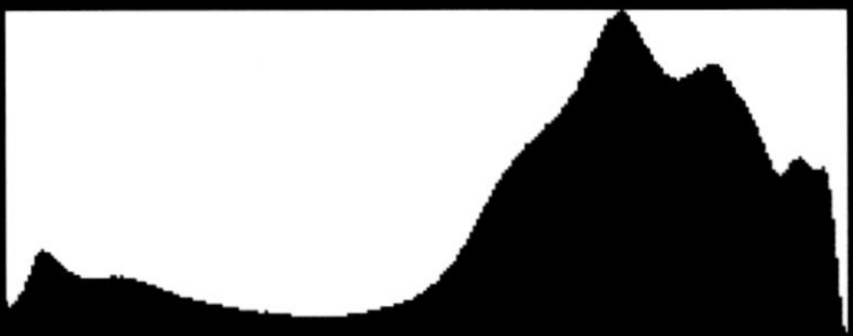

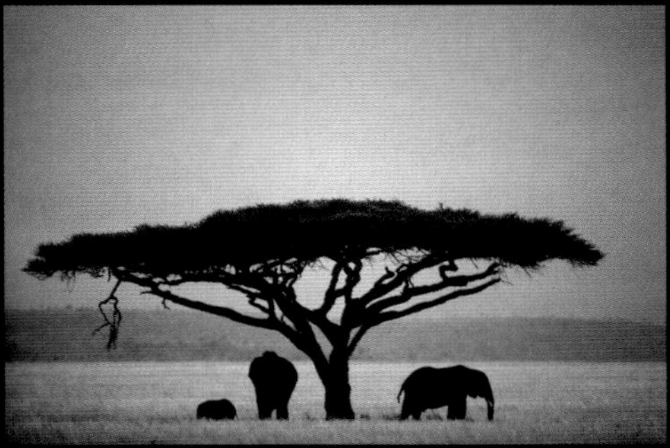

LOW KEY EM PRETO E BRANCO

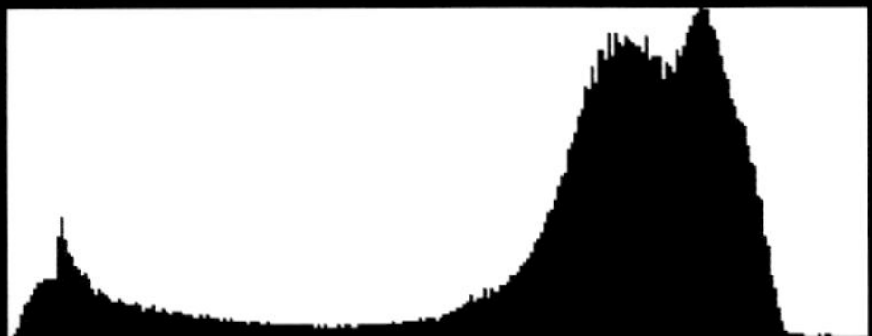

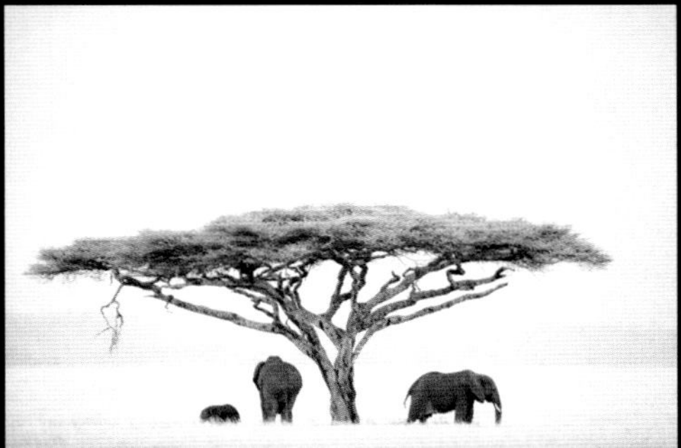

HIGH KEY EM PRETO E BRANCO

A COR NA COMPOSIÇÃO

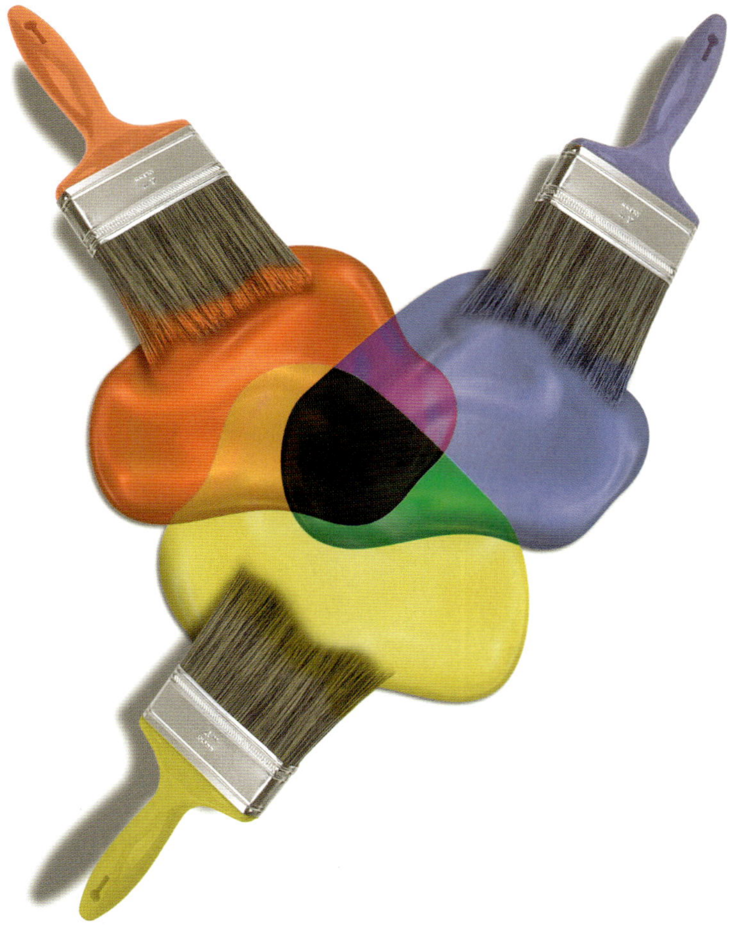

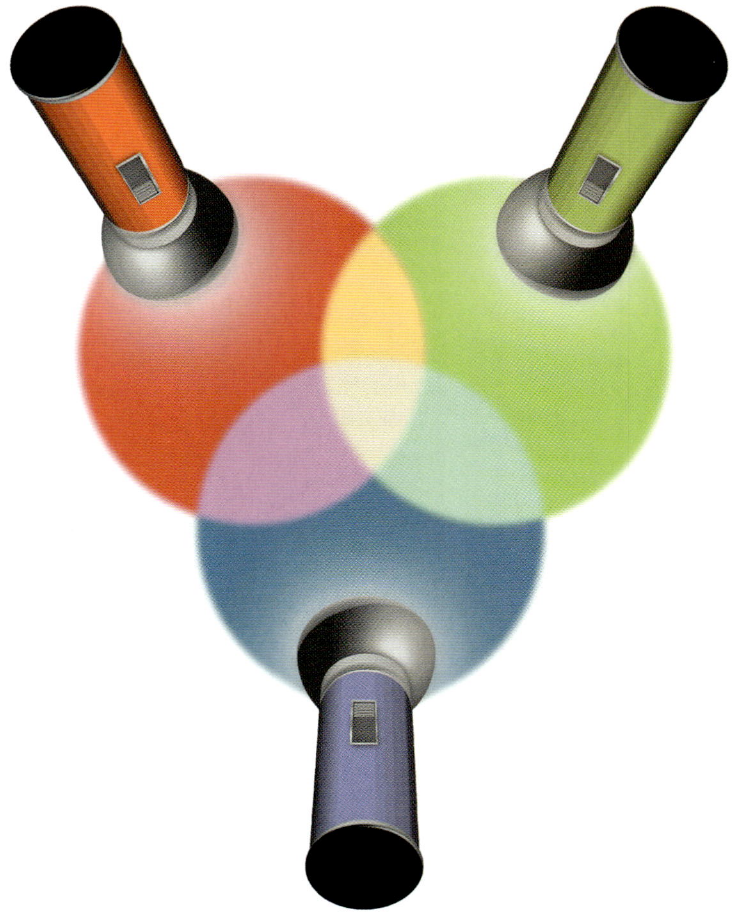

A cor introduz uma dimensão completamente diferente à organização de uma fotografia, nem sempre fácil ou possível de ser separada das outras dinâmicas que estivemos olhando. Os modos como percebemos e julgamos a cor são, em qualquer caso, complexos, desde o óptico ao emocional, e o tema geral da cor em fotografia é imenso, como a cor na arte. Um de meus livros anteriores, *Color*, parte da série *Digital Photography Experts*, entra em muito mais detalhes do que é possível fazer aqui, incluindo gerenciamento e teoria da cor (ver bibliografia). A questão crítica com respeito à cor com a qual nos deparamos nestas páginas é como ela pode afetar a composição de uma fotografia.

Começaremos com as cores fortes, pois os efeitos e relações ocorrem com mais intensidade entre elas, apesar de a vasta gama de cores encontrada em frente à câmera tender a ser dessaturada de uma forma ou outra. A força da cor é determinada principalmente por sua saturação, e esse é um dos três parâmetros no modelo de cor que é mais útil aos nossos propósitos. Um dos benefícios colaterais da fotografia digital é que a pós-produção no Photoshop e em aplicativos similares familiarizou a maioria de nós com a linguagem técnica da cor. Os três parâmetros, ou eixos, de cor mais amplamente utilizados são matiz, saturação e brilho. Matiz é a qualidade que dá a cada cor o seu nome e é o que a maioria das pessoas quer dizer quando usam a palavra "cor". Azul, amarelo e verde, por exemplo, são todos matizes. A saturação é a intensidade ou pureza do matiz, sendo o mínimo um cinza completamente neutro, e o brilho determina se o matiz é escuro ou claro. Outro modo de ver isso é entendendo saturação e brilho, ambos como modulações de matiz.

Os efeitos de cor funcionam com mais força quando as cores envolvidas são intensas, e os exemplos mostrados nas próximas páginas favorecem esses casos por questão de clareza. O matiz é a essência da cor e, em sua representação mais simples, os matizes são arranjados em um círculo. Nos séculos de pensamento dedicado à cor na arte, a ideia de cores primárias foi central, e a opinião geral acabou concordando que fossem três – vermelho, amarelo e azul –, conhecidas como primárias dos pintores (refinadas em CMY(K) pelos impressores). Estas, obviamente, não se enquadram com as três primárias – vermelho, verde e azul – que são usadas em filmes coloridos, monitores de computador e câmeras digitais. A razão central para isso é

◄ RYB X RGB

As três primárias de luz refletida, vermelho, amarelo e azul, misturam-se como pigmentos, tintas ou corantes sobre papel e dão as cores intermediárias verde, violeta e laranja, e algo próximo ao preto quando as três são combinadas. As três primárias de luz transmitida, vermelho, verde e azul, combinam-se por projeção e combinam-se de modo bem diferente, para dar o ciano, o magenta e o amarelo, com o branco como resultado de todas as três juntas.

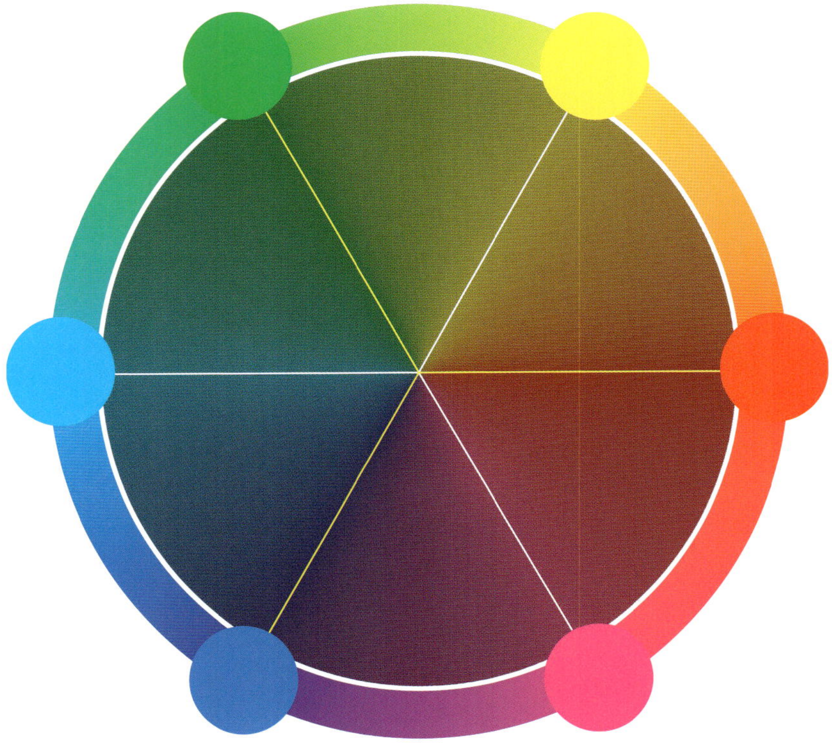

▲ O CÍRCULO CROMÁTICO

O matiz é, normalmente, medido em graus, indo de 0° a 360°; neste arranjo, as relações que cruzam o círculo são importantes. Cores opostas umas às outras são conhecidas como complementares, e estas formam a base do princípio da harmonia de cores. Aqui, o clássico círculo cromático digital mostra que as primárias de impressão (ciano, magenta e amarelo) ficam diretamente opostas ao vermelho, o verde e o azul. As primárias dos pintores, contudo, não produzem tais pares de raios, havendo variações nas definições de azul e verde.

que as primárias dos pintores são as cores que refletem luz, sobre o papel ou a tela, enquanto as cores RGB familiares aos fotógrafos são as de luz transmitida. O vermelho e azul de cada sistema, na verdade, são diferentes. Comparar os dois conjuntos de primárias não é, em qualquer situação, um exercício muito útil, porque uma lida principalmente com o efeito perceptual da cor (RYB) enquanto o outro preocupa-se principalmente com a criação da cor digitalmente e em filme. Como nosso propósito aqui é o efeito da cor, vou me ater às primárias dos pintores.

Matizes fortes são percebidos de vários modos e em vários níveis, com várias associações que têm tanto a ver com cultura e vivência quanto com a realidade óptica. O vermelho é percebido como uma das cores mais fortes e mais densas. Ele tende a avançar, de modo que, quando está em primeiro plano, aumenta a sensação de profundidade. É energético, vital, terrestre, forte, confortavelmente quente, até quente mesmo. Pode conotar paixão (sangue quente) e pode também sugerir agressão e perigo (é um símbolo de alerta e proibição). Ele tem associações com a temperatura e é comumente usado como símbolo para calor.

O amarelo é a mais clara de todas as cores e sequer existe em forma escura. Expressivamente, é vigoroso, aprumado, insistente, às vezes agressivo, outras vezes animado. Ele tem óbvias associações com o sol e outras fontes de luz e, contra um fundo escuro, especialmente, parece irradiar luz ele mesmo.

O azul recua mais que o amarelo, tende a ser silencioso, relativamente sombrio e particularmente frio. Tem uma transparência que contrasta com a opacidade do vermelho. Também ocorre de várias formas e é uma cor que muitas pessoas têm dificuldade de julgar com precisão. O simbolismo primário do azul deriva de duas de suas ocorrências de maior alcance na natureza: o céu e a água. Por isso, espacialidade, frieza, umidade, são todas possíveis associações. Fotograficamente, ela é uma das cores mais fáceis de achar, por causa dos reflexos do céu.

As cores secundárias que são complementares a essas primárias são o verde (oposta ao vermelho no círculo cromático), violeta (oposta ao amarelo) e laranja (oposta ao azul). O verde é a primeira e mais evidente cor da natureza, e suas associações e simbolismos, geralmente positivos, vêm principalmente desse fato. As plantas são verdes, e, por isso, ela é a cor do crescimento; por extensão, carrega consigo sugestões de esperança e progresso. Pelas mesmas razões, o amarelo esverdeado tem associações primaveris de juventude. As associações negativas com o verde pendem para a doença e a decomposição. Podemos perceber mais variedades de verde, entre o amarelo e o azul, do que de qualquer outra cor.

O violeta é uma cor mais rara e difícil de encontrar, e também de capturar, e de reproduzir com exatidão. Ela é facilmente confundida com o roxo. O violeta tem associações com riqueza e suntuosidade, e também com mistério e imensidão. A cor roxa, semelhante a ela, tem conotações religiosas, majestosas e supersticiosas.

O laranja toma emprestado do vermelho e do amarelo. Ele é quente, forte, brilhante e poderoso, ao menos quando puro. É a cor do fogo e da luz do sol do fim da tarde. Tem associações com festividade e celebração, mas também com calor e secura.

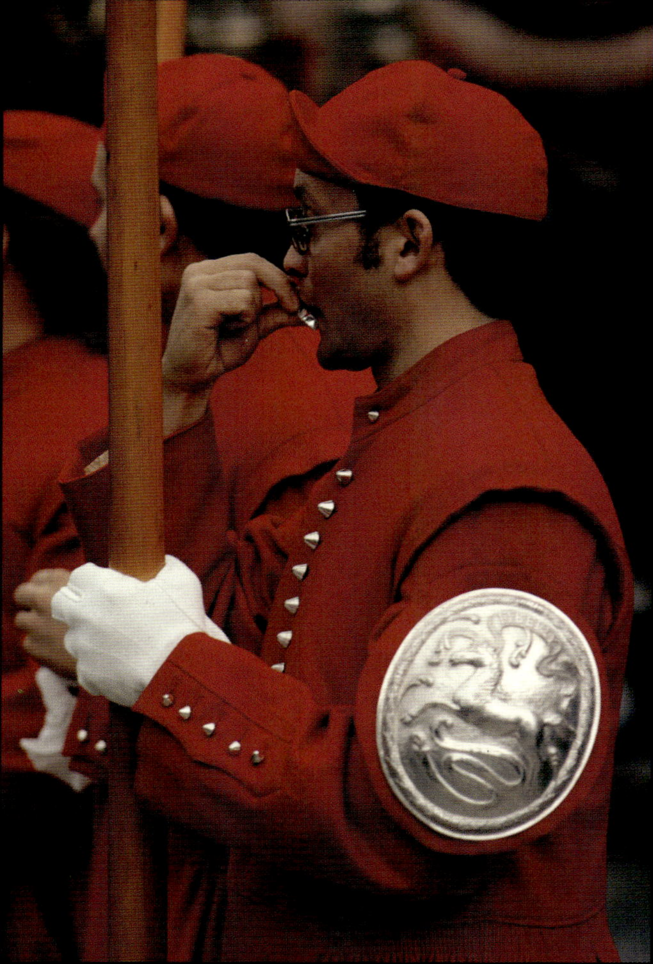

1

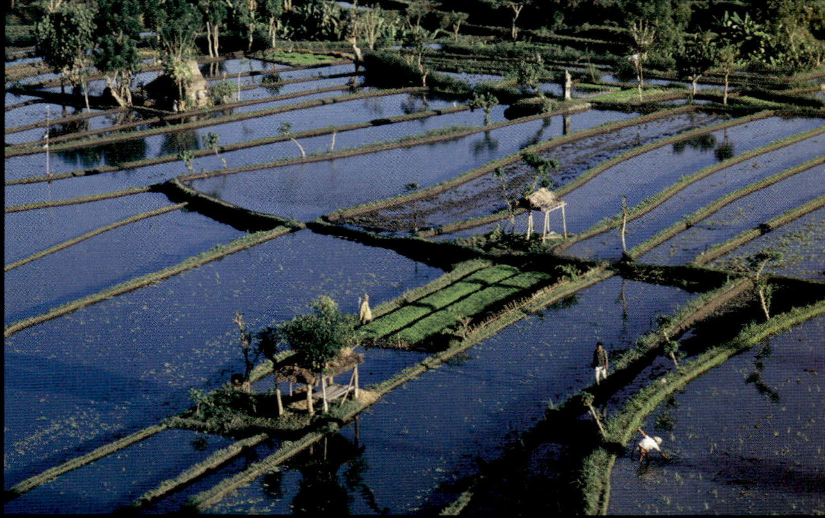

2

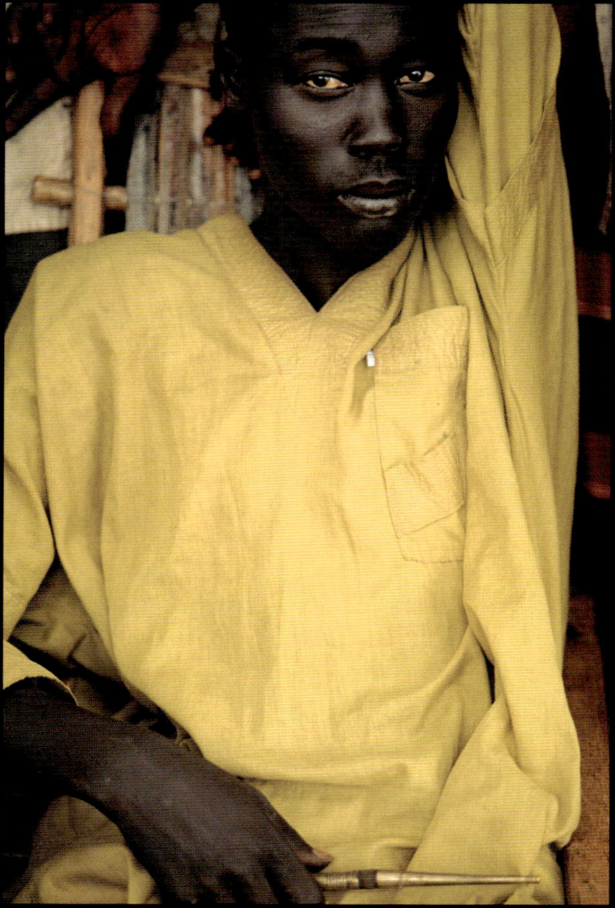

3

1. VERMELHO

2. AZUL

3. AMARELO

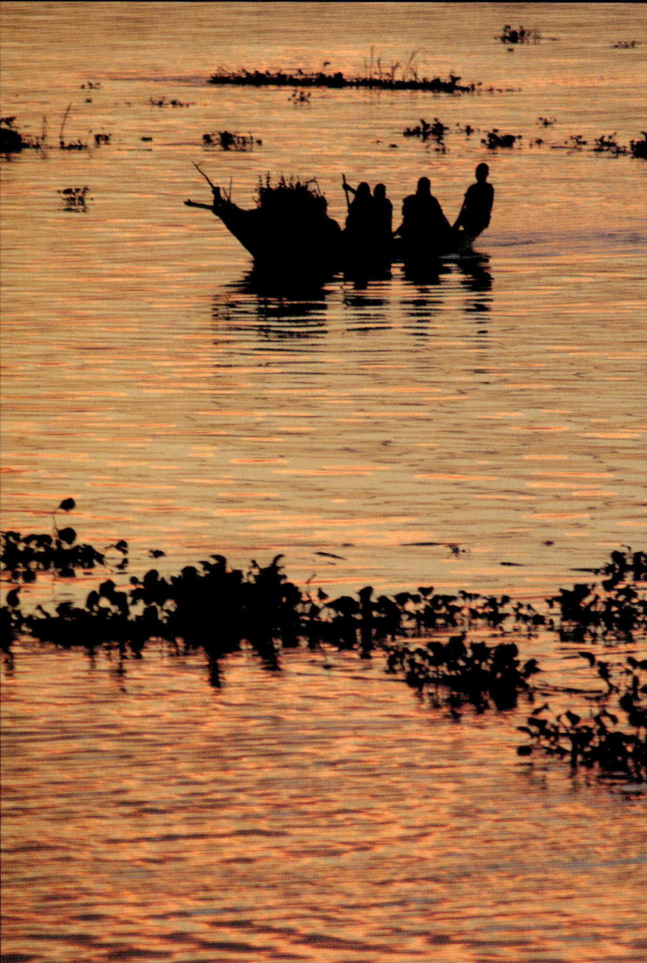

4

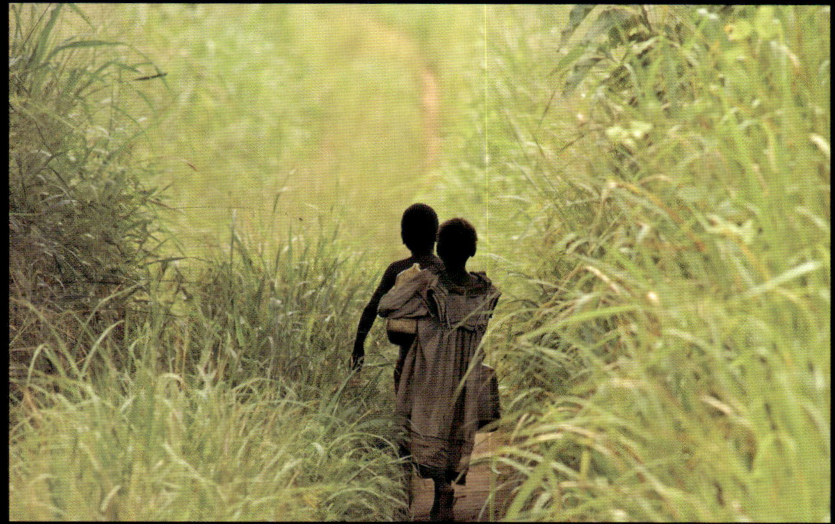

5

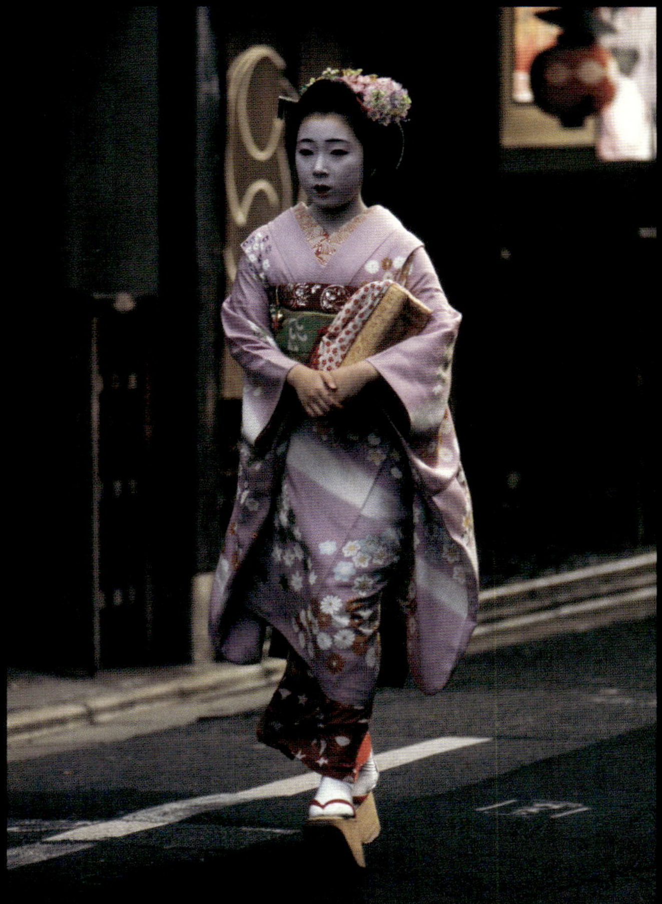

6

4. **LARANJA**

5. **VERDE**

6. **VIOLETA**

RELAÇÕES ENTRE CORES

Em última instância, as cores devem ser tratadas em relação umas com as outras – e são percebidas de modo diferente de acordo com as outras cores próximas as quais elas são vistas. O vermelho próximo ao azul parece ter uma natureza diferente do vermelho quando próximo ao verde, e o amarelo contra um fundo preto tem uma intensidade diferente do amarelo contra o branco. A fotografia digital dá, agora, um enorme grau de controle sobre a aparência das cores em uma fotografia, e a matiz, a saturação e o brilho são todos ajustáveis. Até que ponto e em que direção esses ajustes devem ser feitos é uma questão relativamente nova para a fotografia.

Pode-se dizer que o maior problema com a cor na fotografia e na arte são as noções de correção e incorreção. Como acabamos de ver (páginas 114-115), as cores evocam reações no espectador que vão do fisiológico ao emocional, ainda que poucas pessoas sejam capazes de articular por que elas gostam ou desgostam de certas cores e certas combinações. De fato, poucas pessoas estão interessadas em analisar suas preferências visuais, porém, ao mesmo tempo, expressam reações definidas.

Já no século IV a.C. os gregos viram a possível conexão entre a escala de cores e a escala musical, e até aplicaram terminologia de cores à música ao definir a escala cromática, que foi dividida em semitons. Essa relação persistiu, e daí às teorias sobre a harmonia foi apenas um pequeno passo. A harmonia teve significados diferentes ao longo da história, tanto na música quanto na cor, do sentido grego de ajustar coisas entre si ao sentido mais moderno de um arranjo agradável. O gosto e a moda entram nisso, resultando que já houve várias teorias conflitantes sobre como as cores "deveriam" ser combinadas. Esse é um tema enorme, tratado um tanto extensivamente em meu livro *Digital Photography Expert: Color* e em máximo detalhe em *Color and Culture*, de John Cage, mas, aqui, estou preocupado com a necessidade de adotar uma visão equilibrada, não dogmática. Por um lado, há maneiras de se combinar as cores que tendem a ser aceitáveis para a maioria dos espectadores, e seria tolice ignorá-las. Por outro, o uso criativo da cor exige expressão pessoal – o que significa não seguir

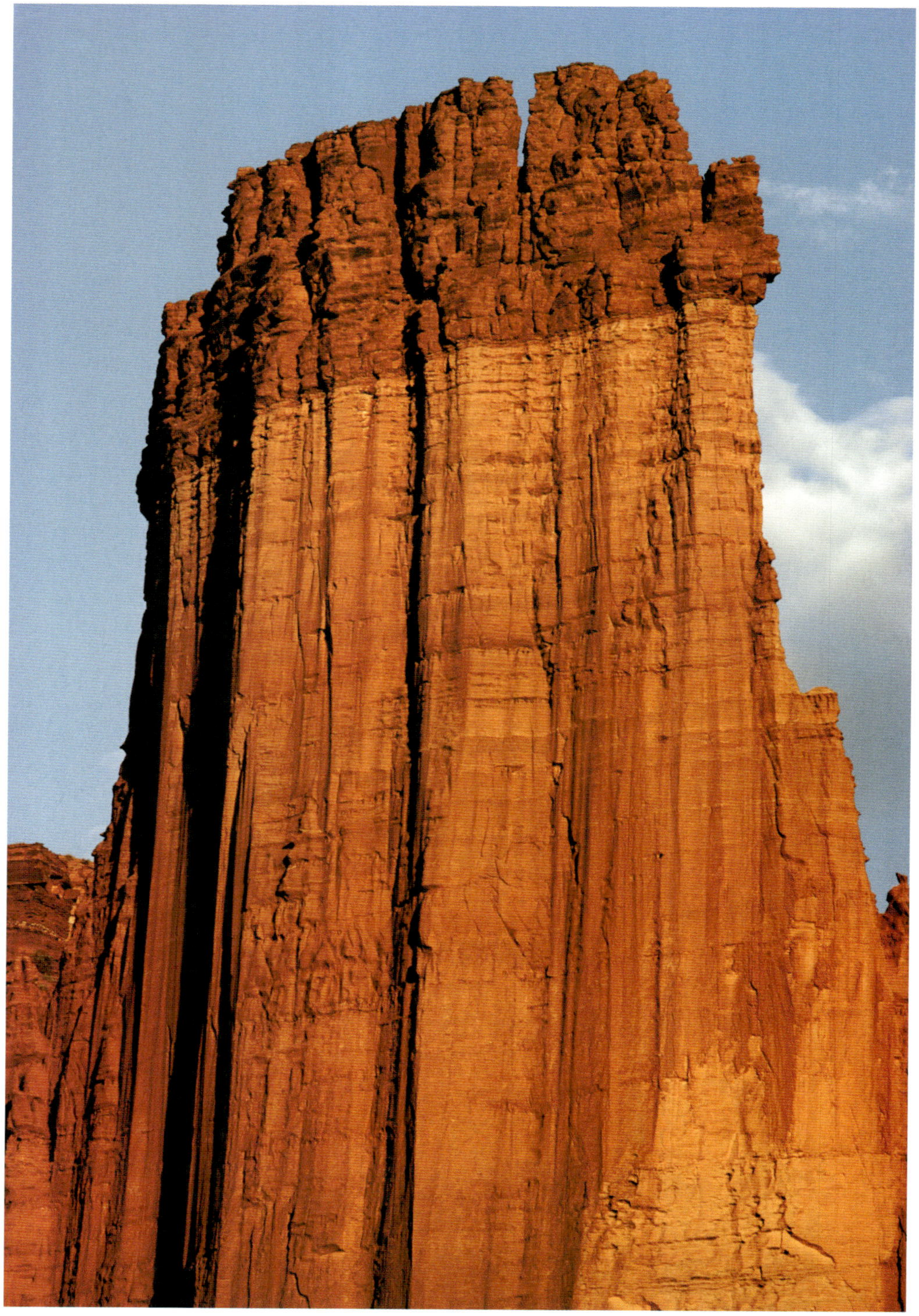

▲ LARANJA-AZUL
Uma combinação fotográfica de cores clássica e nem um pouco incomum.

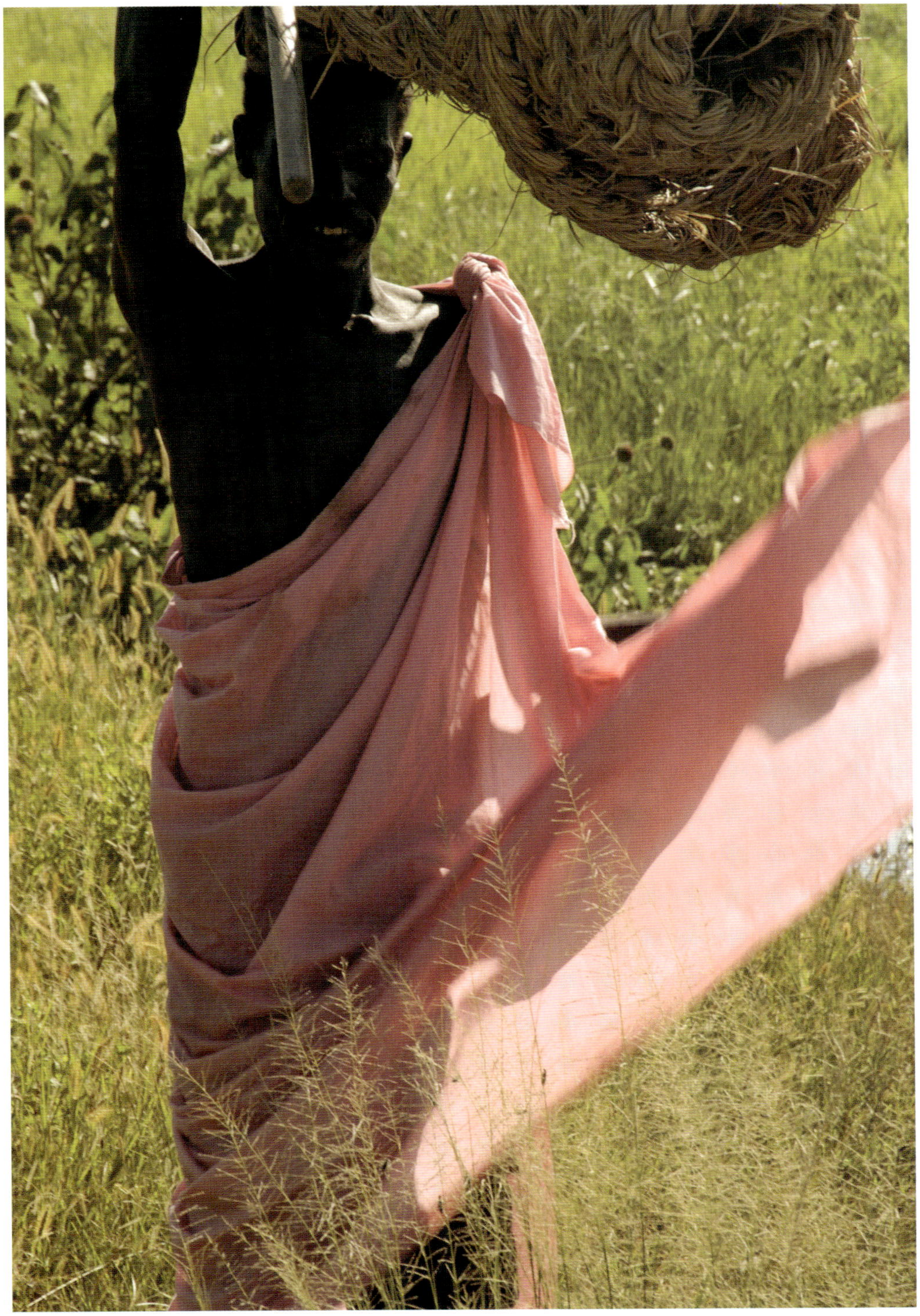

▲ ROSA-VERDE
O rosa da túnica deste homem está em oposição quase direta com o verde da grama logo abaixo.

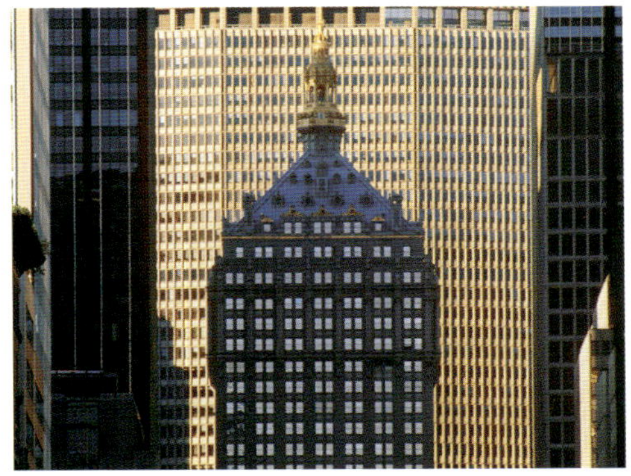

▲ TEMPERATURA DE COR
O calor da luz solar direta contrasta com a temperatura de cor mais alta do céu refletido.

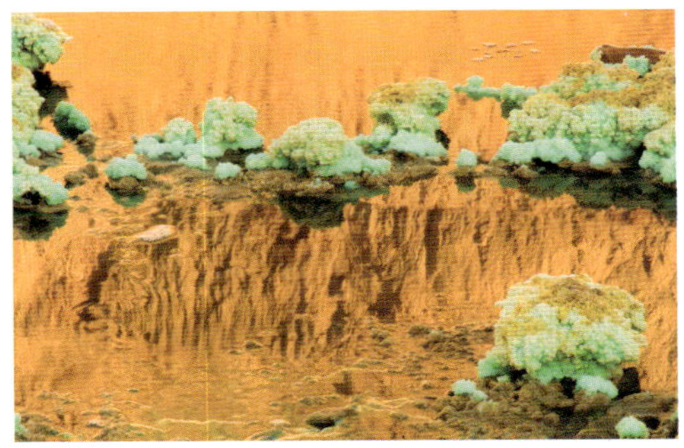

▲ VERDE-LARANJA
Aqui a cor verde contrasta com a cor laranja da luz refletida nesta lagoa.

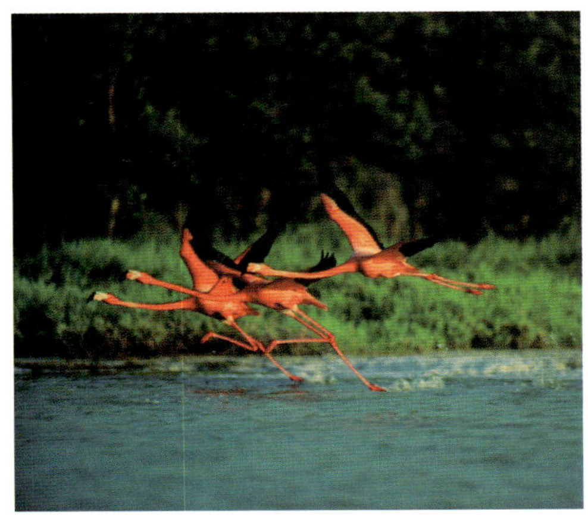

▲ VERMELHO-VERDE
As penas vermelhas contrastam com a vegetação verde, dando a impressão de que os pássaros descolam-se do plano de fundo.

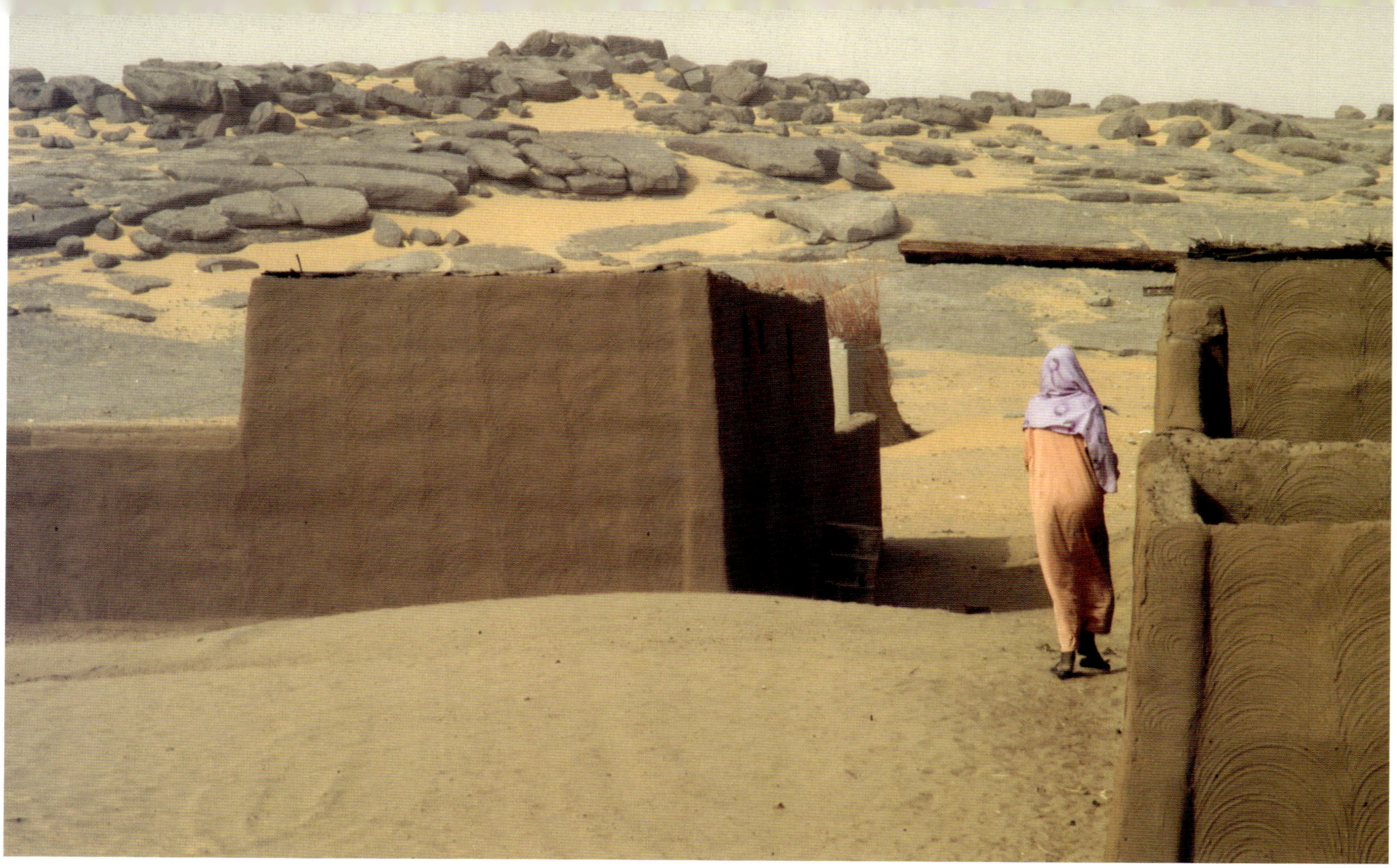

regras. Esse dualismo – reconhecer que certas relações e técnicas funcionam, e, ainda assim, não necessariamente usá-las – nos leva de volta ao princípio fundamental do equilíbrio que vimos no Capítulo 2 (páginas 32-63, especificamente na página 40).

Se tratamos a harmonia no sentido de relações agradáveis, aceitáveis, há então duas classes bem estabelecidas. Uma é a harmonia complementar (matizes que cruzam o círculo cromático) e a outra é a harmonia da semelhança (matizes do mesmo setor do círculo cromático). A base experimental para a harmonia complementar, sobre a qual não precisamos ir muito a fundo nos detalhes, está fundada no contraste simultâneo e sucessivo e no arranjo do círculo cromático, no qual os matizes são dispostos em sequência de acordo com seu comprimento de onda. Dito de modo simples, no contraste sucessivo, se você olha para uma faixa colorida por, pelo menos, meio minuto e depois desloca o olhar para uma área vazia de branco, verá uma imagem remanescente na cor complementar – a oposta no círculo cromático. Há um efeito semelhante, porém menos drástico, quando as cores são vistas lado a lado, no qual o olho tende a compensar; enquanto, no circulo das cores, misturar duas opostas produz uma neutra.

A harmonia de similaridade é mais óbvia. As cores próximas umas às outras em qualquer modelo de cor, desde um círculo de cores até uma forma tridimensional como o sólido de Munsell, simplesmente vão bem juntas porque não apresentam conflito. Cores "quentes", do amarelo ao vermelho, têm uma semelhança óbvia, assim como cores "frias" do azul ao verde ou um grupo de verdes, por exemplo.

Outra consideração é o brilho relativo. Diferentes matizes são percebidos como tendo diferentes valores de brilho, sendo o amarelo o mais claro e o violeta o mais escuro. Em outras palavras, não existe algo como um amarelo escuro, nem um violeta claro; ao invés disso, essas cores tornam-se outras – ocre, por exemplo, ou malva. O dramaturgo e poeta alemão J. W. von Goethe foi o primeiro a designar valores aos matizes – nove para o amarelo, oito para o laranja, seis tanto para o vermelho como para o verde, quatro para o azul e três para o violeta – e estes são ainda considerados funcionais. Como mostram as barras coloridas na página 121, para a harmonia mais previsível, as cores são combinadas em proporção inversa com relação aos seus valores de brilho.

As teorias sobre harmonia implicam que cores podem ser discordantes? Talvez. Para algumas pessoas, em certo momento, as cores podem parecer colidir, enquanto para outras, em outro momento, elas podem parecer perfeitamente aceitáveis. O pintor Kandinsky certamente pensava assim, declarando em 1912 que: "A discórdia em choque... 'princípios' derrubados... tensão e saudade... opostos e contradições... esta é nossa harmonia." Rosa *shocking* e verde limão, por exemplo, pode não ser a ideia que todos têm de harmonia de cor, mas se você gosta de kitsch, e em particular do uso "bonitinho" que os japoneses fazem dele, a combinação dessas cores está próxima do ideal.

▲ ACENTO DE COR 1
Contra as cores enfadonhas do deserto neste vilarejo às margens do Nilo, na Núbia, o véu malva desta mulher traz um alívio visual e, também, um ponto de foco para a atenção.

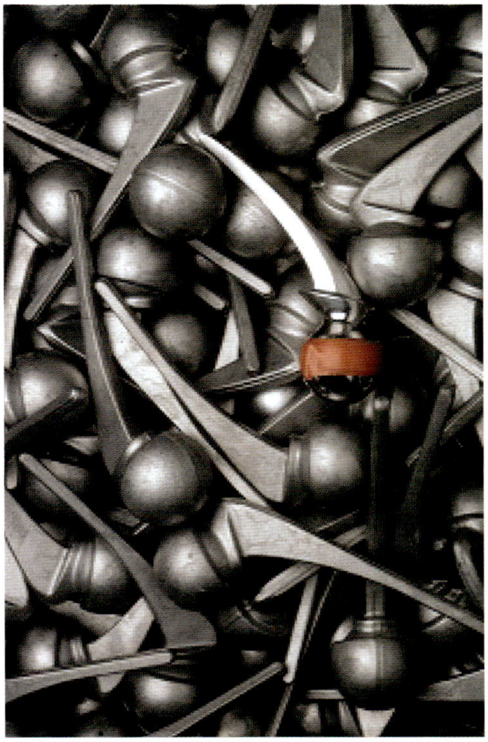

▲ ACENTO DE COR 2
O propósito desta foto foi mostrar uma massa de próteses de articulações de joelho feitas de titânio, mas, sem a prótese marcada com fita vermelha, a composição ficaria sem direção. A cor vermelha dá um ponto ao qual o olho pode retornar após passear pelo quadro.

O acento de cor é uma variação importante nas combinações de cores. Do mesmo modo como um assunto de pequenas dimensões que claramente se destaca de seu entorno funciona graficamente como um ponto (ver páginas 66-69), uma pequena área de cor contrastante terá o efeito de atrair o foco de modo semelhante. As relações entre cores que acabamos de ver continuam valendo, mas com menos força por causa da disparidade de tamanho entre as áreas. O efeito mais notável ocorre quando o entorno é relativamente sem cor e dois ou mais matizes ocupam áreas localizadas. Essa forma especial de contraste de cor inevitavelmente dá maior proeminência ao que os pintores chamam de "cor local" – a cor supostamente verdadeira de um objeto visto sob iluminação neutra, sem a influência de mascaramentos de cor. Acentuações de cor enfatizam, acima de tudo, a cor do objeto.

PROPORÇÕES DE COR
De acordo com a teoria clássica das cores, elas harmonizam-se umas com as outras de modo mais completo quando suas áreas estão em proporção inversa ao seu brilho relativo. Como proposto por Goethe, o vermelho e o verde têm mesmo brilho, portanto combinam-se na proporção de 1:1; o laranja é duas vezes mais claro que o azul e, portanto, sua combinação ideal é de 1:2; enquanto o amarelo e o violeta estão no extremo da escala de brilho, com proporção ideal de 1:3. Combinações em três vias seguem o mesmo princípio.

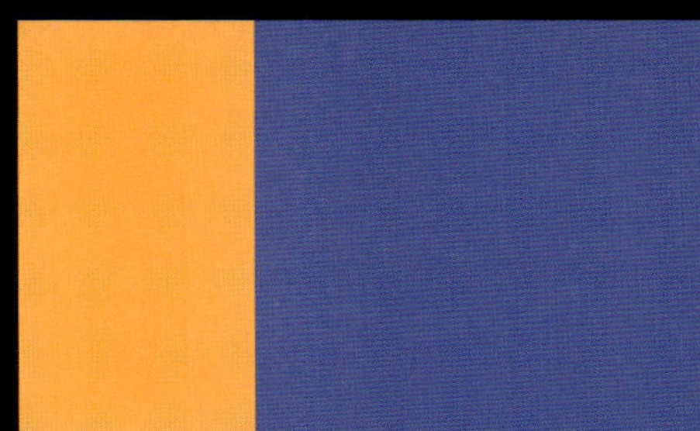

Laranja (3) e Azul (8)

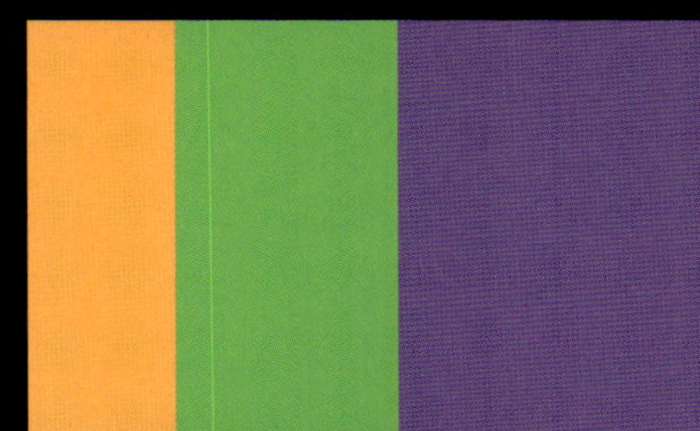

Laranja (3), Verde (4) e Violeta (8)

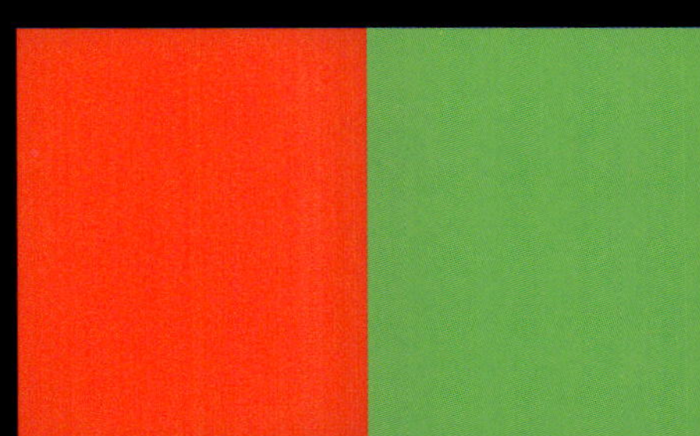

Vermelho (4) e Verde (4)

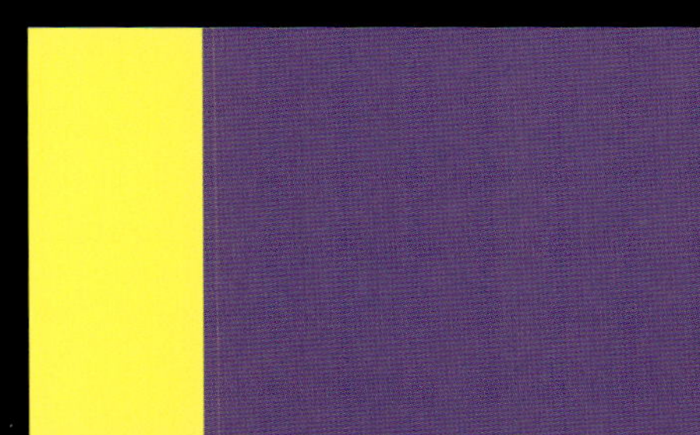

Amarelo (3) e Violeta (9)

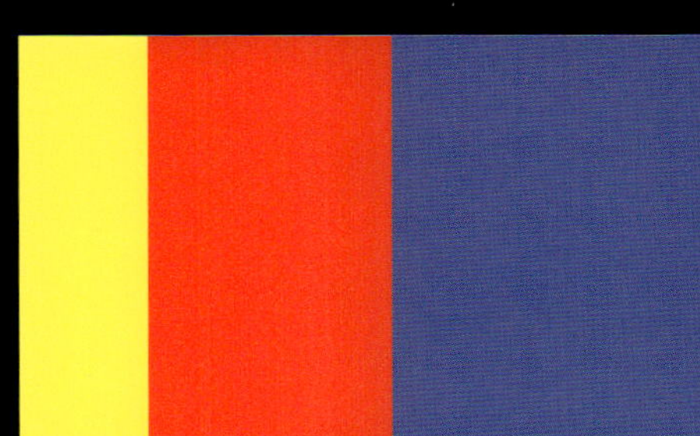

Amarelo (3), Vermelho (4) e Azul (9)

CORES DESSATURADAS

As cores fortes são relativamente escassas no mundo, exceto em ambientes feitos pelo homem. Podemos lembrar delas mais claramente, como nas cores das flores ou do sol poente, mas elas ocupam um espaço visual muito menor que os verdes diminutos, marrons, ocres, tons de pele, azuis ardósia, cinzas e pastéis que compõem a maioria das cenas naturais. Quem duvidar pode, simplesmente, sair e tentar capturar com uma câmera as seis cores fortes que acabamos de ver (páginas 114-121) – sem apelar para objetos coloridos feitos pelo homem.

Há muitos modos de descrever essa grande massa de cores "menos puras": diminutas, débeis, turvas, dessaturadas, sombrias, lavadas. Cores neutras que têm alguma coloração, às vezes, são chamadas de cinzas, pretos ou brancos cromáticos. Tecnicamente, elas são todas matizes puros modulados por dessaturação, clareamento, escurecimento ou uma combinação destes. Imagens coloridas em *high key* ou *low key* são necessariamente dessaturadas, a não ser que tenha sido acrescentada acento de cor forte. Relações de complementariedade e contraste entre cores são, é claro, menos óbvias, mas há maiores possibilidades de trabalho dentro de um setor do círculo das cores. Em geral, cores dessaturadas podem oferecer mais sutileza e um prazer mais calmo, até mais refinado, como ilustram as imagens nestas páginas.

Como as cores da vida real são traduzidas em um sensor de imagem ou filme já é uma outra questão. De fato, tradução é um termo mais preciso que registro, porque o processo, tanto em filme como digitalmente, envolve a separação de cores complexas em três componentes – vermelho, verde e azul – e, depois, a recombinação deles em certas proporções. Há um espaço considerável aqui para a tomada de decisão, e no auge do filme colorido os fabricantes criaram diferentes estratégias para diferentes marcas. O Kodachrome, que foi o primeiro filme colorido amplamente disponível para o público, mas também o filme profissional preferido por muitas décadas, era conhecido por suas cores ricas, saturadas, particularmente quando subexposto até certo ponto (ver página 112). Paul Simon até escreveu uma música chamada "Kodachrome" em 1973, chamando a atenção para as *"lindas cores brilhantes"* e para o modo como o efeito saturado *"faz você pensar que o mundo todo é um dia de sol."*

Essa tradução da cor, entretanto, teve pouca aprovação por parte do mundo das artes, mesmo nas mãos de um mestre como Ernst Haas, e foi geralmente considerado marcado pelo comercialismo e pelo excesso. Os formalistas da cor (ver página 152) abordaram a cor com mais cautela, mesmo quando, como no caso de William Eggleston, usaram o Kodachrome como matriz para suas impressões em papel. Mesmo assim, no vasto mundo da fotografia, a saturação continuou, e o filme que foi parcialmente responsável pela queda do Kodachrome, o Velvia da Fuji, também foi fabricado para criar matizes ricos e vívidos. Agora, com a fotografia digital, a tradução está inteiramente nas mãos dos usuários, e cores dessaturadas podem ser animadas assim como cores ricas podem ser reduzidas.

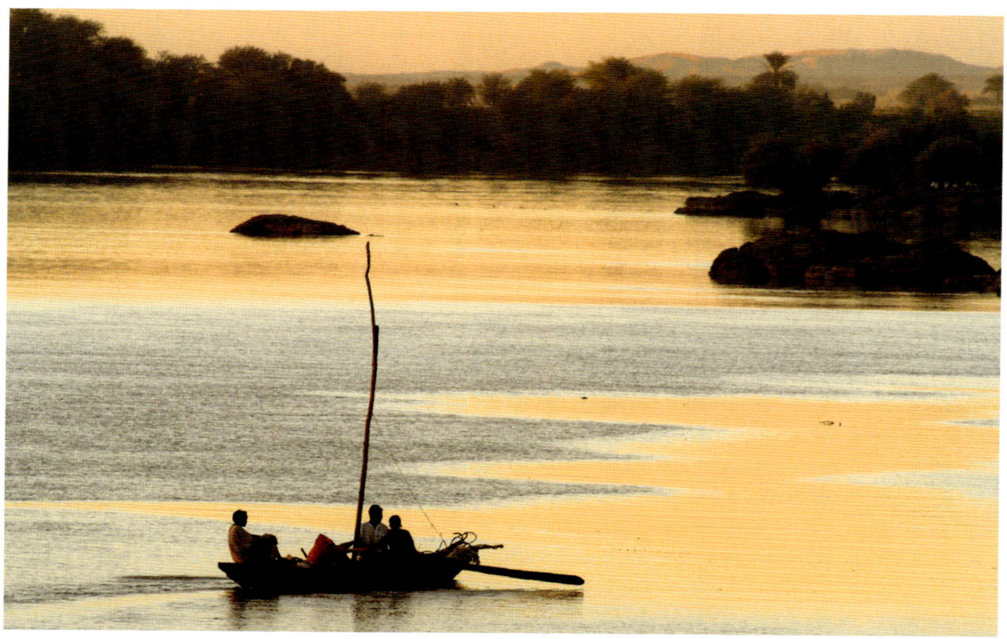

◄ UMA PALETA ORIENTAL
O pôr do sol no Nilo abaixo de Cartum. Uma gama de cores do laranja claro ao malva é lançada contra pálidos reflexos azuis no momento em que uma brisa perturbou a água, em uma débil relação de cores complementares.

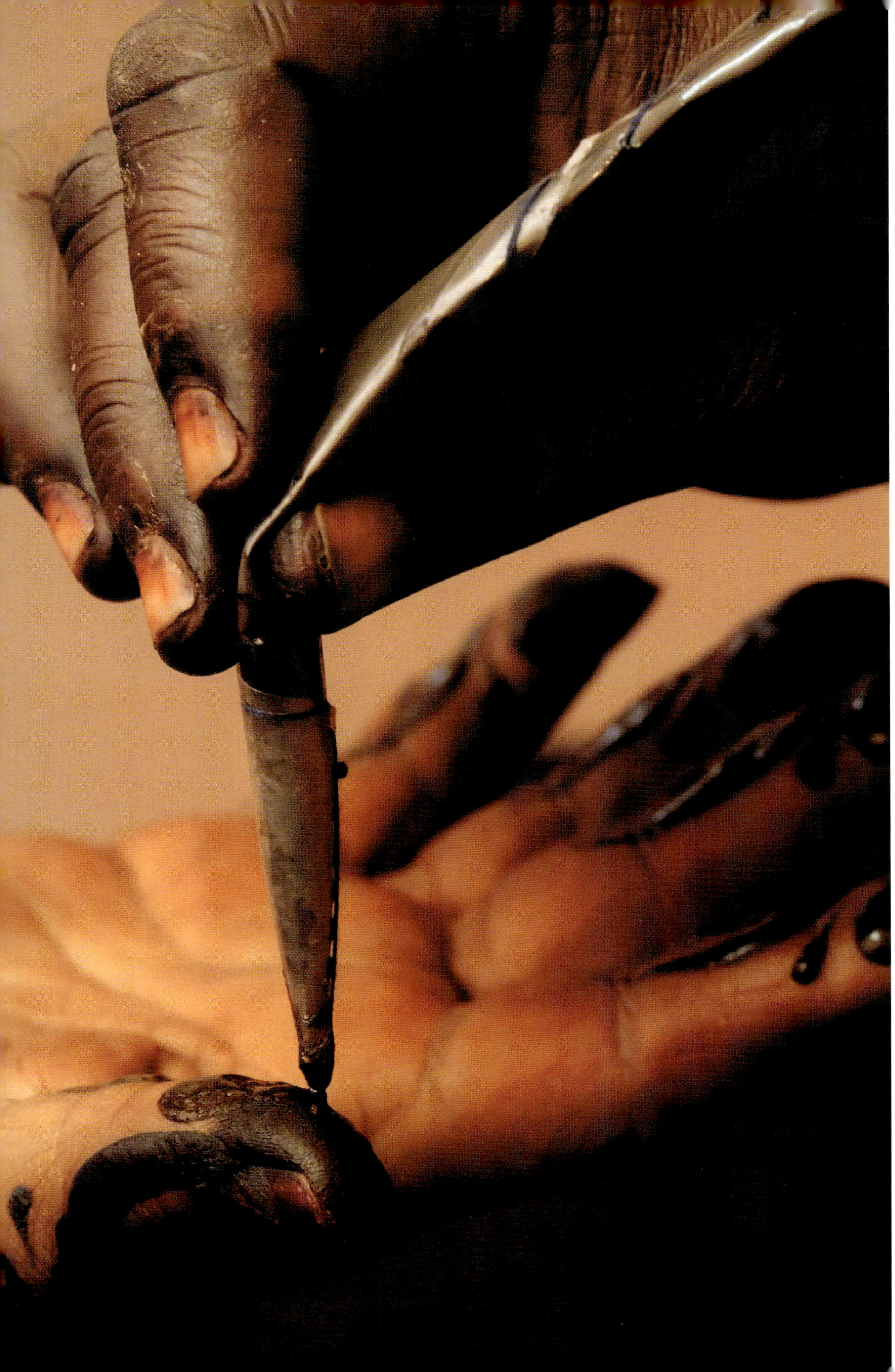

◂ HENA
O marrom, que tecnicamente é um vermelho muito dessaturado, é a cor dessaturada clássica, com conotações terrosas. Aqui, a hena é aplicada nas mãos de uma sudanesa.

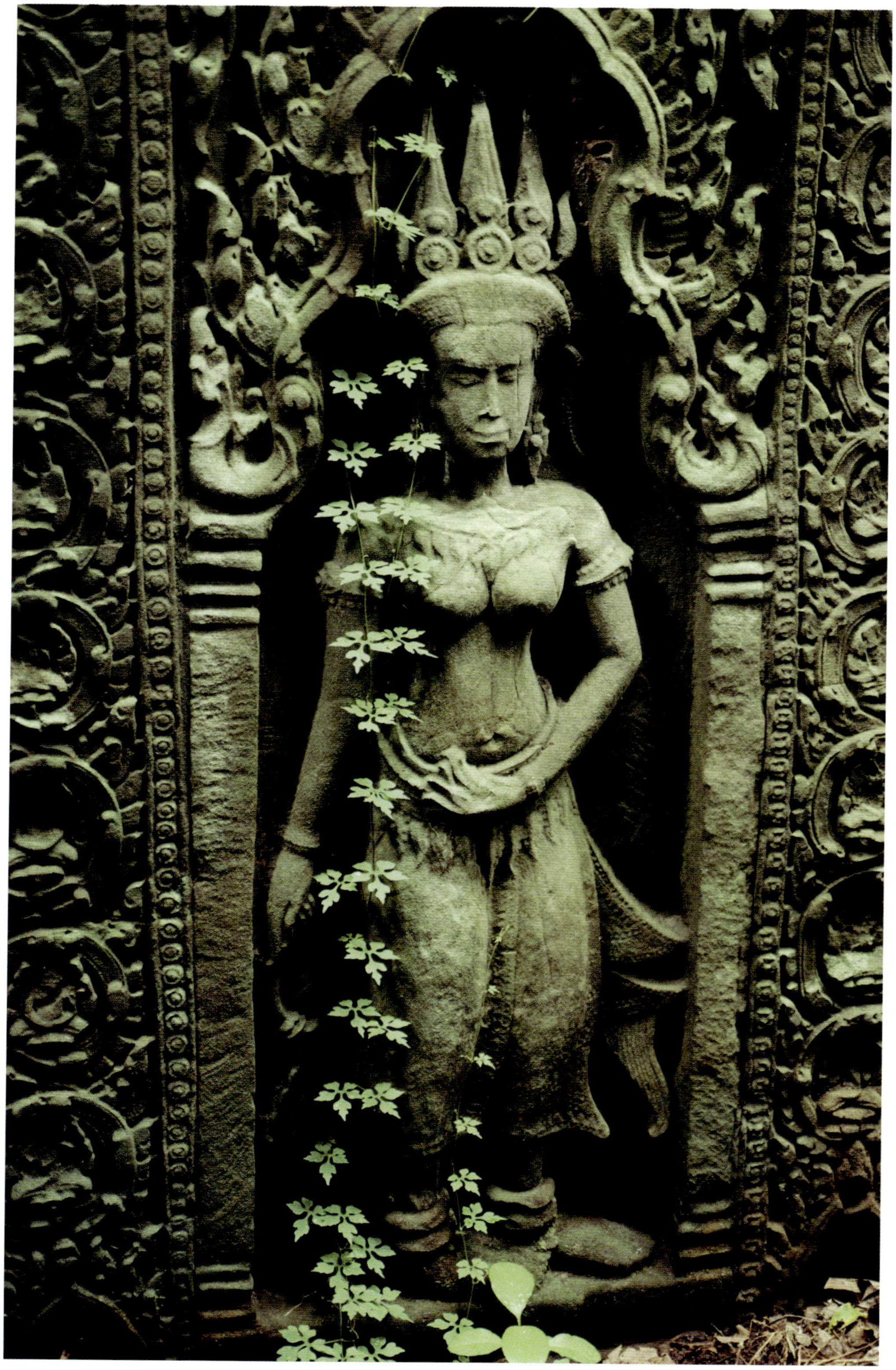

VERDES-MUSGO

Verdes suaves, como neste musgo que cobre uma figura em baixo-relevo de Angkor, conotam chuva, abatimento e definhamento.

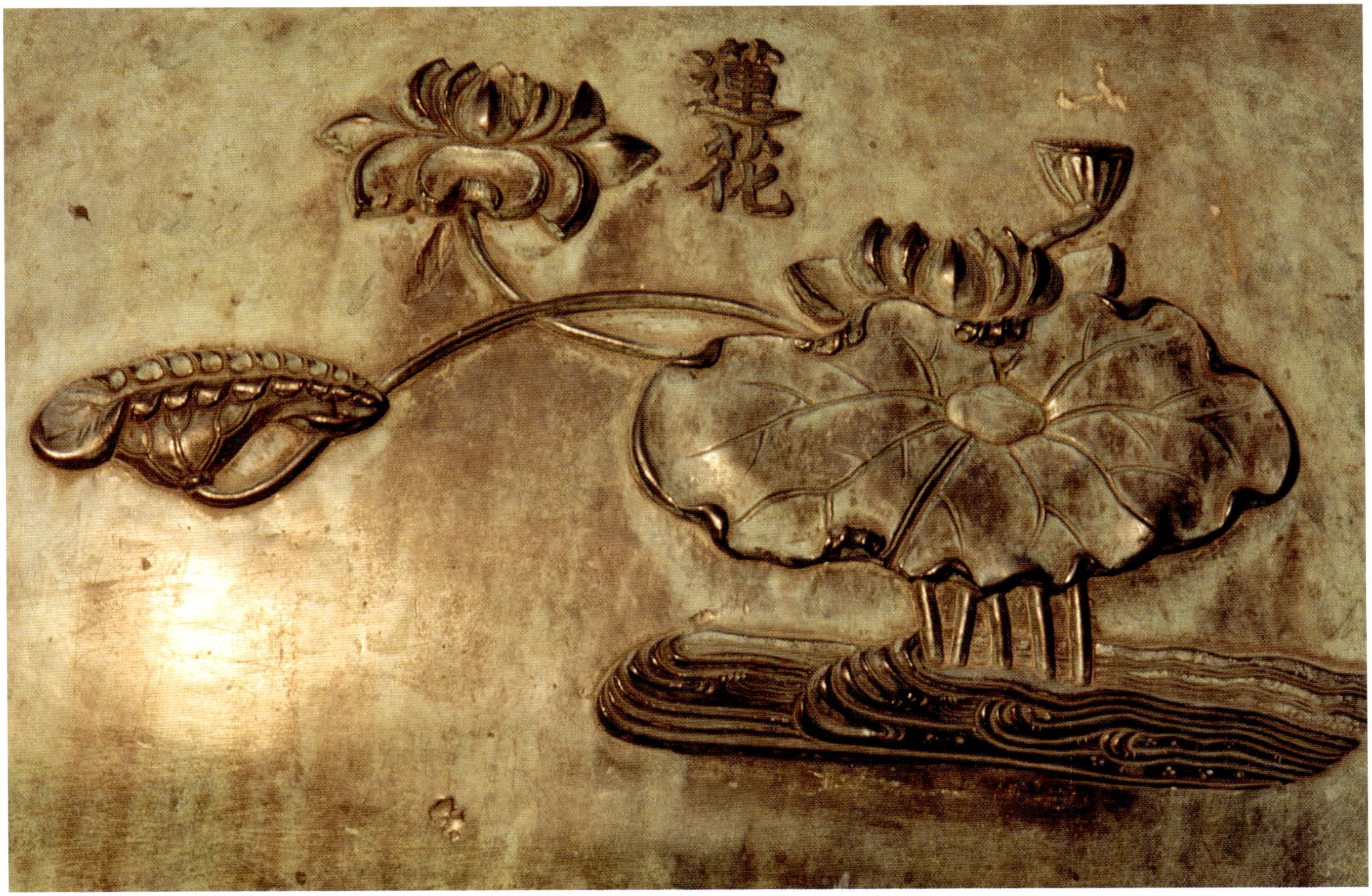

METÁLICOS
A luz do sol nublado refletida no bronze patinado de uma urna dinástica vietnamita define a qualidade metálica da superfície por meio de reflexão e uma delicada alteração de matiz.

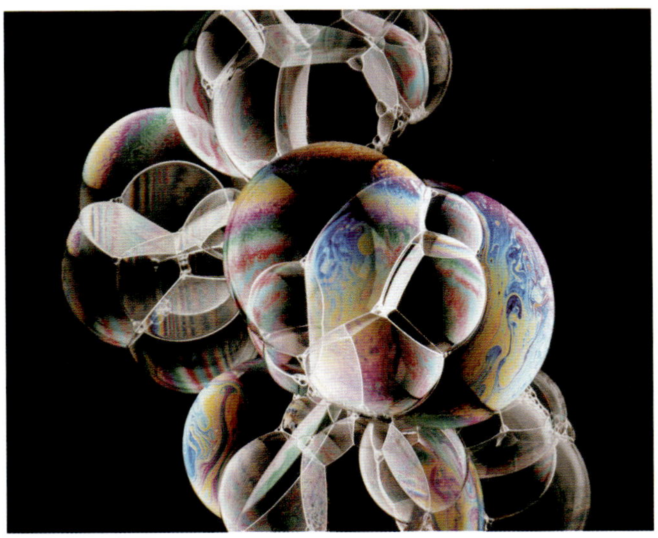

CORES DE INTERFERÊNCIA
Um breve efeito de arco-íris ocorre em certas superfícies, especialmente bolhas de sabão e manchas de óleo, e ficam mais óbvias sob luz dura, clara e contra um fundo escuro. Reflexões vindas de um sanduíche de superfícies transparentes, como aqui, fazem as ondas de luz interferirem umas nas outras, produzindo uma trêmula gama de matizes espectrais.

PRETO E BRANCO

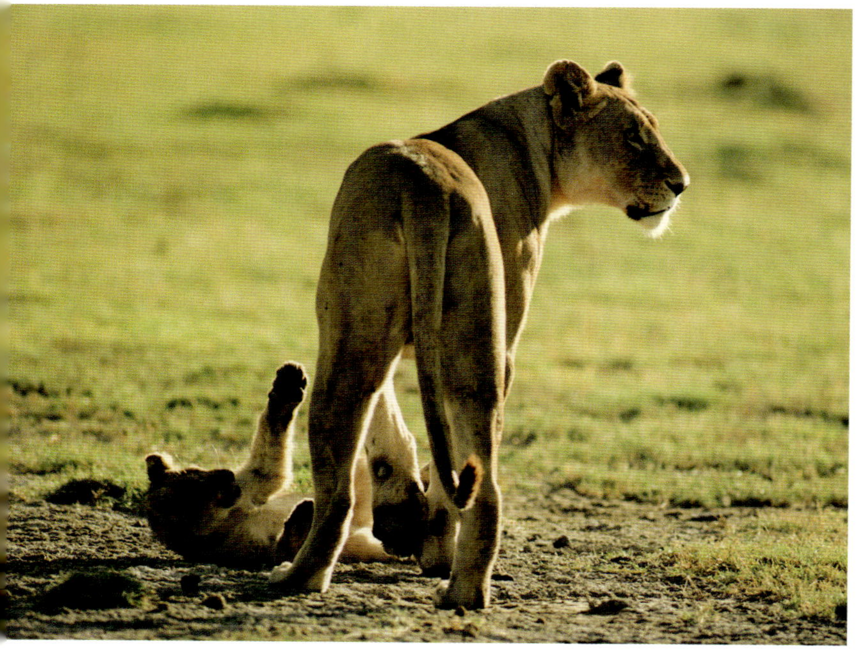

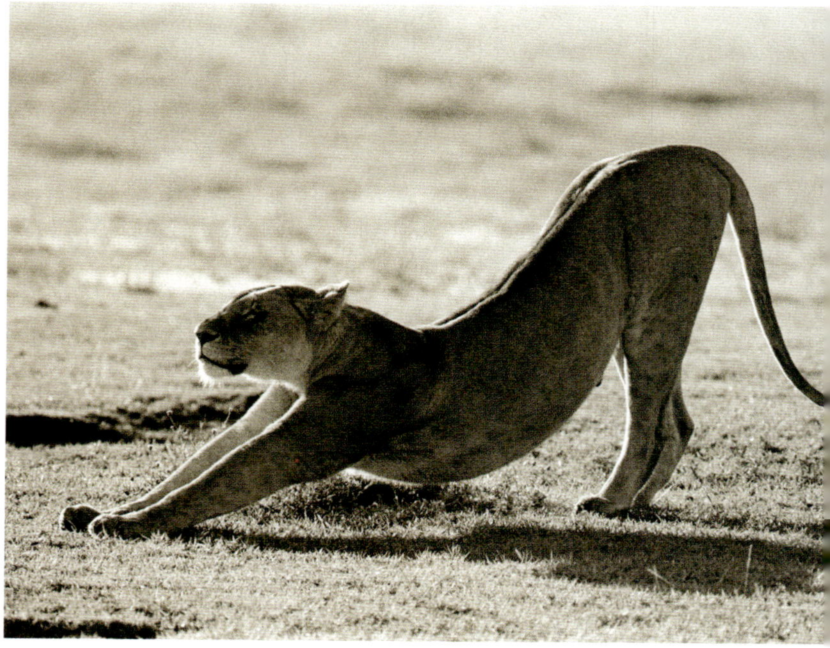

A imagem fotográfica em preto e branco ocupa um lugar único na arte. Não que o preto e branco seja, de alguma forma, novo para a arte – desenhos, rascunhos com carvão, gravuras em metal e madeira têm sido executados sem cor ao longo da história –, mas é que, em fotografia, ele foi, inicialmente, a norma, por razões inteiramente técnicas. Ainda mais interessante é que, quando as limitações técnicas foram varridas pela invenção do filme colorido, o preto e branco continuou incrustrado como mídia preferida para muitos fotógrafos. Isso continua até hoje.

Na visão popular, a fotografia é mais realista que qualquer outra arte gráfica porque a câmera capta suas imagens diretamente, opticamente a partir da realidade. Por extensão, a fotografia colorida deve ser ainda mais realista que a em preto e branco porque ela reproduz mais informações do mundo real. Apesar disso, toda arte é ilusão (ver o estudo clássico de E. H. Gombrich *Arte e Ilusão*), e a fotografia tanto quanto uma pintura é um exercício bidimensional de ativação de respostas perceptuais, não uma versão bidimensional do mundo real. O argumento em favor da fotografia em preto e branco é que ela tenta ser menos literal que a fotografia colorida. Em termos visuais, o preto e branco permite maior expressão na modulação de tom, na apresentação de textura, na modelagem e definição da forma. O que não é mais verdade, entretanto, é o antigo argumento de fotógrafos praticantes do preto e branco de que ele dá maior liberdade para interpretação em laboratório. Esse foi o caso, mas, agora, a pós-produção digital e a impressão *desktop* com qualidade de arquivo tornaram realidade a completa interpretação expressiva em fotografia colorida. O preto e branco, aliás, também beneficiou-se da pós-produção digital, na medida em que os três canais – vermelho, verde e azul – podem ser misturados em qualquer proporção para controle ainda maior sobre a interpretação tonal da cor do que jamais foi possível pelo uso de filtros coloridos ao fotografar. Enquanto a gama de efeitos era normalmente limitada a uns poucos, incluindo um céu mais escuro pelo uso de um filtro vermelho, neblina atmosférica aumentada pelo uso de um filtro azul, e uma vegetação mais clara e tons de pele mais escuros pelo uso de um filtro verde, o misturador de canais do Photoshop e de aplicativos semelhantes permite que qualquer matiz seja situado em qualquer ponto entre o preto e o branco.

▲ DOIS TRATAMENTOS
Duas fotografias, ambas tiradas do mesmo assunto quase ao mesmo tempo. A imagem colorida, fotografada em filme reversível, é natural e realista, conduzindo a atenção diretamente às ações e atitudes da leoa e do filhote. A versão preto e branco é um pouco diferente. Carecendo de cor, a imagem é ligeiramente mais abstrata, e a forma e linhas da leoa tornam-se mais importantes para o efeito geral da imagem.

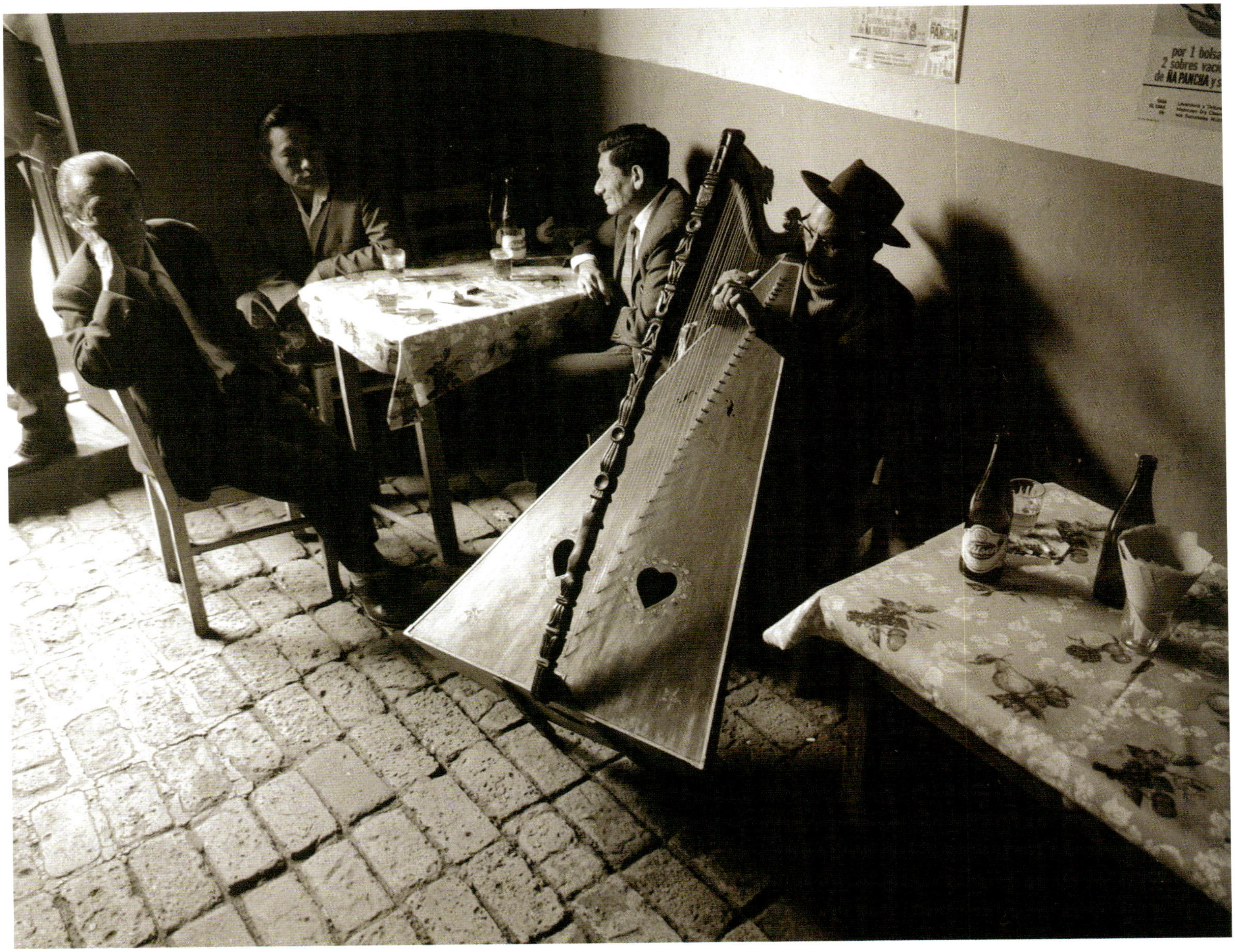

▲ TEXTURA E FORMA
Remover de uma imagem a qualidade da cor aumenta suas outras qualidades. Com a modulação ocorrendo inteiramente no tom, o olho presta mais atenção à textura, linhas e formas. As qualidades de textura das superfícies desempenham um importante papel nesta cópia e foram realçadas pelo uso de um papel de densidade maior para manter o fundo em tons de preto ricos e escuros.

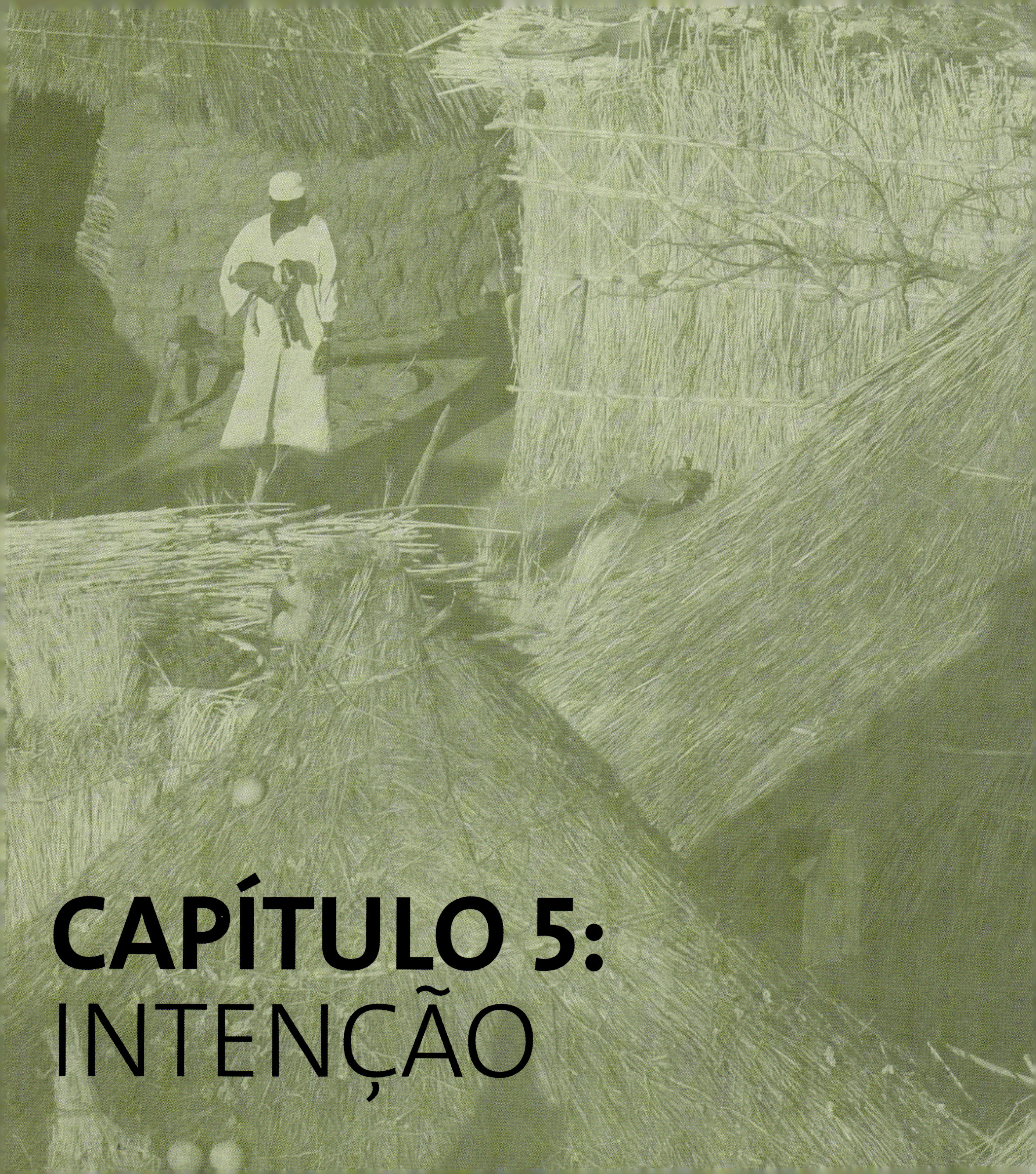

CAPÍTULO 5: INTENÇÃO

O que dá à composição uma má reputação é a sugestão de que existem regras. Certamente, vimos exemplos de como as coisas funcionam, de como os princípios e elementos do design podem ter efeitos previsíveis sobre os espectadores, mas estes estão muito distantes de serem regras. Dizer que uma pequena quantidade de amarelo complementa uma grande área de violeta é, de certo modo, aceitavelmente verdadeiro, mas dizer que você deve sempre buscar essa relação entre essas duas cores é bobagem. O que determina a composição é o propósito – a intenção. Como exemplo simples, o propósito é agradar tantas pessoas quanto possível ou ser diferente e inesperado? A intenção nem precisa ser assim tão específica, pode ser uma preferência individual não declarada. Ainda assim, a consciência sobre o que você quer deve, geralmente, vir antes de você tomar decisões quanto à composição.

Boa parte da fotografia pende em direção ao pragmático, simplesmente porque a câmera é muito adequada ao registro e à apresentação de informações visuais. Em termos de quantidade, a fotografia é usada mais em comunicação de massa do que em belas artes. O conhecido designer gráfico norte-americano Milton Glaser escreveu "À medida que as sociedades desenvolveram-se, as funções da informação e da arte divergiram e foram feitas distinções entre a arte elevada e a comunicação de informação para um número cada vez maior de pessoas." Que a maior parte da fotografia esteja no lado da comunicação de massa nesta divisão deve-se ao fato de ela ser tão fácil de reproduzir e de ser tão amplamente usada de modo não profissional; ambos motivos atenuam a evolução do estilo individual próprio. O estilo em fotografia é mais vago do que na pintura. Ele significa, essencialmente, certa marca gráfica no conjunto de uma obra, mas os elementos e técnicas que misturam-se para realizá-lo nem sempre são tão distintos quanto alguns possam querer. Geoff Dyer, em *The Ongoing Moment*, não é o primeiro comentador a apontar isso. Em seu estudo sobre os fotógrafos da Depressão norte-americana, escreveu: "Nos deparamos repetidamente com ele ao estudar a fotografia: um assunto fortemente identificado com um fotógrafo – tanto é assim que identifica-se o fotógrafo pelo assunto –, acabando por ser compartilhado e replicado por muitos outros."

Na pintura, o próprio processo de feitura da imagem depende da percepção do artista e do modo como os materiais são aplicados. Não existe algo como uma imagem neutra, sem características (mesmo técnicas imitativas são baseadas em algum estilo). O inverso é verdadeiro para a fotografia. As fotografias podem ser, e infelizmente muitas vezes são, tiradas com pouca preocupação com sua aparência. A câmera pode produzir uma fotografia por si, e influenciar a composição e caráter da imagem demanda esforço, como vimos. Para fazer uma diferença identificável no estilo da imagem, as técnicas usadas precisam ser precisas em vez de sutis. Na maioria das fotografias, é o conteúdo que domina, e a maioria das técnicas estilísticas que um fotógrafo pode usar são previsivelmente limitadas.

Até agora, estivemos preocupados com o vocabulário e a gramática da composição, mas o processo costuma começar com o propósito – uma ideia geral ou específica de qual tipo de imagem o fotógrafo quer. Contudo, é perfeitamente possível começar sem ideia alguma e, simplesmente, reagir. Esse é, na verdade, um dos problemas centrais na fotografia – superar a mera facilidade de negligentemente tirar uma foto. O problema é agravado pela evidência de que, ocasionalmente, uma imagem forte pode ser resultado de um ato não intencional. A ênfase, porém, está no "ocasional", pois valer-se de reações instantâneas às mudanças na cena a sua frente é um tipo de plano. Fotos anteriores podem levá-lo a esperar que algo promissor aconteça contanto que você saia com a câmera rumo a uma busca não muito precisa. O principal é manter-se atento ao que se determinou a fazer e a quais resultados terão mais chances de lhe satisfazer. Importa pouco que a intenção seja apenas em linhas gerais; conhecê-la sempre ajudará o design. Os diferentes tipos de intenção dividem-se naturalmente em pares contrastantes, e este é o modo como vou examiná-los neste capítulo, começando com o mais básico, entre o convencional e o desafiador. Também pode ser mais útil vê-los como escalas, porque há muitas posições que podem ser assumidas entre os dois extremos.

CONVENCIONAL OU DESAFIADOR

Uma das decisões mais importantes com relação à intenção é o quanto você vai querer ficar dentro das fronteiras daquilo que um espectador espera ver. Nos quatro primeiros capítulos, vimos demonstrado vez após outra como certas técnicas de composição e relações produzem resultados satisfatórios previsíveis. Por exemplo, o posicionamento e a divisão que mais ou menos se enquadram dentro das proporções da Razão Áurea (ou, de modo mais nu e cru, na regra dos terços) são de fato considerados apropriados e agradáveis pela maioria das pessoas. De modo semelhante, cores complementares nas proporções mostradas na página 121 criam um efeito agradável – novamente, para a maioria das pessoas. O que é importante lembrar, entretanto, é que a eficácia não faz a regra. Algo não é melhor apenas por adequar-se ao gosto da maioria. A composição previsivelmente eficiente é perfeita para alguns propósitos, mas não para outros. Ela não é, certamente, arriscada e estimulante. É aí que entra a intenção.

Por exemplo, se você precisa mostrar algo o mais claramente possível, ou em seu aspecto mais atraente, nesse caso, certas regras são válidas. A composição, iluminação e o tratamento em geral serão orientados em direção ao convencional, ao já experimentado e testado. Em uma paisagem, por exemplo, isso encorajaria fortemente o uso de um ponto de vista já utilizado muitas vezes por outros fotógrafos (porque ele é sabidamente atraente), e da "luz dourada" do final da tarde ou do início da manhã quando em tempo bom. Esse seria o tipo de foto que a editora de um livro de viagens gostaria de ter – uma boa e bem talhada foto de catálogo, com bom potencial de venda. Por outro lado, o próprio fato de tal imagem ser semelhante a muitas outras já tiradas pode ser razão suficiente para evitá-la, e, nesse caso, você poderia estar procurando ativamente um tratamento original – para surpreender o espectador e, talvez, exibir habilidades imaginativas.

A questão então se torna o quão longe ir na composição incomum sem que o resultado pareça forçado ou ridículo. De fato, nesta tão importante escala entre o convencional e o não convencional, todas as decisões difíceis são as que vão em direção ao não convencional. Deixe-me levar isso um pouco mais adiante. Se você precisa ser claro e aceitável, então o objetivo é preciso e direto. Mais que isso, as técnicas conhecidas baseadas na psicologia da percepção estão ao seu lado. Elas estão trabalhando a seu favor. Porém, se você quer afastar-se disso e exercitar uma imaginação mais criativa, as definições tornam-se imprecisas. Afastar-se de imagens convencionais significa afastar-se do que sabidamente funciona, e, portanto, em última instância é entrar em território inexplorado. O que pode funcionar para você pode não funcionar para um espectador. Há duas coisas a considerar: o quanto ir em direção ao não convencional na composição, e exatamente por qual razão. Vá muito longe (como situar o assunto da fotografia bem em um dos cantos) e talvez você precise de uma boa razão para evitar que ela pareça artificial ou tola. Quanto à "exata razão," há muitas possíveis nuances de propósito, e ser simplesmente diferente é a menos convincente. Ao escrever sobre o fotógrafo norte-americano Garry Winogrand, cujos anos mais produtivos foram entre meados dos anos 60 e meados dos 70 e cujo trabalho foi tumultuado devido à sua evidente falta de habilidade ou propósito claro, o então diretor de fotografia do Museu de Arte Moderna, John Szarkowski, que promoveu esse fotógrafo, escreveu: "Winogrand disse que se visse uma foto familiar em seu visor ocular 'faria algo para mudá-la' – algo que daria a ele um problema não resolvido." Isto é propósito fraco e raciocínio fraco. Uma razão mais válida seria escolher um estilo de composição que refletisse mais apuradamente o modo como o fotógrafo vê o assunto – como Robert Frank fez quando viajou pela América do Norte dos anos 1950 com o auxílio do Guggenheim resultando em seu livro seminal *The Americans*.

Caso tudo isso tenha soado como elogio desqualificado em favor da individualidade e quebra de regras, eu gostaria de apresentar um contra-argumento em favor da convenção. É muito fácil elogiar tentativas de originalidade com certa implicação de que o tratamento convencional é comum e menos imaginativo. De fato, este conselho básico, de procurar o diferente, corre o risco de tornar-se, ele mesmo, convencional. A fotografia – pelas razões que estamos explorando neste capítulo, mas que já vimos anteriormente pelo livro – tem uma tendência especial a encorajar a originalidade, mas o perigo óbvio está em tentar ser diferente simplesmente por ser diferente. Diferente não é necessariamente melhor, e ele é um objetivo pobre a se atingir sem que se tenha uma boa razão e alguma habilidade. Os tratamentos tornam-se convencionais porque, em geral, funcionam, e há muito mais situações na fotografia que pedem o bem talhado em vez do incomum.

A busca pela originalidade, por um tratamento visual que é diferente do que foi feito anteriormente, tem um lugar especial na fotografia. Mais, eu diria, do que em outras artes visuais, e podemos ver constantes tentativas de obtê-lo. Por que isso deve ser assim deve-se a duas coisas: a mera quantidade de fotografias às quais somos expostos, e ao processo de registro, óptico e diretamente da cena através da lente até o sensor. A combinação dessas duas torna relativamente difícil escapar de fazer imagens semelhantes de cenas semelhantes. Cenas e assuntos bem conhecidos foram inevitavelmente fotografadas sem parar, e como os modos de fazê-lo são um tanto limitados (uns poucos pontos de vista óbvios, umas poucas formas prudentes de composição), boa parte dos fotógrafos naturalmente sentem insatisfação por

➤ CORTADOR DE CANA
Em contraste com a vista paisagística japonesa, tanto a técnica quanto o conteúdo não são aqui o que a maioria dos espectadores anteciparam. O assunto é um cortador de cana do sul do Sudão trabalhando por produção individual, ceifando os talos enegrecidos após o lote ter sido queimado; à medida que a aurora e o fim de seu turno se aproximam, ele trabalha ainda mais duro para preencher sua cota. Experimentação e sorte compuseram a fotografia: as condições eram sufocantes e escuras, e a única maneira segura de fotografar de perto com uma lente grande-angular foi segurando a câmera próxima ao chão na distância do braço. Capturar a lanterna e a luz pré-matinal implicou em uma exposição longa acrescida de flash em segunda cortina, o que fez com que ela fosse altamente imprevisível. Houve muitas falhas antes desta foto.

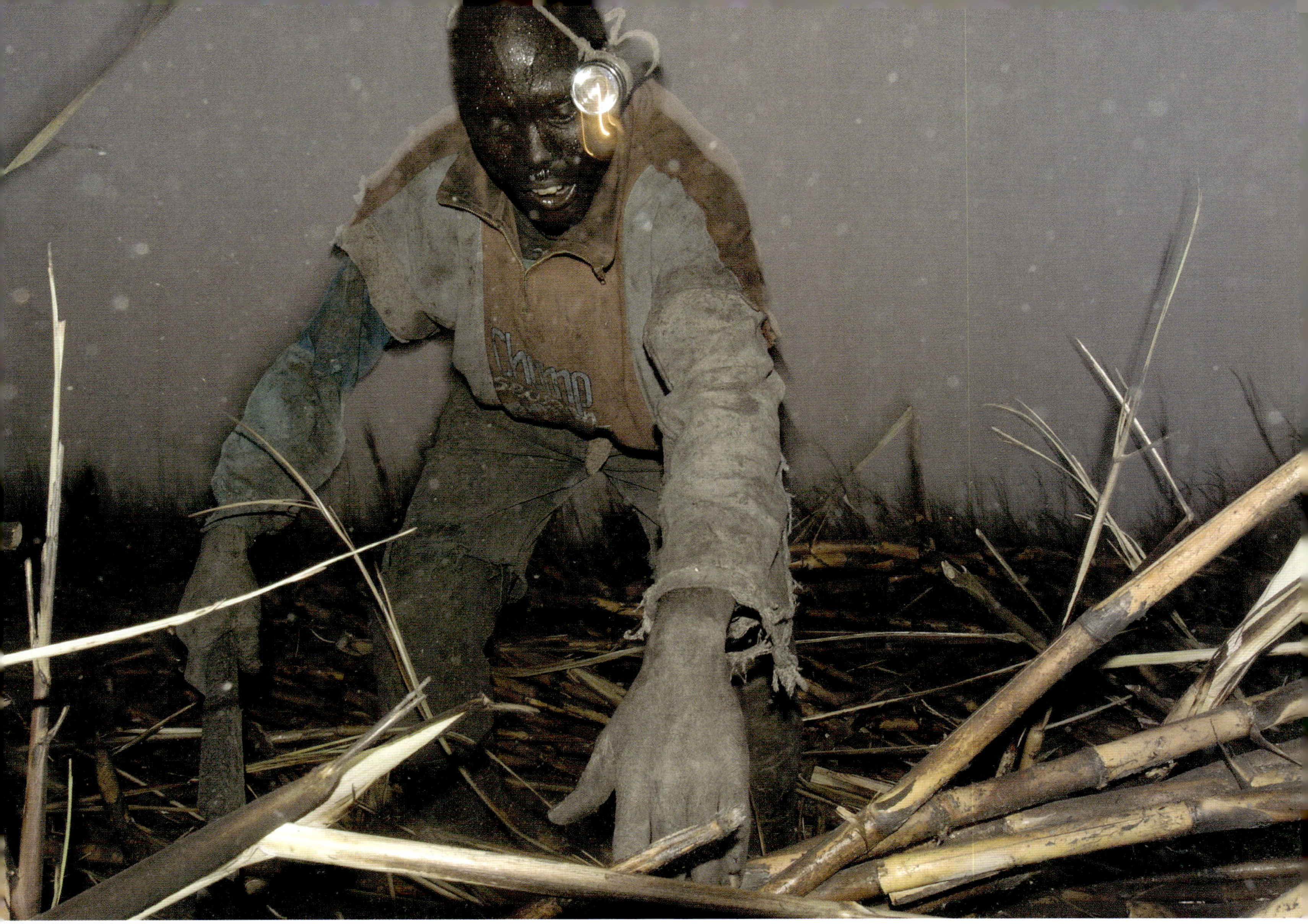

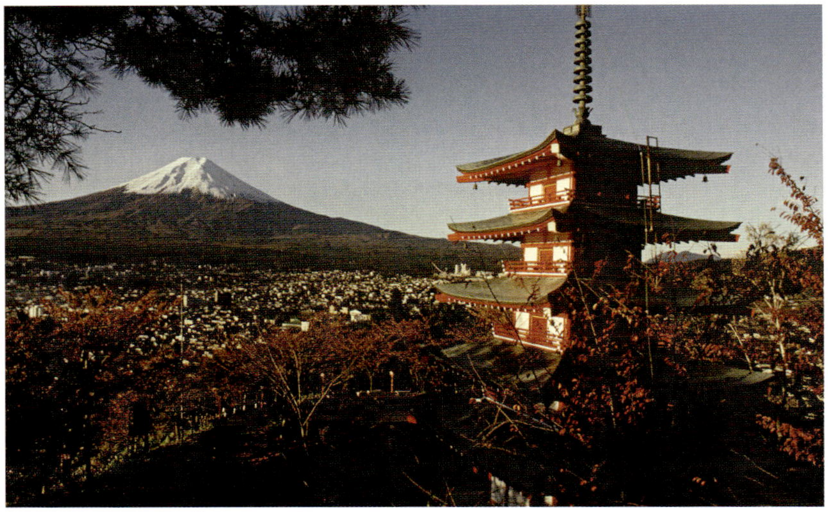

◄ MONTE FUJI

Esta é uma imagem completamente “segura” na medida em que ela preenche as expectativas de um grande público – uma vista do Monte Fuji sob boas condições sazonais (com manto de neve), de tempo (limpo com boa visibilidade) e de luz (logo após o nascer do sol). Além disso, o ponto de vista foi escolhido com cuidado e planejado para que incluísse um ícone do Japão tradicional, e enquadrado de maneira eficiente. De todo, completamente convencional com respeito ao assunto e ao tratamento.

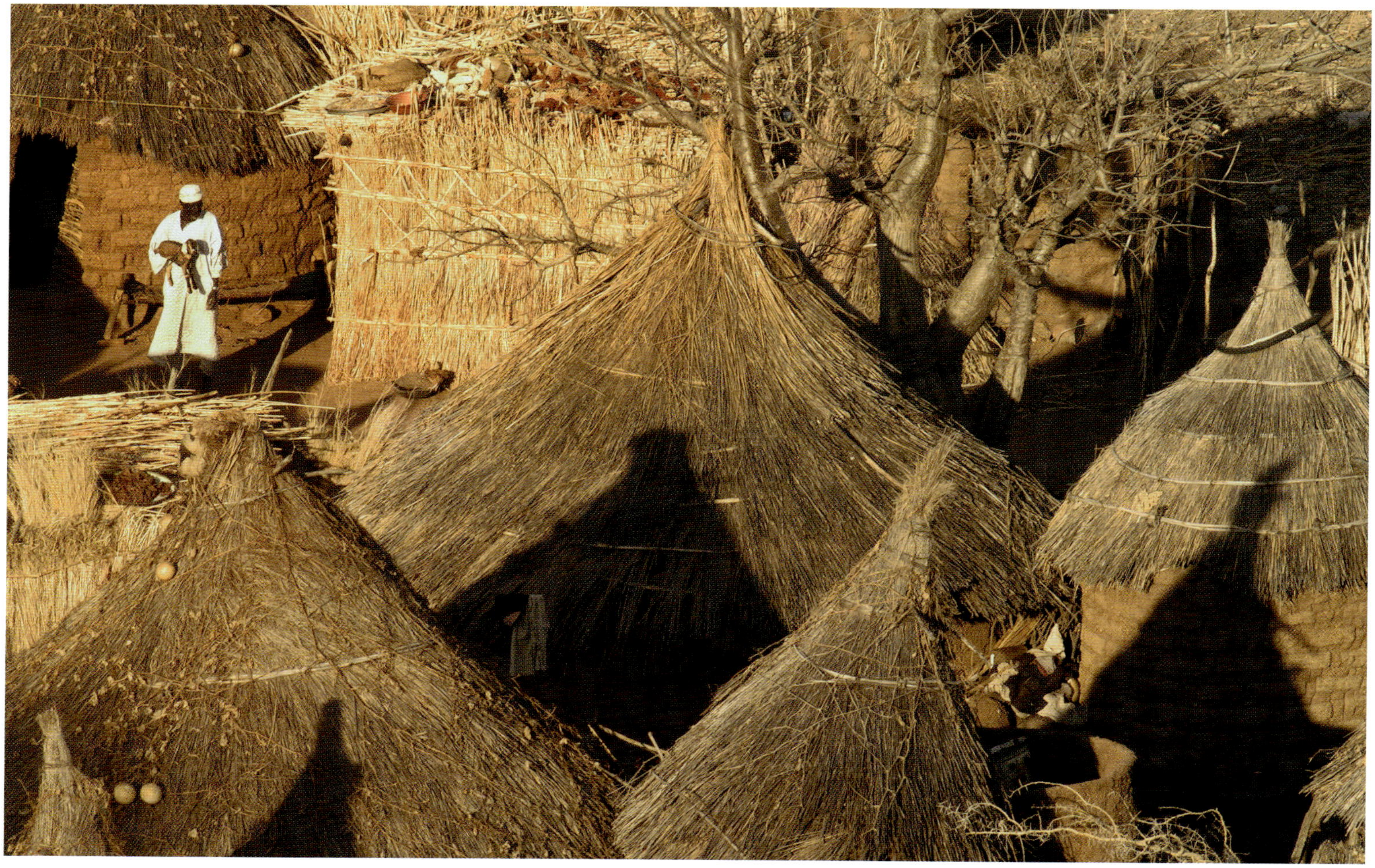

criar uma imagem que possa ser indistinguível de tantas outras. Exceto a título de registro de ter estado lá, ela pode até parecer meio sem sentido. Não é que seja o caso de haver alguma escolha quanto a como as formas e detalhes serão representados, como há na pintura. A câmera opera imparcialmente e sem personalidade. Isso é o que, em grade parte, motiva os fotógrafos a buscar novos modos de enquadrar as fotos, porque o design é a rota mais acessível para a interpretação individual.

Isso conduz a uma questão mais fundamental – a do papel da surpresa na fotografia em geral. Em última instância, essa é uma preocupação filosófica e, de fato, tem atraído a atenção de filósofos como Roland Barthes. Quero tocar nisso, aqui, apenas na medida em que poderia ser útil à realização de fotografias, mas isso tem suas raízes no fato de que toda fotografia não manipulada mostra o que de fato estava lá, no local e no tempo e na realidade. Portanto, a menos que o assunto ou seu tratamento tenham algo de especial a seu respeito, há um risco constante de que a imagem seja ignorada, sendo vista como desinteressante. Jean-Paul Sartre escreveu que "Fotografias de jornal podem muito bem 'não dizer nada para mim'... Além disso, há casos em que a fotografia me deixa tão indiferente que nem me preocupo em vê-la 'como uma imagem'. A fotografia é vagamente constituída como objeto..." Essa é, em última análise, a razão de tantos fotógrafos quererem romper a normalidade

▲ ALDEIA NUBA

Quanto mais fora de centro a composição (como vimos nas páginas 24-25), menos convencional, porém mais necessário é ter uma boa razão. Nesta vista de uma aldeia ao nascer do sol nas Montanhas Nuba, a verdadeira razão para colocar o homem no extremo superior esquerdo do quadro é que a melhor área de telhados de palha (em termos de padrão e consistência) estava abaixo dele e à direita.

a surpreender o espectador. Barthes identificou uma gama de surpresas (ainda que nenhuma com a qual se preocupasse muito), e essas incluíam a raridade do assunto, a captura de gesto normalmente perdido pelo olho, a proeza técnica, "contorcionismos de técnica," e o achado fortuito.

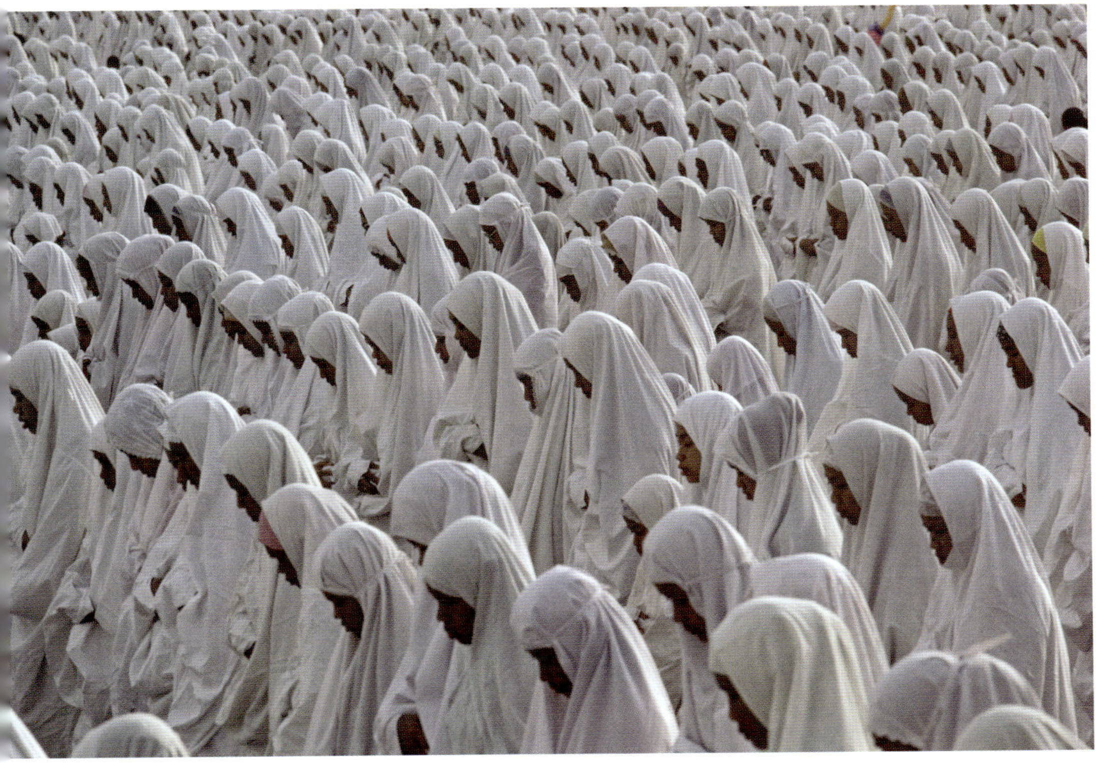

◄ ▼ MUÇULMANAS

Em ambas as imagens, tiradas num intervalo de alguns minutos uma da outra, o que teve apelo fotográfico foi a massa de figuras vestidas de branco, e a abordagem escolhida foi a abordagem óbvia de se empregar um ponto de vista levemente elevado e uma teleobjetiva para comprimir a perspectiva (e, assim, excluir detalhes circundantes alheios). A primeira foto foi uma variante de uma imagem "de campo" (ver páginas 50-51) e simples. A segunda foi resultado da exploração de diferentes posicionamentos de câmera e da fortuita aparição da jovenzinha, que saiu da linha porque estava entediada.

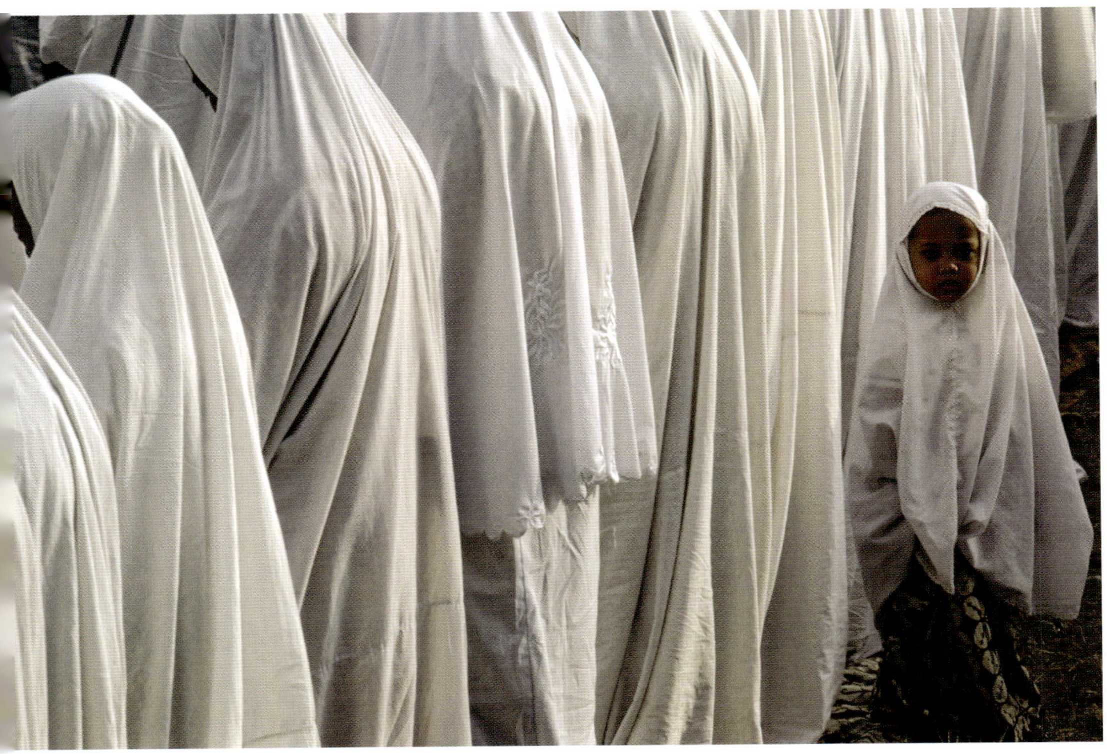

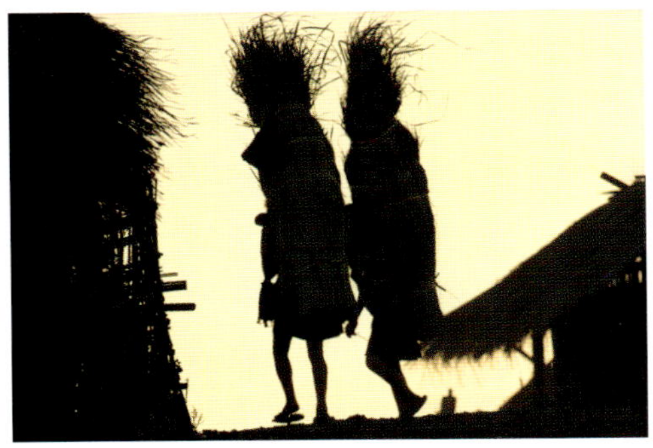

▲ PALHA DE TELHADO

Meninas da tribo Akha no norte da Tailândia estavam voltando para a aldeia no final do dia, carregando em suas costas grandes feixes de capim para empalhação. Tendo já fotografado essa cena sob iluminação mais convencional, fiquei intrigado pela estranha aparência que elas tinham em silhueta vistas do pé da colina, fotografadas por uma teleobjetiva.

REATIVO OU PLANEJADO

Outra escolha de intenção está entre o fotografar que se vale de habilidades de observação e velocidade de reação para capturar eventos à medida que se desenrolam em frente à câmera e a fotografia que é, até certo ponto, organizada desde o início. A questão é quanto ao controle, ou pelo menos tentativa de controle, sobre as circunstâncias da foto. Aqui, não há dúvida quanto à legitimidade, e uma reportagem fotográfica puramente reativa não faz questão de ser mais verdadeira que uma natureza-morta que foi cuidadosamente arranjada ao longo de um dia inteiro. É, em vez disso, uma questão muito mais de estilo, influenciada pela natureza do que está sendo fotografado.

A visão comum é de que a quantidade de controle exercida ao fotografar é determinada pelo assunto. Assim, a fotografia de rua é a mais reativa porque ela tem que ser e a de naturezas-mortas a mais planejada porque ela pode ser. Em grande parte, isso é verdade, como exploramos no próximo capítulo, Processo, mas não é de modo algum inevitável. Só porque a maioria das pessoas tende a enfrentar um tipo particular de assunto de um modo previsível não significa que outras abordagens não sejam possíveis. O estilo pessoal pode sobrepor-se aos tratamentos óbvios. Considere, por exemplo, a fotografia de rua, normalmente o solo sagrado do realismo do tipo "recorte da vida". O fotógrafo norte-americano Philip-Lorca diCorcia abordou os temas tradicionais de modo diferente, instalando flashes escondidos que podiam ser acionados por sinal de rádio, para acrescentar "um verniz cinematográfico a um evento ordinário," nas palavras do fotógrafo. Um exemplo anterior bem conhecido é *Kiss by the Hotel Ville*, tirada pelo fotógrafo francês Robert Doisneau em 1950, uma fotografia que tornou-se um ícone romântico e um pôster muito popular. Aparentemente espontânea, ela foi de fato posada. Como Doisneau disse mais tarde: "Eu nunca ousaria fotografar pessoas assim. Amantes beijando-se nas ruas, esses casais raramente são legítimos."

Igualmente, enquanto a natureza-morta de estúdio sumariza o que seja controle em fotografia, com algumas fotos levando dias para serem executadas, desde o fornecimento de objetos e adereços, criação da iluminação e do cenário, até finalmente a construção da imagem, também é possível fazer o oposto – naturezas-mortas fotografadas no estilo guerrilha, tiradas à mão na vida real. O papel da personalidade do fotógrafo é crucial. Mesmo Edward Weston, que ficou famoso por levar horas para fazer exposições com luz natural e foi extremamente rigoroso com a composição, dizia reagir em vez de perseguir um plano bem trabalhado: "Meu modo de trabalhar – começo sem ideia preconcebida – e depois a redescoberta através da lente – a forma final de apresentação vista no vidro despolido, a cópia final pré-visualizada por completo em cada detalhe de textura, movimento, proporção, antes da exposição – o disparo do obturador fixa automaticamente e finalmente minha concepção, não permitindo nenhuma outra manipulação – a finalidade última, a cópia, é senão uma duplicação de tudo que vi e senti através de minha câmera."

Por mais atentamente que seja planejada e dirigida artisticamente, como tende a acontecer em propaganda, há momentos durante a sessão de fotos em que surgem novas ideias e possibilidades. O fotógrafo norte-americano Ray Metzker comentou: "Enquanto alguém está realizando imagens, há o seguinte fluxo; há certas imagens sobre as quais se tropeça. Às vezes é com grande prazer e às vezes com perplexidade. Mas posso reconhecer esse sinal..." Esse é o tema do próximo capítulo, Processo, mas quando os fotógrafos sabem, por experiência, que isso pode acontecer, isso torna-se parte da intenção. Há muitas nuances do que podemos chamar de fotografia semiplanejada, na qual o fotógrafo vai até a metade do caminho em direção à criação de condições favoráveis para fotografar e depois deixa que a reação desempenhe seu papel. Fazer um reconhecimento para a foto de uma paisagem para verificar possíveis pontos de vista e o modo como a luz incide, depois retornar quando as condições de tempo e a iluminação parecerem favoráveis, é um exemplo. Pesquisar um evento e chegar no dia preparado para um conjunto de possibilidade é outro.

▾ RUA DE DELI
Espontânea e reativa, esta fotografia de um garoto sem-teto acordando próximo a uma lata de lixo em uma rua de Deli foi o resultado de nada mais planejado do que uma caminhada pelas ruas por algumas horas do nascer do sol em diante.

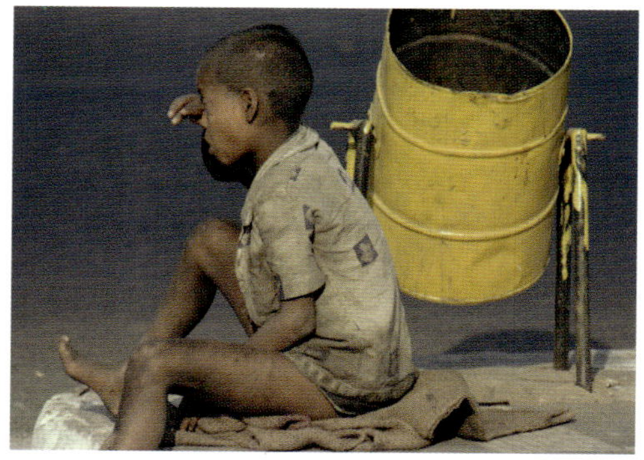

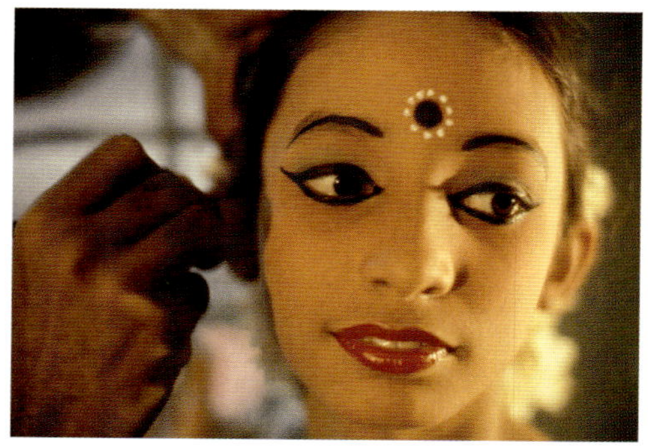

▴ MAQUIAGEM PARA DANÇA
Uma fotografia semiplanejada, na qual o evento – bastidores de uma apresentação de dança em Kerala, sul da Índia – era conhecido e foram conseguidas as reservas e permissões. O que restou foi a exploração dentro dessa situação localizada.

➤ COZINHA TAILANDESA
Um interior cuidadosamente planejado, onde uma cozinha tradicional tailandesa foi composta e posta para funcionar, com uma modelo a caráter, deve muito de seu efeito ao planejamento e à logística, incluindo a aquisição de adereços, momento certo para a luz natural e fornecimento de iluminação fotográfica.

➤ MONTE POPA

Uma forma amplamente praticada de planejamento é a antecipação da luz natural em uma cena externa. Tanto para paisagens como para arquitetura, a experiência e o conhecimento local (fazendo uso de tabelas do sol nascente e poente, GPS, bússola e previsões do tempo) possibilitam dar um palpite fundamentado a respeito de qual será a aparência de uma cena em um tempo futuro. Neste caso, o Monte Popa, na periferia de Pagan, Birmânia, o reconhecimento foi feito mais cedo e esta foto, tirada pouco antes do nascer do sol, foi mais ou menos prevista.

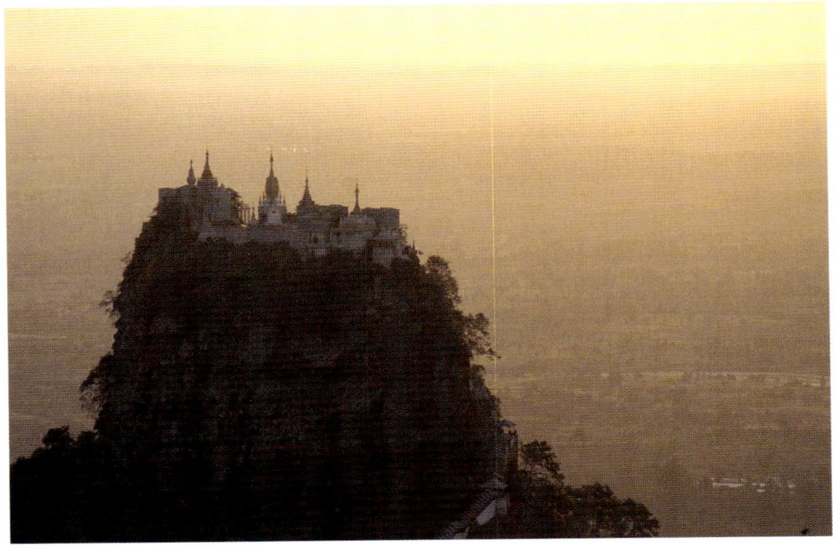

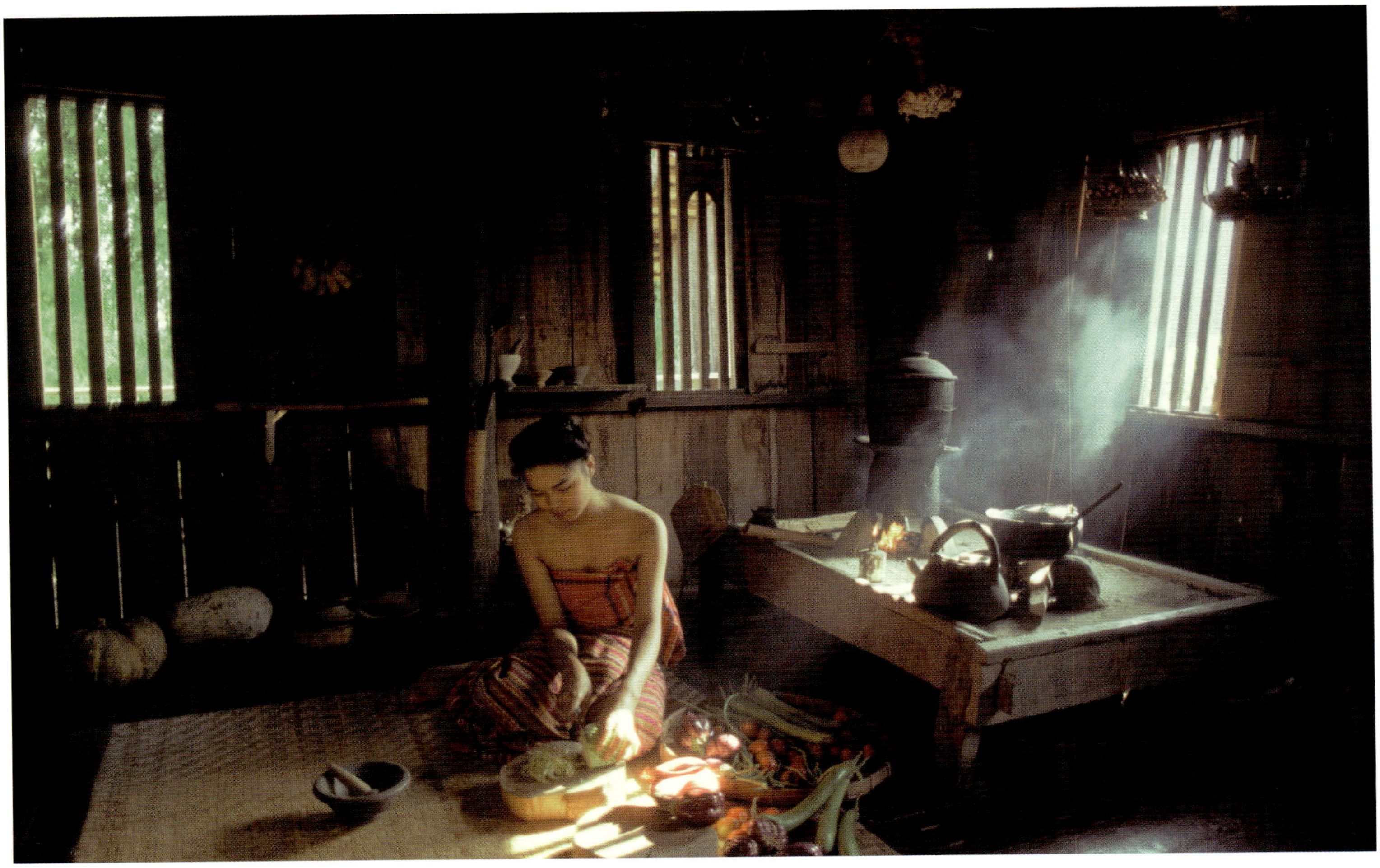

DOCUMENTAL OU EXPRESSIVO

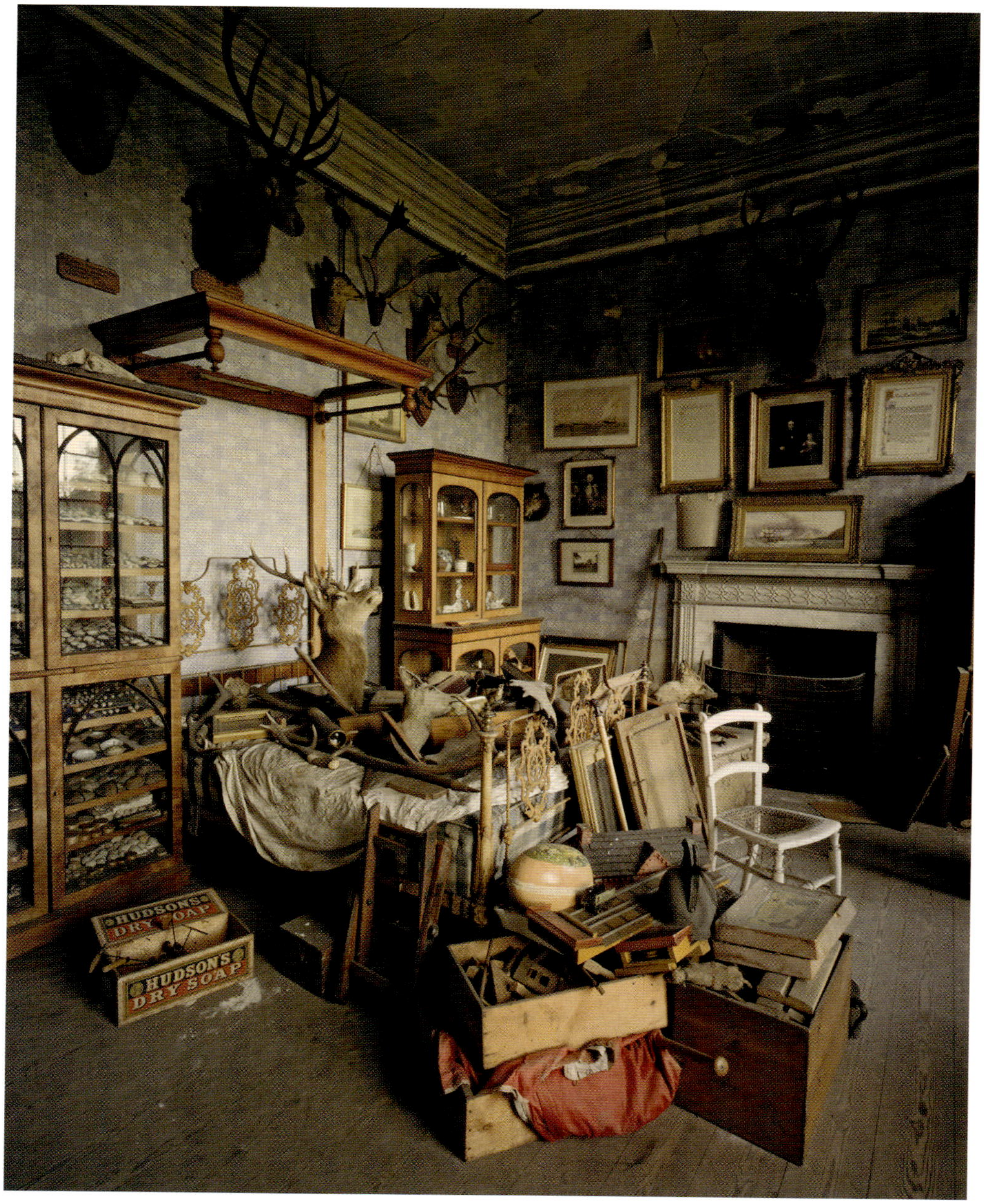

◄ ABADIA DE CALKE
Documentação foi o propósito principal deste projeto – a última semana de uma moradia inglesa campestre que ficou intocada por mais de um século, antes de ser entregue à Fundação Nacional, que faria um inventário e, após, restauraria a propriedade antes de reabri-la para o público. Este quarto era, por si só, uma cápsula do tempo. Quanto ao posicionamento de câmera, iluminação e ângulo de visão, a abordagem é desprovida de arte – o propósito é mostrar de maneira tão neutra quanto possível como o quarto se parecia ao entrar.

Um modo de dividir a variedade de razões que as pessoas têm para fazerem fotografias tenta traçar uma linha entre o conteúdo e a interpretação (ou conteúdo e forma, se você preferir). A exploração sempre foi central para a fotografia, e é perfeitamente possível atentar para todos os modos de posicionar os assuntos, de dividir quadros, justapor cores e assim por diante, assim como explorar as possibilidades visuais de um quadro. Mas quando se trata de intenção – o propósito autodeterminado dos fotógrafos – há uma diferença bipolar entre explorar o mundo e explorar a própria imaginação. Em um extremo, temos o desejo de sair e descobrir como as pessoas, coisas e lugares se parecem, e, em outro, o impulso de ver o que nós mesmos podemos fazer com eles por meio da câmera.

O primeiro desses, o de explorar o mundo (o manifesto da revista *Life* lançado em 1936 foi "ver a vida; ver o mundo; testemunhar grandes eventos; observar os rostos dos pobres e gestos dos orgulhosos..."), parece inicialmente ser o mais prático, mas é um pouco mais complicado que isso. Desprovido de pretensões artísticas ou criativas, isso poderia ser chamado de fotografia documental e, de fato, a definição original enfatizava a relativa ausência do ego do fotógrafo. A autenticidade, mesmo a verdade, eram considerados ideais alcançáveis, como no programa fotográfico da Farm Security Administration (FSA) nos Estados Unidos durante a depressão. Foram chamados fotógrafos documentaristas arquetípicos como Walker Evans, Eugene Atget e August Sander, entre outros. A biógrafa de Walker Evans, Belinda Rathbone, comentando a descrição de Evans da riqueza de detalhe em uma de suas fotos, escreveu que: "Essa mistura eclética de informações, apresentada de modo uniforme e sem espalhafato, eram um exemplo para Evans daquelas fotografias 'silenciosas e verdadeiras'."

No polo oposto está o desejo de fazer algo não experimentado e único fotograficamente, seja qual for o assunto. Que o assunto possa ter sido fotografado incessantemente por outro pode até ser uma vantagem – um desafio à criatividade. Garry Winogrand, em uma declaração frequentemente citada sobre intenção, disse: "Eu fotografo para ver como algo vai ficar quando for fotografado." Essa é apenas uma interpretação, e

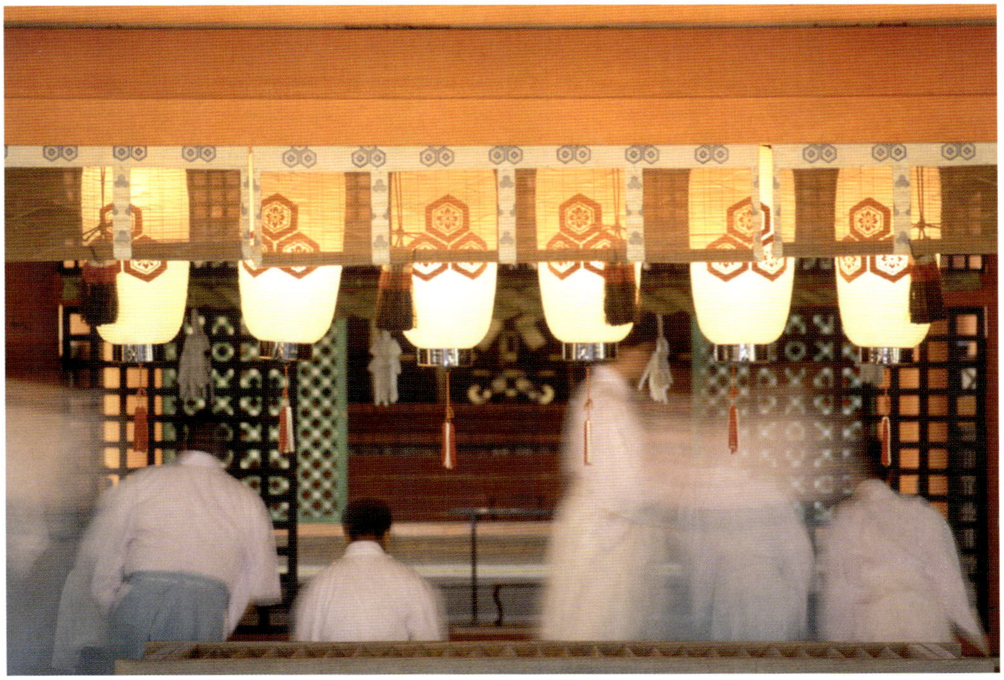

◄ SANTUÁRIO XINTOÍSTA
No santuário xintoísta de Itsukushima, na Ilha de Miyajima, Japão, documentar era menos importante que evocar o movimentos dos sacerdotes e uma subtrama de permanência e impermanência. Uma exposição longa, com sua esperada incerteza, foi o método escolhido.

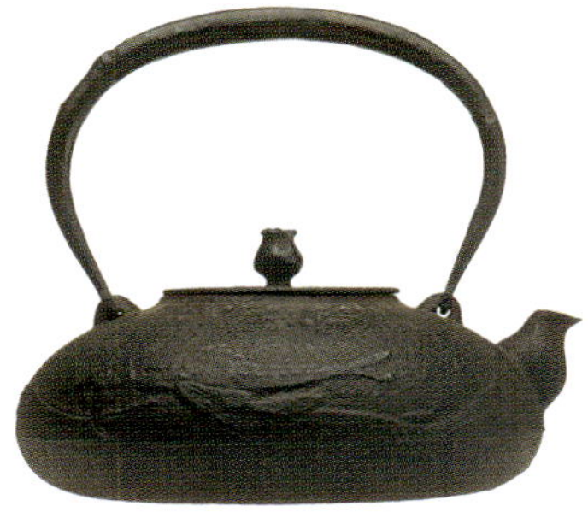

▲ CHALEIRA
Uma foto clara e precisa de uma tradicional chaleira japonesa, com o fundo removido em pós-produção, resulta no registro documental de uma natureza-morta.

é um tipo de abordagem frouxa, aberta a tudo. Há outras, incluindo a aplicação deliberada de um estilo já trabalhado – quem sabe ângulos acentuados com uma lente grande-angular, ou o uso deliberado de um tipo ou outro de desfoque, ou alguma manipulação estranha da cor.

A complicação é que nem documento nem expressão são ideais puros. A interpretação está envolvida ao se fazer um registro, e a fotografia expressiva precisa de conteúdo sobre o qual agir. A tendência dada pela intenção está geralmente orientada a uma ou outra direção, mas os próprios fotógrafos podem nem sempre estar aptos a separar uma da outra – ou nem mesmo precisem, para ser franco. Uma visão completamente sem expressão, como em uma fotografia policial da cena de um crime ou um catálogo de moedas, é, por definição, interessante senão como uma fonte de dados, e o olho do fotógrafo geralmente penetra. Citando Walker Evans novamente, "É como se houvesse um segredo maravilhoso em determinado lugar e eu pudesse capturá-lo. Apenas eu, nesse momento, posso capturá-lo, e apenas nesse momento e apenas eu."

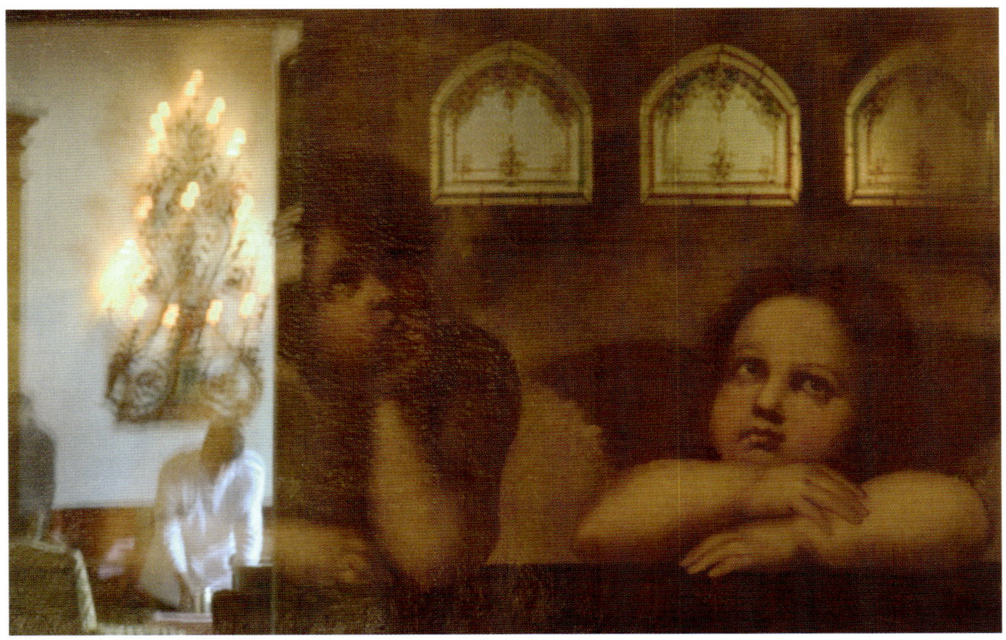

▲ PALÁCIO DE CRISTAL
Em uma encomenda para fazer um livro de aniversário para o mais antigo hotel de Sant-Moritz, na Suíça, as instruções do diretor de arte enfatizaram imagens que fossem oblíquas e ambíguas, para, deliberadamente, evitar o estilo normal, preciso e organizado de um panfleto de hotel. Esta foto usa os vagos e ligeiramente distorcidos reflexos no vidro que cobre uma antiga pintura no saguão de entrada.

SIMPLES OU COMPLEXO

Simplicidade e redução aos componentes essenciais têm feito tanto parte da arte e design modernos que o conselho de "simplificar" normalmente passa sem ser questionado. Tornou-se uma ramificação do modernismo, particularmente no Construtivismo, que lançou as bases para o Minimalismo e seu dogma central "menos é mais". Sua aplicação à fotografia é particularmente intrigante, porque a bagunça natural de cenas não compostas da vida real parece pedir uma solução como essa. Um argumento muito convincente em favor da manutenção da simplicidade como princípio para a composição de fotografias é que ela seja uma extensão natural da criação de ordem a partir do caos – argumento que é, evidentemente, ele mesmo uma definição de composição.

Por essa razão, a simplificação quase sempre funciona, ao menos na medida em que ela ajuda a realizar uma imagem eficaz, bem trabalhada, mas fazer dela uma regra seria ser simplesmente restritivo. Poderia muito bem ser o caso de que a própria fotografia ajude a manter a simplicidade viva como objetivo rotineiro, porque, sem cuidado e atenção, a maioria das cenas da vida real tendem a ser registradas de modo um tanto confuso e sujo. Introduzir algum tipo de organização gráfica em uma fotografia é mais fácil de ser feito pela redução da bagunça, cortando o desnecessário (como no recorte ou na mudança de ponto de vista) e impondo uma estrutura que é, assim, mais simples. A habilidade de introduzir ordem no caos tornou-se uma das aptidões mais admiradas em fotografia.

Apesar disso, há argumentos a favor de um arranjo mais complexo, no qual a estrutura é densa e rica, dando aos olhos mais o que examinar e explorar. Lidar com vários componentes interligados em uma imagem em vez de um conjunto minimalista de um ou dois elementos exige habilidade considerável se espera-se que o resultado ainda apresente algum tipo de ordem. Como vimos nos capítulos 2 e 3, acrescentar (ou encontrar) mais pontos de interesse no quadro aumenta a complexidade, mas, após certo número, os pontos de interesse fundem-se em uma imagem do tipo "campo", e tal imagem torna-se simples outra vez – de uma só pessoa para um grupo de pessoas para uma multidão.

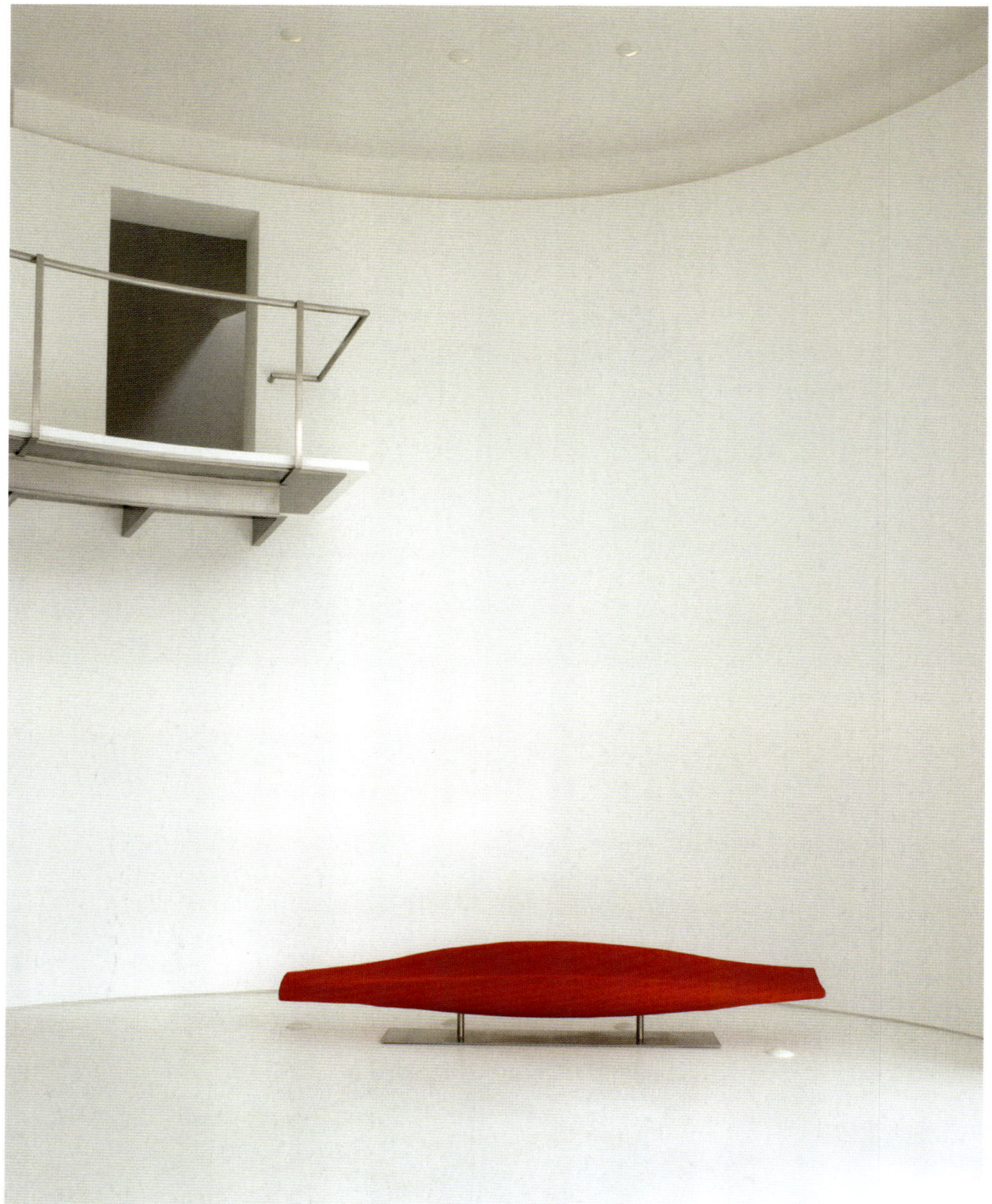

Um dos desdobramentos mais interessantes da simplificação é a abstração. Na arte, abstrair requer uma tradução extrema do representacional para formas gráficas mais puras. No caso de Picasso e do Cubismo, uma motivação certamente foi o desejo de representar coisas em formas simples que mantivessem a profundidade. Na pintura e escultura, o ponto de partida pode estar em objetos reais (como nas pinturas cubistas de Picasso e Braque, e nas esculturas de Constantin Brancusi), mas não precisa ser assim. O pintor Paul Klee, entre outros, está mais interessado em jogar com as formas. A fotografia, por outro lado, é mais ou menos levada a começar com material cru a partir da vida real, o que torna a abstração muito mais desafiadora e mais difícil de ser extraída. Além disso, a questão de se uma imagem é ou não é abstrata, ou se é abstrata em certo grau, pode ser

◄ SOFÁ VERMELHO
Um interior minimalista no qual o acabamento branco dado às paredes, teto e piso, junto com a sacada, servem para enfatizar o vermelho dominante do moderno sofá.

uma questão de opinião. O que pode ser abstrato pra um espectador pode ser uma representação perfeitamente reconhecível e não muito interessante para um outro. O fotógrafo norte-americano Paul Strand foi conhecido por suas composições abstratas que geralmente destruíam a perspectiva, mas ele as via de modo um tanto diferente: "Eu [...] fiz *The White Fence* e nunca havia feito uma fotografia puramente abstrata até então! Sempre tentei aplicar tudo o que aprendo a tudo que faço. Toda boa arte é abstrata em sua estrutura." Ansel Adams também tinha suspeitas quanto ao termo quando aplicado à fotografia: "Prefiro o termo extrato em vez de abstrato, já que não posso alterar as realidades ópticas, apenas lidar com elas em relação a elas mesmas e ao formato."

A composição abstrata, se podemos chamá-la assim, tende a ser rigorosa em sua organização, com ênfase na exclusão de pistas que conduzam ao realismo. Uma escolha apropriada do tema em questão ajuda, e estruturas angulares, feitas pelo homem, estão entre as mais adaptáveis a esse tipo de composição. Fechar o quadro em detalhes que normalmente estariam além do alcance normal do olho é uma outra abordagem, auxiliada pelo recorte que tira a imagem de seu contexto. Padrões também respondem à abstração. Um problema geral, contudo, é que a verdadeira base da fotografia abstrata tende a encorajar um resposta do espectador do tipo "o quê é isso?", como se ela fosse um tipo de teste ou quebra-cabeças (como, de fato, muitas vezes têm sido em jornais e revistas).

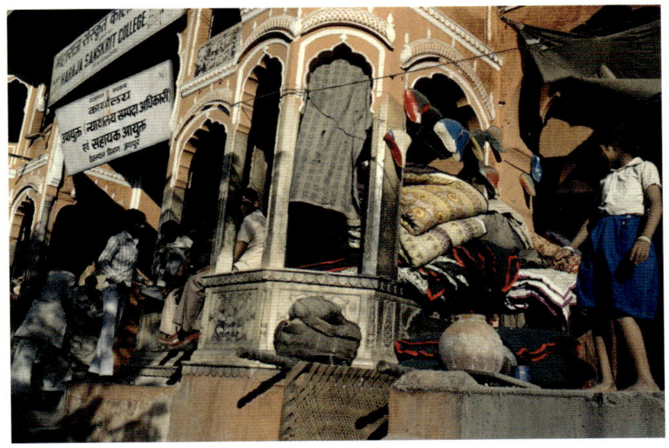

◄ JAIPUR
Nesta imagem complexa de uma cena urbana em Jaipur, Índia, a luz do sol de alto-contraste e os vários elementos físicos criam uma composição interconectada em vários níveis. Os principais são mostrados esquematicamente abaixo.

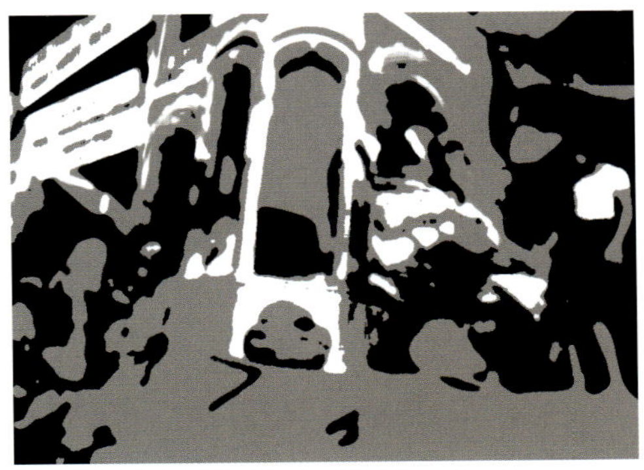

▲ CHIAROSCURO

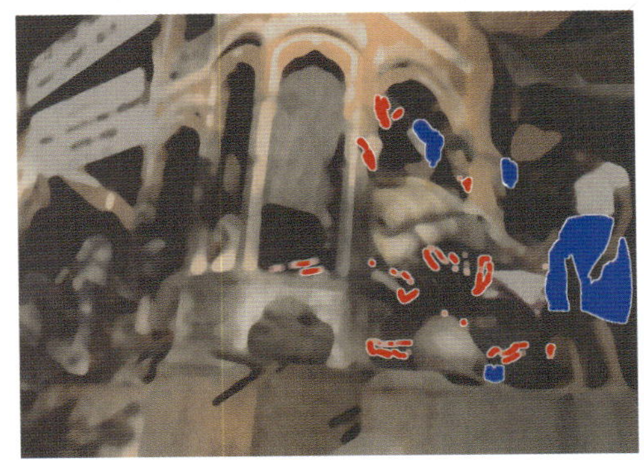

▲ ACENTUAÇÕES DE COR

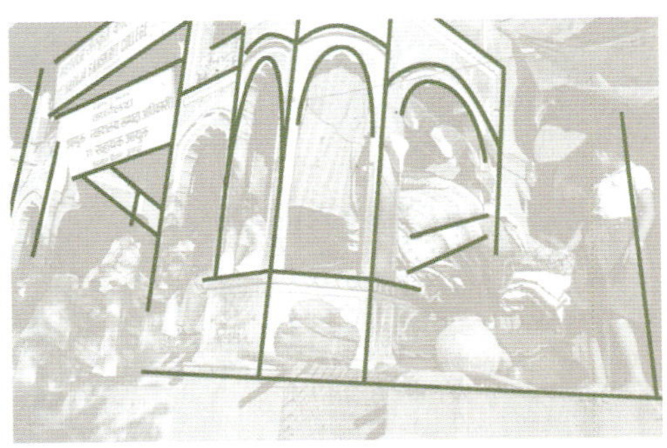

▲ LINHAS

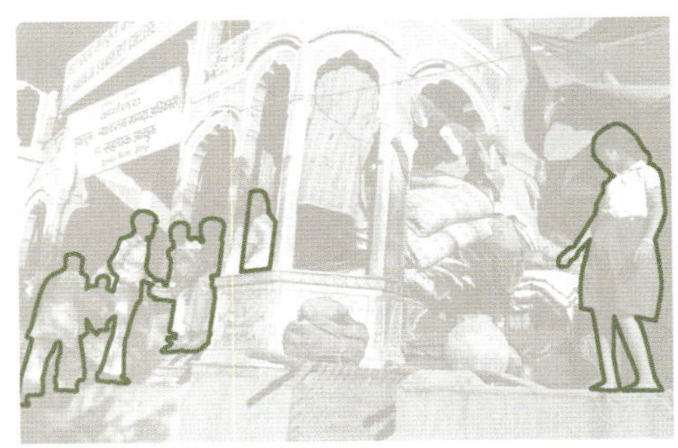

▲ PESSOAS

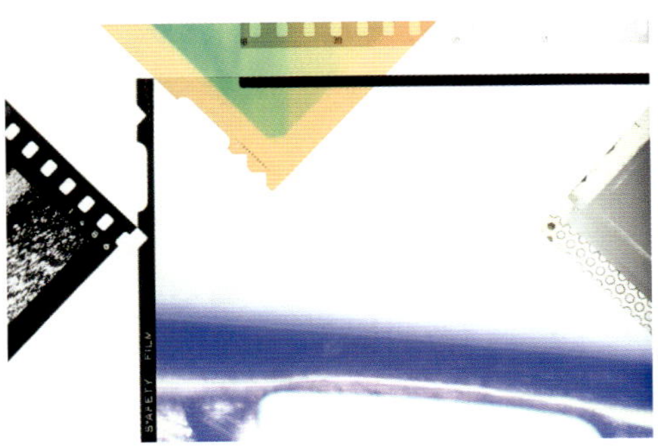

◄ FILME
Esta fotografia de vários tipos de filmes alcança extrema simplicidade por meio de uma construção geométrica cuidadosamente planejada, apresentando pontas e arestas em alinhamentos exatos. As imagens nos filmes foram selecionadas para parecerem ambíguas de modo a dar maior destaque às molduras.

CLARO OU AMBÍGUO

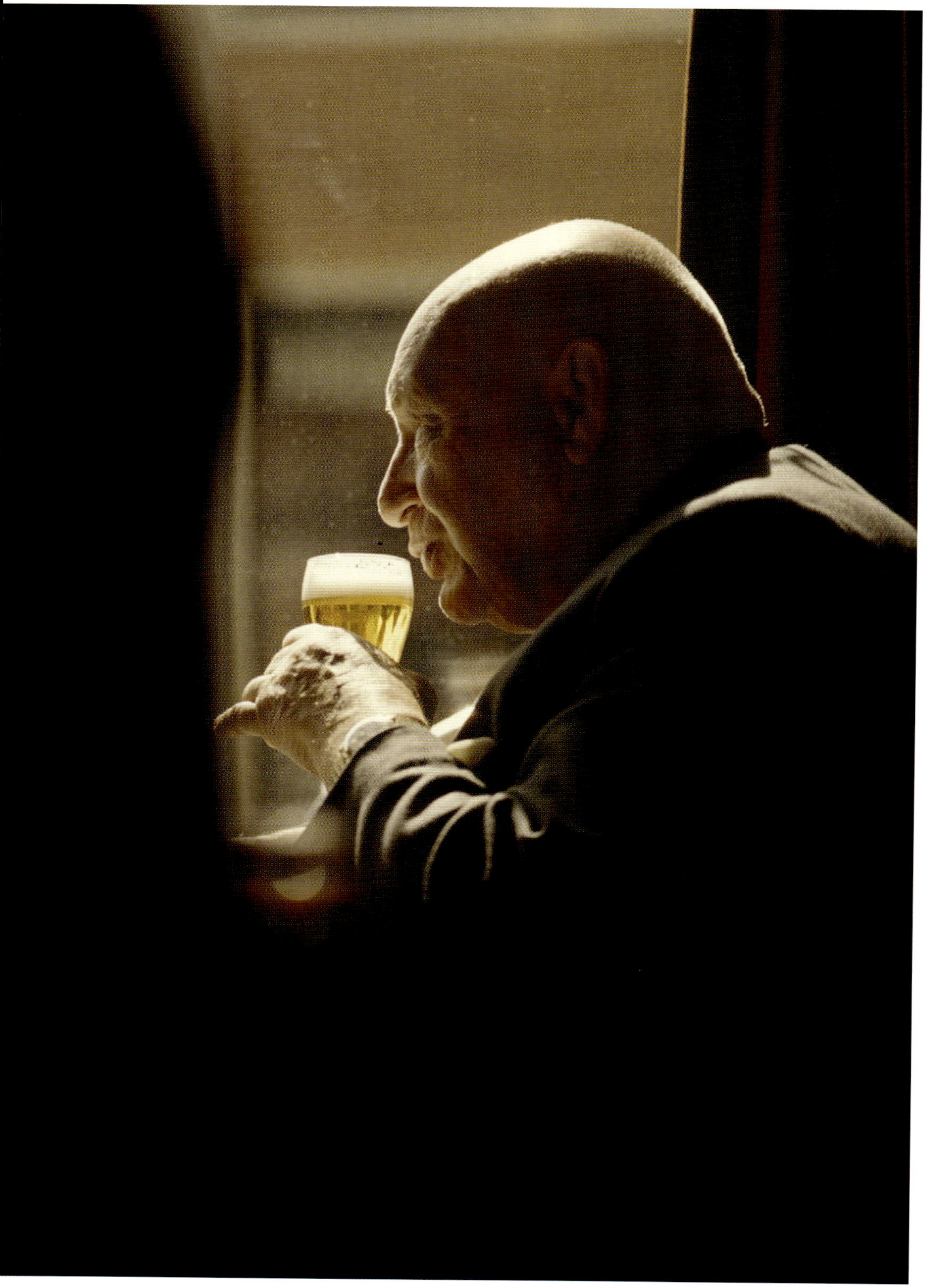

Quão óbvia deve ser uma imagem? Esse é um problema interessante para um fotógrafo, porque no fotojornalismo, em particular, a busca é normalmente pela imagem única e poderosa que encapsula a questão. Quando ela se torna poderosamente óbvia e arrebatadora para você, o fotógrafo, torna-se o mesmo para o editor de fotografia e para o leitor. A magnífica foto única que diz tudo fez parte do jeito de ser da revista *Life*, que foi enormemente influente para pelo menos duas gerações de fotógrafos. Em parte, foi o modo como fui ensinado, por editores como Ed Thompson, da *Life*. Um grande valor é agregado a imagens que dizem tudo e que o dizem instantaneamente, mas tais fotografias tendem a não exigir muito do espectador. Como Roland Barthes colocou, escrevendo sobre uma fotografia de capa da *Paris-Match*, a figura "já está completa." O dilema, então, é que a clareza tem impacto e por isso é um objetivo do fotojornalismo, mas imagens mais ambíguas que são mais lentas de se ler são mais propensas a absorver mais a atenção – e a durarem mais, em outras palavras.

Tudo recai essencialmente na questão da ambiguidade, e isso, declarou Ernst Gombrich, o influente historiador da arte, "é claramente a chave para todo o problema da leitura de imagens." Quanto menos óbvia é a questão proposta pela fotografia, mais ela envolve o espectador em sua leitura e na reflexão a seu respeito. Isso é o que Gombrich chamou de "participação do espectador" – o envolvimento do espectador, sua experiência e expectativas,

➤ HOMEM NO BAR
Não há nada ambíguo nem no conteúdo nem no tratamento dessa imagem de um homem tomando seu primeiro gole de cerveja em um bar de Amsterdã. O momento é capturado, e a luz é atraente e apropriada para um copo de cerveja, mas não há nada a ser pensado. A imagem comunica rápida e de maneira eficiente.

➤ APPLE STORE
A recém aberta Apple Store na 5a Avenida em Nova York. A escada espiral de vidro descendo ao nível inferior proporcionou uma visão muito diferente do que se esperaria de uma loja – a sombria sequência de pés.

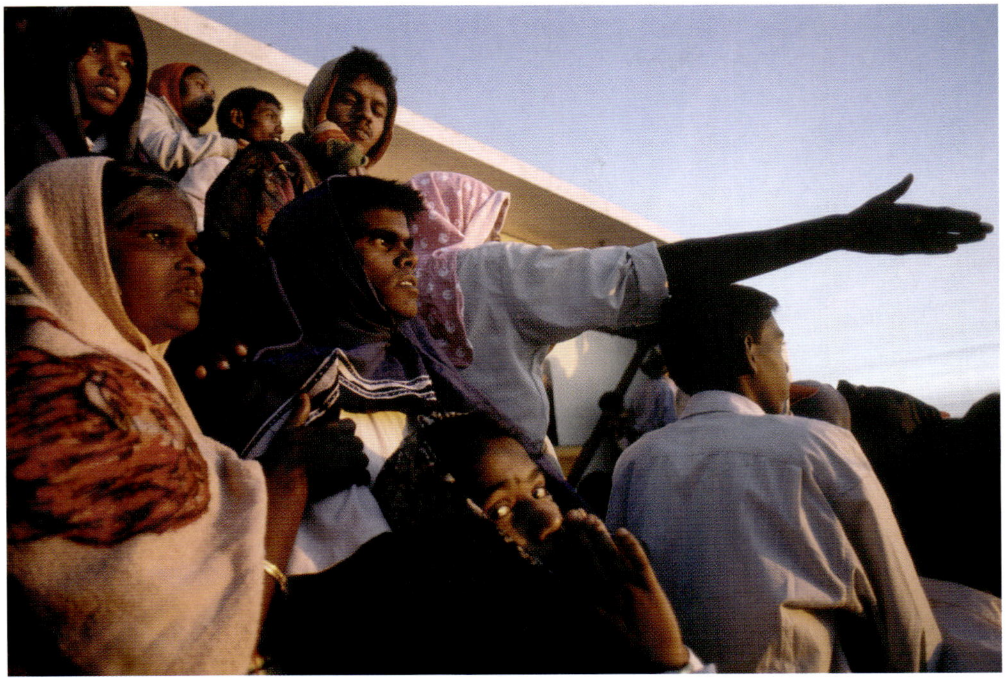

◂ PICO DE ADÃO

Referência a coisas de fora do quadro quase sempre cria ambiguidade e incerteza. Sem uma legenda, a história completa, aqui, fica difícil de adivinhar. Este é o topo do Pico de Adão, um lugar sagrado no Sri Lanka, onde centenas de pessoas reúnem-se a cada noite para esperar o nascer do sol. É claro, isso ainda deixa a questão de por que essas pessoas ficam tão deslumbradas com um evento diário.

▾ MENINAS BIRMANESAS

A ambiguidade pode ser mais sutil do que no exemplo acima. Aqui, ela reside na expressão do rosto desta menina birmanesa, talvez ressaltada pelo pó de casca de tanaka que ela aplicou em suas bochechas e testa. Não é uma expressão feliz, mas, se ela está simplesmente perdida em pensamentos ou cismando com alguma coisa, é impossível dizer.

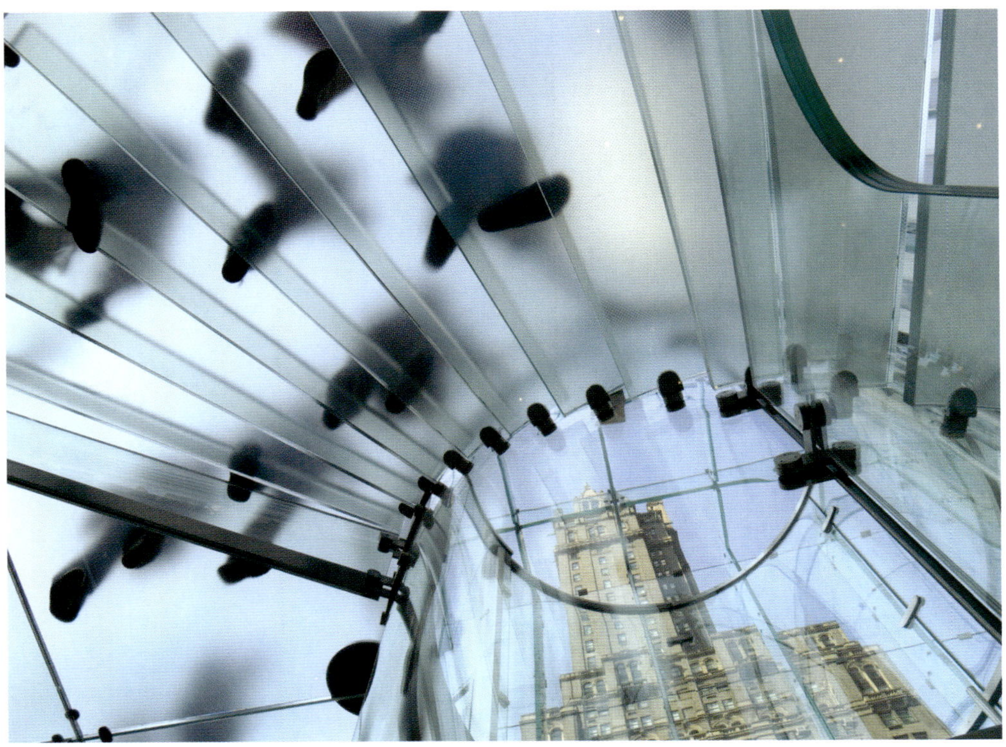

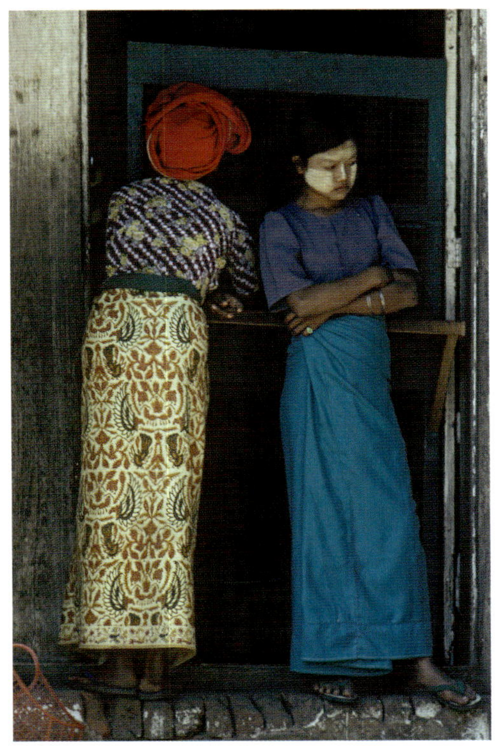

desfrutando e completando a vivência que é olhar para uma obra de arte. Isso funciona do mesmo modo na fotografia assim como na pintura. Em particular, há um tipo de lisonja em ação quando a fotografia não é tão óbvia à primeira vista, e, mesmo assim, o espectador com um pouco de esforço finalmente consegue "captá-la". Isso é conhecido nas artes há séculos, e o teórico francês da arte do século XVII Roger de Piles fez uma boa colocação quando escreveu a favor do "emprego para a imaginação do espectador, que agrada-se por descobrir e finalizar coisas as quais ele atribui ao artista ainda que, de fato, elas procedam apenas dele próprio." Em certo sentido, é como ouvir uma piada inteligente – o simples entendimento da ideia já é recompensador.

A ambiguidade ocorre de várias formas, do conteúdo à composição. Chegaremos ao papel da composição nas páginas 144-145, mas já vimos (nas páginas 130-139) algo a respeito do papel do conteúdo – em particular, o contraste entre momentos em que o conteúdo é tão forte que pode passar por cima da composição pobre, e momentos em que o assunto em si é muito menos importante para a imagem do que o modo como ela é montada pelo fotógrafo. Vamos levar mais adiante o papel do conteúdo. Quando ele é absurdamente óbvio e simples, como na foto da página 140, o espectador vê, entende, e segue adiante. Mas quando não está nada claro o que está acontecendo, ou por que, então, enquanto o espectador puder ser persuadido a seguir olhando por mais algum tempo, ele ou ela começarão a fazer interpretações.

Às vezes, é claro, essas interpretações são feitas erroneamente, no que Gombrich chama "acidentes de trânsito no caminho entre o artista e o espectador". Isso pode não importar absolutamente nada, mas sugere que se dê um pouco mais de atenção às legendas, nem que seja como um meio de segurar a atenção do espectador por tempo suficiente. Quase sem exceção, quando fotografias são exibidas formalmente, seja na parede de uma

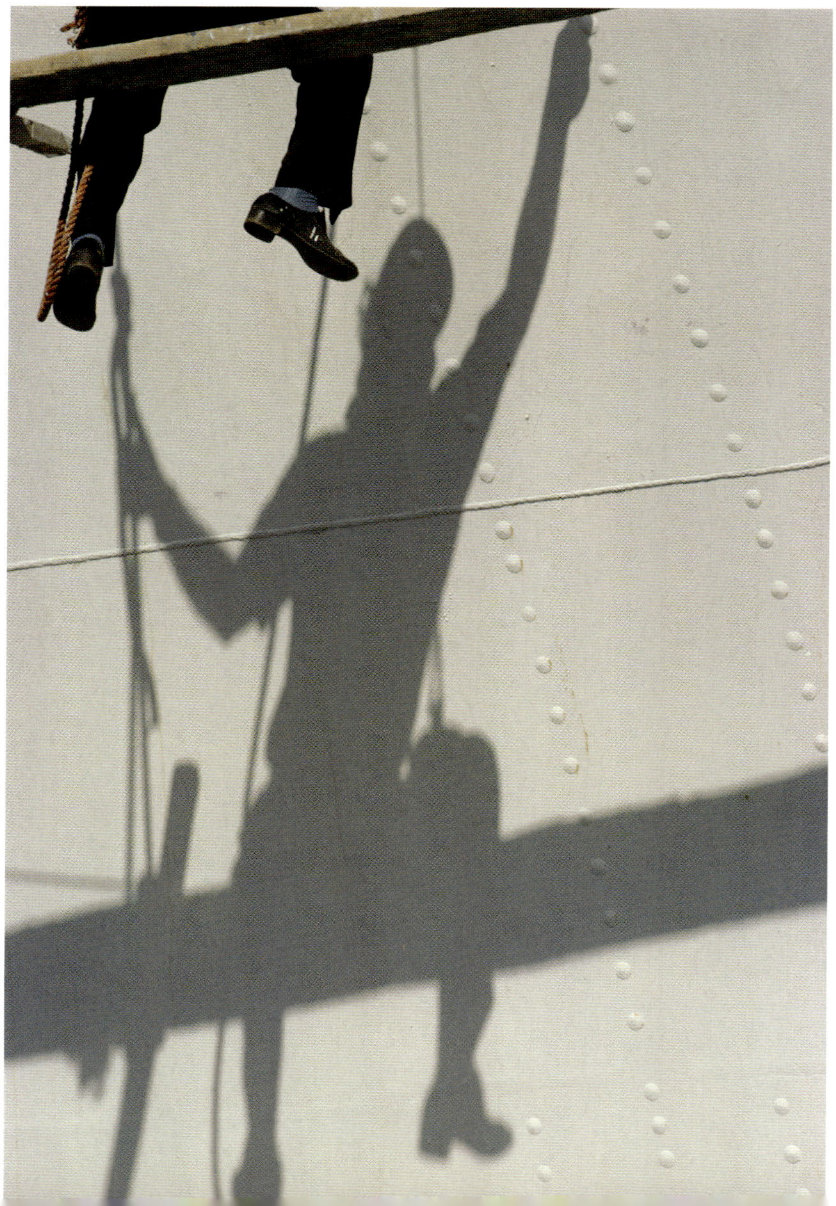

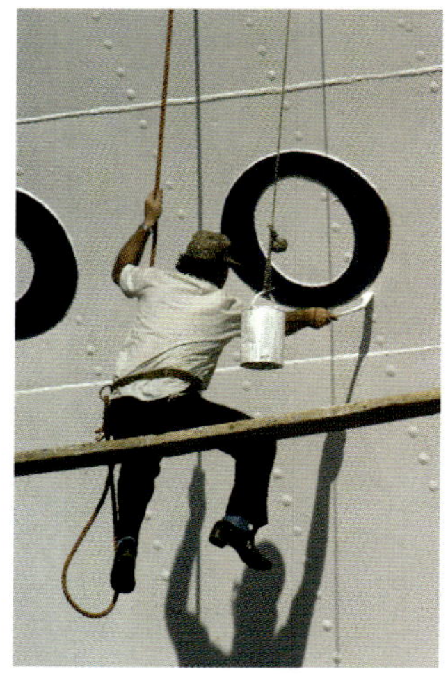

➤ PINTOR DE NAVIO
A imagem menor à direita (a primeira que tirei) é completamente comum – um homem pintando um navio –, mas o ângulo do sol lançando uma sombra distinta sobre a lateral da embarcação sugeriu um modo de enquadrar a foto menos óbvio e, portanto, potencialmente mais interessante. A sombra por si mesma comunica muito bem o que está acontecendo.

galeria, em uma revista ou livro, ou em um site, elas adquirem uma legenda. Isso cria uma nova relação entre a imagem e seu conteúdo, e entre a imagem, o criador e o espectador. Esse é um terreno fértil para análise, mas que também, provavelmente, desviaria-se muito do objetivo principal deste livro, portanto vou limitar meus comentários ao estritamente relevante. Eu digo "adquirem" deliberadamente, porque poucos fotógrafos, até onde eu saiba, tiram fotos tendo uma etiqueta em mente. É no ponto em que uma imagem torna-se um objeto útil que as pessoas passam a querer identificá-la. Em sua forma mais simples, isso deve-se à necessidade humana básica de classificar e ordenar (não tão longe, talvez, da necessidade do fotógrafo de levar ordem a uma cena ao fotografar).

As convenções variam de acordo com o modo de exibição. Para uma galeria, o mínimo é um título e uma data, com um subtítulo descrevendo a mídia (tal como "impressão digital pigmentada de arquivo") e qualquer coisa fora do comum a respeito do processo (tal como "câmera pinhole exposta por quatro horas"). Para uma revista ou livro, normalmente pede-se mais, mas o quão detalhada será a descrição deve-se muito mais à preferência individual e ao estilo da publicação. Onde isso se torna relevante para a composição e o processo está no direcionamento extra, ou falta de direcionamento, que ela dá ao espectador. O modo como alguém vai ler uma fotografia definitivamente será influenciado pela legenda, e a influência mais básica é o que o fotógrafo (ou autor da legenda) declara ser o assunto da foto. Por exemplo, uma paisagem fotografada no local de uma batalha ou um desastre adquire um significado diferente se conhecermos esse fato. E, não é necessário dizer, quanto mais forte o conteúdo da imagem, mais os espectadores vão querer conhecer a história por trás dela. Pouca informação pode ser intrigante, mas pode também ser frustrante e impertinente, dependendo do seu ponto de vista.

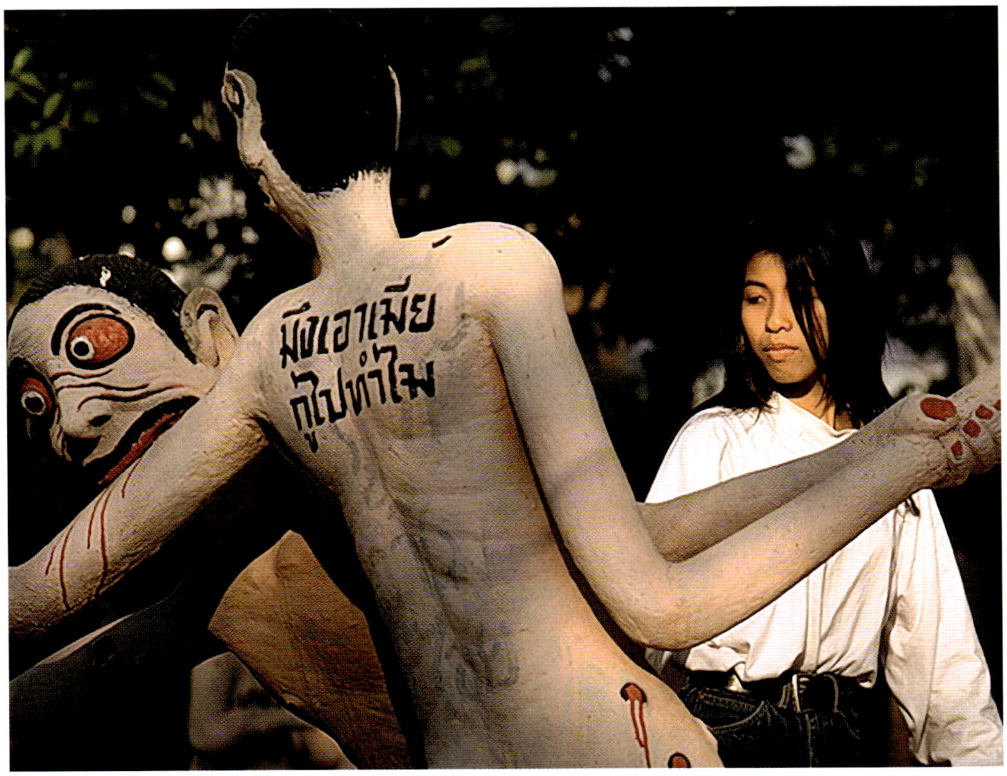

▲ A IMPORTÂNCIA DAS LEGENDAS
A imagem, feita durante um trabalho sobre jardins de esculturas budistas, pede mais atenção. A legenda original diz: "No jardim de esculturas de Wat Phai Rong Wua, uma garota faz uma pausa para ver a punição dada a um adúltero. Enquanto o demônio devora seu braço, pode-se ler as palavras nas costas do homem dizendo lamentosamente 'Por que você tirou minha esposa de mim?'".

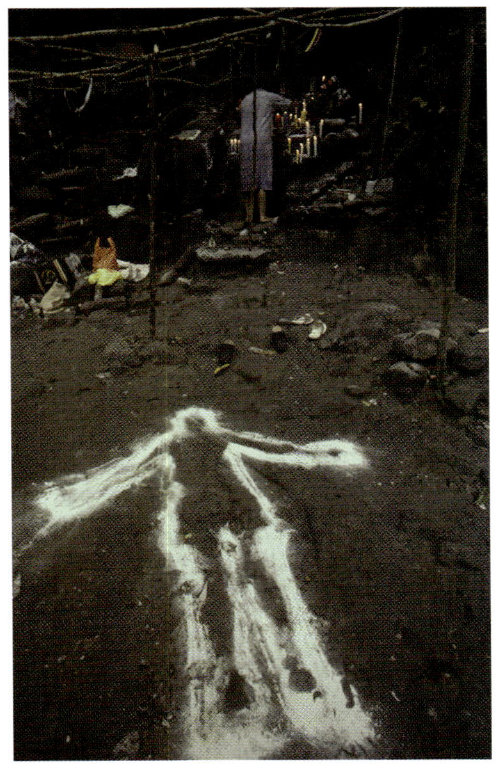

▲ TRAÇOS E AUSÊNCIA
Assim como eventos fora do quadro (ver página 141), traços de coisas que já aconteceram também podem ser intrigantes e misteriosas. Este contorno de um homem parece ser mais sinistro do que de fato é – o pó espalhado sobre um devoto de um culto venezuelano chamado Maria Lionza.

RETARDO

O caminho para ser menos óbvio e promover ambiguidade em uma imagem depende, em última instância, do retardo. Especificamente, ao convidar o espectador a olhar para uma imagem, um elemento-chave está embutido na composição de tal modo que ele revela-se apenas após uma pausa, ou lentamente. Em vez de uma comunicação rápida, o fotógrafo busca o equivalente a uma frase de efeito dita apenas após o espectador ter entrado na imagem. Fazer isso no momento de fotografar significa essencialmente dar um passo atrás ou afastar-se, no lugar da reação mais natural de fechar o quadro sobre um assunto de interesse. Também significa, muitas vezes, ver e tratar o assunto no contexto.

Talvez, a classe mais comum de tática de retardo seja o reconhecimento espacial, no qual o assunto crucial ou chave é deixado menor ou menos central na composição. Isso automaticamente coloca a atenção primeiro nos arredores, e o salto desse contexto de fundo para a descoberta do assunto-chave fundamenta-se em uma relação entre os dois, muitas vezes, com alguma surpresa. A figura humana em uma paisagem é, provavelmente, o mais conhecido desses tipos de composição e tem uma longa história na pintura muito antes da fotografia. Exemplos notáveis são *O Martírio de Santa Catarina* por Matthys Cock e *O Sermão da Montanha* por Claude Lorrain. Nessas pinturas, a paisagem domina os assuntos humanos, por uma variedade de razões e, muitas vezes, é apenas em uma segunda olhada que o elemento humano principal torna-se óbvio. A figura pequena serve não apenas para aumentar a escala da paisagem e para fazer um comentário a respeito de eventos humanos dentro de um esquema de coisas, mas na leitura da imagem ela cria um pequeno evento para o espectador. Ela prolonga a experiência de observação da figura e encoraja o reexame. Dentro dessa classe, modos de temporariamente "esconder" o assunto incluem não apenas deixá-lo menor, mas também situá-lo fora de centro e confundir o olho pelo uso de geometria e organização para dirigir a atenção primeiro para outro lugar qualquer. Além disso, inverter qualquer uma das muitas técnicas discutidas anteriormente que enfatizam um assunto (tal como foco ou iluminação diferencial) pode ajudar a "esconder" um assunto.

Há outras táticas de retardamento que não são tão prontamente classificáveis. Uma é referir ou "apontar" para um assunto que está fora do quadro, por exemplo mostrando apenas sua sombra, ou mostrando a reação de alguém a esse elemento invisível. Uma outra, mostrada ao lado, é a surpresa causada por um fenômeno inesperado, quando algo não é o que inicialmente parece ser – neste caso, uma linha de homens que não estão parados em pé, mas sim foram pegos em pleno ar. Quanto a tudo isso, é importante estar ciente do risco de haver pistas insuficientes, ao ponto de que o espectador possa desistir antes de reconhecer o ponto levantado.

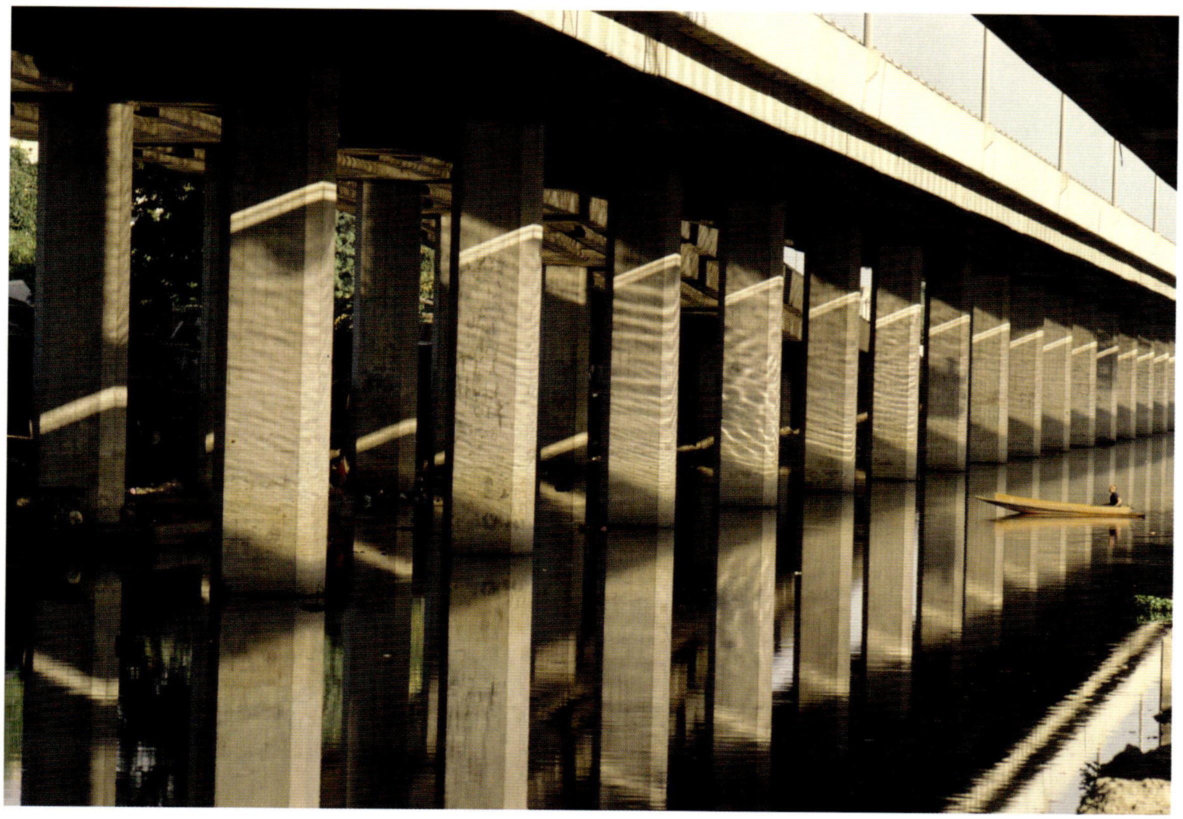

◂ KLONG DE BANGKOK
O interessante nesta foto não é realmente o barco em um klong (canal) em Bangkok, mas o fato de que ainda está lá mesmo após uma enorme rodovia ter sido construída bem em cima dele. Os pilares de concreto criam uma paisagem que normalmente não associaríamos a um modo de vida tradicional. Portanto, um enquadramento fechado sobre o barco não teria servido ao propósito. Contudo, simplesmente uma telefoto, mostrando o barco bem pequeno, poderia perdê-lo de vista. Em vez disso, este ponto de vista e o posicionamento do barco à extrema direita do quadro ajudam a destacá-lo pela convergência dos pilares da rodovia.

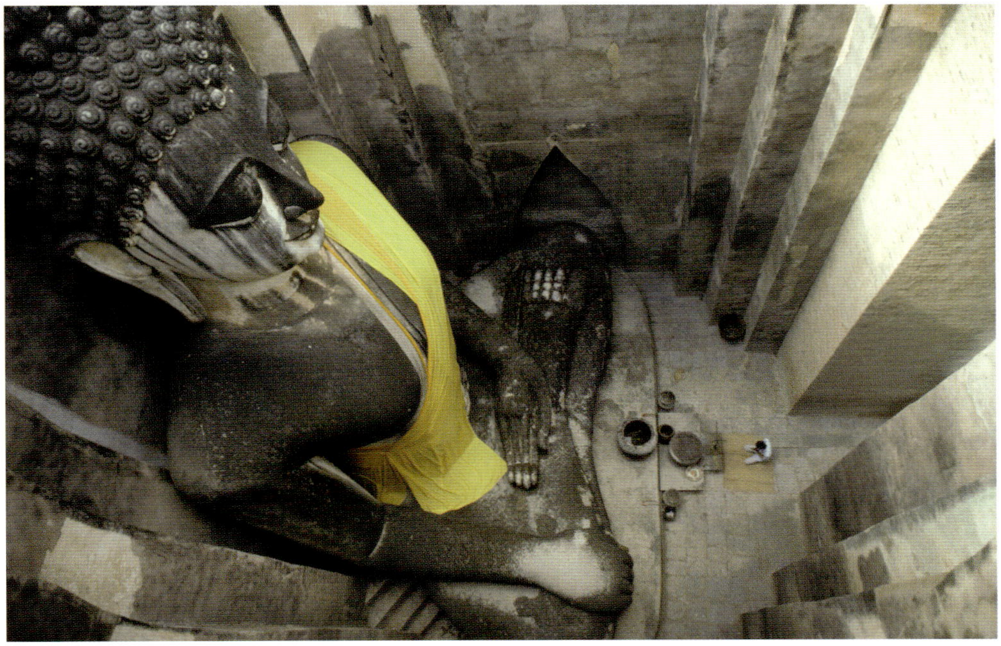

◄ BUDA

Duas coisas contribuem para o lapso temporal no avistamento da figura de um homem ajoelhado rezando – que é essencial à apreciação do tamanho do Buda. Uma é o ângulo de visão drástico e inesperadamente alto; a outra é a grande diferença de escala entre as duas figuras.

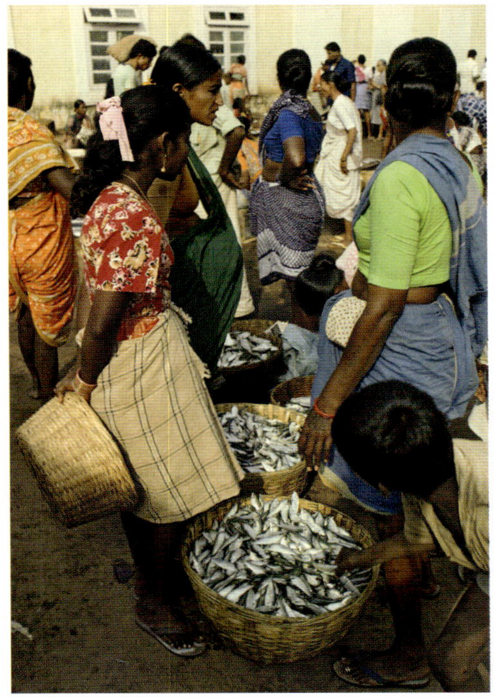

▲ MERCADO DE PEIXES, GOA

Essa é uma fotografia de acaso, que não teve muito aviso. O enquadramento é suficiente para dar algum humor à situação; certificando-se de que o garoto roubando peixes aparecesse na parte de baixo do quadro, há um pequeno retardo antes que ele seja notado. O espectador primeiro vê a mulher em uma foto convencional de mercado e só depois percebe o pequeno delito acontecendo abaixo. Isso, é claro, é como as próprias pescadoras viram o evento.

▼ SECTO SUFI

Adeptos de um secto Sufi em Omdurman, Sudão, praticam uma forma de salto meditativo em uníssono. Pegá-los no ponto alto do pulo foi uma escolha óbvia, porém a padronagem da tapeçaria torna a suspensão em pleno ar menos óbvia à primeira vista e isso aumenta a surpresa quando, após uns poucos segundos, ela é percebida.

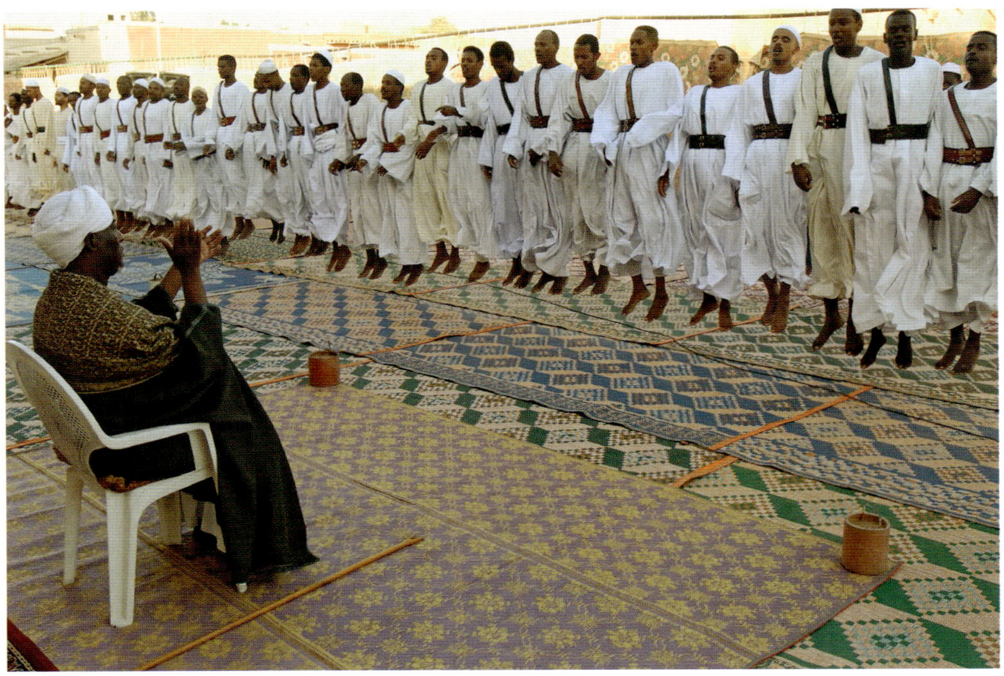

ESTILO E MODA

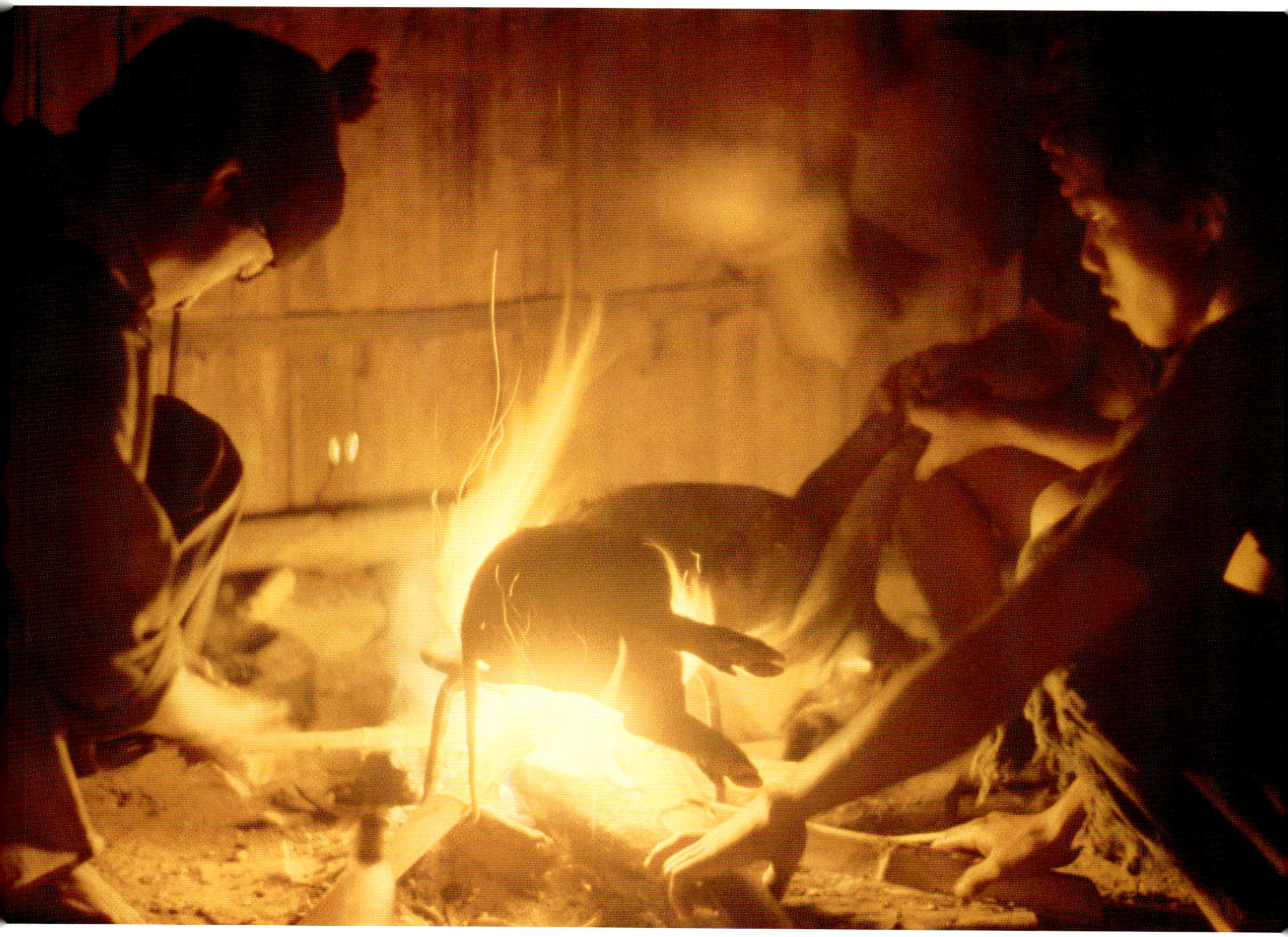

Apesar da ideia inerentemente vaga de estilo em fotografia, ele pode e deve influenciar o modo como algumas pessoas trabalham. Há uma certa distinção entre o estilo de um determinado fotógrafo e o estilo mais geral adotado a qualquer momento por inúmeros fotógrafos. A dificuldade está em concordar quanto a o quê constitui legitimamente um estilo em vez de um truque ou simples técnica, e as opiniões variam enormemente. Quando um estilo pode ser facilmente definido – por exemplo, quanto à iluminação, dois do passado que me vêm à cabeça são a "pintura com luz" usando "tubos" de luz customizados e o *ringflash,* que dá um efeito sem sombra, duro, a partir de um tubo especial que circunda a parte da frente da lente – ele pode ser chamado mais adequadamente de um maneirismo. Por outro lado, quando os críticos

▲ FOGUEIRA
Uma exposição longa funde o interior e os arredores deste fogo sendo usado para cozinhar. A exposição e os tons indo do amarelo ao laranja também ajudam a unificar os elementos, resultando em uma imagem fluida e atraente.

lutam para encontrar a definição de alguma coisa que sentem que deveria estar lá, pode ser que o estilo seja no máximo tênue.

Quer gostemos deles ou não, há vários estilos fotográficos que são amplamente reconhecidos. Por estarem intimamente conectados com a moda atual, a maioria dos estilos já teve seus dias – ainda que, assim como na moda, eles estejam sempre disponíveis para um *revival*. Mais ou menos por ordem de data, eles incluem Pictorialismo, Linked Ring, Photo-Secession, Neue Sachlichkeit (Nova Objetividade), Fotografia Direta, Modernismo, Construtivismo, Minimalismo, Formalismo da Cor e Realismo Pós-moderno.

E também, o surrealismo, tanto em seu tempo quanto depois teve uma forte influência sobre a fotografia, tendo Man Ray como seu mais conhecido praticante. Mas, enquanto a maioria das pessoas, hoje, provavelmente pensaria na fotografia surrealista como repetições dos temas de René Magritte e Salvador Dali (infinitamente retrabalhados), ela teve um efeito mais fundamental. Peter Galassi, em seu livro, *Henri Cartier-Bresson, The Early Work*, escreveu: "Os surrealistas trataram a fotografia do mesmo modo que Aragon e Breton... trataram as ruas: com um apetite voraz pelo comum e incomum... Os surrealistas reconheceram no fato fotográfico puro uma qualidade essencial que havia sido excluída de teorias anteriores do realismo fotográfico. Eles viram que fotografias comuns, especialmente quando desenraizadas de suas funções práticas, contém uma riqueza de significados não intencionais, imprevisíveis." O próprio Cartier-Bresson escreveu: "O único aspecto do fenômeno da fotografia que me fascina e sempre vai me interessar é a captura intuitiva através da câmera daquilo que é visto. É exatamente assim que [André] Breton definiu o acaso objetivo (*le hasard objectif*) em seu *Entretiens*."

Uma tendência dos fotógrafos que trabalham conscientemente em função de um estilo é a de levar a coisa toda muito a sério. Por exemplo, quando Ansel Adams, Edward Weston e outros montaram seu grupo "f64" para promover a fotografia "direta", "pura", protestaram contra os pecados do pictorialismo. "No começo dos anos 30," Adams escreveu: "a síndrome do salão estava a pleno vapor e os Pictorialistas voavam alto. Para qualquer pessoa treinada em música ou nas artes visuais, o sentimentalismo raso dos 'fuzzy-wuzzies' (como Edward Weston os chamava) era execrado, especialmente quando se gabavam de sua importância na 'Arte'... Sentimos a necessidade de um severo manifesto!"

Como um antídoto contra isso, gosto do comentário seco de M. F. Agha, que tornou-se diretor de arte da *Vogue* em 1928, a respeito do então atual estilo modernista em fotografia: "A fotografia modernista é facilmente reconhecível por seu assunto. Ovos (qualquer estilo). Vinte sapatos, dispostos em fila. Um arranha-céu, tirado de um ângulo modernista. Dez xícaras de chá dispostas em fila. A chaminé de uma fábrica vista através da trama de ferro de uma ponte de trem (ângulo modernista). O olho de uma mosca ampliado 2 mil vezes. O olho de um elefante (mesmo tamanho). O interior de um relógio. Três cabeças sobrepostas de uma senhora. O interior de uma lata de lixo. Mais ovos...". Todos os estilos conscientes começam a saturar depois de um tempo.

O conceito de beleza não está tão separado do estilo e recebe atenção menos rigorosa do que talvez devesse; de fato, na maioria das vezes, passa sem ser questionado. Mas, se entendermos como ele chega a se tornar consenso não importando quando ou onde, podemos fortalecer a composição de imagens usando-o ou rejeitando-o. Ainda que beleza seja um conceito esquivo, nem por isso todos nós deixamos de empregá-lo em nossos julgamentos e, geralmente, assumimos que todo mundo sabe do que estamos falando. Certamente, é verdade que algumas cenas e alguns rostos, por exemplo, serão considerados belos pela maioria das pessoas. Mesmo assim, não sabemos por que e, tão logo tentamos explicar a razão para um censo comum que diz que raios de sol vespertinos irrompendo numa tempestade que se desfaz sobre Yosemite ou sobre o Lake District inglês compõem uma bela cena, a tentativa logo se esvai. A questão é que há um consenso, ele se desloca de acordo com o período e a moda – e, é claro, de cultura para cultura. Que a beleza está nos olhos de quem vê é, no máximo, uma meia-verdade.

A moda é uma extensão da beleza com um acréscimo de intensidade. Ela é o que é considerado bom, um pouco desafiador (não muito), elitista e acima de tudo no presente. A moda, na fotografia tanto quanto na vestimenta e maquiagem, é um modo de desafiar a ordem existente de apreciação – experimentar algo um pouco diferente (normalmente não radical) para ver ser se outras pessoas vão ir adiante com ela. Ela é, portanto, ligeiramente experimental, muito orientada à adoção e, é claro, altamente competitiva.

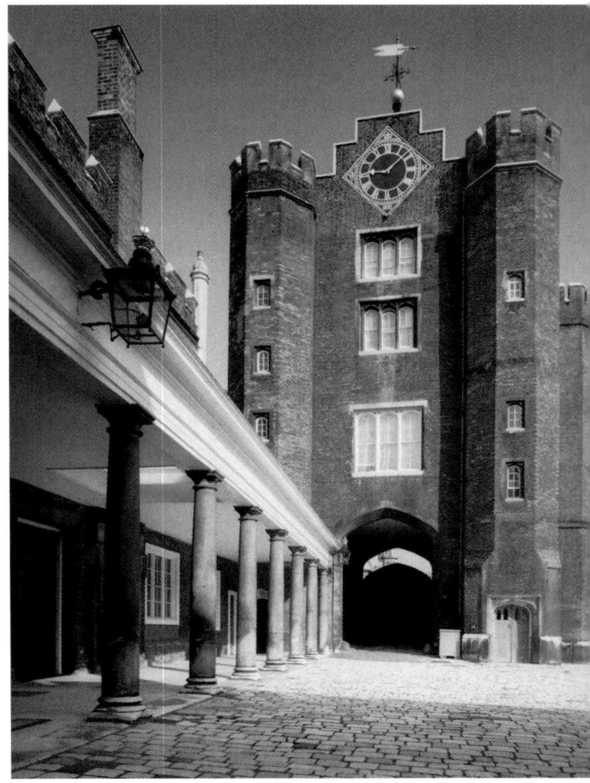

▲ PALÁCIO DE SAINT JAMES
Esta fotografia "direta" do palácio de Saint James em Londres apresenta várias das características do formalismo. A composição é levada em conta, as propriedades arquitetônicas principais estão inclusas, as verticais estão corretas, o detalhe é tão nítido quanto só uma câmera de grande formato poderia conseguir, e a exposição e impressão foram cuidadosamente controladas para reter tanto as sombras quanto as luzes altas.

➤ MOLDES DE VIDROS DE PERFUME

O método aplicado aqui, para compor um conjunto de modelos para vidros de perfume, poderia ser chamado de construtivista. A maioria das formas é abstrata, e, ao incluir uma forma reconhecível de um frasco próximo ao centro, foi deixada em aberto a oportunidade de simplesmente jogar com a geometria, usando diagonais como tema geral.

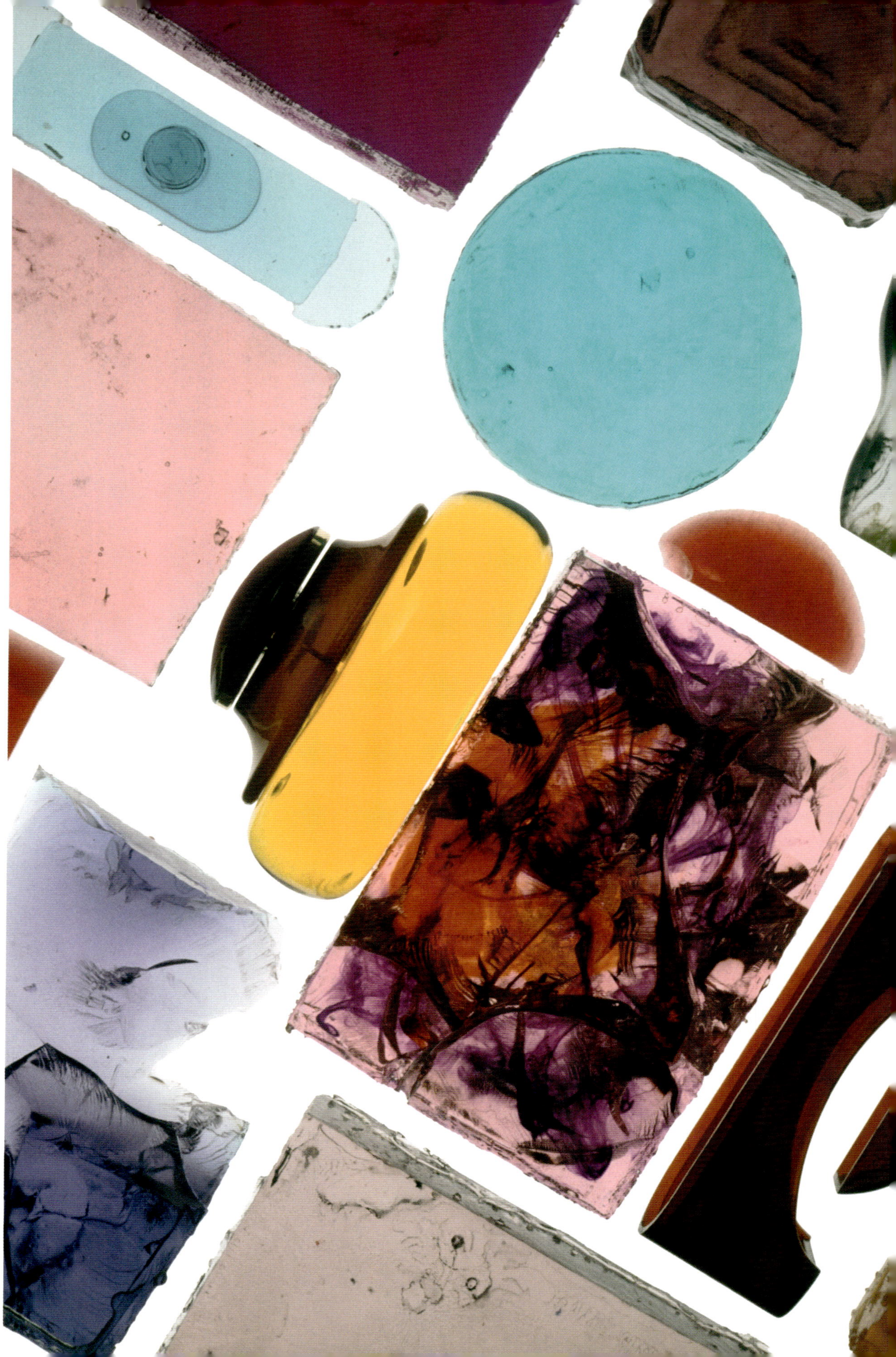

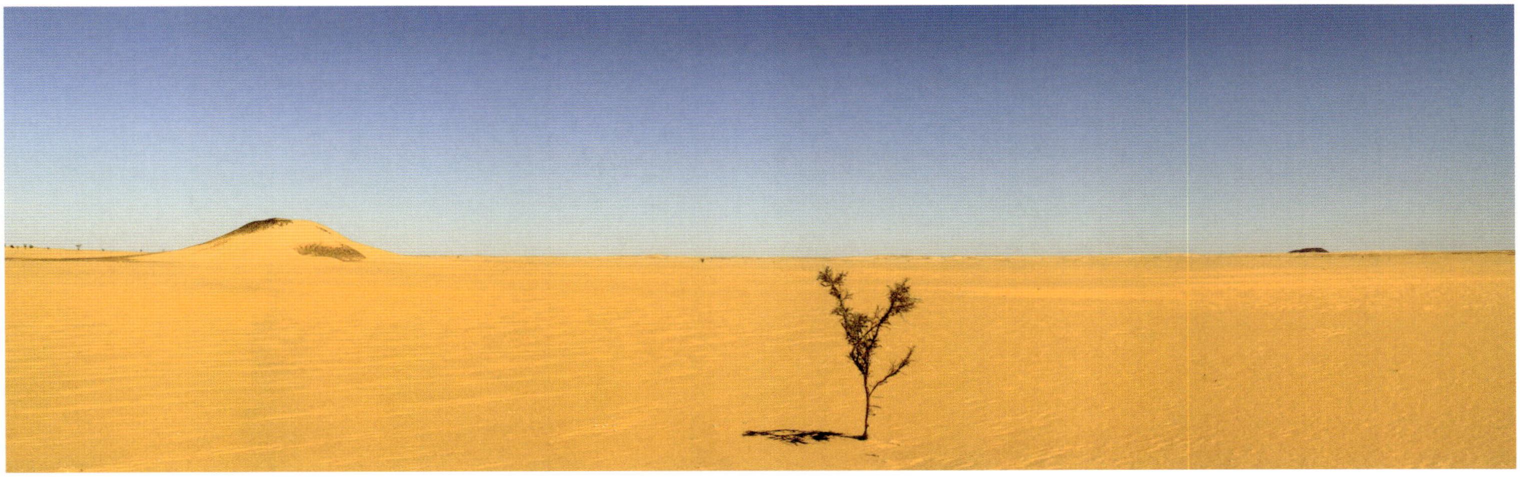

▲ DESERTO DE BAYUD
Uma outra abordagem minimalista em um contexto diferente usa o formato do quadro, a divisão de quadro e o isolamento de um pequeno, patético arbusto para passar o vazio deste deserto sem vida no norte do Sudão. Incluir o pequeno arbusto próximo à câmera aumenta em vez de diminuir o vazio, e o local exato do quadro onde situar o arbusto foi consideravelmente pensado – ligeiramente deslocado do centro, ajudando a criar um equilíbrio com a duna de areia atrás.

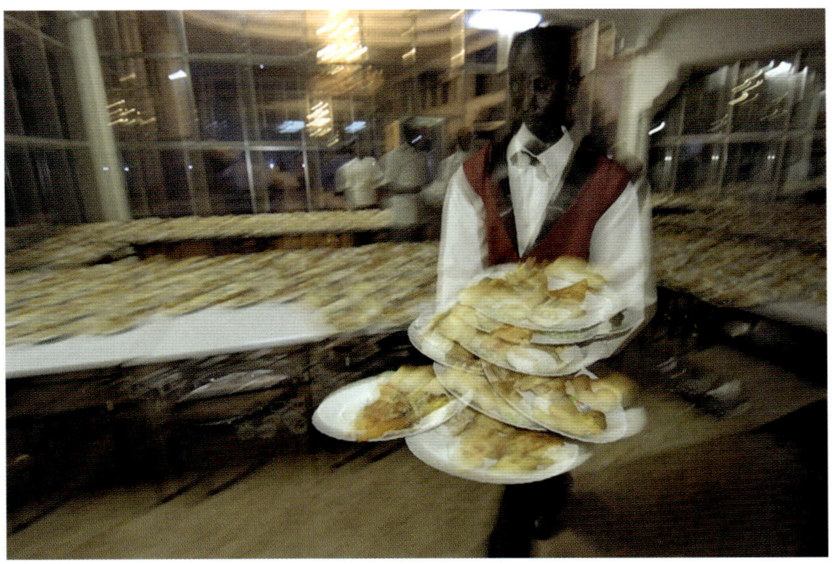

▲ CASAMENTO SUDANÊS
O flash em segunda cortina, do qual este é um exemplo típico, gerou um tipo relativamente novo de fotografia que quase pode ser considerado um estilo, ainda que em certo sentido seja um artifício técnico. Com uma SLR, o flash pode ser disparado ao final de uma exposição longa em vez de no início como é mais comum. Dependendo da exposição relativa da iluminação ambiente, a mistura de borrado com detalhe nítido resulta em um efeito evidente, com os inevitáveis borrões causados pelo movimento e a luz do flash, que, de fato, "congela" o movimento.

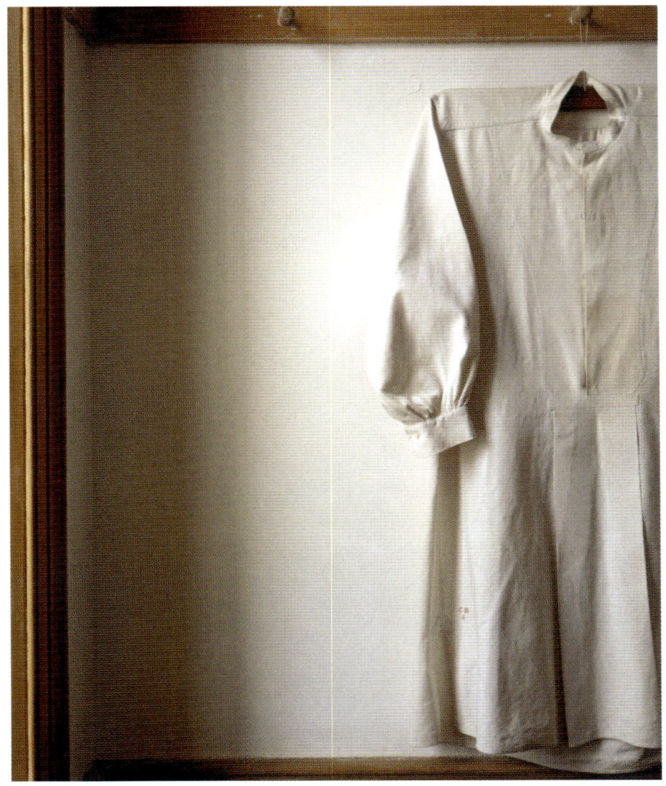

▲ GUARDA-PÓ
Empregando técnicas de minimalismo, foi transmitida a essência desta camisa de linho do século XIX em uma casa de reuniões Shaker no Kentucky, com o mínimo de detalhe e o menor número de cores. Toda a informação necessária quanto à textura e forma fica acessível com apenas pouco mais da metade do traje, e o recorte justo feito à esquerda e acima enquadra a cena. A mera simplicidade caracteriza este estilo de fotografia.

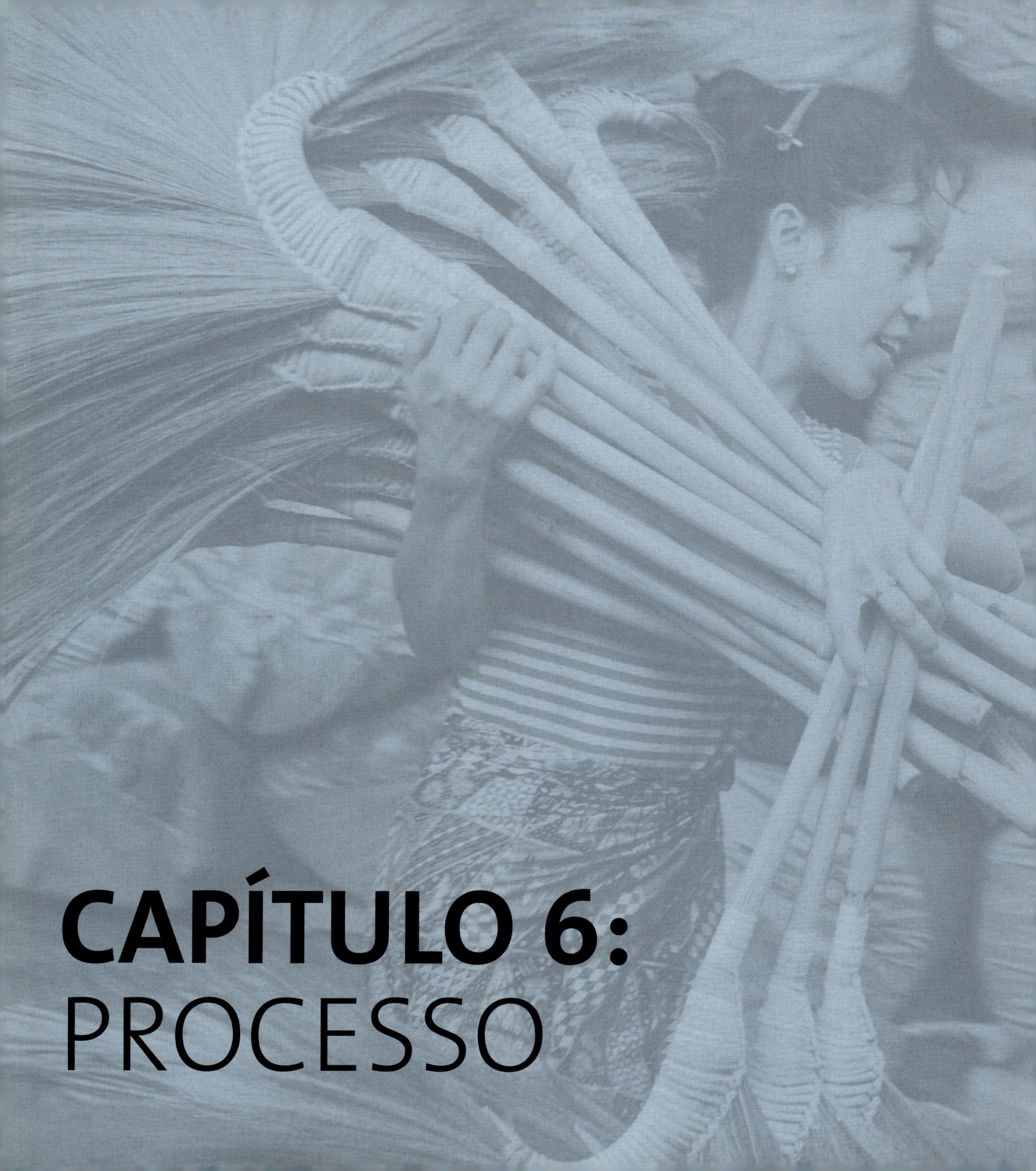

CAPÍTULO 6: PROCESSO

Na crítica de arte de todos os tipos, mas possivelmente ainda mais na fotografia, tem sido dada menos atenção ao processo do que ele merece. Talvez seja porque o espectador, ou crítico, tenha que extrapolar retroativamente a partir da imagem para tentar adivinhar qual foi a situação e o que passou pela mente do fotógrafo. Isso pode ser feito, mas exige extenso conhecimento prático. Aqui, pode-se dizer que a fotografia se torna mais difícil de analisar do que a pintura, porque o processo é muito mais curto – muitas vezes, muito curto para que o fotógrafo esteja completamente ciente dos passos no momento de fotografar.

Isso tende a embaraçar críticos de arte com experiência pessoal limitada. John Szarkowski do MoMA, escrevendo sobre uma bem-conhecida reportagem fotográfica por Mario Giacomelli, disse: "A análise foi certamente inútil a Giacomelli na breve fração de segundo durante a qual esta fotografia foi possível, antes de as formas negras entrarem em uma irrecuperável relação de alteridade umas com as outras e com a base e o quadro. Parece, de fato, muito improvável que a inteligência visual de um fotógrafo pudesse ser aguda o suficiente para reconhecer em tão breve momento de plasticidade..." e assim por diante. Ele conclui invocando a sorte como um ingrediente oculto, fechando com a curiosa "...seja boa ou má, a sorte é a melhor mestra do fotógrafo atento, pois ela define o que pode ser antecipado na próxima vez." Ela não define, é claro. Boa ou má, a sorte é simplesmente um lembrete de que você está fotografando em um mundo que não se curva ao seu controle. A própria fotografia de Szarkowski, devo dizer, é do tipo deliberada, não planejada.

Muitos fotógrafos dizem simplesmente que cada fotografia vem da "intuição". Sem querer negar o poder da intuição, este capítulo vai investigar seus fundamentos. André Kertész declarou isso desde o início de sua carreira (em 1912, aos 20 anos): "Do ponto de vista da composição, eu estava pronto. A primeiríssima coisa que fiz era absoluta e perfeitamente composta. O equilíbrio, as linhas, tudo era bom, instintivamente. Isso não é mérito meu. Eu nasci assim." Logicamente, isso sugeriria que Kertész não refinou ou evoluiu sua composição, mas isso não é verdade. Ele, assim como muitos outros, simplesmente não estava interessado em examinar seu próprio processo. Felizmente, alguns fotógrafos de importância histórica, incluindo Cartier-Bresson, Ansel Adams, Walker Eveans, Edward Weston e Joel Meyerowitz se interessaram, e suas análises são úteis – e são usadas aqui.

O termo "fotografia" aparenta dar consistência a uma vasta gama de temas e modos de fazer imagens, mas, enquanto descrição-cabide, ela sugere mais similaridades de processo do que realmente existem. A tecnologia de câmera e software pode ser comum aos diferentes modos de pessoas fotografarem, mas ela não vai muito além. Entre os extremos do fotografar reativo em situações imprevisíveis e o controle total de um estúdio propositalmente construído, há uma enorme diferença no modo como os fotógrafos se conduzem ao criar e compor imagens. O objetivo de uma imagem bem projetada pode ser o mesmo, mas o processo não é. A reação, como na fotografia de rua e jornalística, tende a se basear na intuição e experiência (e por causa dessa, geralmente fica melhor com o tempo). Em qualquer caso, o processo deve ser muito rápido, muitas vezes não deixando tempo para ficar pensando nas coisas passo a passo, de modo lógico. A deliberação, que está no extremo oposto do espectro e aplica-se mais à fotografia de naturezas-mortas e arquitetônica, é mais lenta e demanda poderes de reflexão e constante questionamento. Ela não é, de modo algum, menos criativa por ser medida, mas a energia criativa é acionada e usada de um modo diferente.

Neste capítulo, vou começar examinando a fotografia reativa; aquelas ocasiões quando antecipação e habilidade são postas a prova. Mas o que pode ser ainda mais importante é saber antecipadamente que tipo de imagem você poderia extrair de determinada situação. Quando a cena não se impõe, o fotógrafo a faz se adequar no que vou chamar de um "repertório" – um tipo de banco de imagens mental daquilo que o fotógrafo sabe que pode ser feito e gosta como tratamento. Para mim, ele inclui imagens que fiz no passado e achei satisfatórias. Sei que elas funcionam para mim e as mantenho mentalmente na reserva – não para serem copiadas obedientemente, mas como um tipo de modelo de design que pode ser adaptado a uma situação nova qualquer.

A BUSCA DA ORDEM

Todas as artes visuais dependem muito do ordenamento dos vários elementos de acordo com a preferência do artista, pressupondo que as impressões visuais apresentadas pelo mundo são desordenadas e geralmente caóticas. A fotografia não é exceção. De fato, ela exige mais esforço para organizar a imagem que outras artes, pela razão de que a câmera registra tudo em frente a ela. Um pintor seleciona elementos a sua frente, mas um fotógrafo tem que reduzir, diminuir, ou esconder os elementos indesejados. Escritos de fotógrafos a esse respeito enfatizam isso repetidamente. Edward Weston, no início de sua carreira, em 1922, escreveu que para a fotografia, a paisagem era muito "caótica... muito bruta e carente quanto ao arranjo," e precisou de muitos anos de trabalho para enfrentar o desafio. Ansel Adams escreveu: "Para composições fotográficas, penso em termos de criar configurações a partir do caos, em vez de seguir quaisquer regras convencionais de composição." Cartier-Bresson a chamou de "uma rigorosa organização da interação de superfícies, linhas e valores. É nesta organização apenas que nossas concepções e emoções tornam-se concretas e comunicáveis." O fotógrafo montanhista Galen Rowell, escrevendo especificamente sobre uma composição no Vale da Morte, começa com: "Inicialmente, a composição pareceu muito confusa para mim..." Ele está prestes a sair, quando pensa de novo e retorna: "As zonas que inicialmente pareceram tão confusas agora convergiam em fortes diagonais que fui, então, capaz de compor mudando minha câmera de posição para frente e para trás."

Nos capítulos de 1 a 5, examinamos as ferramentas disponíveis para impor ordem à uma imagem, e fazê-lo pareceria ser tão básico que as questões interessantes tiveram a ver com como e em qual estilo. Mas o que fazemos da fotografia que parece negar a organização dos componentes da imagem? Precisamos tratar disso porque uma proporção significante da fotografia de arte dos anos 1960 em diante desafia essas normas. Isso começou com fotógrafos como Garry Winogrand e Lee Friedlander na América do Norte, e a identificação daquilo que os críticos de arte começaram a chamar de "estética do instantâneo" (um termo que Winogrand, só para citar um, odiava). O argumento crucial para a composição "informal" era que quando usada por não fotógrafos, a câmera ocasionalmente produzia "felizes acidentes," nos quais o que normalmente seria visto como ângulos de câmera basculados e mau enquadramento criavam justaposições e geometrias interessantes e inesperadas. Às vezes, artefatos como tremidos de câmera e *flare* contribuiriam, outra vez "felizmente." Nas mãos de um expert, e feita deliberadamente, a composição vernacular poderia ter valor artístico.

A crítica Sally Eauclaire, escrevendo sobre o fotógrafo Formalista da Cor William Eggleston, tipifica a visão daquela época: "No recorte descuidado, alinhamentos negligentes e exposições imprecisas de instantâneos amadores, Eggleston identificou efeitos potentes que sob sua direção poderiam produzir fascinantes contrastes e desvios das ênfases convencionais." Mais recentemente, Graham Clarke, a respeito da composição de Lee Friedlander na imagem *Albuquerque* (1972), escreve: "À primeira vista, ela surge como uma imagem suave e indeterminada, mas depois começa a ressoar com significado rico e profuso... Ela resiste a qualquer ponto focal único, de modo que nosso olho fica dando voltas pela imagem sem qualquer ponto de repouso, sem qualquer sensação estável ou final de unidade (e sentido unitário de significado)." É revelador como ele usa a própria ausência de habilidade aparente para justificar o valor artístico da imagem. "Ressoar" e "significado profuso" são, é claro, sinais indicativos de que o critico de arte está evitando a análise e invocando misteriosos *insights* da parte de uma elite de espectadores, dos quais o leitor é de algum modo convidado a participar.

Este é o argumento, ainda que de lógica duvidosa. Como vimos nas páginas 94-97, artefatos em fotografias podem funcionar muito bem, mas o fazem em troca da aparência que sabemos que uma imagem tirada com precisão deve ter. Em outras palavras, para terem sucesso e serem aceitos, eles podem ser só ocasionais. O desrespeito proposital aos princípios da composição e do design pode ser justificado apenas conceitualmente – dizendo, de fato,

DA DESORDEM PARA A ESTRUTURA

A finalidade, aqui, era mostrar um jardim de infância com crianças brincando e colocar tanta informação quanto possível na imagem. Em outras palavras, a receita certa para uma cena movimentada – talvez até demais. A variável mais óbvia era a expressão e ação por parte das crianças. Isso é o que você normalmente esperaria que fizesse a diferença entre uma foto boa e uma foto comum, e foi essa a prioridade. Foi solicitado a um membro da equipe que organizasse as crianças e as encorajasse a participar de diversas atividades; depois disso, foi só uma questão de observação e espera. Como de costume, porém, o design pode acrescentar uma camada a mais de melhorias, como mostra a sequência, por ordem de tempo. As últimas duas fotos incluem com sucesso toda a informação necessária (mesa, atividades, casinha, crianças, professora) de modo graficamente coerente, precisamente porque ambas têm estrutura. A maior diferença entre as duas está na atitude – e, portanto, importância visual – do menino mais próximo à câmera.

1. A primeira foto, tirada de cima, simplesmente tenta capturar os três elementos principais: as crianças com a professora, a mesa e uma casinha de brinquedo estilo chalé ao fundo. O resultado é suficientemente claro, aceitável e um ponto de partida a ser melhorado.

2. Um primeiro passo em direção à busca pelos ponto de vista e composição mais fortes é caminhar ao redor da mesa. O mural pintado é um ponto de interesse alternativo à casinha, e uma das crianças quis sentar no lado oposto da mesa. Mas a foto não funciona, em mais de um nível. Há nucas demais aparecendo; enquadrar o menino por entre as cabeças implica incluir uma distração, a parede de madeira crua à esquerda; e não há suficiente atividade de pintura em vista.

3. O próximo passo foi tentar algo mais coerente no lado oposto da mesa, usando um enquadramento mais próximo do mural. O arco-íris deste lado não era óbvio na foto anterior. O que está errado aqui, contudo, é que, mesmo com uma lente grande-angular, o outro grupo de crianças está fora do quadro.

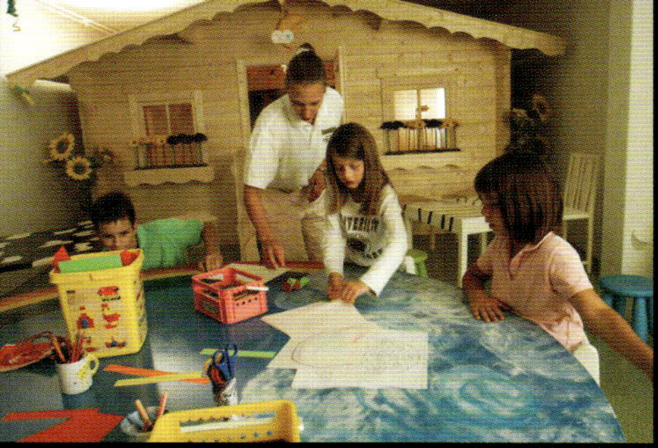

1

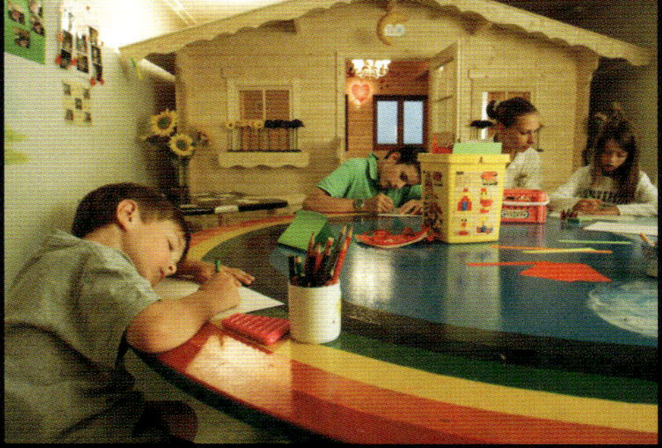

5

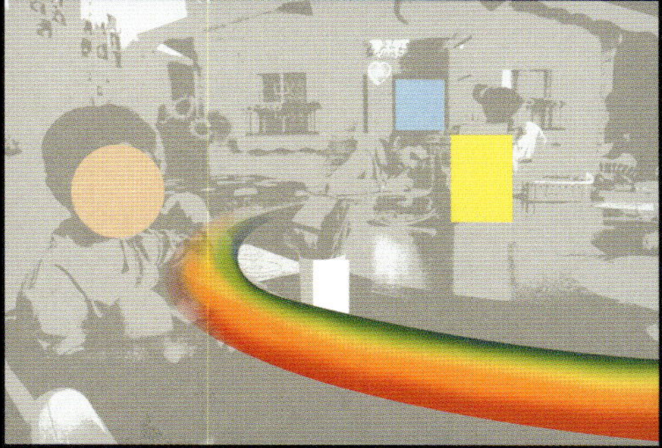

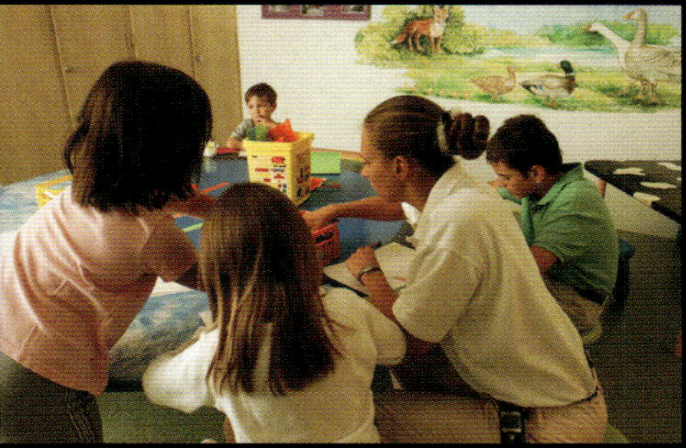

2

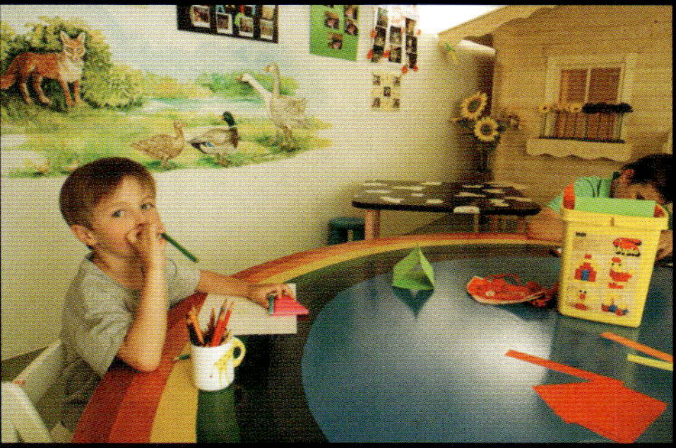

3

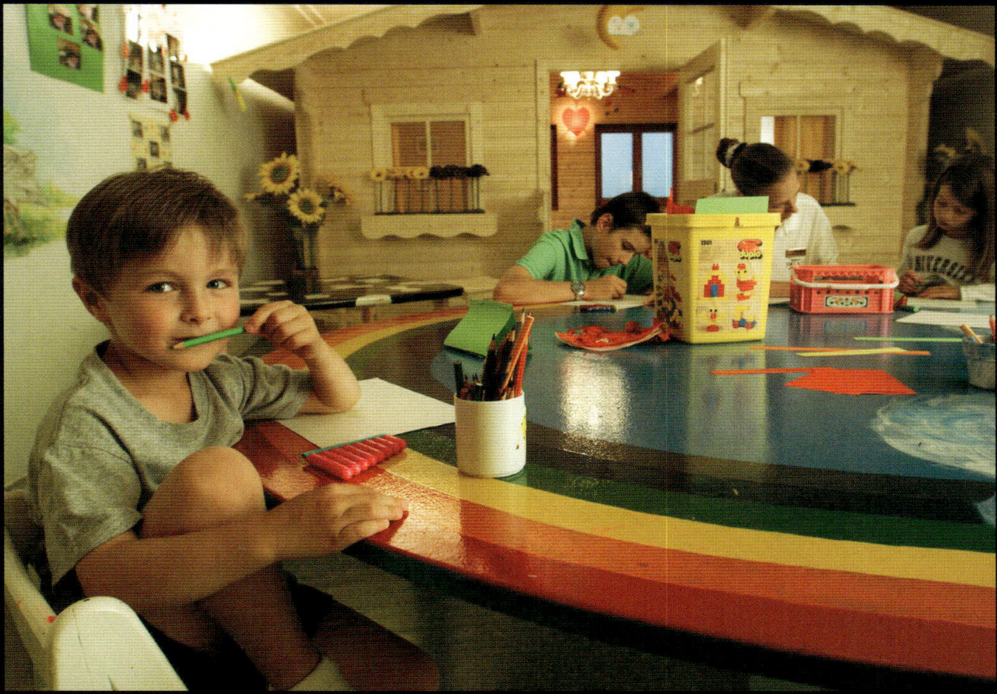

6

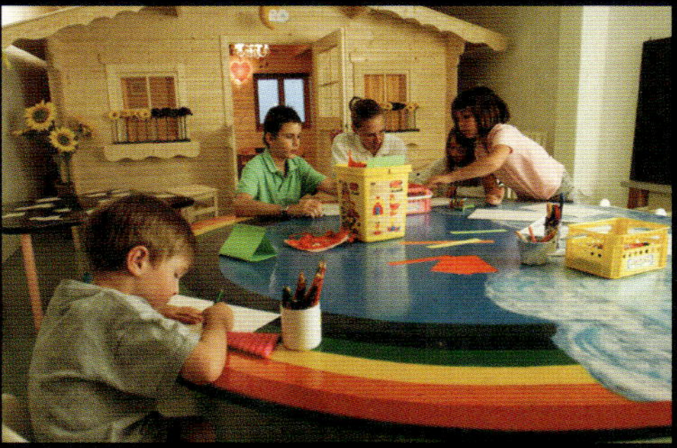

4

4. Este ponto de vista fez mais sentido. Há uma boa sensação de profundidade indo do garoto em primeiro plano às outras crianças e no chalé atrás, isso dá ao olho algo a fazer – olhar de um para o outro no quadro. Mas ele pode ser melhorado?

5. Um posicionamento de câmera mais baixo melhora a foto, por duas razões. Primeiro, nos coloca no nível da criança, o que é mais envolvente. Segundo, dá mais destaque ao arco-íris e, com a mesma lente grande-angular usada até aqui, resulta em uma composição mais dinâmica.

6. O menino olhou para cima e depois girou em sua cadeira. A expressão é boa e prende o olho do espectador. De fato, estas duas últimas imagens são ambas ótimas; o contato visual simplesmente faz desta um tipo diferente de foto. Se analisarmos esta imagem, podemos ver que a linha dos olhos indo direto do menino para o espectador faz dela o foco de atenção mais forte. Rostos sempre carregam um forte peso visual, de modo que apesar das várias cores fortes, os três outros focos de atenção são, na verdade, os três rostos do lado oposto da mesa. A dinâmica da figura é fortemente controlada pela curva da mesa, enfatizada pelas cores do arco-íris e pelo efeito de distorção da lente 24 mm (equiv.), enquanto os rostos, a caixa amarela e a janela azul atuam como pontos de parada ao longo do caminho. Assim, uma vez que o olho do espectador tenha sido conduzido pelo quadro por esta estrutura, ele perambula pela foto para examinar os diversos detalhes, mas sempre retorna para o rosto do menino.

"isto não é uma fotografia normal." Isso, com certeza, é como a estética dos instantâneos tem se desenvolvido recentemente, como questionamento autorreferente. É notável como muitos dos que trabalham desse modo identificam-se como artistas que, por acaso, usam uma câmera, não como fotógrafos. Isso é fotografia enquanto arte conceitual, e o conceito está sendo um substituto para a habilidade. Entender isso facilita encaixar a "composição sem arte" no esquema das coisas, mesmo que a maioria dos fotógrafos tradicionais não goste dela. Ela é válida como arte, mas eu diria que foge do cânone da fotografia.

É importante reparar neste ponto que a fotografia de arte tem cada vez mais seu próprio paradigma e sua própria retórica, para não dizer seu próprio léxico. Em grande medida, seus objetivos e ideais estão divergindo daqueles da fotografia praticada por razões profissionais ou amadoras. Isso não é uma crítica, mas uma observação que afeta o modo como esses dois propósitos da fotografia devem lidar um com o outro. Sob essa luz, certos comentários de críticos de arte tornam-se menos confusos. Assim, quando Graham Clarke, em *The Photograph* do Oxford History of Art, escrito em 1997, declara que "O problema com Bresson é que suas imagens confundem o olho crítico" e "Winogrand tem a habilidade de congelar em vez de imobilizar um momento", ambos os quais beiram o ridículo para um fotógrafo, o problema é resolvido quando percebemos que ele está escrevendo com a retórica da crítica de arte e, muito possivelmente, não para fotógrafos. As imagens de Cartier-Bresson não confundem o olho do fotógrafo; em vez disso, nós admiramos sua habilidade consumada.

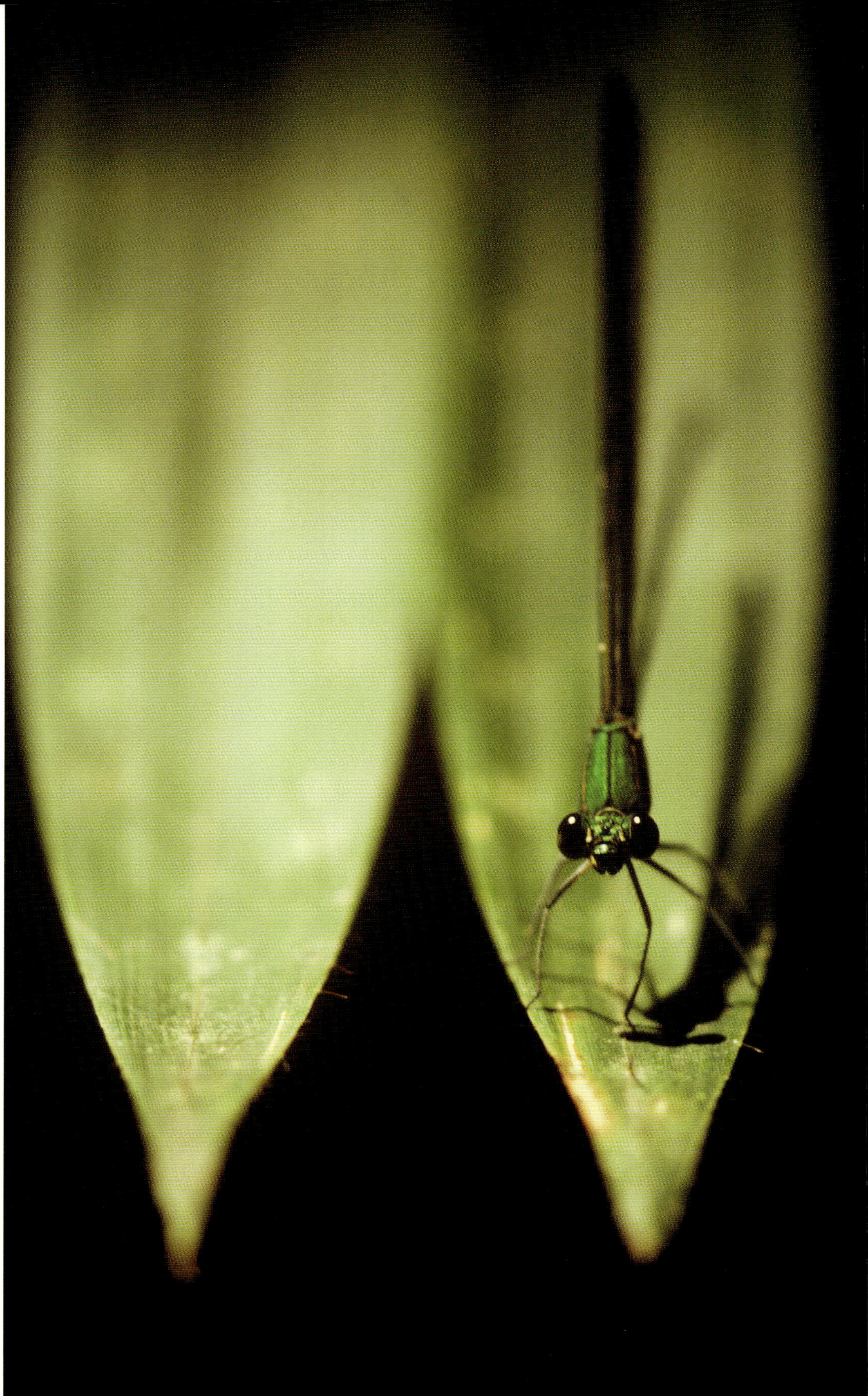

➤ LIBÉLULA
Insetos em seu habitat raramente oferecem imagens bem organizadas, mas quando a oportunidade surge, como no caso desta libélula empoleirada na beira de uma folha pontiaguda, o enquadramento e posicionamento de câmera podem criar ordem. Primeiro, a posição foi escolhida para dar uma visão exatamente frontal; segundo, a foto foi enquadrada de modo um pouco incomum para que incluísse também a segunda folha, idêntica.

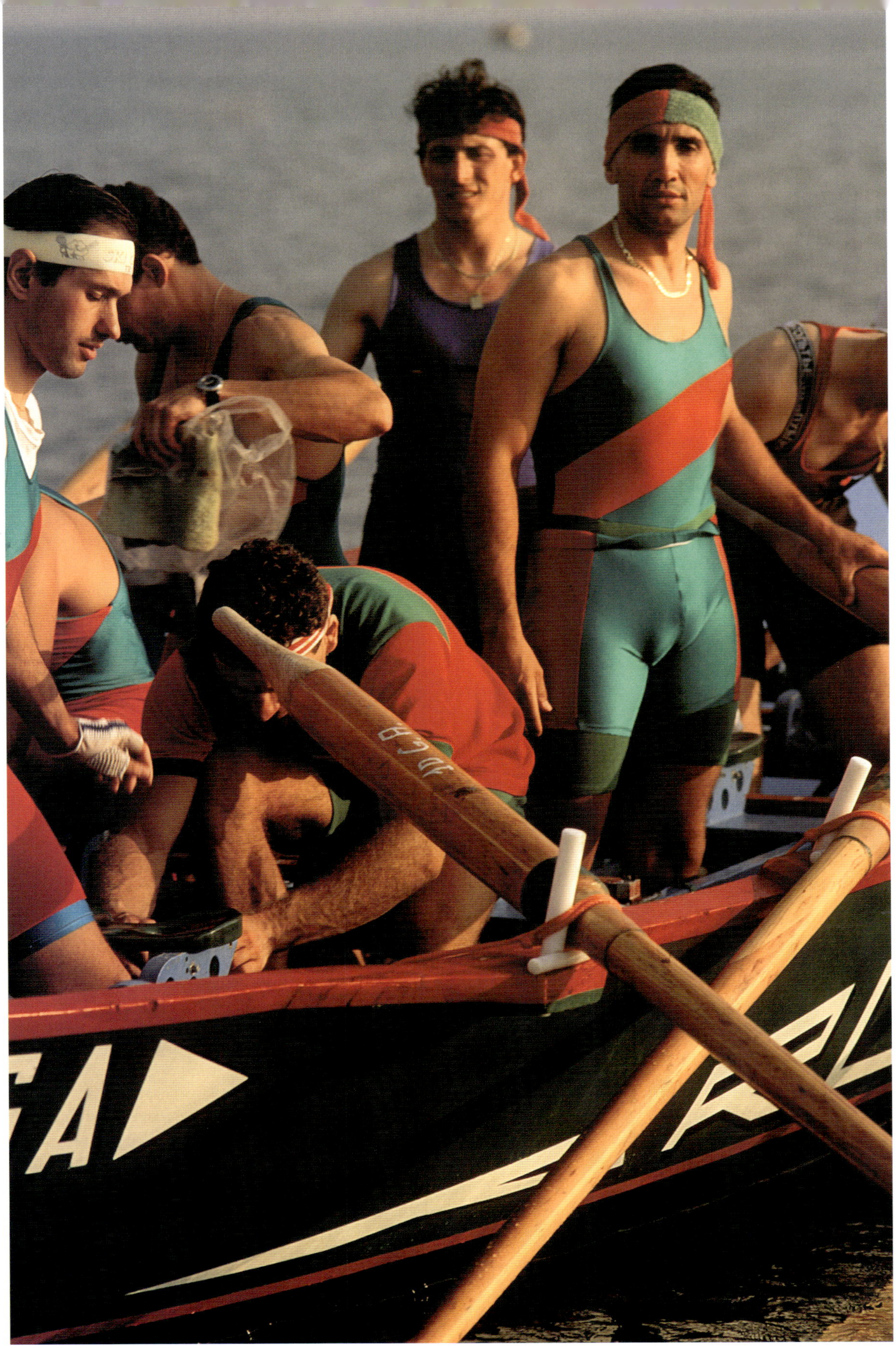

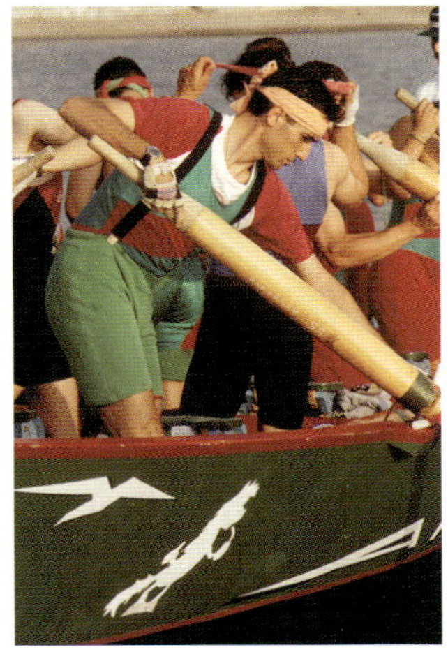

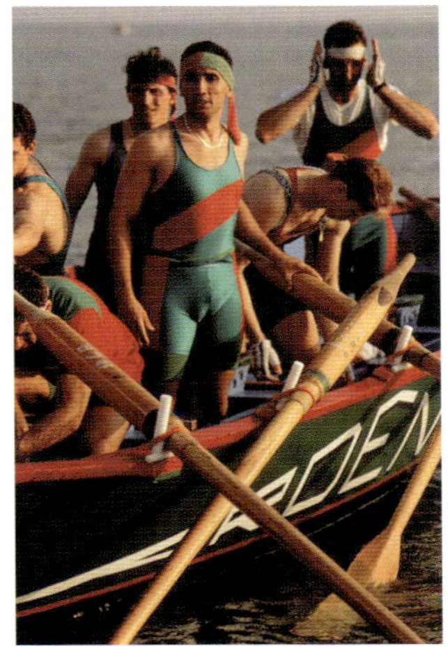

◄ ▲ EQUIPE DE REMO
Um enquadramento com meia-tele de um grupo de remadores italianos preparando-se para participar de uma regata. A cor e a virilidade dominam a cena, e a distância focal mais longa é boa para comprimir e concentrar sobre esses aspectos. O problema, novamente, é estrutural e, por um momento, nada apresentou-se como uma verdadeira foto (topo). Enquanto os homens se preparavam, porém, os remos cruzados pendendo soltos demonstraram ter potencial para dar ordem à foto (acima) e, movendo-me para a direita, eles ajudaram a, finalmente, amarrar a imagem final (esquerda).

CAÇANDO

O processo de encontrar situações que possam ser transformadas em imagens significativas é fundamental para a fotografia convencional. Algumas imagens, em situações controladas, podem ser construídas, primeiro na imaginação, depois montando, removendo e fazendo outras alterações físicas. Mas quando a situação está fora do controle do fotógrafo – como no caso da natureza urbana em uma cidade – as imagens são potenciais, desconhecidas, esperando para serem reunidas por aquela interação especial entre o observador e a realidade que torna a fotografia única nas artes visuais.

Essencial ao entendimento desse processo é a psicologia da percepção em si e, embora existam diferentes teorias mesmo hoje, as dominantes derivam, em grande parte, de Hermann von Helmholtz (1821-1894). Como explicado por R. L. Gregory, elas sustentam que o cérebro busca interpretar ativamente as entradas sensoriais do olho e lança hipóteses sobre o que esteja sendo representado. Agora, a fotografia leva a percepção a dar um enorme passo à frente – para a criação de uma imagem permanente. O fotógrafo não apenas deve perceber com apuro, mas também deve tentar e conseguir fazer as percepções "se encaixarem" em uma imagem coerente que ele ou ela saiba (ou creia) que irá funcionar.

Como fotógrafo, você está essencialmente "caçando" uma fotografia que vá ao encontro de suas próprias necessidades criativas mesmo que extraída de um conjunto de evento fluido e em evolução. Essa é a essência da reportagem, ou fotojornalismo, e quero começar com isso, a mais esquiva e difícil área da fotografia, porque, na minha cabeça, é uma das formas mais básicas e puras. Ela é muito admirada por boa parte da fotografia profissional precisamente por ser tão difícil de ser bem desempenhada. Alguns diriam que é a última palavra em fotografia expressiva e criativa porque é uma maravilhosa combinação da atualidade do mundo e do olho do fotógrafo.

Normalmente, não há por onde começar senão por uma imagem provável. Isso não é o Monument Valley visto de um ponto favorável conhecido, está mais para um conjunto confuso de ruas em uma cidade em algum lugar. Não há garantia alguma de que algo vá surgir no tempo em que você estiver dando voltas, mas qualquer coisa que surja será inteiramente devido à sua própria escolha. Uma boa quantidade de autodeterminação está em jogo, porque isso não apenas é uma "caçada", mas é uma caçada cuja presa – a imagem final – é determinada apenas por você. Ele, o assunto da imagem final bem-sucedida, não sabe que é fotogênico.

Esse modo reativo, sem planejamento de fotografar situações envolvendo a vida normal das pessoas – essa fotografia de rua, se você preferir – engaja completamente o fotógrafo nas incertezas e surpresas da vida diária. Essa é a base de onde você pode querer afirmar a pureza dessa forma de fotografia, apesar de essa declaração ser claramente polêmica e desafiadora. O que o argumento diz é que a essência da fotografia está em sua relação óptica com o mundo real. Seja lá como for usada, a câmera vale-se do que, de fato, está acontecendo a sua frente. Não há reprise, voltar atrás, e em qualquer velocidade normal de obturador, o que é capturado vem de um momento no tempo e de um só lugar. Como Cartier-Bresson escreveu: "...para os fotógrafos, o que passou, passou para sempre. Disso originam-se as ansiedades e forças de nossa profissão." Dado isso, o ponto crucial chega quando o fotógrafo tem que reagir a o que quer que aconteça sem a possibilidade de melhorar as chances a seu favor por meio da direção de eventos ou preparo das coisas. É nesse sentido que a fotografia de rua tem uma pureza.

Os poucos fotógrafos de reportagem que articularam seu método de trabalho tendem a usar analogias com caçadas verdadeiras. Eis Cartier-Bresson novamente, o mestre desse gênero: "Eu rondava as ruas o dia todo, sentindo-me bem preparado e pronto para atacar, determinado a "aprisionar" a vida – a preservar a vida no ato de viver. Acima de tudo, desejava apreender, no confinamento de uma única fotografia, toda a essência de alguma situação que estivesse em processo se desenrolar em frente aos meus olhos." E Joel Meyerowitz, que começou como fotógrafo de rua em Nova York: "Está tudo lá. Todos os dias eu olhava a movimentação na rua pela janela do meu escritório, uns trinta andares abaixo, e desejava estar lá. Então, quando consegui minha primeira câmera, pareceu muito natural ir direto para a rua. Aquele era o rio. Lá era onde o peixe estava."

Não é de se surpreender que haja um acompanhamento físico para isso. A fotografia de reportagem é uma atividade muito física, e o processo de caçada às imagens, muitas vezes, envolve um tipo de "dança." Meyerowitz observou tanto Cartier-Bresson como Robert Frank a trabalho e em diferentes ocasiões. Sobre Bresson ele escreveu: "Era espantoso. Ficamos alguns passos atrás e o observamos. Ele era uma figura dançante, vibrante, entrando e saindo da multidão, avançando, recuando, mudando de rumo. Era impregnado de uma certa qualidade mimética. Aprendemos instantaneamente que é possível apagar-se na multidão, ao ponto em que você poderia olhar sobre seu ombro como um toureiro executando um *passo doble*." E sobre Frank: "Acho que o que mexeu comigo, mais que qualquer outra coisa, foi o fato de ele estar em movimento enquanto fazia fotografias. A mim, pareceu um tanto irônico que você pudesse fluir e dançar e estar vivo e, ao mesmo tempo, desbastar e simplesmente cortar as coisas fora. Eu gostava da fisicalidade daquilo." Robert Doisneau até fez apologias a ela: "Sou um pouco envergonhado de meus passos sem lógica, minhas gesticulações. Dou três passos para este lado, quatro para aquele, volto, saio de novo, penso, volto, então de repente fujo do lugar como do inferno, depois volto."

➤MODELO PARA O PROCESSO DE "CAÇADA" A UMA FOTOGRAFIA

Baseado no esquema para a percepção de R. L. Gregory, no qual o conhecimento perceptual e conceitual atuam na resolução do problema de o que representam os sinais visuais recebidos pelo olho. A percepção é uma hipótese em constante mudança à medida que a mente tenta organizar os sinais na forma de significado. Ela é o resultado da interpolação em alto nível sobre o processamento de sinais em baixo nível, com certas regras para efetuar a organização agindo colateralmente. Neste modelo, pode-se pensar na imagem fotográfica resultante como "percepção criativa" – em outras palavras, percepção com um resultado final fotográfico.

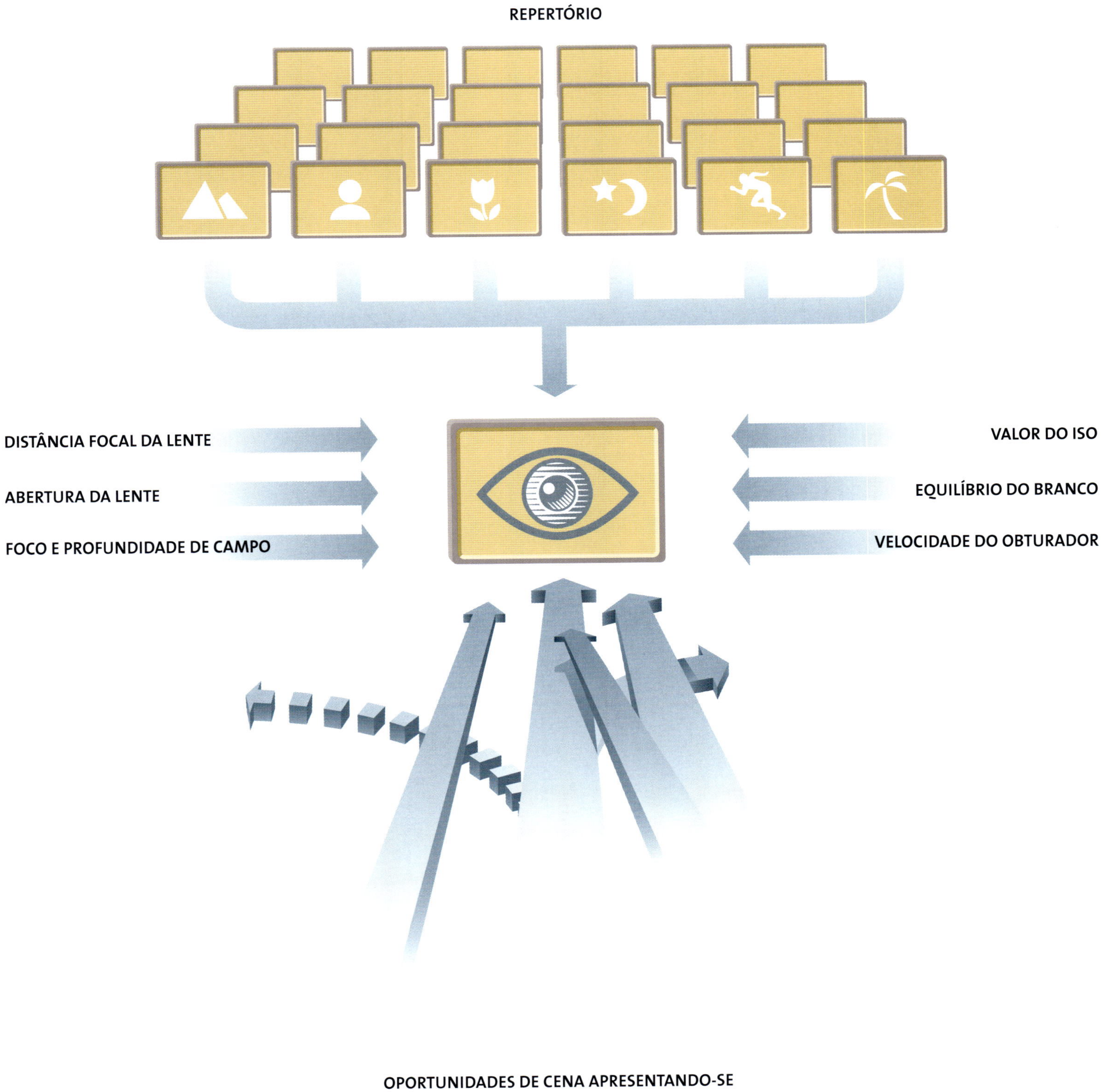
REPERTÓRIO
DISTÂNCIA FOCAL DA LENTE
ABERTURA DA LENTE
FOCO E PROFUNDIDADE DE CAMPO
VALOR DO ISO
EQUILÍBRIO DO BRANCO
VELOCIDADE DO OBTURADOR
OPORTUNIDADES DE CENA APRESENTANDO-SE

➤ MESQUITA

A assunto aqui é o líder político e religioso sudanês Sadiq al-Mahdi, e a ocasião, seu comparecimento a uma mesquita para as preces de sexta-feira. A esta altura, Sadiq está deixando a mesquita, cercado por apoiadores – uma oportunidade, se tudo der certo, de capturar gestos e expressões que possam mostrar o respeito que é mantido por ele. Na primeira foto (1), ele é precedido por outros, e essa é uma foto do tipo tiro à distância a ser preparada. Reajusto minha posição próximo à saída, (à direita, fora de quadro) o que espero possa me dar uns poucos segundos a mais para fotografar. Passa exatamente um minuto antes da segunda foto (2), nesta nova posição, novamente com outras personalidades. Fecho muito levemente o zoom, de 17mm para 20mm, para fazer um recorte justo logo acima das cabeças. Reparo na silhueta do apoiador à extrema direita contra a porta aberta – isso funciona bem como uma marca de parada à direita do quadro para a composição. Agora estou pronto.

Nem bem um minuto passa antes de Sadiq emergir e eu começar a fotografar (3), preocupado, acima de tudo, em conseguir uma foto clara de seu rosto, não obstruída (como é muito provável) por alguém que se aproximando dele pela esquerda, passando por meu campo de visão. Volto a abrir para 17mm para garantir cobertura. A quarta foto (4) é um segundo depois disso, comigo fazendo uma pan para a direita – não é muito bom, na medida em que Sadiq está com sua mão levantada para um aperto de mãos, cobrindo seu rosto, e a pessoa em primeiro plano à esquerda parece um pouco desconectada do evento. A última foto (5) é mais que sortuda – um segundo mais tarde, continuo o movimento de panorâmica, parando no homem em silhueta no lado direito (eu já esperava isso) e, por sorte, todas as pessoas estão em posição. O homem à direita está com a mão levantada em posição de prece, o que está atrás está com a mão no coração e à esquerda está o filho de Sadiq, ancorando a esquerda do quadro.

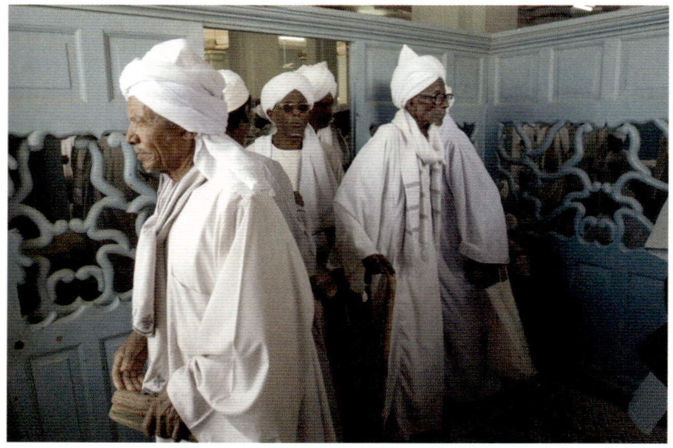

1

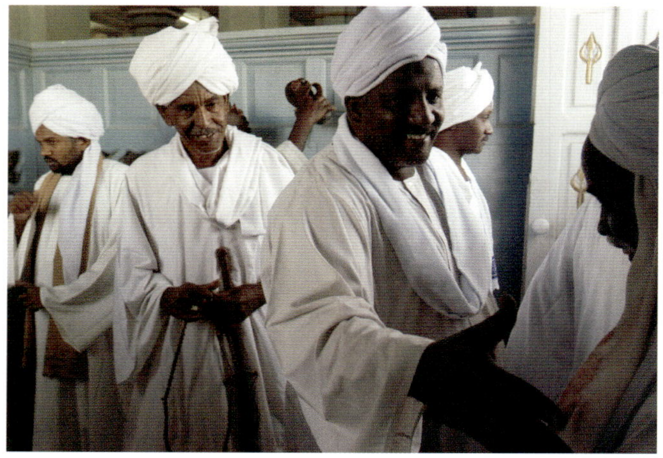

2

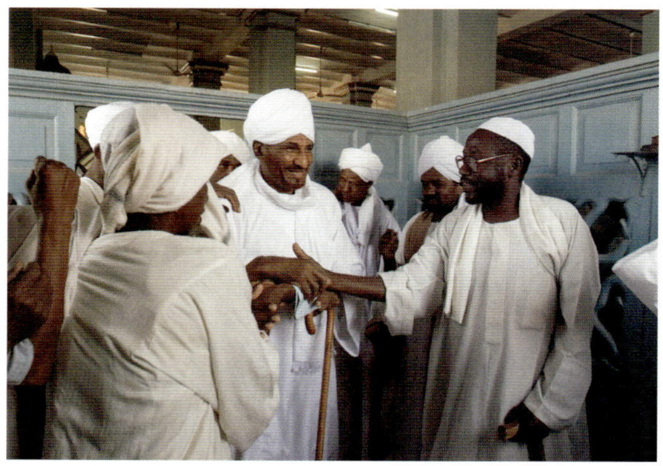

3

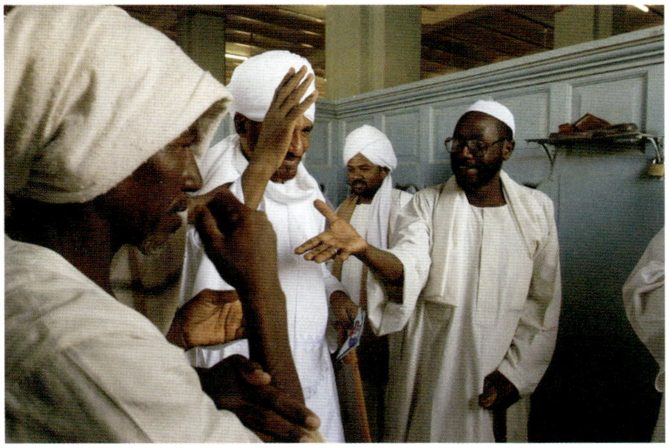

4

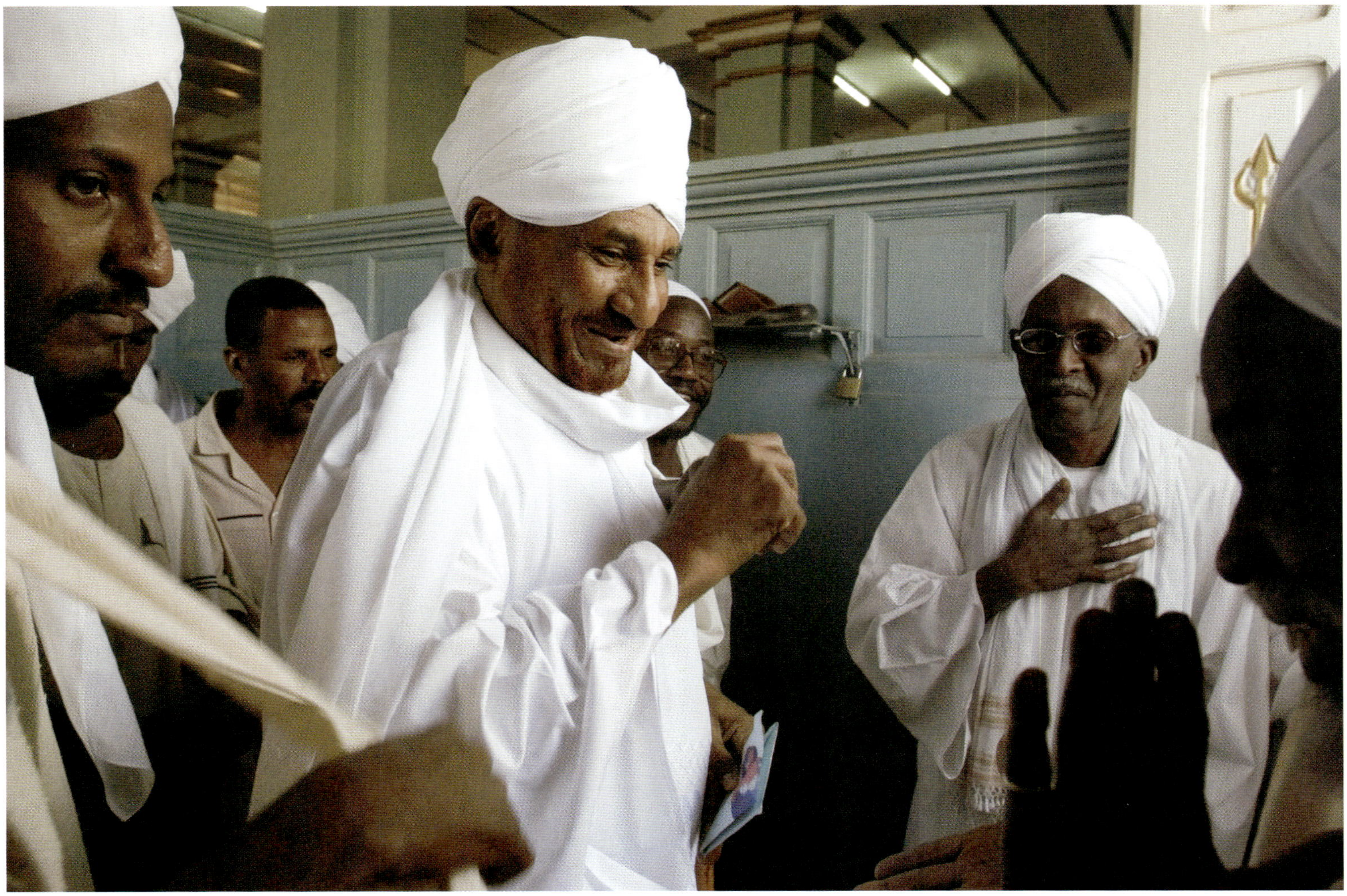

5

ESTUDO DE CASO: MONGE JAPONES

Este exemplo em particular é útil porque é relativamente simples, focado em um único assunto isolado e com um resultado de sucesso. Obviamente, as fotos começam apenas quando encontrado o ponto de vista, mas não houve fotos apagadas *in loco* (o que, às vezes, faço para evitar entupir o cartão de memória com imagens inúteis), portanto fica um registro razoável e os dados EXIF dão a marcação precisa do tempo e das mudanças nos ajustes. O assunto era um monge mendicante japonês pedindo na entrada de uma movimentada estação de metrô de Tóquio, avistado quando eu estava saindo dela. Meu interesse foi chamado porque uma vez trabalhei em um filme, *Baraka*, que apresentava um monge semelhante, mas nunca havia visto um antes na vida real. O interesse estaria claramente na área da justaposição do antigo com o novo, já que tais monges, agora, são uma raridade no Japão moderno e representam valores culturais que vão na contramão daqueles da natureza urbana metropolitana de Tóquio. A reação rápida e o tratamento inicial ocorreram mais ou menos assim, ainda que não em sequência:

- Espécies raras e exóticas em ambiente contrastante
- Necessidade de encontrar uma posição para a câmera que dê uma imagem clara porque a vestimenta e a aparência geral não são familiares; é preciso evitar qualquer confusão. Talvez um perfil resolva isso melhor.
- Ele vai se mover logo? Por quanto tempo devo ficar em posição com a distância focal correta?
- Um contorno seria importante, talvez quase uma silhueta; os painéis de propaganda retroiluminados podem resolver isso.
- Dois argumentos a favor de uma distância focal mais longa: se a justaposição é o caminho a seguir, distâncias focais mais longas normalmente funcionam melhor que as curtas, e como posso ter que esperar para conseguir uma justaposição, fotografar de longe será mais educado que de perto.
- Os luminosos de propaganda podem ser suficientes para a justaposição da tradição Zen e do consumismo moderno, mas posso ter mais sorte e encontrar um transeunte que proporcione um contraste mais forte.
- Equilíbrio de branco automático está OK (já que estou fotografando em RAW, ele pode ser alterado facilmente mais tarde).
- A lente vai precisar ser trocada rapidamente (no momento, está colocada uma zoom grande-angular), certificando-se de que o redutor de vibração está ligado.
- Não é preciso subir o ISO para mais de 100, já que o nível de luz permite uma velocidade de obturador de 1/60 a 1/100 em f5,6.

Todos esses pensamentos ocorrem um por cima do outro, e, dentro de poucos segundos, eu já começava a dar o primeiro passo importante de mudar para uma posição que desse uma visão clara de um dos lados, depois mudar a lente e verificar os ajustes. Este é um cruzamento movimentado, portanto haverá obstruçõe frequentes de transeuntes, mas posso lidar com isso. próxima questão é o enquadramento. Os pés parecem importantes, sugerindo uma foto de corpo inteiro, mas isso poderia deixar a composição mais suja pela inclusão do chão. Preciso afinar minha posição para justapor a cabeça do monge com o painel de trás; isso leva alguns segundos. Começo a fotografar.

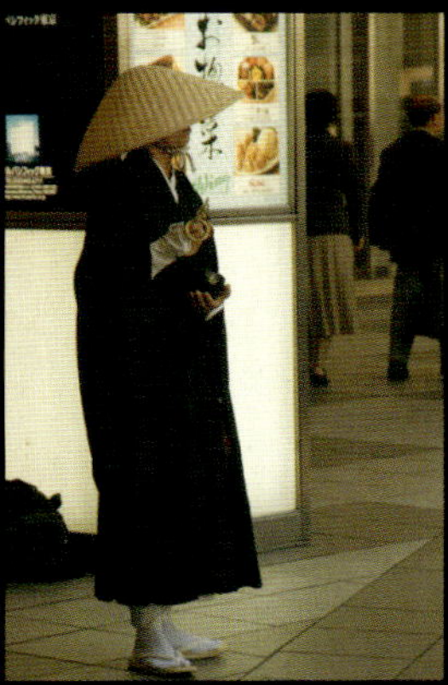

00:00

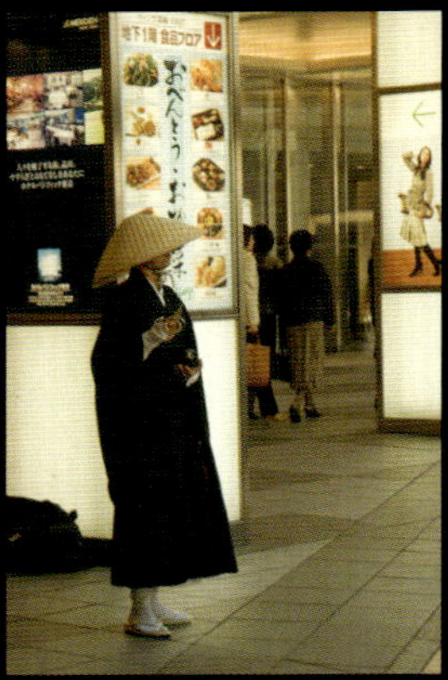

00:27

00min 00seg - 00min 27seg
Começo com uma vertical que preencha o quadro, usando uma lente zoom 24-120mm a 100mm. Experimento recupar para 75mm.

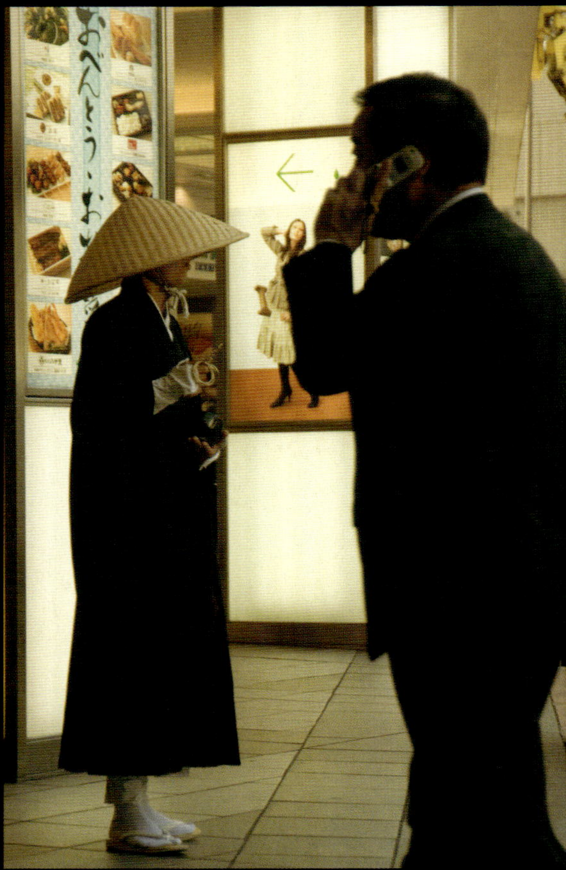

00:57

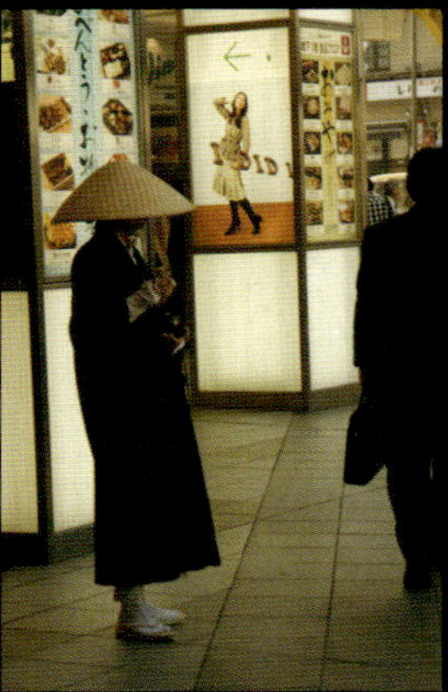

00:38

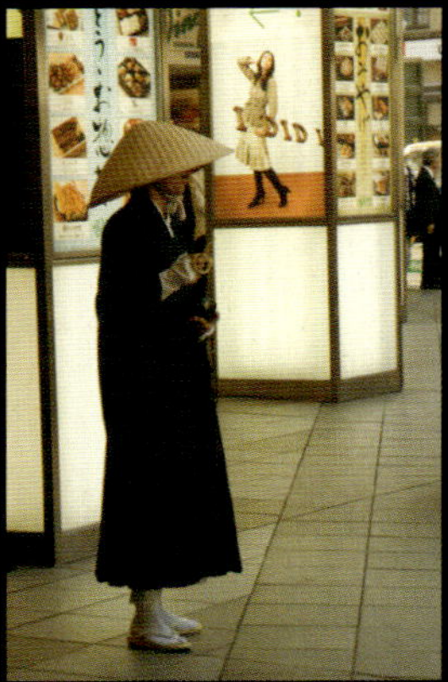

00:41

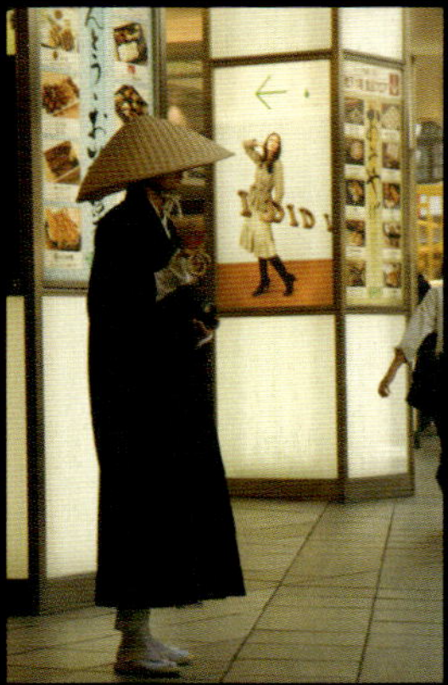

00:52

00min 38seg - 00min 41seg
Vejo o anúncio de moda no painel à direita; posso fazer uma justaposição mais rica. Dou um passo à esquerda e levemente à frente, e reenquadro.

00min 52seg - 00min 57seg
Uma posição mais baixa irá reduzir a área de chão aparecendo em quadro; agacho-me sobre os calcanhares. Aos 57 segundos fotografando, um homem entra caminhando rapidamente em quadro segurando um telefone celular e em silhueta. Não há como estar preparado para isso, simplesmente disparo e espero que as duas figuras (monge e homem) fiquem separadas em quadro.

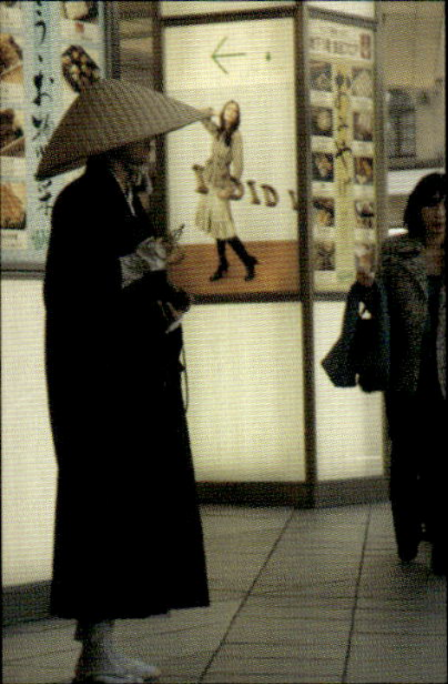

01:20

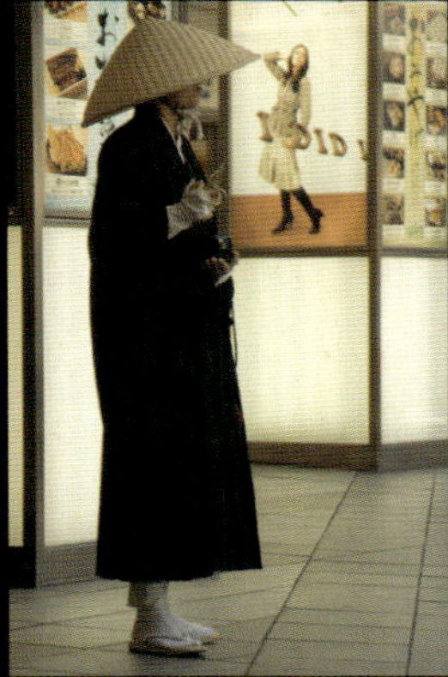

01:27

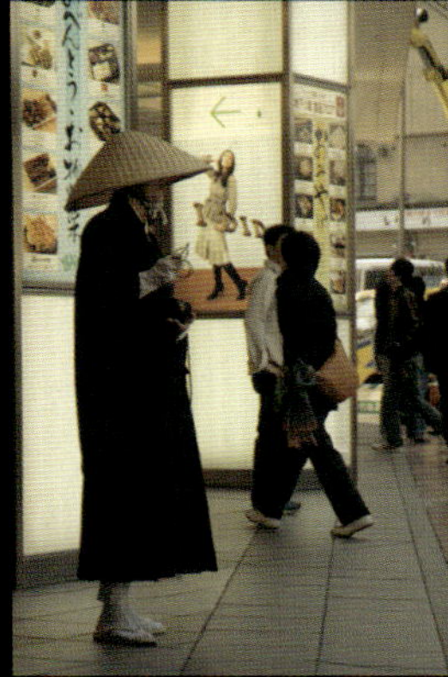

01:39

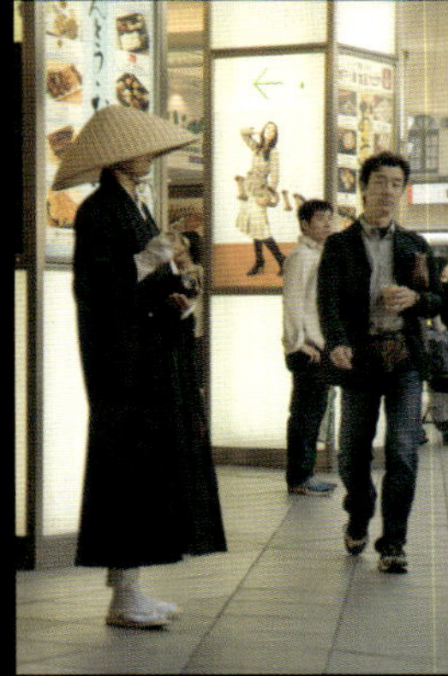

01:54

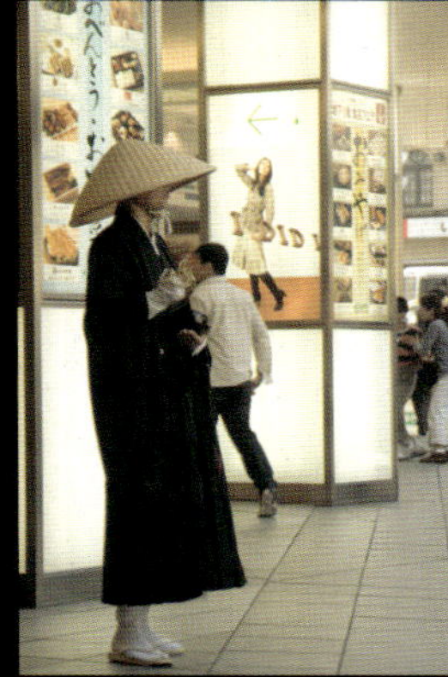

01:59

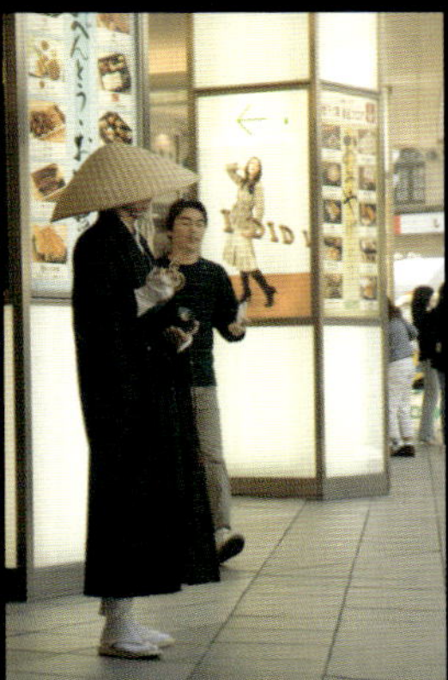

02:03

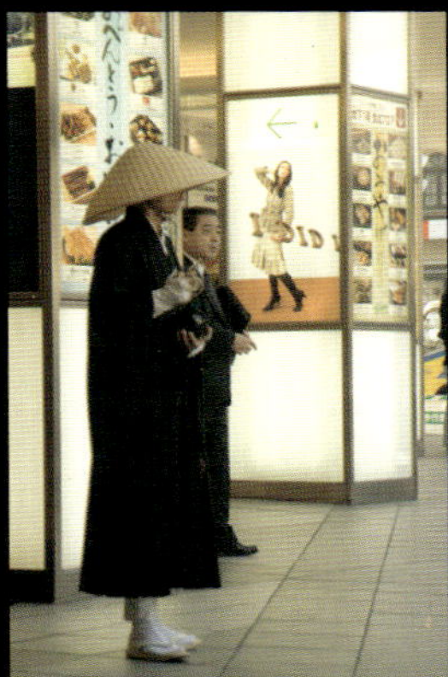

02:07

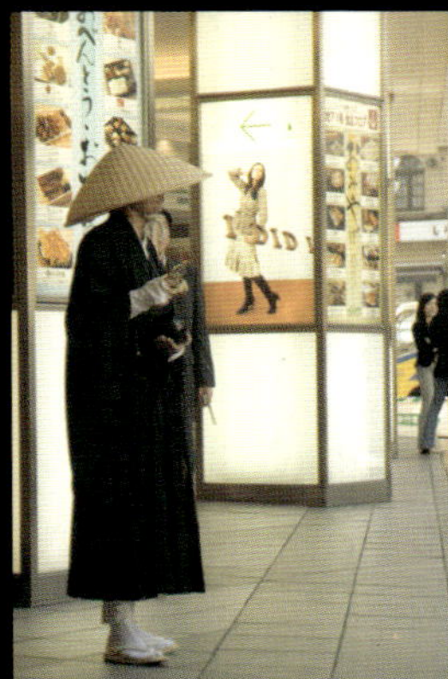

02:19

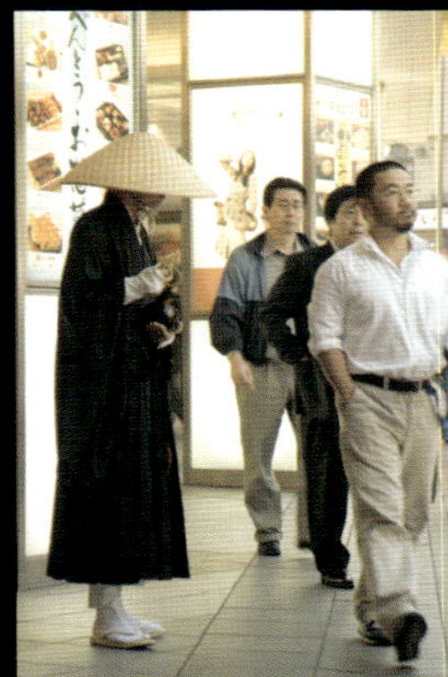

02:24

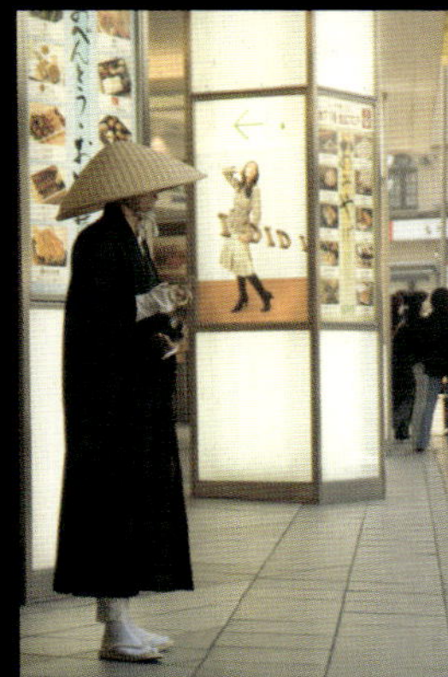

02:28

01min 20seg - 02min 28seg

A foto anterior me faz pensar mais a respeito do tráfego — e sobre telefones móveis como gancho para uma justaposição. Pessoas vindo em direção à câmera pela direita e em frente ao monge; posso ter um segundo ou dois de aviso para cada pessoa e, talvez, pegue alguém interessante, seja lá o que isso signifique. Pessoas vindo da esquerda e da direita passando pelo primeiro plano, muito mais imprevisível e criam silhuetas, como acabo de descobrir. Definitivamente, não quero ninguém olhado para mim, mas não há nada que eu possa fazer a respeito, dada a posição que escolhi; felizmente, os japoneses, em locais públicos, tendem a não fazer contato visual. Mas no caso, nada de muito interessante passa pela área do quadro à direita, em frente ao monge, que deixei lá esperando que acontecesse algo. Nenhuma pessoa de aparência exótica. Aos 2 minutos e 24 segundos fotografando, consigo três pessoas andando em linha de um modo determinado, passando direto pelo monge, ignorando-o (como todas as outras pessoas). Isso pode funcionar, mas fica uma pequena incerteza quanto a se um dos homens olhou ou não direto para câmera. Sem chance de verificar isso imediatamente. Tenho outro compromisso e começo a pensar que vou ter que me virar com o que já tenho. Ansel Adams escreveu: "...sempre fui atento à observação de Edward Weston, 'se espero por algo aqui, posso perder algo melhor lá'". Por isso, mais uma foto "limpa", e depois verifico a anterior ampliada para ver se o homem fez contato visual comigo. Felizmente, não. Quando olho para cima, o monge tinha ido. O resultado é que tenho uma escolha entre três fotos: uma "clara" sem transeuntes, uma com o homem em silhueta falando ao celular e uma terceira dos três homens andando em linha. Passadas umas poucas semanas, acabei preferindo a com o homem silhuetado e, assim, também a diretora de arte de meu próximo livro, mas, para meu desalento inicial, ela diz que precisa cortar severamente a foto para fazê-la caber na página. Essa é sempre a área seguinte de discussão e argumentação dentro da fotografia que é feita para publicação impressa — os leiautes de livros e revistas têm suas próprias dinâmicas. Pena que os pés se perderam, mas a ideia principal da imagem ainda foi passada. Na análise final, portanto, consegui bem rapidamente a foto que acabamos escolhendo e ela foi apenas parcialmente planejada. O restante do tempo foi gasto trabalhando em vista de uma melhoria que não aconteceu. Isso é perfeitamente normal.

REPERTÓRIO

O modelo para busca de uma imagem, descrito nas páginas anteriores, tem importância prática real na medida em que o "repertório" pode ser analisado. Mesmo que os processos visuais envolvidos no fotografar sejam muito rápidos para serem deliberados na hora, o que você pode fazer quando não estiver fotografando é reavaliar essa biblioteca mental.

Meu argumento, baseado nas teorias "ativas" da psicologia perceptual, em conversas com outros fotógrafos, e análise de minhas próprias experiências, é que a maioria dos fotógrafos leva para o momento de fotografar um conjunto mental de tipos de imagens de que gosta. As ilustrações, aqui, são uma tentativa de mostrar um exemplo parcial disso, apesar de eu ser plenamente consciente dos perigos de ser tão específico. O repertório, na verdade, não se apresenta (ao menos não para mim) como uma pilha de imagens, mas mais como um conjunto de possibilidades de composição – moldes ou esquemas, se você preferir. Com toda probabilidade, isso não é 100% consciente e, por isso, essas ilustração são exatas demais e muito específicas. Apesar disso, com isso em mente, elas mostram o princípio por trás do aporte de possibilidades a uma situação – basicamente, para ver o que se encaixa.

Não é preciso dizer que elas foram extraídas de meu próprio repertório e simplesmente foram as primeiras duas dúzias nas quais pude pensar em abstrato. Os esquemas são um tipo de atalho, e as fotografias que os acompanham são exemplos tirados de situações reais. Como você pode ver, imagens como aquela dos dois monges birmaneses na página 180 se encaixam em, pelo menos, duas possibilidades. Boa parte das imagens, tenho a suspeita, encaixam-se em várias possibilidades, e você pode fazer disso um exercício jogando um tipo de dominó – um esquema se encaixa em uma imagem, que por sua vez sugere um outro esquema e assim por diante.

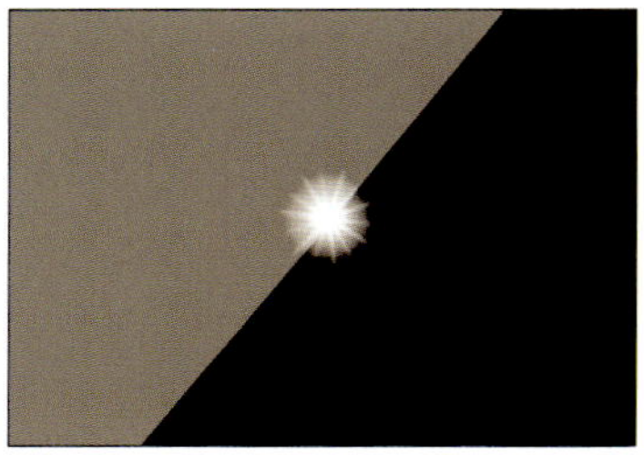
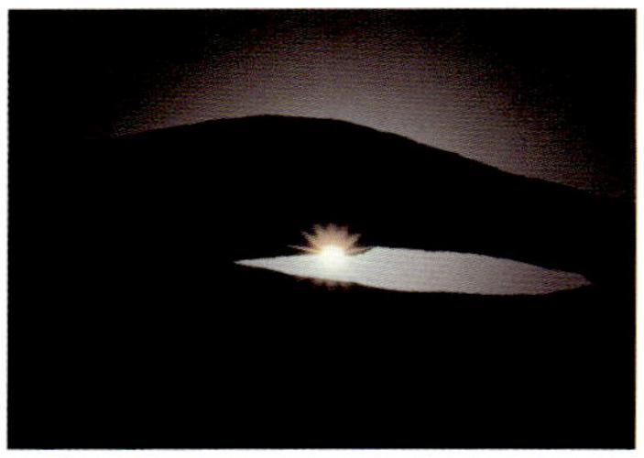

SOL CORTADO POR ARESTA

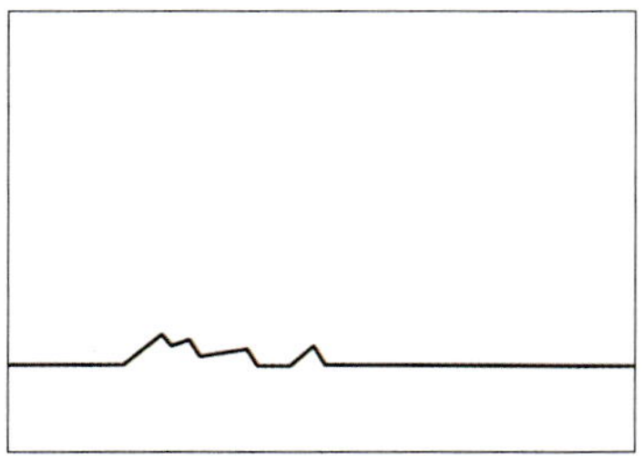
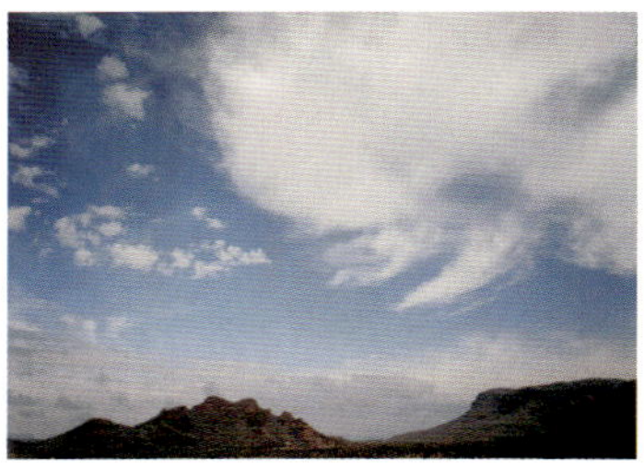

CÉU AMPLO

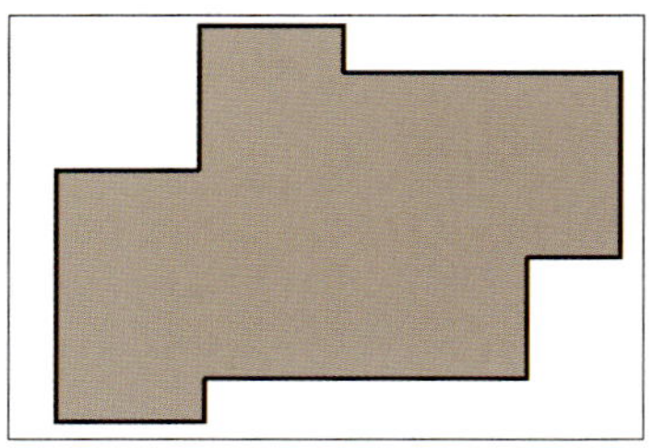
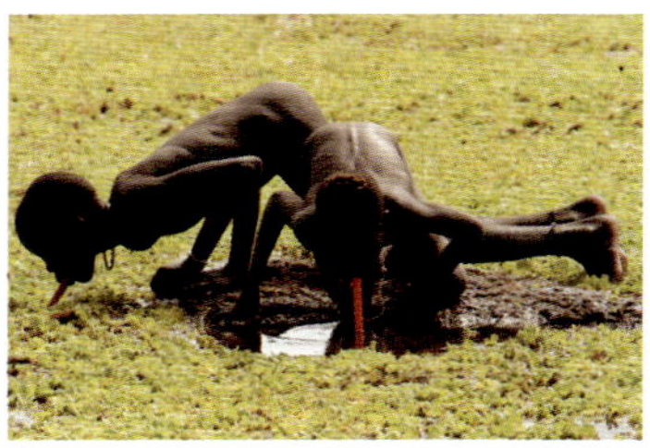

AJUSTE AO QUADRO

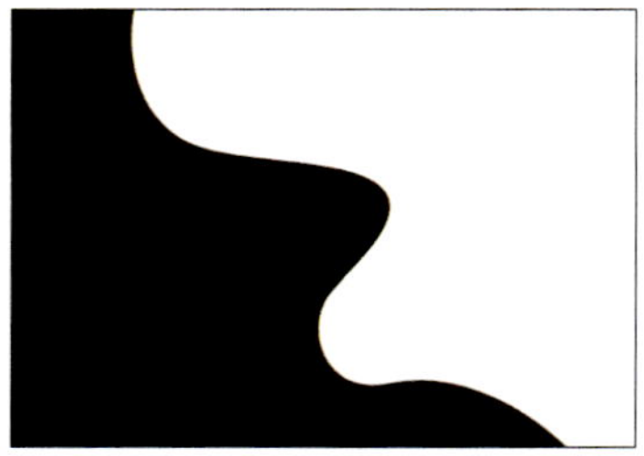
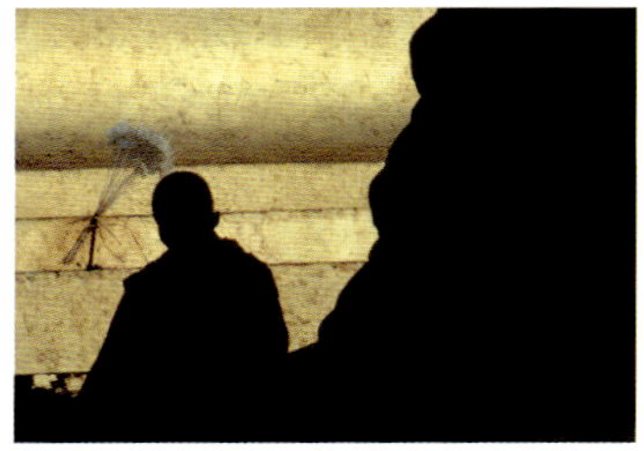

FIGURA HUMANA E PLANO DE FUNDO

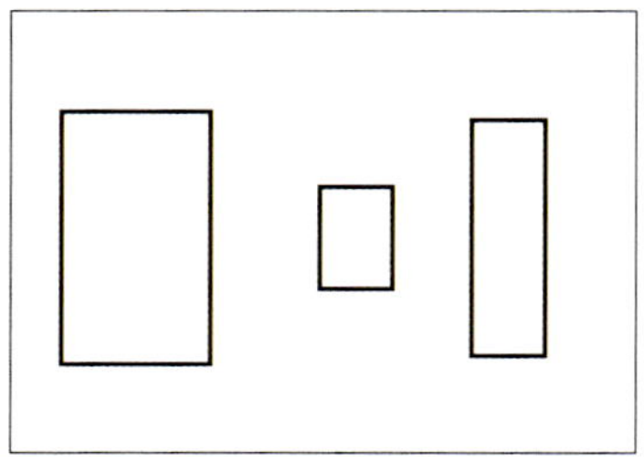
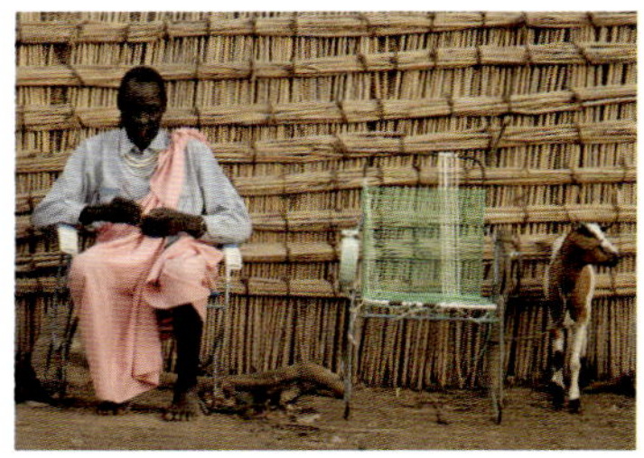

FORMAS SEPARADAS

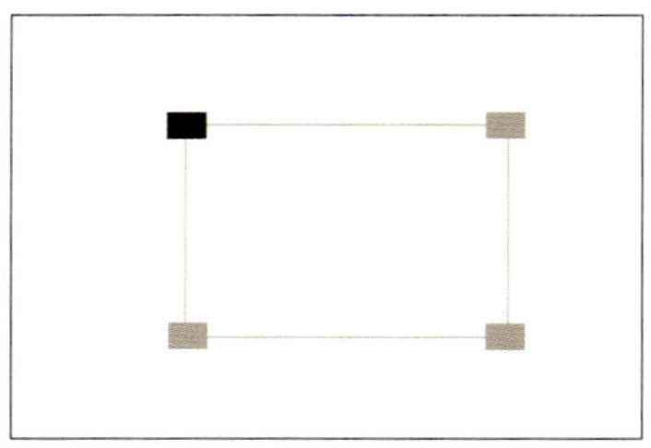
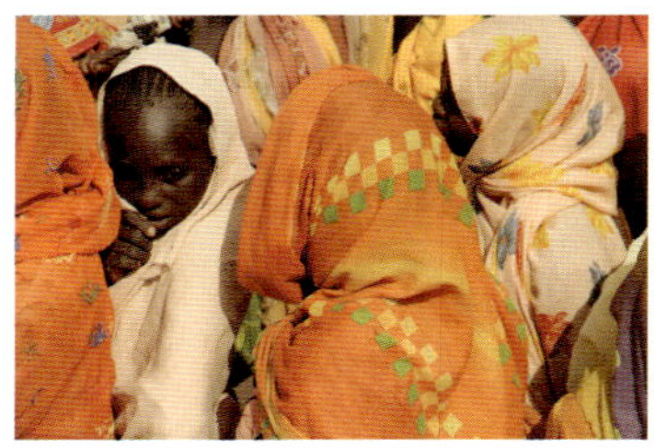

FORA DE CENTRO

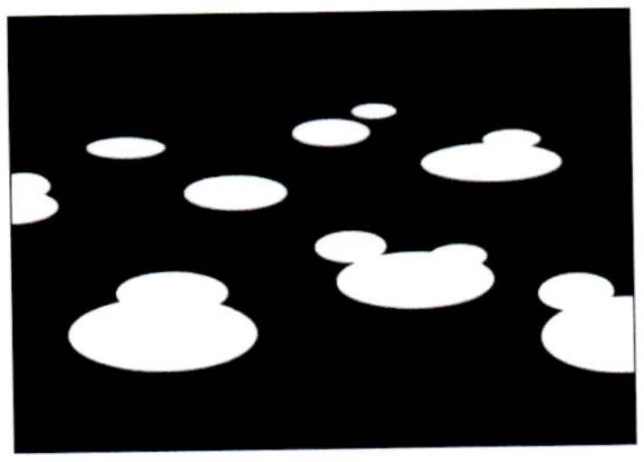
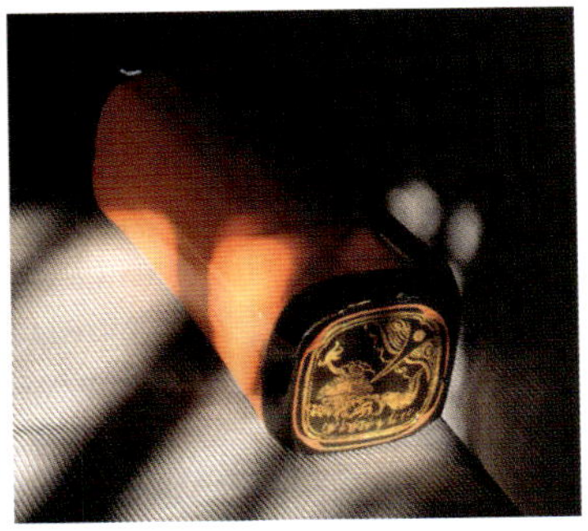

CHIAROSCURO

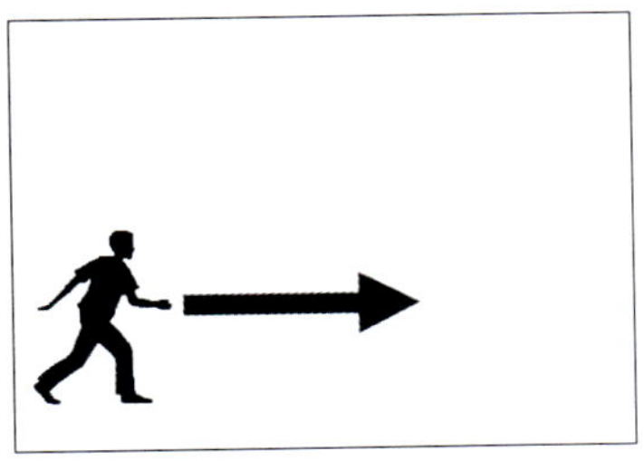
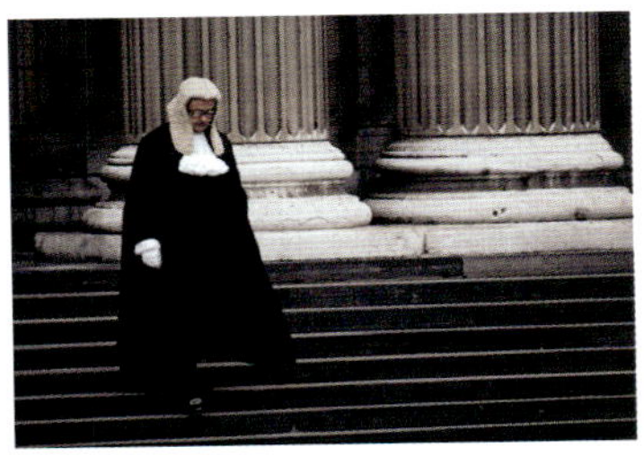

ENTRANDO

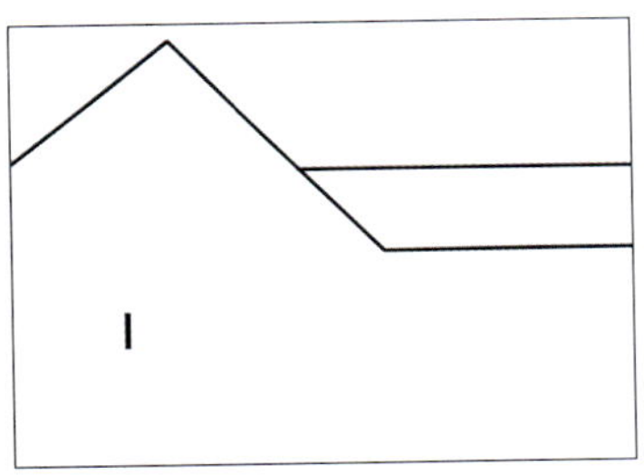
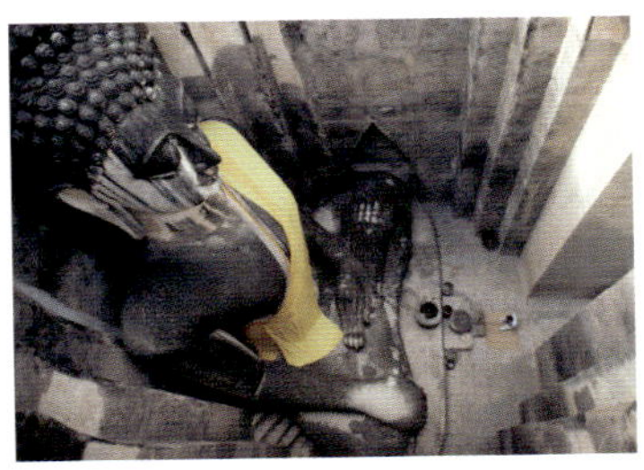

FIGURA HUMANA EM PAISAGEM

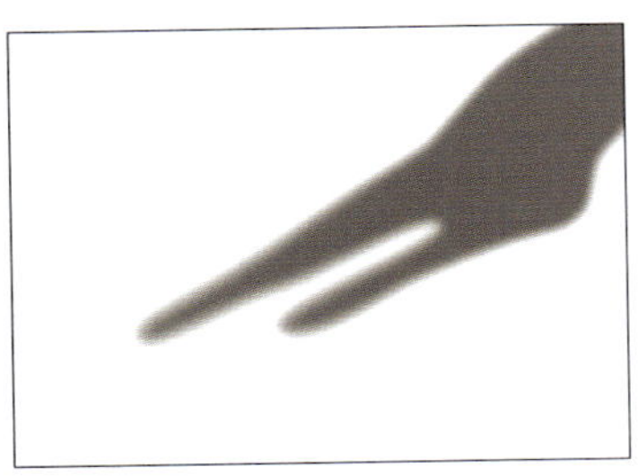
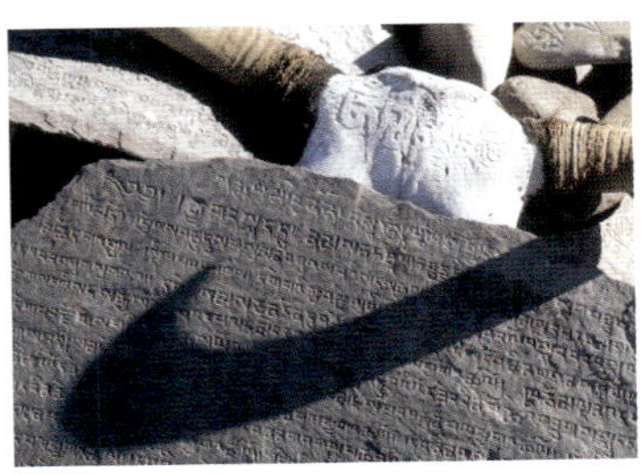

FORMA DE SOMBRA

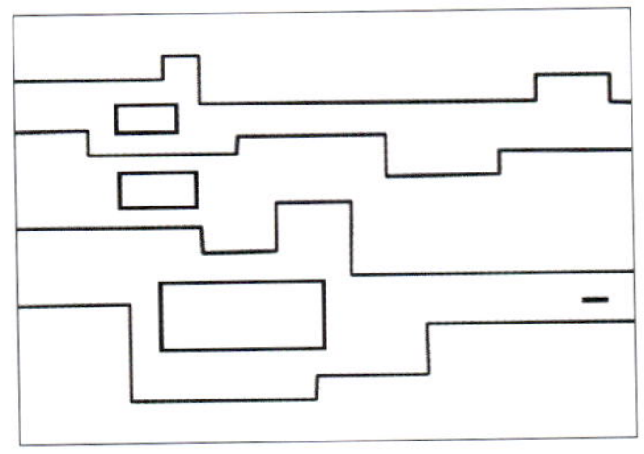
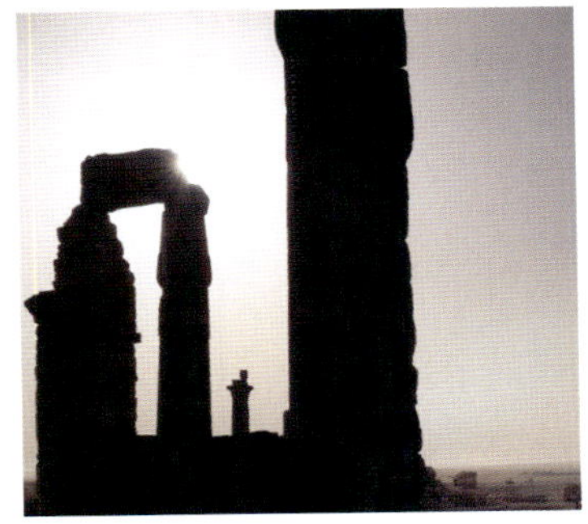

ATRASO

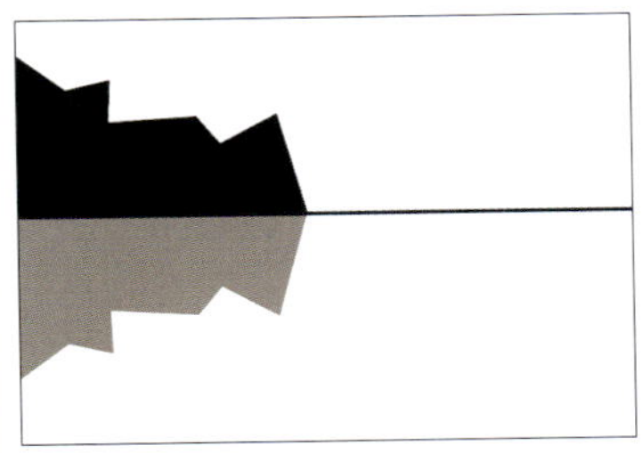
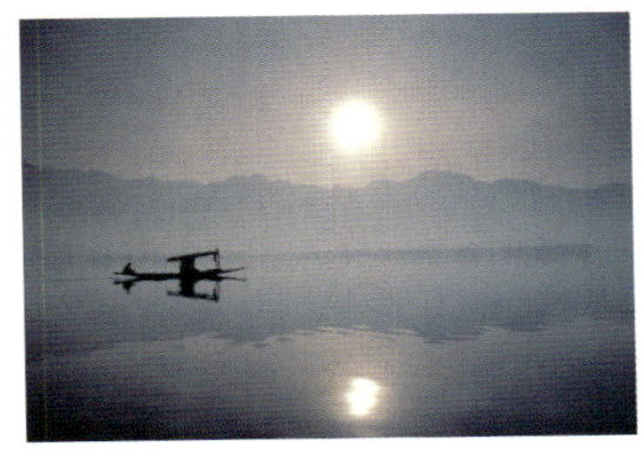

REFLEXO

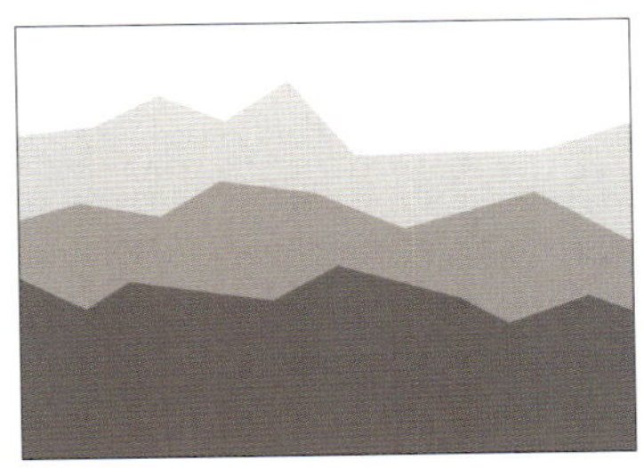
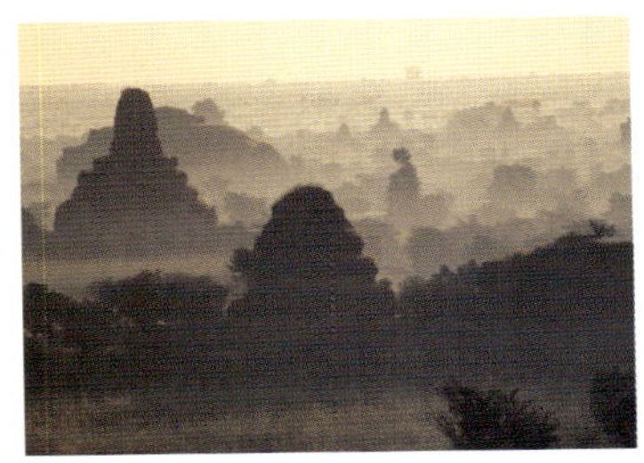

PLANOS EMPILHADOS

REAÇÃO

O repertório de "imagens que sabidamente funcionam" é a chave para uma alta taxa de sucesso quando se fotografa rápido, mas colocá-las em prática demanda uma série de técnicas que vão das práticas às de observação. Eu até hesito em chamá-las de técnicas, porque a palavra sugere um procedimento bem definido, ainda que alguns deles sejam esquivos. Estamos vendo, aqui, táticas para reação rápida, situações imprevisíveis – como se preparar e como tirar proveito da sorte. De volta a Cartier-Bresson, "A fotografia não é como a pintura", disse ele em 1957. "Há uma fração de segundo criativa quando você está fazendo uma foto. Seu olho precisa ver uma composição ou uma expressão que a própria vida lhe oferece, e você precisa saber pela intuição quando clicar a câmera." Ele acrescentou que, uma vez perdida, a oportunidade se foi para sempre, um lembrete salutar.

Consigo pensar em quatro diferentes áreas de preparação: manuseio de câmera, observação, familiaridade com técnicas de composição e estado mental. Provavelmente, a parte mais simples da preparação esteja na destreza com o manuseio da câmera de modo que ela se torne, como mais de um fotógrafo o descreveu, uma extensão do corpo, como uma ferramenta familiar. No modelo de caça a imagens na página 157, isso significa prática com as entradas "colaterais" de modo que os controles possam ser aplicados cada vez mais rápido. O segundo tipo de preparação está no desenvolvimento de uma observação mais apurada de pessoas e eventos – "consciência situacional" (originalmente, um termo de aviação) em outras palavras – por meio da constante atenção e estado de alerta. Isso pode ser praticado o tempo todo, sem a câmera. A terceira, habilidades de composição, significa experimentar todas as opções descritas no grosso deste livro e decidir qual lhe serve melhor. Finalmente, estado mental, provavelmente a mais difícil e esquiva das quatro, é altamente pessoal e requer encontrar modos de se ajudar a estar alerta e conectado para uma foto.

Há métodos mais esotéricos de preparação e um dos que talvez mereça atenção é o Zen. Cartier-Bresson professava uma influência Budista em seu modo de trabalho: "Em tudo que se faça, deve haver uma relação entre o olho e o coração. Deve-se chegar ao seu assunto com um espírito puro." Ele também enfatizou o objetivo, ao fotografar pessoas, de revelar suas aparências internas. Em particular, se referia ao breve, mas muito influente trabalho *A Arte Cavalheiresca do Arqueiro Zen*, escrito por Eugen Herrigel. O autor, um alemão, descreve como chegou mais próximo de um entendimento do Zen pelo estudo da arqueria com um Mestre, Awa kenzo. O argumento é que a arqueria, com seu intenso foco na habilidade e concentração em um único instante de disparo para conseguir um acerto preciso, pode promover focalização espiritual e "a habilidade de ver a natureza verdadeira." Os paralelos entre a arqueria e a fotografia de reação rápida são suficientemente claros, tanto no que se está tentando alcançar quanto na concentração de foco. O treinamento Zen ensina um caminho que salta sobre os obstáculos da deliberação e da conceitualização.

Dito isso, um verdadeiro praticante do Zen veria como um abuso e como extrema trivialidade o uso do Zen para melhorar a fotografia. Mesmo assim, um número significante de fotógrafos tem expressado uma comunhão quase espiritual entre suas consciências e a realidade em torno deles enquanto fotografam, e isso certamente não está muito longe do espírito do Zen. Robert Frank falou sobre identificar-se com o assunto: "Eu observo um homem cujo rosto e modo de andar me interessam. Eu sou ele. Fico pensando no que irá acontecer." Para Ray Metzker, "Enquanto fazemos imagens, há esse fluxo."

Daisetz Suzuki, um famoso acadêmico do Zen do século XX responsável pela introdução do livro de Herrigel, escreveu: "Se alguém realmente quer ser mestre de uma arte, o conhecimento técnico dela não é suficiente. É preciso transcender a técnica de modo que a arte se torne uma 'arte sem arte' florescendo do Inconsciente." Quando consideramos o papel do instinto e da intuição na procura e enquadramento de uma foto, isso soa verdadeiro para a fotografia. Um dos objetivos do Zen é esperar o inesperado e adaptar-se a ele, e isso certamente tem relevância para a fotografia.

Um conceito importante, aqui, é um "desapegar-se", um esvaziar da mente que *resulta* da aquisição e aperfeiçoamento das habilidades. Um texto-chave da arqueria em um antigo manual do assunto, *Yoshida Toyokazu tosho*, lista as técnicas e depois diz que não são necessárias, mas continua: "Não ser necessário não significa que elas são desnecessárias desde o início. No começo, quando não se sabe nada, se o iniciante não aprende completamente primeiro..." e assim por diante. Herrigel, próximo ao final de seu livro, conclui que o estudante deve desenvolver "um novo sentido ou, mais precisamente, um novo estado de alerta de todos os seus sentidos", o que permitirá que reaja sem pensar. "Ele não mais precisa vigiar com atenção indivisa... Em vez disso, vê e sente o que vai acontecer... Isso, então, é o que conta: uma reação relâmpago que não precisa mais de observação consciente." Tudo isso tem aplicação direta à fotografia reativa e, em particular, pode ser uma solução para um problema bastante comum – o de perder fotos por tentar pensar na hora em todas questões de composição e de técnica.

O treinamento envolve dois tipos de prática. A primeira está no uso e aprendizado das técnicas, incluindo todas aquelas nos capítulos de 1 a 5. A segunda é a prática de manter uma conexão direta com a situação e o assunto, ao mesmo tempo em que se limpar a mente das deliberação muito mais lentas como, "Onde devo situar tal coisa no quadro?" ou "O quão próximo devo alinhar esta aresta com o lado do quadro?" Em resumo, o procedimento é "aprender, esvaziar, reagir," ou pelo menos "aprender, deixar de lado, reagir." Em *A Arte Cavalheiresca do Arqueiro Zen*, o Mestre exclama: "Não pense no que você tem a fazer, não considere como conseguir fazê-lo!" Herrigel aprendeu, tendo adquirido as habilidades técnicas por meio de repetições sem fim, a desprender-se e escreveu: "Antes [da tarefa] o artista invoca essa presença de espírito e certifica-se dela por meio da prática."

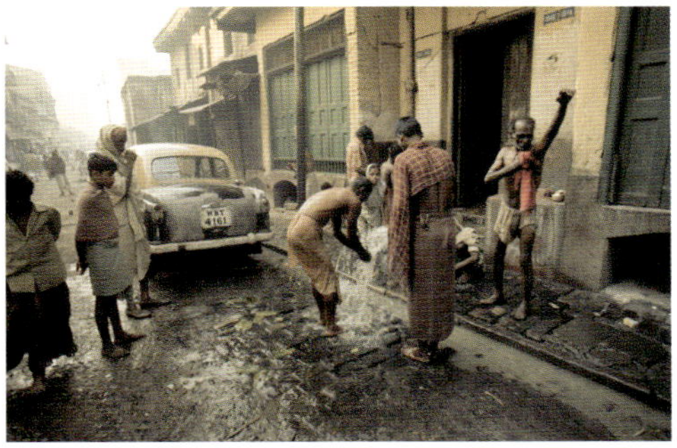

▲ RUA DE CALCUTÁ
Para a fotografia de rua, a Índia é notável não apenas pela riqueza de eventos e animação, mas pelo extremo estado de alerta das pessoas nas ruas. Se o objetivo é fotografar sem ter ninguém em quadro olhando para a câmera, quase que o único modo é enquadrar a foto no olho da mente e depois erguer a câmera e fotografar tudo num só movimento.

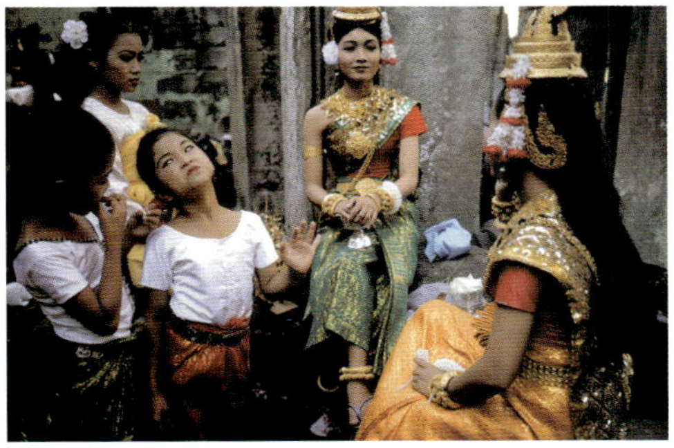

▲ DANÇARINAS KHMER
Uma trupe de dançarinas Khmer clássicas preparavam-se para uma apresentação em um templo de Angkor. A situação permitiu que houvesse tempo para explorar com a câmera e, porque o figurino e a maquiagem de costume eram bastante previsíveis, eu buscava momentos diferentes e claramente não posados como este.

➤ GAROTA COM VASSOURAS
O espaço de tempo disponível para fazer esta foto, de uma tailandesa carregando vassouras tradicionais, foi tão curto que tive pouca ideia de se ela estaria bem enquadrada. Enquanto me concentrava em outra coisa, pude vê-la se movendo rapidamente atrás de mim pelo canto dos olhos e tive tempo apenas de girar para trás e disparar sem pensar.

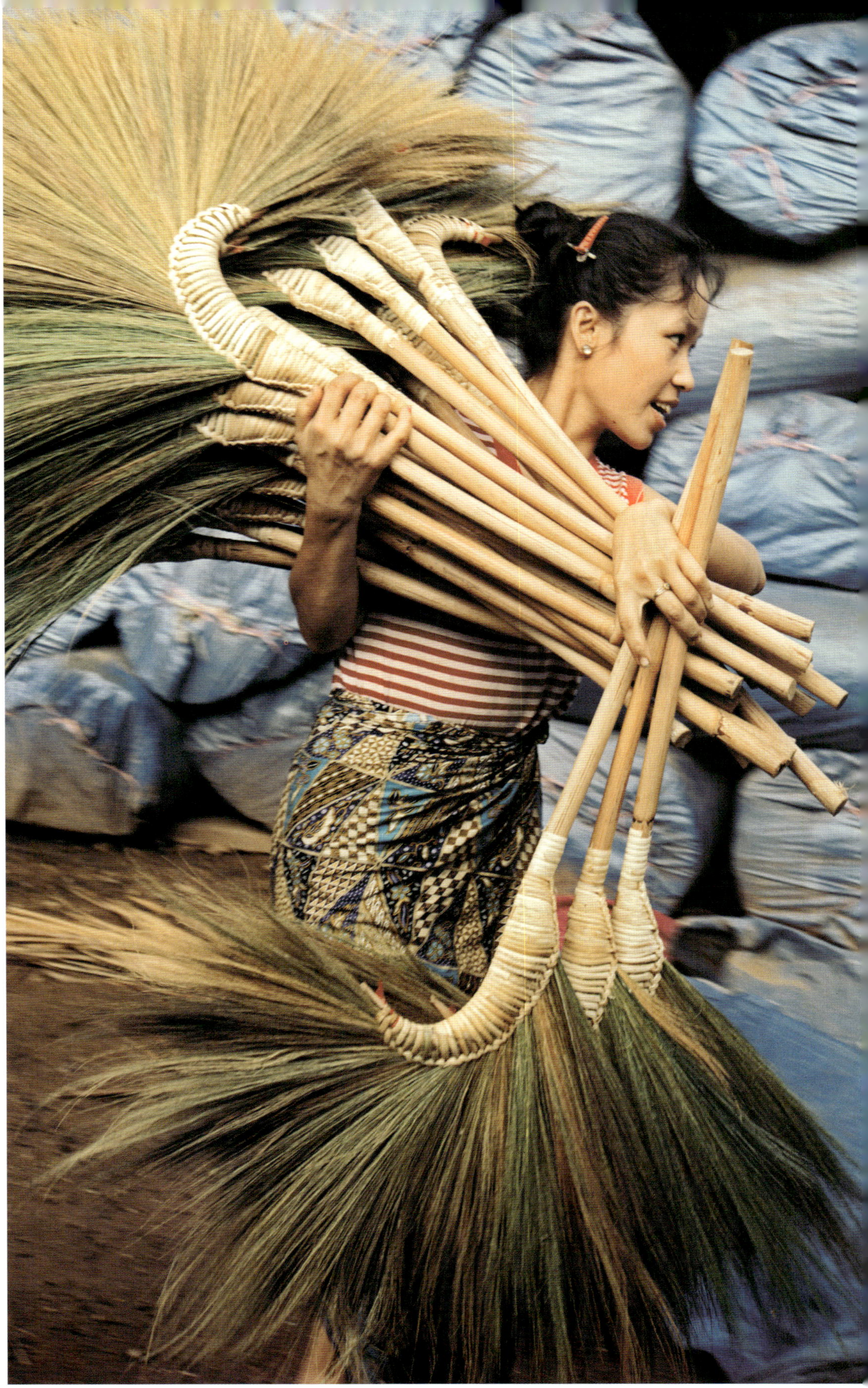

ANTECIPAÇÃO

Quanto menos controle você tem de uma situação onde esteja fotografando, mais vantajoso é ter uma ideia de o que possa acontecer em seguida. Ainda que irrelevante em grande parte ao trabalho em estúdio e outros tipos de fotografia construída, isso é imensamente importante em reportagem. A antecipação é uma habilidade que vai muito mais a fundo do que a fotografia e vale-se principalmente da observação e de um conhecimento do comportamento. Usá-la para a fotografia lhe dá uma distinção particular, porque o objetivo não é apenas elaborar como uma situação pode se desdobrar ou como uma pessoa pode reagir, mas como os resultados vão funcionar graficamente. O exemplo ao lado, de uma pastagem de gado no sul do Sudão, mostra esta combinação. O objetivo é sempre traduzir o evento para uma imagem organizada. Como Henri Cartier-Bresson o colocou: "Tirar fotografias significa reconhecer – simultaneamente e em uma fração de segundo – tanto o fato em si quanto a rigorosa organização das formas percebidas visualmente que lhe dão significado."

Por isso, há duas vias para a antecipação. Uma preocupa-se com comportamento e ação, e também com o modo como as coisas se movem pelo campo de visão e com as mudanças de luz. Isso pode ser aprimorado ficando-se em foco e atento e pela prática. A outra via é gráfica, prevendo como as formas, linhas e todos os outros elementos que vimos nos capítulos de 3 a 5 irão se alterar e se juntar no quadro, e o modo de melhorar isso é mantendo em mente tantos tipos de imagens bem-sucedidas quanto possível – o repertório nas páginas 162-163, em outras palavras.

No campo comportamental, o número de situações é infinito, mas há alguns tipos identificáveis. Há uma situação geral em um lugar, do tipo descrito particularmente bem pelo fotógrafo de reportagem francês Robert Doisneau: "Frequentemente, você encontra uma cena, uma cena que já está evocando algo – seja estupidez, pretensão ou, talvez, charme. Então, o que você tem é um teatrinho. Bem, tudo o que você tem a fazer é esperar ali em frente a esse teatrinho que os atores se apresentem. Muitas vezes, opero desta forma. Meu cenário está aí, e aguardo. O que estou aguardando, isso não sei exatamente. Posso ficar metade de um dia no mesmo lugar." Há um tipo específico no qual a foto do modo como está enquadrada é boa dado que algum elemento, como uma pessoa, entre em determinada posição. Outro tipo foca-se em um assunto que você já identificou, mas que ainda não é graficamente uma foto – imagine que, na fotografia de vida selvagem, você tenha encontrado o animal mas a foto depende de que se mova a um determinado ponto. Ao fotografar pessoas, expressões e gestos formam mais uma classe.

➤ PASTAGEM DE GADO
Este exemplo envolveu ver um assunto em potencial, saber o que estava acontecendo e avistar uma possível justaposição – com tempo suficiente apenas para entrar em posição e disparar. Esta era uma pastagem de gado em Mandari, onde jovens e garotos vivem com o gado durante parte do ano, longe da aldeia. O gado desempenha um importante papel social e cultural, assim como econômico, neste grupo étnico no sul do Sudão. Os animais têm nomes, e um bom par de chifres é particularmente valorizado. O lugar estava pleno de possibilidades de imagens, e eu já tinha várias fotos bem-sucedidas.

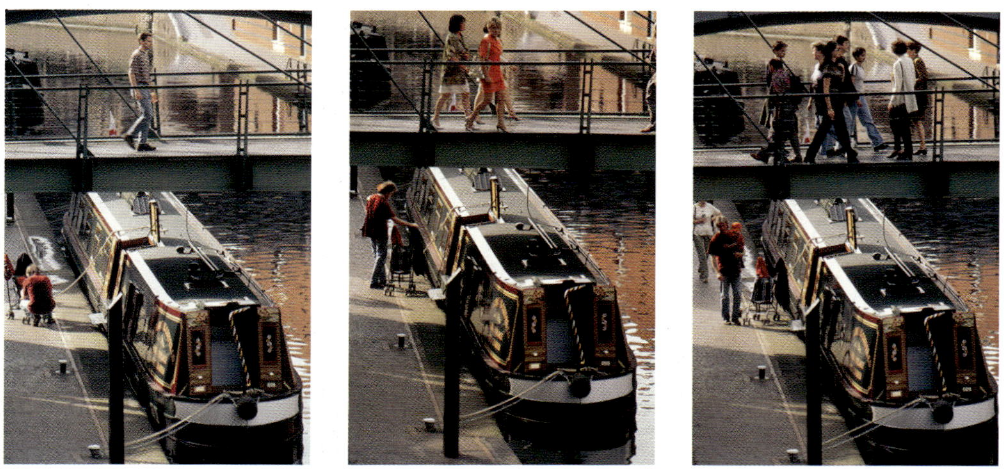

◄ O TRANSEUNTE
Uma classe de situações comum em fotografia, particularmente na fotografia de rua, é quando você consegue uma foto em potencial que tem um cenário forte, mas que ficaria um ponto acima se uma pessoa, ou pessoas, entrassem em quadro. Esta cena de um barco delgado tradicional atracado em um canal no coração de Birmingham, Inglaterra, tinha a maioria dos elementos necessários, e uma passarela acima acrescentava interesse. Visualmente, porém, a situação ideal seria ter o peso do barco equilibrado por um grupo de pessoas acima. Quanto tempo você está disposto a ficar esperando que os transeuntes passem na esperança de que consiga exatamente número certo deles já é uma outra questão.

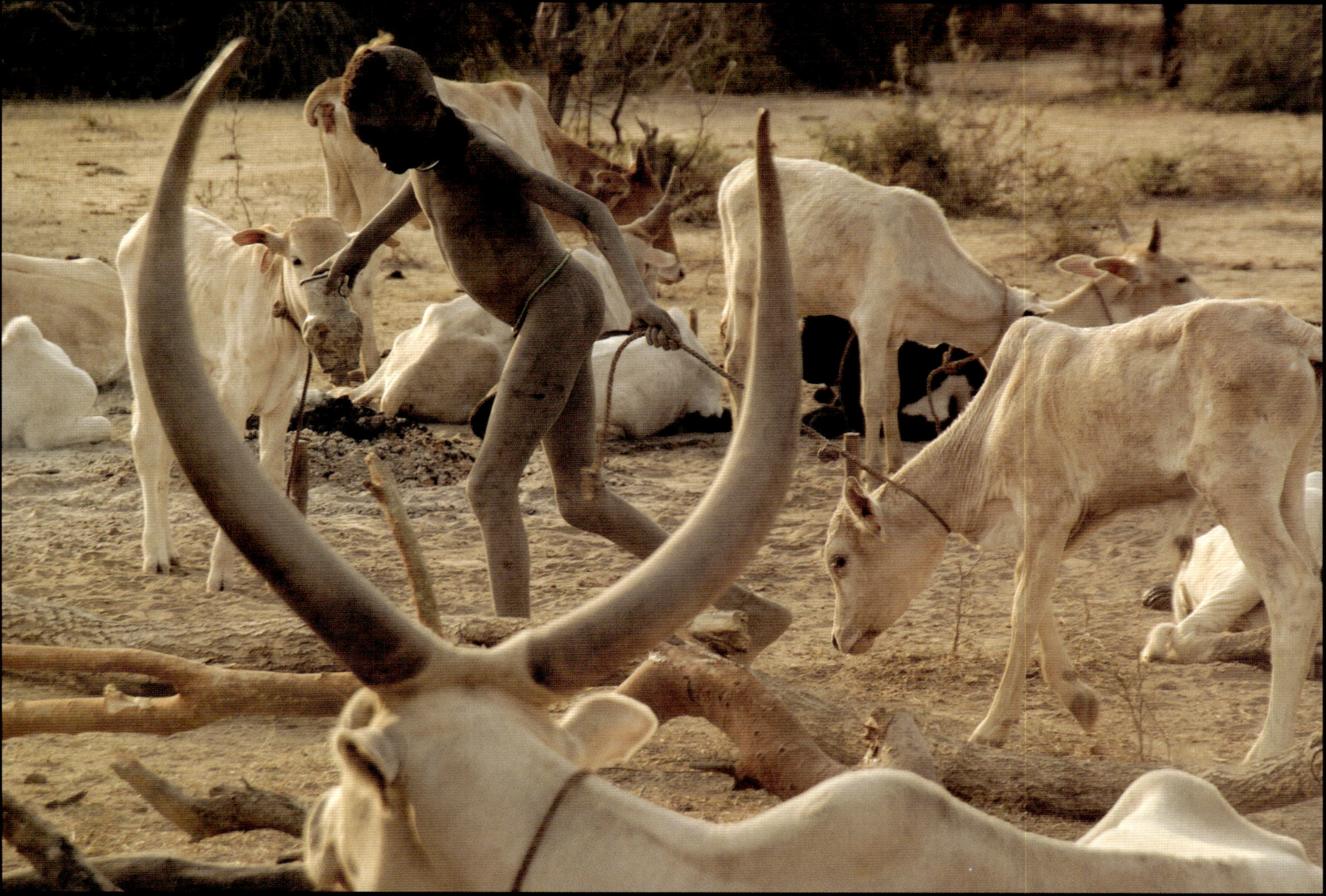

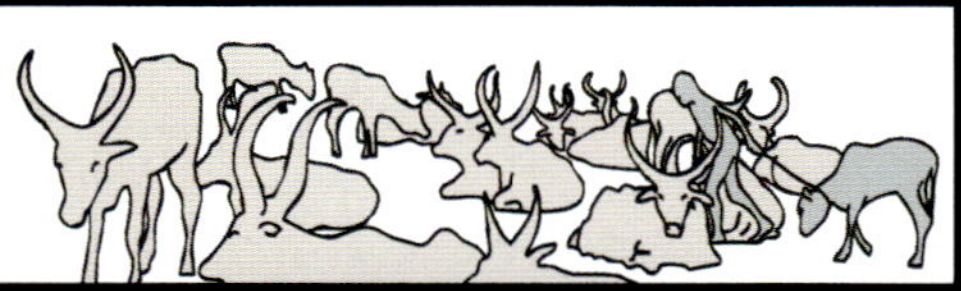

1

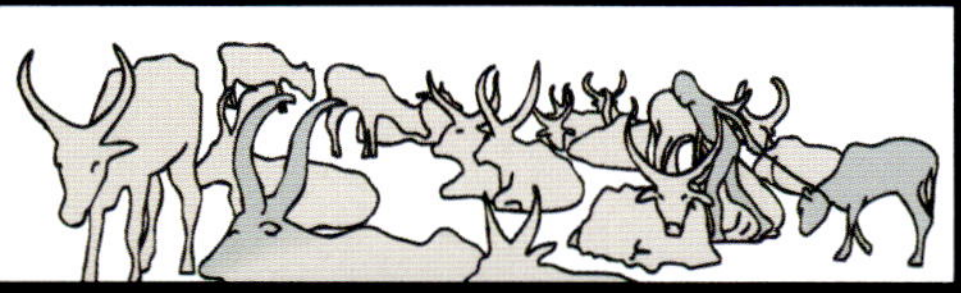

2

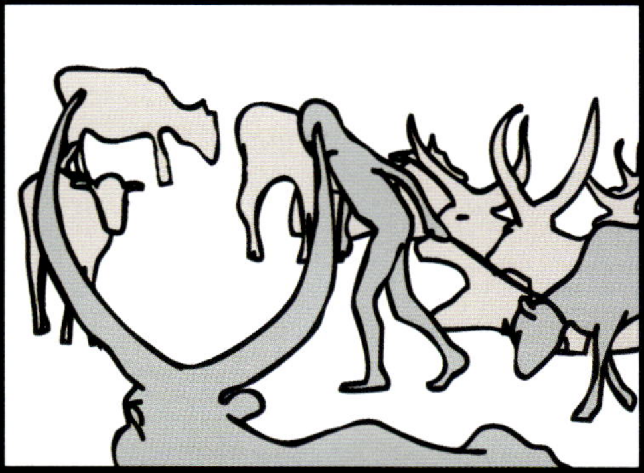

3

1. Avistei o garoto puxando o bezerro – uma foto em potencial, dependendo do que ele fosse fazer e de por onde passaria.

2. Olhando a sua frente, à esquerda, supus que estivesse levando o bezerro para a mãe para mamar, mas, à medida que meu olhar se dirigia à vaca, vi que havia um par de chifres muito bons no caminho. O garoto passaria de tal modo que eu pudesse enquadrá-lo? Caso sim, a foto teria o valor adicional de dizer algo sobre a importância do gado.

3. Rapidamente, percebi duas coisas. Uma foi que eu precisava dar um passo à frente e à direita para que os chifres ficassem grandes no quadro (e ajustar a distância focal do zoom de modo adequado). A outra foi que o touro com os chifres poderia virar sua cabeça para a direita enquanto o garoto passava. Entrei em posição e, felizmente, o touro moveu sua cabeça.

EXPLORAÇÃO

A exploração é possível quando expandimos a escala de tempo um ponto acima da situação de pura reação. Ainda que você, justificadamente, possa dizer que a fotografia reativa é um tipo de exploração rápida, quando há mais tempo, como nestes exemplos, é possível um pensamento mais coerente.

Há diferentes tipos de exploração. Um é quando o assunto é um objeto físico claramente definido e há tempo suficiente para mover-se em torno dele, ou movê-lo em torno de si, procurando diferentes ângulos, luzes e assim por diante. Isso é comum na fotografia de naturezas-mortas, mas também, como no exemplo ao lado, com qualquer tipo de objeto físico discreto como um prédio, ou uma pessoa. Outro tipo é quando o assunto geral é um lugar e o fotógrafo viaja por ele, e a área pode variar enormemente em tamanho – indo de, digamos, um jardim a um parque nacional. Um terceiro tipo é quando uma situação localizada ocorre durante um período de tempo – um evento prolongado, em outras palavras – e isso pode ser, por exemplo, um jogo de futebol, uma exibição de rua, ou uma cerimônia de algum tipo. Podemos categorizá-las se quisermos, em físicas, espaciais e temporais, ainda que sobrem oportunidades para sobreposições; no caso do moinho, parcialmente física, parcialmente espacial.

Os meios de explorar são ainda mais abrangentes e, potencialmente, valem-se de todos os métodos de composição que já examinamos. O visor ocular, ou no caso de muitas câmeras digitais, a tela de LCD, é a ferramenta primordial, e um dos modos mais comuns, e úteis, de explorar com uma câmera é deslocar-se enquanto se olha através do visor para ver as mudanças contínuas de enquadramento e de geometria – o enquandramento ativo, em outras palavras. Com um assunto estático (em vez de um evento), o modo básico de exploração é o espacial. Mudar o ponto de vista é a ação que altera a perspectiva real em uma fotografia. Isto é, ela altera a relação entre as diferentes partes de uma cena. Sua efetividade, portanto, depende do quanto da cena você consegue ver enquanto se desloca e isso, naturalmente, favorece lentes grande-angulares – e apenas uma pequena mudança no ponto de vista é necessária com uma lente grande-angular para que se tenha uma mudança substancial na imagem. Os efeitos de justaposição que fazem telefotos serem tão valiosas são controlados pelo ponto de vista, mas com uma lente longa você precisa se deslocar mais para ver a relação mudar. Lentes zoom oferecem uma permutação a mais, na medida em que deslocar-se em uma cena ao mesmo tempo em que se altera a distância focal do zoom pode, muitas vezes, ser muito complicado – isto é, ela oferece níveis demais de mudança com os quais lidar confortavelmente.

Com um único objeto, o ponto de vista determina sua forma e sua aparência. Mover-se para mais perto dele altera as proporções de suas partes, como demonstra a sequência do moinho de vento. Sua base circular dificilmente é notada nas fotografias distantes, mas, na mais próxima, ocupa um bom terço da construção e é uma importante forma contrastante com as pás diagonais. Mover-se em torno de um assunto resulta em variedade ainda maior: a frente, os lados, as costas, o topo.

O ponto de vista controla a relação entre um objeto e o plano de fundo, ou dois ou mais objetos, de dois modos: posição e tamanho. A ação de simplesmente colocar duas coisas juntas em quadro sugere que há uma relação entre elas; isto é uma grande ferramenta de design. As relações dependem de quem escolhe enxergá-las, e o que um fotógrafo pode entender como significante, outro pode ignorar ou nem mesmo perceber. A sequência da Acrópole nas páginas 170-171 é um caso em questão. Isolando-a com uma teleobjetiva durante o nascer do sol a coloca deliberadamente fora de contexto; todas as relações foram evitadas para dar uma visão tão atemporal quanto possível: a versão histórica. A última vista, por contraste, cria um caso de justaposição; uma relação decididamente não romantizada entre a Acrópole e a cidade moderna.

Mesmo quando um fotógrafo não se sente inclinado a fazer mais esforço, há sempre um sentido de dever em cobrir todas as bases. Cartier-Bresson escreveu que mesmo quando o fotógrafo tem a sensação de que ele ou ela conseguiu a foto mais forte, "mesmo assim, você se vê fotografando compulsivamente, porque você não pode ter certeza de antemão de como exatamente a situação, a cena, irá se desenrolar." Acima disso, é claro, você não pode se dar o luxo de deixar nenhuma brecha porque a situação nunca será repetida.

Em última instância, a exploração deve ser limitada, o que quer dizer que o fotógrafo deve decidir quando parar. Isso não é, de modo algum, uma conclusão fácil, já que ela não apenas envolve decidir quando você já esgotou as possibilidades (como ocorre em muitas atividades, a fotografia pode estar sujeita à lei dos rendimentos decrescentes, segundo a qual os benefícios vão diminuindo à medida que se aumenta o tempo gasto), mas também decidir se o tempo será melhor empregado seguindo em frente e procurando um outro assunto.

MUDANDO O PONTO DE VISTA COM UMA LENTE GRANDE-ANGULAR

O exemplo aqui é o de um moinho de vento em um cenário rural, e a lente é uma 20mm (equiv.), uma das mais curtas distâncias focais, com um efeito grande-angular acentuado.

1. Começo com uma vista à meia-distância, a menos de 90 metros. A brancura do moinho é particularmente arrebatadora, e numa tentativa de manter simples os elementos gráficos, esta primeira foto foi enquadrada de modo a excluir os arredores, para fazer uma imagem de alto-contraste, azul e branca. O céu é de um azul particularmente profundo, o que deve resultar, e resulta, em um contraste poderoso com o moinho. Também parece possível extrair alguma coisa da brancura compartilhada entre o moinho e as nuvens. Nesse caso, a figura é um sucesso apenas parcial. A simetria do moinho levou a um posicionamento central no quadro, mas ele não equilibra as duas áreas de nuvens tão bem quanto deveria. Além disso, posicionar o moinho abaixo no quadro, para evitar que se veja os arredores, deixa muito céu à vista.

2. A segunda foto tem proporções mais normais e organização mais cuidadosa. A intenção é a mesma que a da primeira fotografia, mas funciona melhor. O ponto de vista é mais próximo, de modo que o moinho preenche mais o quadro e está fora de centro para dar mais equilíbrio e foi movido para a direita, para que o moinho fique bem no espaço entre as nuvens.

3. O potencial para uma imagem simétrica ainda está lá. Para aproveitar isso ao máximo, o ponto de vista é alterado para que fique exatamente de frente para o moinho. Ir para mais perto para retirar as nuvens da vista revela uma interessante distorção da base; sua curva dá um agradável contraste de forma com as estruturas triangulares acima dela e ainda contribui com a simetria.

4. Desta, a posição da câmera é alterada radicalmente, para uma distância o mais longe possível, porém, mantendo o moinho ainda como foco de atenção. Esse é o uso clássico de uma lente grande-angular para realçar profundidade, mostrando tanto do primeiro plano quanto a profundidade de campo permite. Para tanto, o posicionamento da câmera é baixo, e o moinho foi situado no alto, próximo a um dos cantos.

5. Na mesma posição da foto anterior, a câmera é basculada para deixar o horizonte muito mais abaixo no quadro, revelando o céu e a cobertura de árvores.

6. A última fotografia na sequência é, basicamente, o mesmo tipo de foto, mas com uma melhoria na localização. Um novo ponto de vista foi escolhido, o qual mostra detalhes mais distintos em primeiro plano,

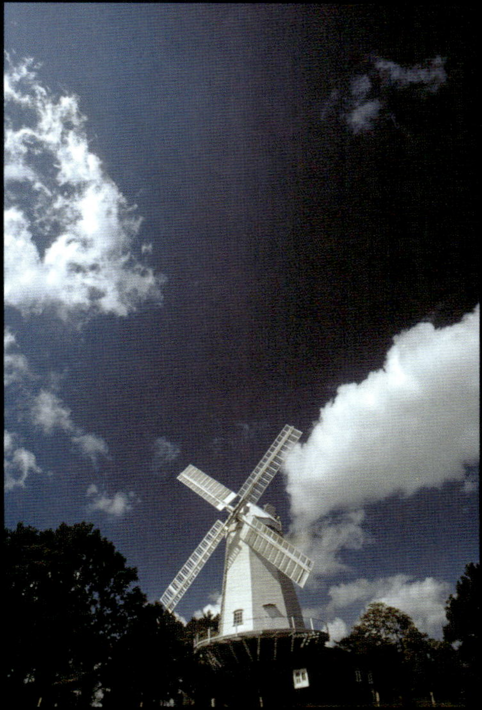

1

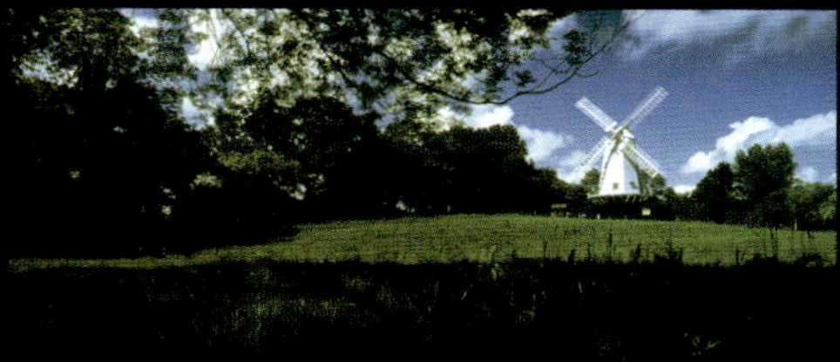

4

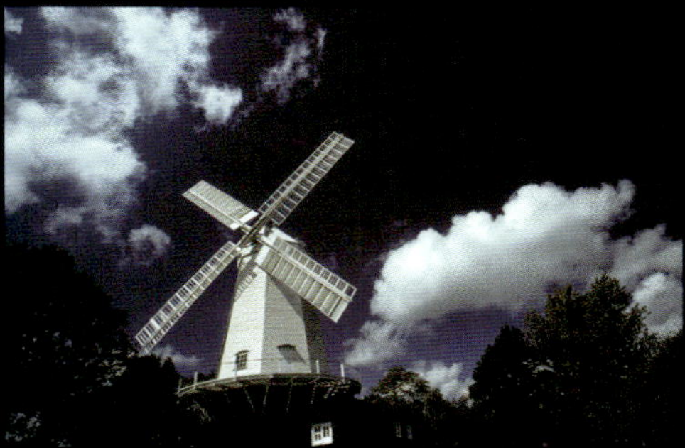

2

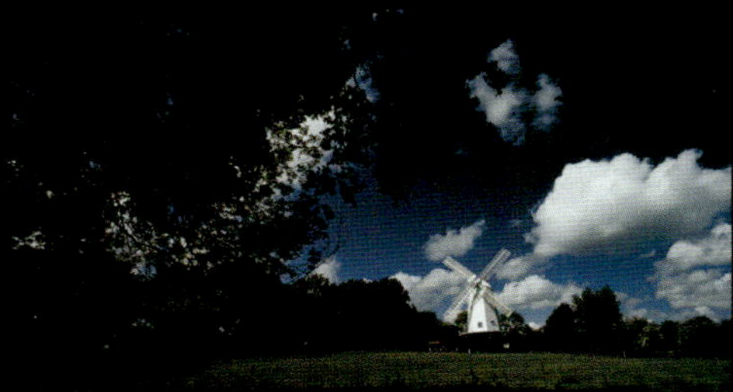

5

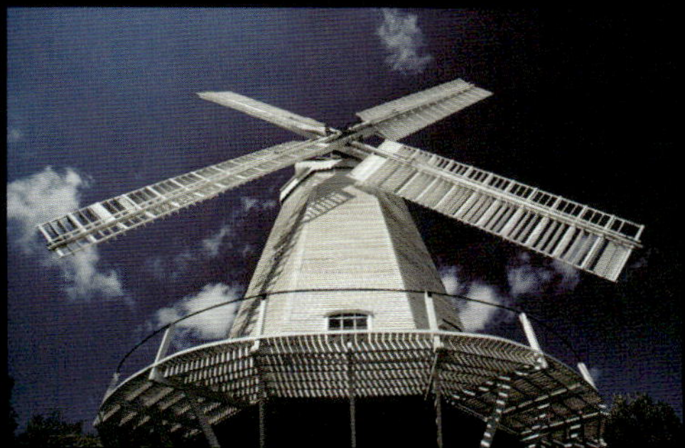

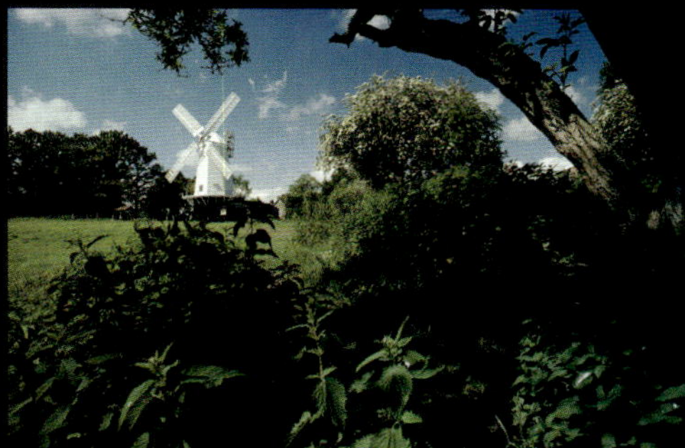

VARIANDO PONTO DE VISTA E LENTE

Neste exemplo, ao longo de vários dias, a Acrópole em Atenas, e especificamente o Partenon, a construção central, foi fotografada de todos os pontos de vista aproveitáveis, e a distância focal da lente foi escolhida para adequar-se a cada ponto. Para poder usar por completo os extremos das distâncias focais, é importante encontrar um assunto que seja visível à distância.

1. A primeira foto é com uma lente grande-angular (20mm equiv.) de perto e faz um arranjo gráfico deliberadamente pronunciado – triangular, usando o exagero típico das verticais convergentes de uma lente grande-angular.

2. A segunda fotografia foi tirada com a câmera posicionada a meia-distância ideal – um helicóptero, voando de manhã cedo. Isso, naturalmente, deu um bocado de trabalho para conseguir, e essa foto é apenas uma de muitas de diferentes alturas e ângulos.

3. Depois, à distância. Como o enquadramento de perto experimentou com formas e linhas e o a meia-distância é mais documental, a terceira fotografia deliberadamente busca dar uma impressão de atmosfera romântica da Acrópole, isolada de suas cercanias modernas. Para isso, uma teleobjetiva proporciona uma vista seletiva, e a luz da manhã esconde em silhuetas detalhes modernos desnecessários. As possibilidades gráficas são exploradas com uma distância focal mais longa e do mesmo ponto de vista: essas são basicamente blocos de tons e linhas verticais e horizontais.

4. A partir da mesma posição durante a tarde, foi tentada uma abordagem diferente, usando uma lente grande-angular para colocar a Acrópole no contexto da paisagem circundante, com céu em abundância. Apesar de ela aparecer pequena no quadro, o branco brilhante da pedra ajudou a que ela se destacasse. Nesse tratamento, fazendo uso do primeiro plano, até a cidade fica reduzida em relação ao cenário geral.

5. Finalmente, para dar um contraste distinto com a Atenas moderna, foi escolhido um ponto de vista para mostrar as ruas, comuns e muito sem graça, que cercam a Acrópole, e a composição dá proeminência a elas. Uma lente normal foi usada para dar a sensação de que esta é uma vista comum, como a que um transeunte poderia entrever ao passar.

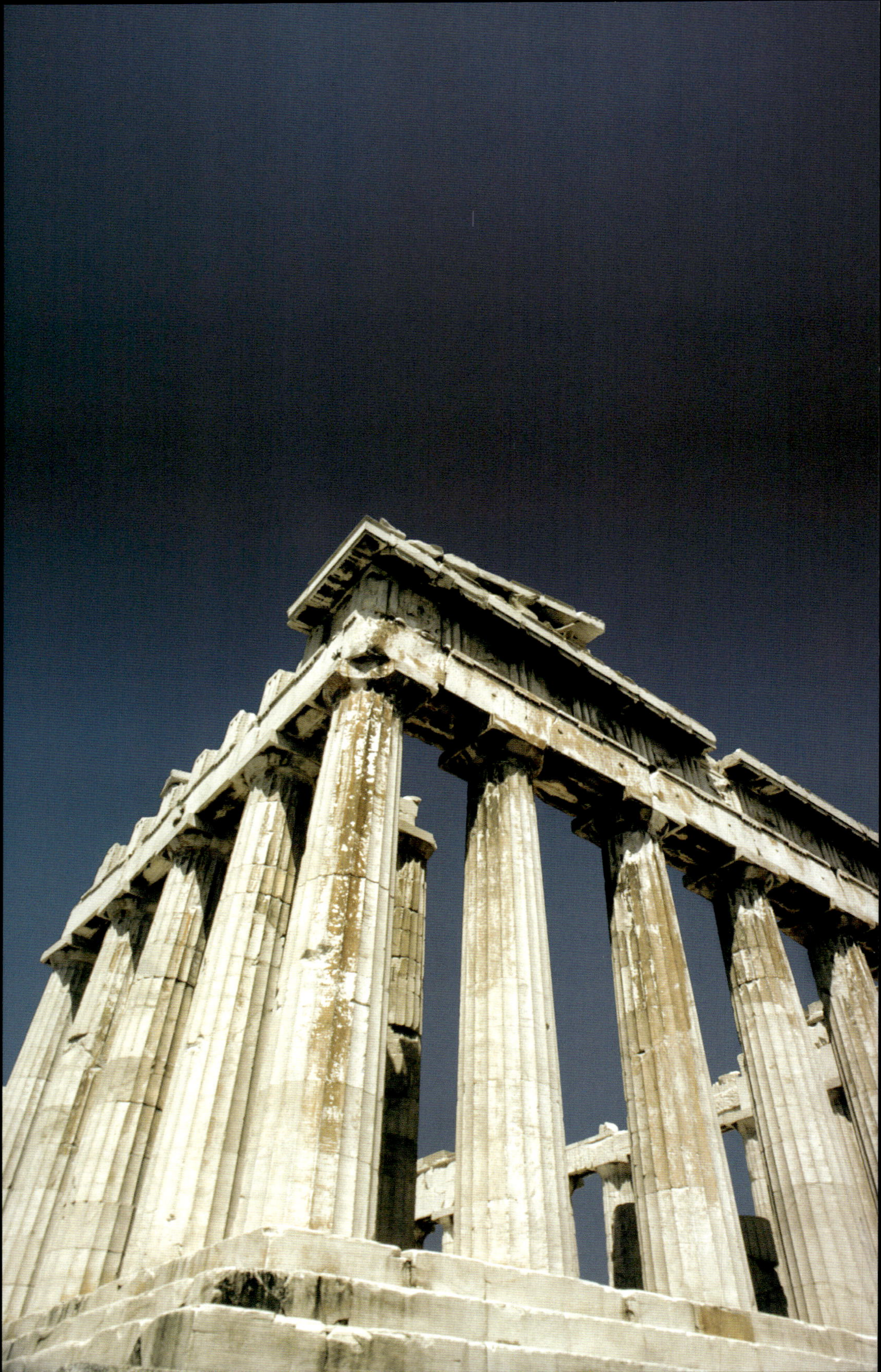

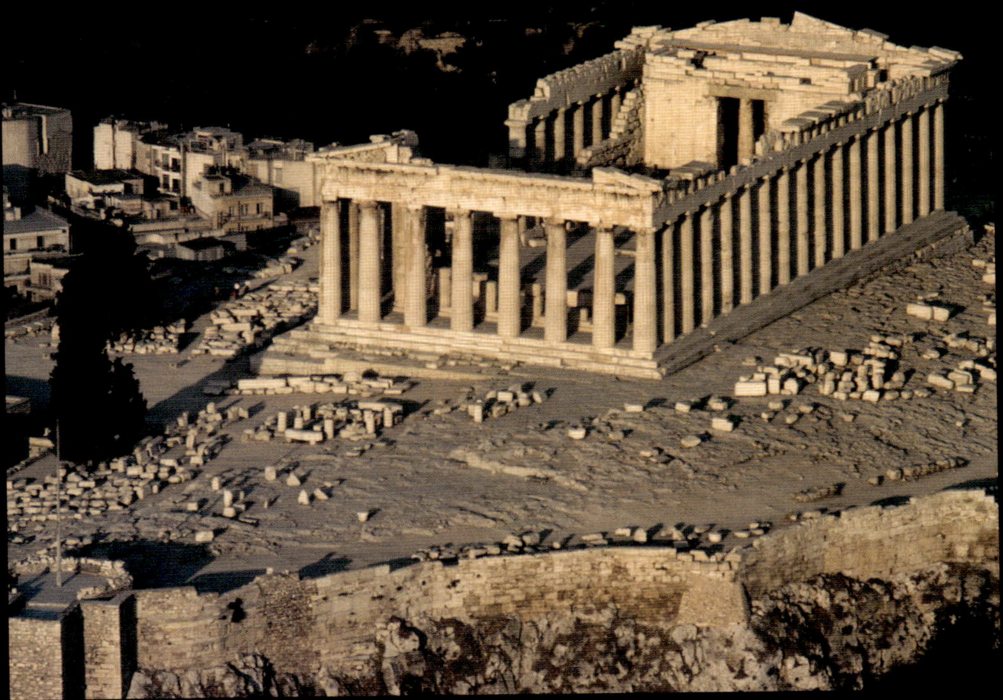

2

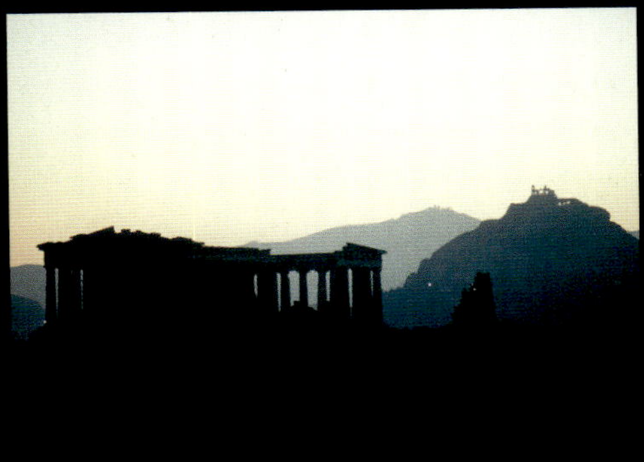

3

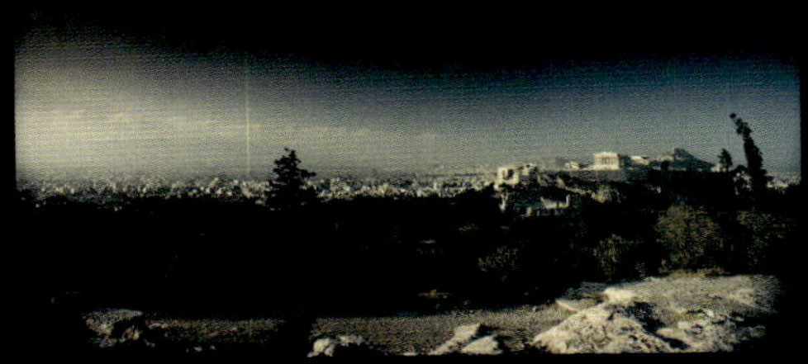

4

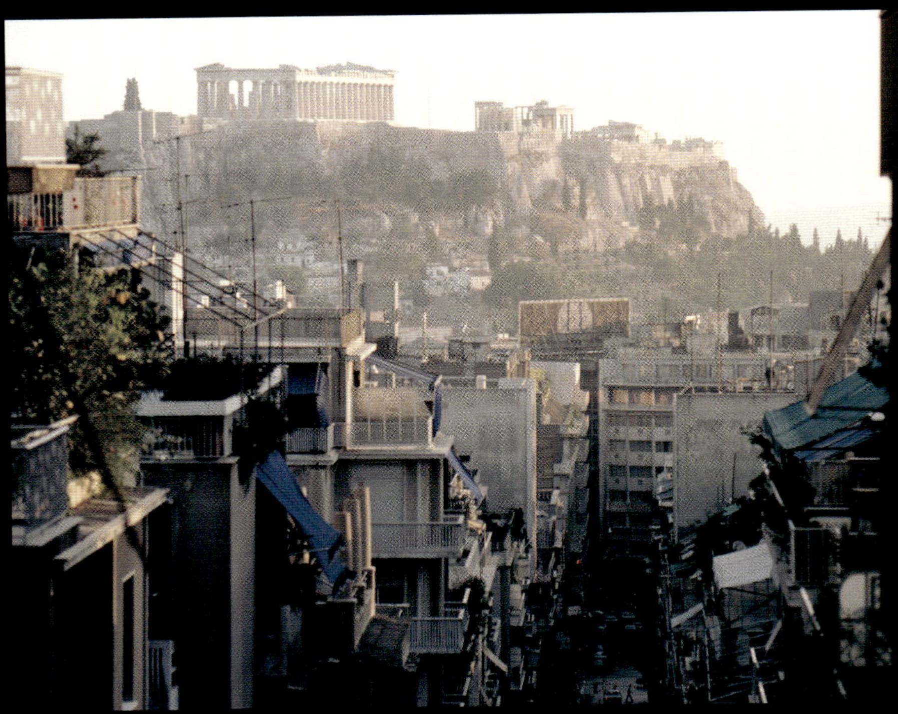

5

RETORNO

Outro tipo de exploração ocorre ao longo de um período de tempo estendido. Ansel Adams escreveu, em relação à sua área preferida, a das paisagens: "Retornos sucessivos podem ser mais recompensadores do que uma longa espera até que algo aconteça em determinado lugar." Isso claramente faz mais sentido para a fotografia de lugares do que para a maioria dos outros assuntos, mas traz consigo um novo conjunto de questões e expectativas. No caso de uma paisagem, o que o fotógrafo espera que tenha mudado é a iluminação em curto prazo e, talvez, variações climáticas no curso de alguns meses. Mas o inesperado torna-se mais provável à medida que o tempo passa e quanto mais a mão do homem fica evidente. A exploração de um assunto em um espaço de tempo assume uma forma muito diferente da exploração em uma única sessão com a qual começamos. Além de mudanças imprevisíveis que poderiam incluir demolições e novas construções em paisagens feitas pelo homem, devemos também considerar nossas próprias mudanças de atitude. O que pode ser atraente para um fotógrafo em dado momento pode, mais tarde, parecer entediante.

Há riscos consideráveis em contar com um retorno para conseguir melhorias, minimamente porque a combinação de coisas que primeiro atraíram a atenção do fotógrafo com a possibilidade de fazer uma imagem podem ser uma mistura muito sutil e podem, simplesmente, não estar lá outra vez. Isso é verdade especialmente quando uma luz imprevisível está envolvida. Contar com uma nova visita para produzir resultados está fora de questão, e é por isso que muitos fotógrafos nessas situações aprendem rapidamente a fotografar o que puderem na hora. Os dois exemplos aqui ilustram o quão idiossincrática pode ser qualquer experiência de retorno.

ANGKOR

Minha primeira visita ao Bayon - um importante templo com mais de 50 torres decoradas com rostos sorridentes em Angkor, no Camboja - foi em agosto, a estação das chuvas. Em nenhum momento durante a semana de fotos apareceu uma luz interessante para esse tipo de vista geral e, apesar de close-ups das torres funcionarem, o templo visto dessa distância tende a parecer uma confusão de alvenaria e realmente precisa da ajuda de um sol baixo (1 e 2). A única razão para que estas duas primeiras fotos tenham sido tiradas foi porque não havia alternativa. Eu retornei quatro meses mais tarde e encontrei um problema de iluminação diferente. Mesmo em tempo limpo, as árvores ao redor cortam pelo leste a luz direta do sol quase até a metade da manhã e pelo menos uma hora antes do pôr do sol pelo oeste (3). Insatisfatório, com uma massa escura embaixo e um céu entediante. Em um outro retorno, alguns anos mais tarde, finalmente pude contar com a ajuda das nuvens e decidi que o preto e branco, com seu foco na textura e modelagem, era uma ideia melhor (4).

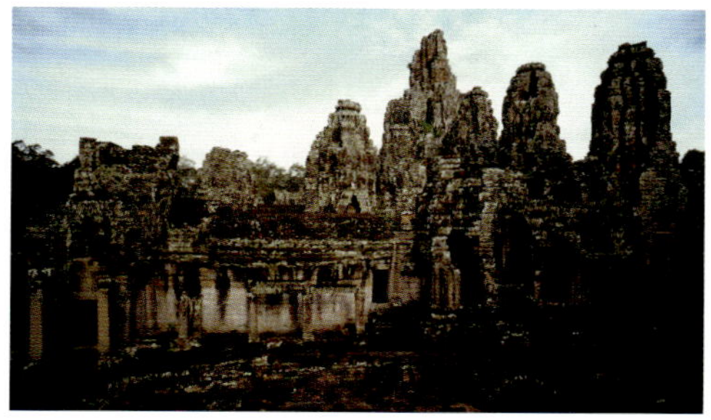

1

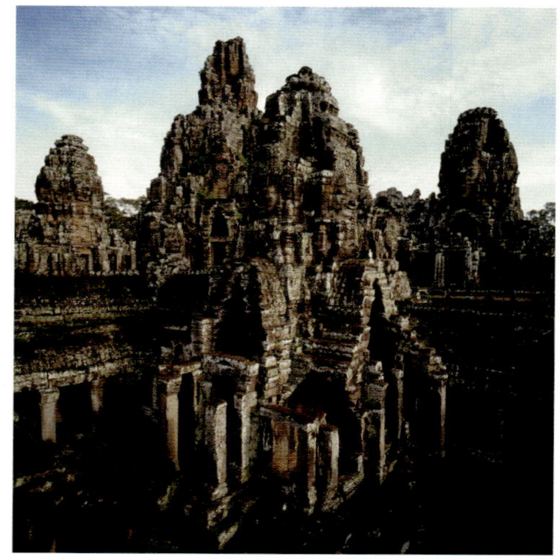

2

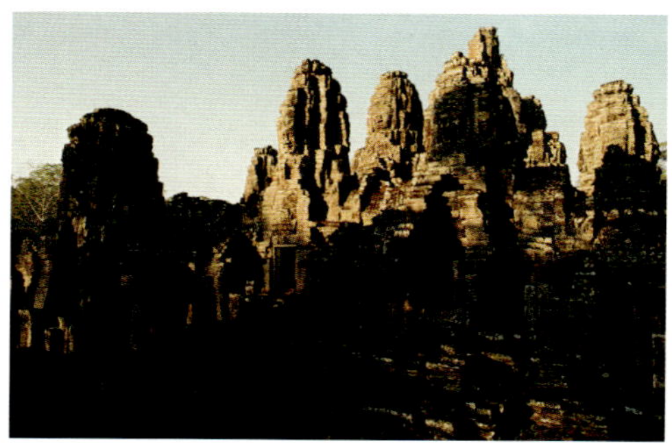

3

4

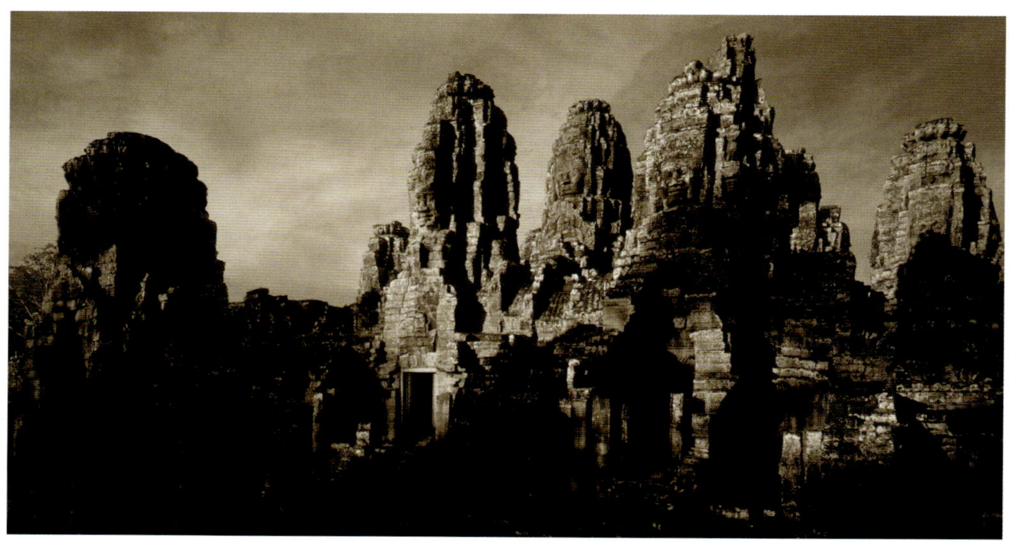

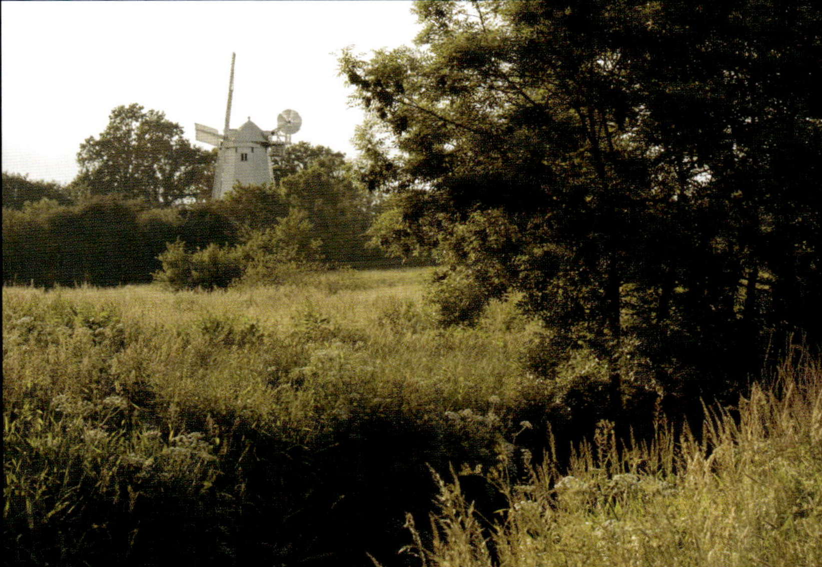

1

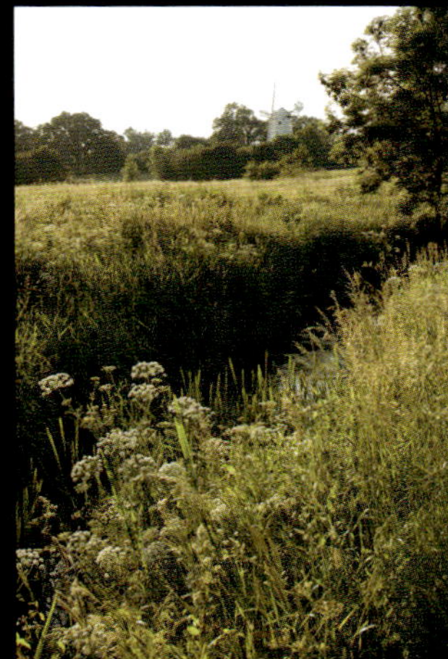

3

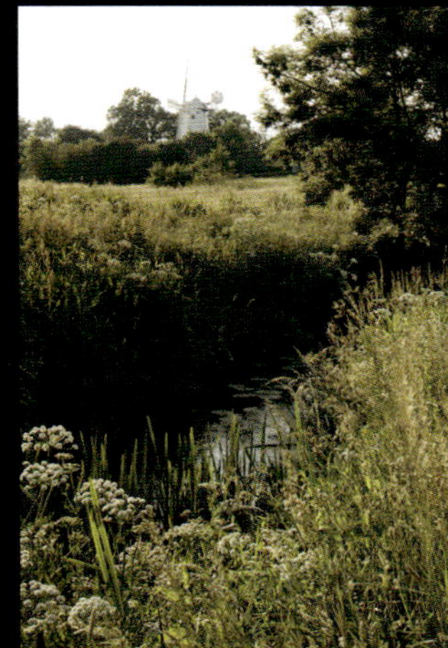

4

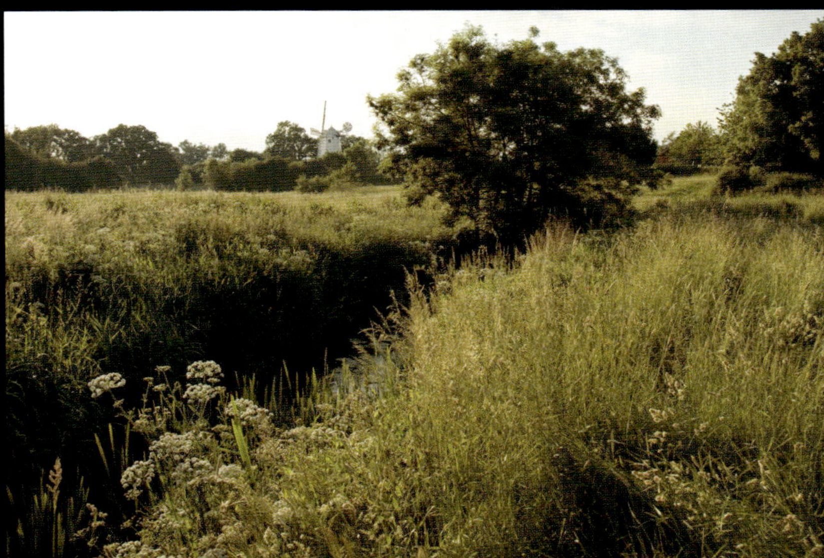

2

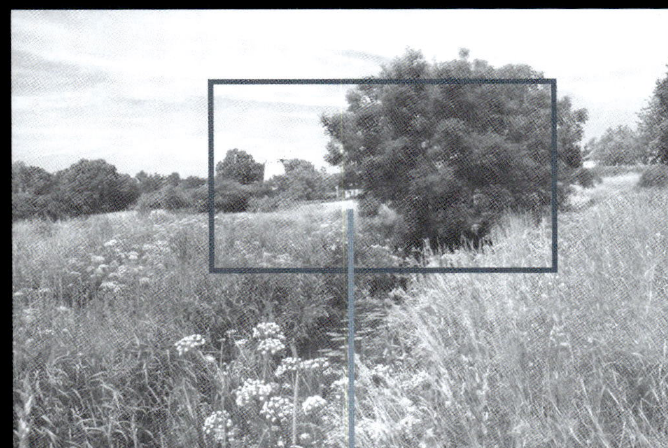

5

Casa nova

MOINHO DE VENTO

Apenas para este livro, e sem nenhuma expectativa em particular, retornei ao local do moinho de vento mostrado na página 169, 27 anos mais tarde e no mesmo mês (junho). Em 1979, o tempo e a luz foram tão específicos – excepcionalmente limpo, claro e contrastante, com passagem de nuvens de tempo bom – que eles simplesmente criaram a oportunidade. No mesmo período do ano, o tempo, agora, era mais típico de um verão inglês e menos especial. A luz mais suave e o céu mais branco, e o fato de que as pás foram viradas em outra direção invalidaram os mesmos pontos de vista, então fiz um reconhecimento extenso da área procurando uma vista diferente. A única possibilidade estava na área a oeste, mais afastada, com um riacho correndo pelos campos. Ocorreu que próximo dali o local era um dos preferidos pelos grupos de pintura locais. Uma outra questão foi uma nova casa que em nada contribuía com a cena, mas, mesmo assim, era muito visível daquela direção. Isso limitou os pontos de vista àqueles de onde ela poderia ser escondida pela vegetação – notavelmente, uma arvorezinha. Com esse tipo de tempo, recaí na iluminação tradicional – sol baixo – e isso quer dizer uma foto feita à tarde apontando direto para luz. O reconhecimento foi ao meio-dia; retornei às 19h. A retroiluminação deu maior interesse à textura dos arredores e menos ao moinho, o que sugeriu uma foto com grande-angular que usasse o primeiro plano. O dia destacou o quanto foram especiais as circunstâncias originais.

CONSTRUÇÃO

No extremo oposto da escala em relação à fotografia de rua de reação rápida está o processo deliberado e demorado de fotografar assuntos estáticos com a câmera em um tripé. As naturezas-mortas e a arquitetura são as duas áreas que mais incorporam esse tipo de composição, na qual a imagem é construída, seja pela seleção e posicionamento dos assuntos em si (como nas naturezas-mortas) ou pela cuidadosa exploração dos pontos de vista de câmera em relação à distância focal da lente. Ou ambos.

Ter tempo e equipamento necessários para trabalhar desse modo na composição da imagem não faz dessa uma tarefa necessariamente mais fácil que a reportagem. Em vez disso, as habilidades são diferentes e exigem atenção prolongada e uma abordagem rigorosa e bem pensada. Stephen Shore, descrevendo suas fotos de grande formato de cenas urbanas norte-americanas, comparou o processo à pesca com vara e à constante atenção necessária para sentir o fim da linha. "Sem pressão constante, nossa presença de tempo vacila, e também a linha com a mosca, deixando o lançador com uma sensação desconexa do tipo 'para onde é que ela foi'. É claro, é bem possível tirar fotografias sem prestar atenção constantemente a cada decisão que precisa ser tomada, mas minha experiência é de que, quando minha atenção vagueava e eu começava a tomar decisões automaticamente, havia algo faltando nas fotos e eu ficava com aquela sensação de 'para onde é que ela foi'".

Essa é uma passagem instrutiva porque ela expressa muito precisamente a complexidade de organizar uma imagem detalhada com muitos componentes interconectados. Para espectadores acostumados a tipos mais espontâneos de fotografia, a penosa natureza-morta ordenada ou vistas arquitetônicas podem parecer, inicialmente, frias e supercalculadas. Na verdade, há um fluxo constante de decisões intuitivas e intricadas a serem tomadas, com a maioria delas surgindo durante o processo e com efeito tipo dominó sobre outras partes da imagem. O que Shore descreve é a necessidade de total concentração e a necessidade de rigor absoluto.

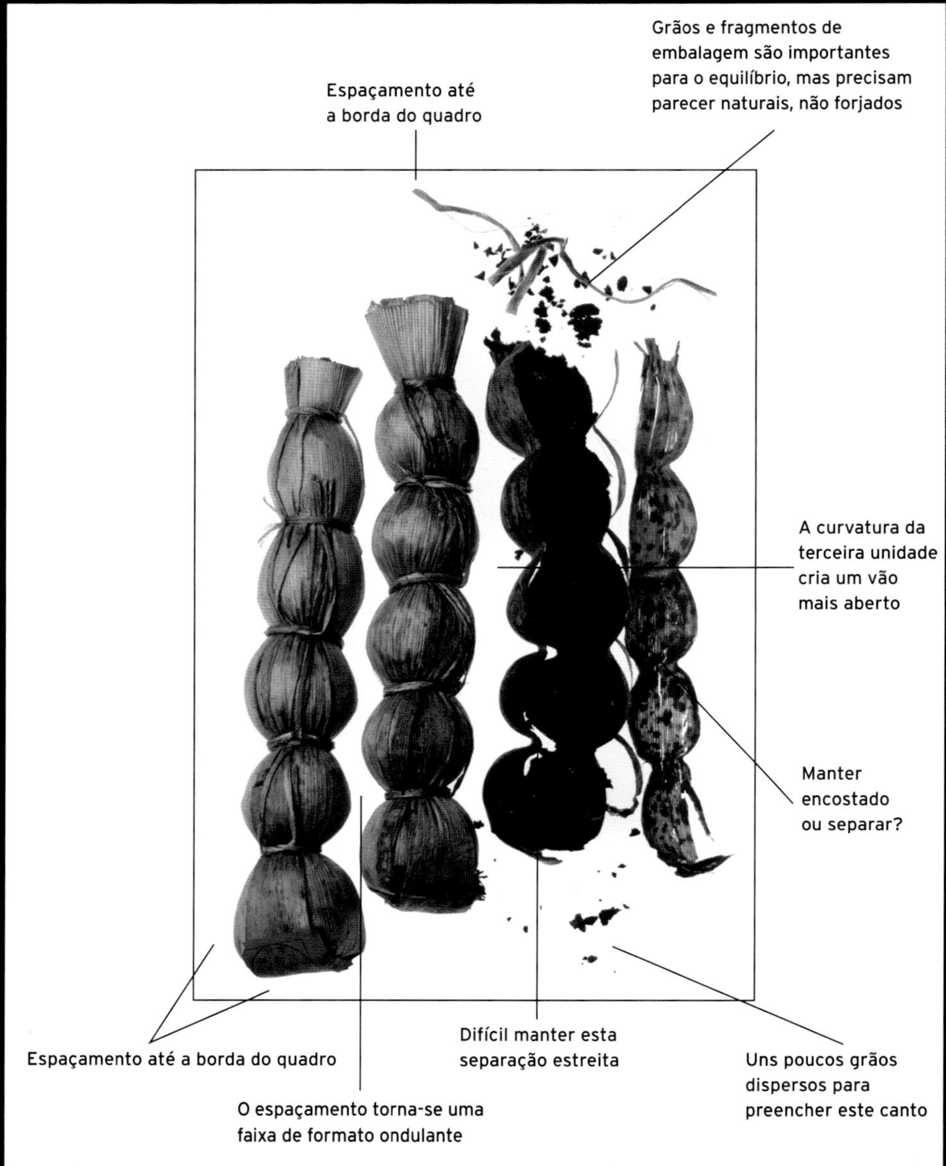

▲ CHÁ CHINÊS

Os parâmetros para essa natureza-morta são quase ridiculamente simples – uma foto expositiva de chás chineses embalados à moda tradicional, envoltos em folhas secas, sobre um plano de fundo branco simples sem adereços. Mesmo assim, apesar de a intenção ser tão mínima, muitas decisões interconectadas quanto a composição acumulam-se nesse caso, nem todas elas possíveis de serem resolvidas completamente. As principais decisões foram:

- Ter várias em vez de uma, com uma aberta para mostrar o conteúdo.
- Vale a pena explorar o ritmo ondulante dos segmentos amarrados, mas evitando a simetria.
- Há necessidade de encontrar um arranjo informal que ocupe o quadro e tenha algum interesse dinâmico.
- Abrir uma revela ondulações ainda mais interessantes e mais padrões ondulantes.
- Decidi contrastar a limpeza de unidades embaladas com a desordem esfarelada da que estava aberta.

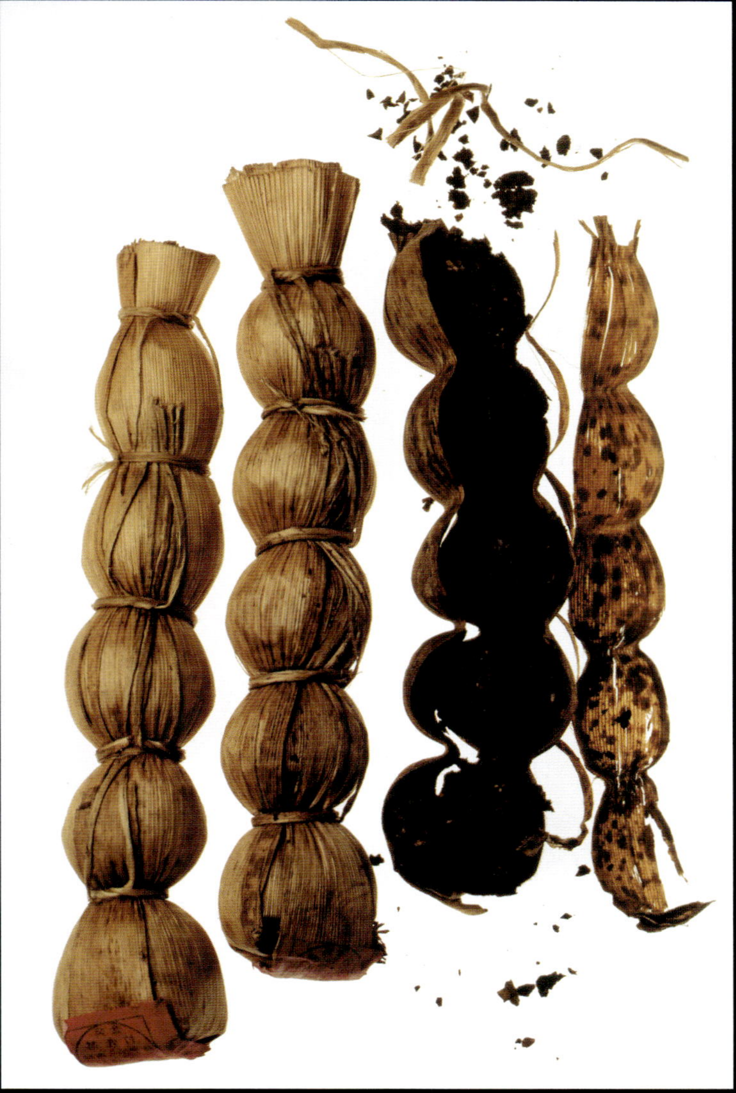

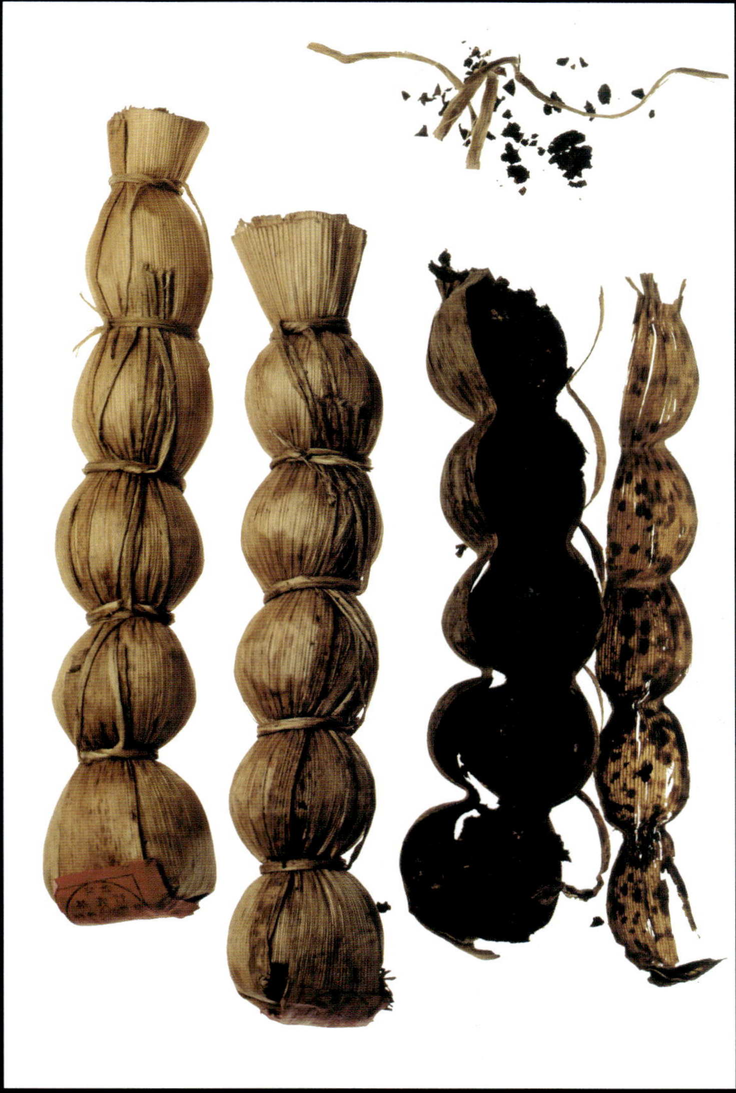

- Folhas soltas e grãos de chá podem ser usados para equilibrar áreas do quadro que de outro modo ficariam vazias, mas isso precisa ter aparência natural, não como se tivesse sido montado.
- Colocando as unidades mais próximas umas das outras dá a possibilidade de trabalhar uma relação da figura com o fundo, em que os espaços entre elas tornam-se curvas sinuosas se as desencontrarmos verticalmente. Por causa disso elas não podem se tocar.
- O espaçamento vertical, assim, se torna importante. A unidade aberta tem uma curva acentuada, o que cria inevitavelmente um espaço central mais aberto, e, por um momento, considero trocá-lo por outro, mas acabei decidindo que isso parecia mais natural e, em todo caso cria uma divergência atraente com sua embalagem à direita.
- Uma pequena, porém contínua, separação das embalagens separadas à esquerda da unidade aberta teria sido ideal, mas a configuração das folhas picadas não permite isso.
- Os pesos relativos das embalagens em meios-tons, bolas de chá quase pretas, grãos de chá dispersos e uma etiqueta vermelha precisavam ser considerados e equilibrados.
- Finalmente, as distâncias entre os objetos e as bordas do quadro precisavam de ajuste, enquadrando e/ou recortando.

➤ BONS LOCAIS DE POSICIONAMENTO

Como exercício, vale a pena ver possíveis variações de posicionamento de um elemento-chave nesta natureza-morta, que mostra um trabalho em andamento em um manuscrito iluminado. A salamandra seca é um espécime sendo usado em uma ilustração, e a intenção foi situá-la na parte superior da imagem. Na realidade, o enquadramento e arranjo das várias folhas de papel e do manuscrito seriam ajustados ao mesmo tempo, mas estas alternativas para a salamandra mostram algumas das decisões detalhadas que precisaram ser tomadas. Por exemplo, a criatura e sua sombra (a sombra comprida é integral) devem se encaixar perfeitamente em uma área em branco, como em 3, ou isso parece ser incomodamente artificial? Ainda assim, a composição é necessariamente artificial de qualquer jeito. Quebrar linhas, como em 4, pode parecer mais natural, com menos artifício. A intenção, em outras palavras, desempenha um papel mesmo nas minúcias dos refinamentos em composição.

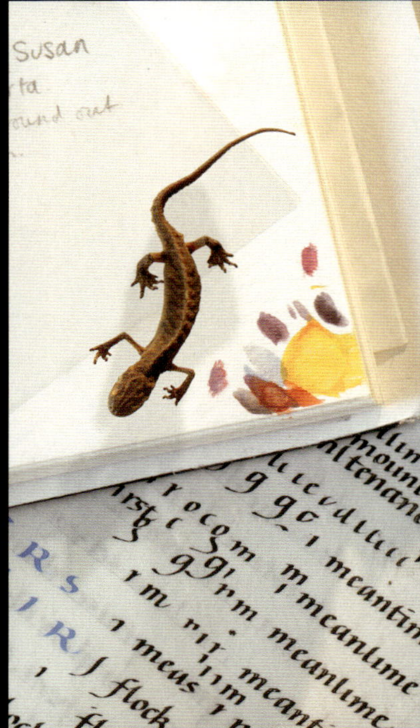

1

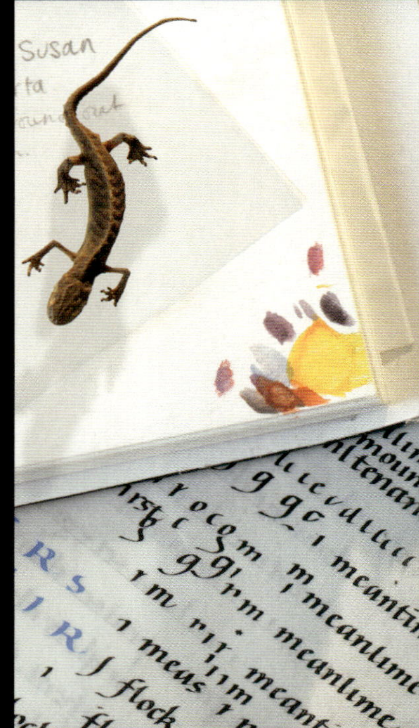

2

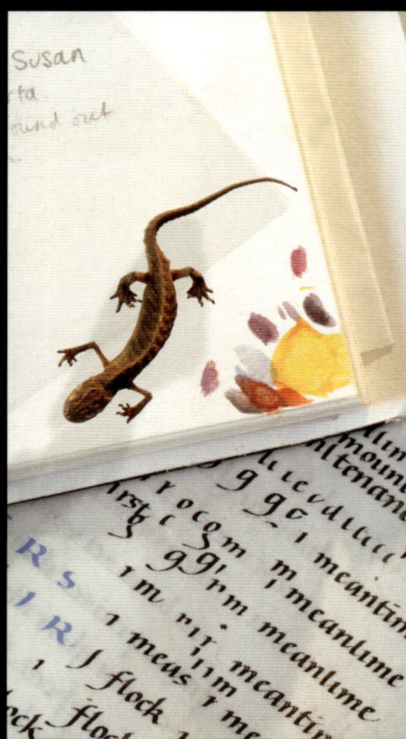

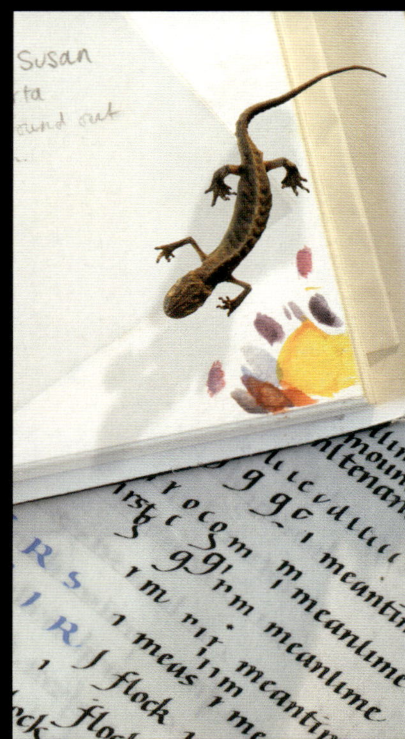

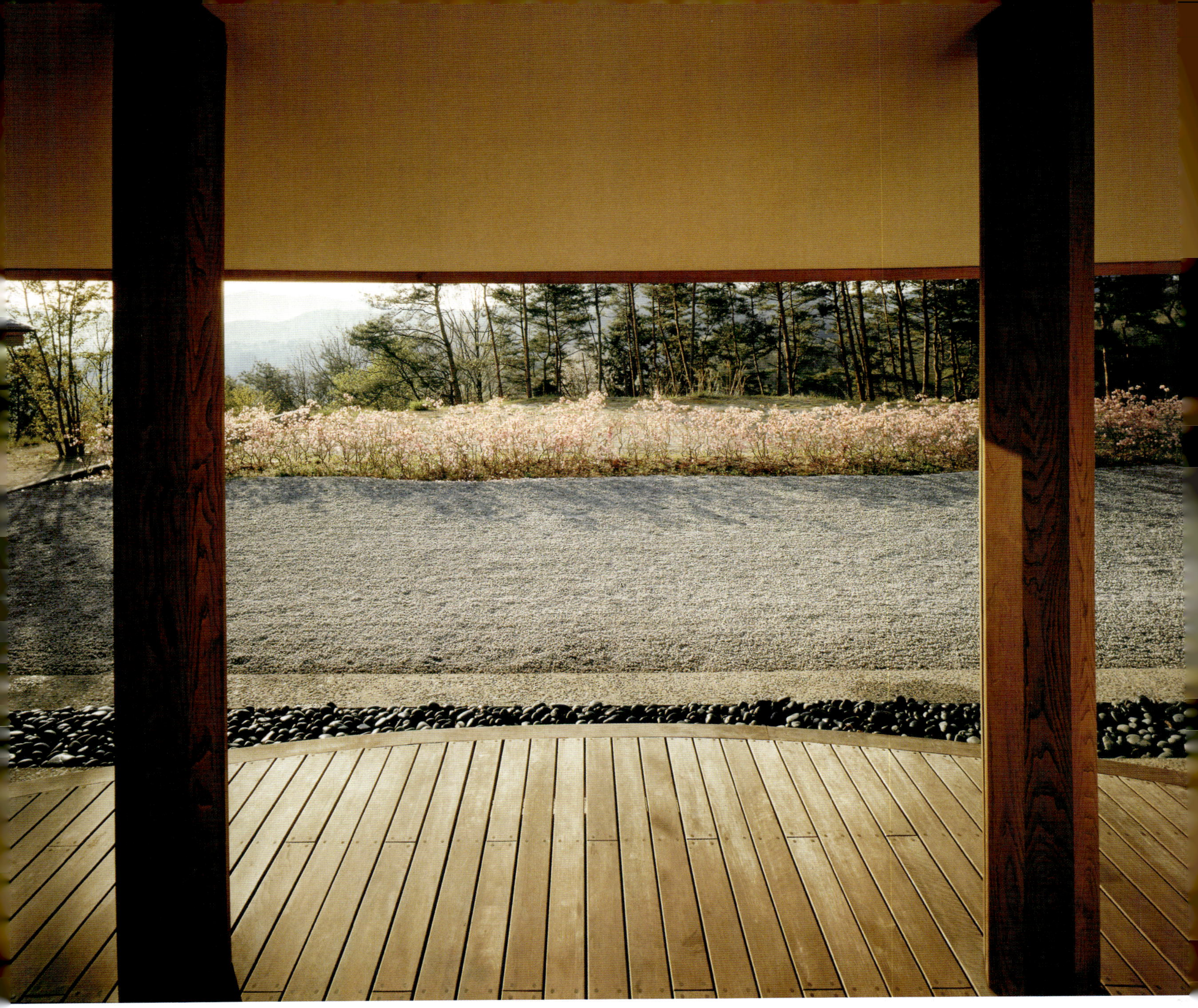

▲ ORGANIZANDO ESTRUTURAS EM GRANDE ESCALA
Construções, cenas de rua e paisagens frequentemente são muito exigentes com o posicionamento de câmera exato, sendo preciso conciliar muitas coisas e medir a posição final em centímetros. Para esta fotografia de casa de campo japonesa nos montes acima de Hiroshima, com seu jardim de projeto minimalista, a decisão de buscar uma vista simétrica deixou o trabalho ainda mais difícil – a precisão tornou-se parte da imagem.

JUSTAPOSIÇÃO

A fotografia vale-se imensamente do simples dispositivo composicional que consiste em colocar dois ou mais assuntos juntos no quadro. Digo imensamente por causa da nossa tendência inata de assumir relações entre duas coisas vistas lado a lado. A justaposição, no mínimo, nos chama a atenção para duas coisas ao mesmo tempo assim que o espectador começa a pensar sobre por que o fotógrafo escolheu aquele ponto de vista, e, se ela foi intencional, isso faz deslanchar uma sequência de pensamentos.

Há duas fontes para a justaposição, ainda que uma inevitavelmente desencadeie efeitos sobre a outra e essas são o conteúdo e o grafismo. Talvez, "motivos" seja uma palavra melhor que "fontes", porque, no primeiro caso, a iniciativa parte do assunto e, no segundo, a inspiração costuma vir de aparições fortuitas (como, por exemplo, no reflexo de algo em uma janela onde também se pode ver um segundo assunto). Os dois, conteúdo e grafismo, nunca estão completamente separados.

A quantidade de deliberações pode variar enormemente, desde uma expedição planejada para encontrar um modo de justapor dois assuntos, até coincidências no calor da hora, e, se a imagem final é a única coisa que um espectador vê, ela não é em si um indicador confiável. Os exemplos aqui, descritos em maior detalhe, cobrem esse intervalo. A fotografia do reflexo das montanhas foi planejada com dias de antecedência, ao passo que a foto do anúncio de telefone celular foi avistada e fotografada em poucos segundos.

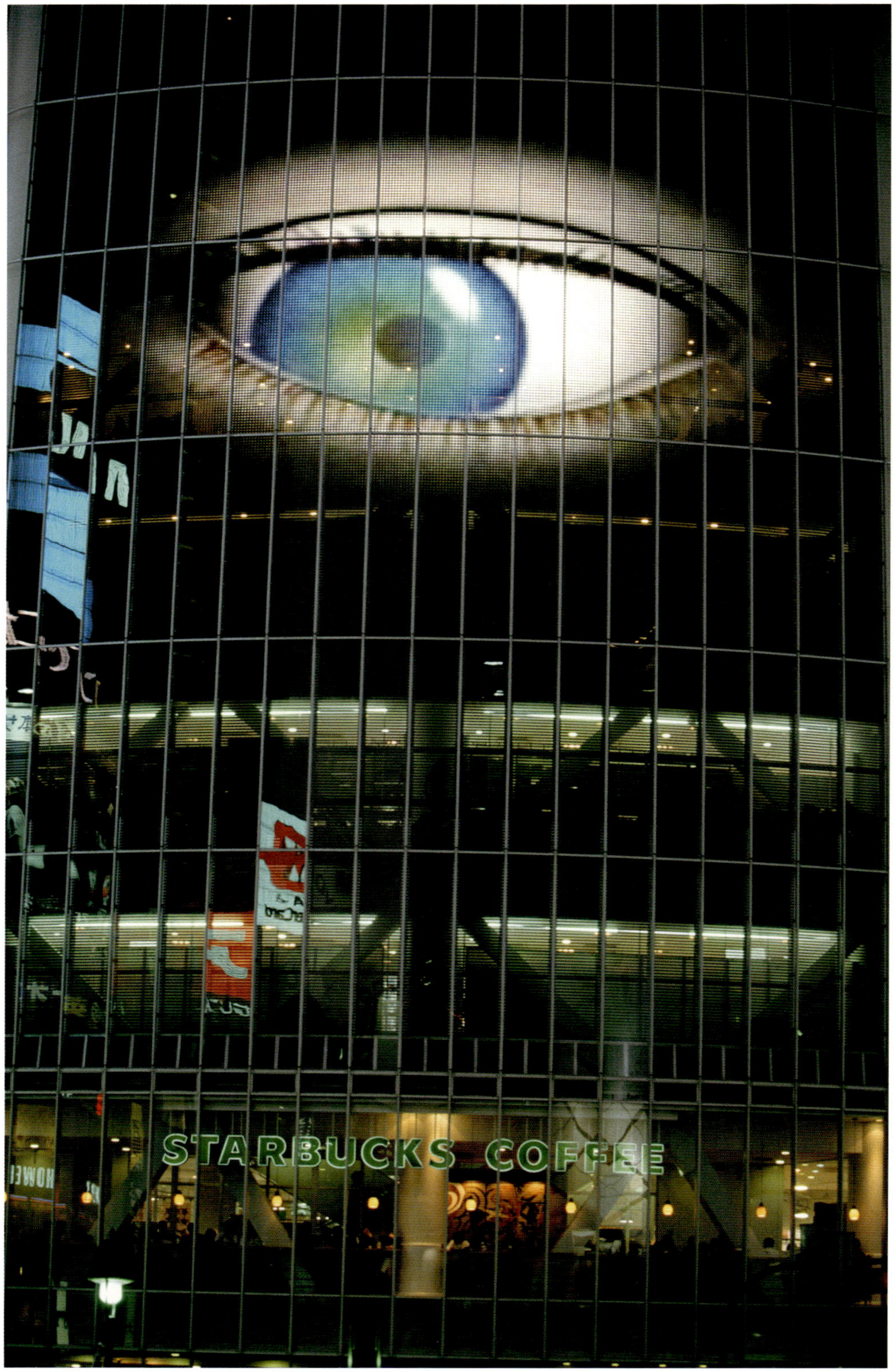

➤ CRUZAMENTO DE SHIBUYA
No cruzamento de Shibuya no centro de Tóquio, a fachada inteira deste prédio é um painel digital. A certo ponto da sequência, um olho gigante aparece, trazendo inferências óbvias ao olho do Grande Irmão. Esse enquadramento da imagem com o olho no topo e uma cafeteria da Starbucks abaixo, explora essa possibilidade.

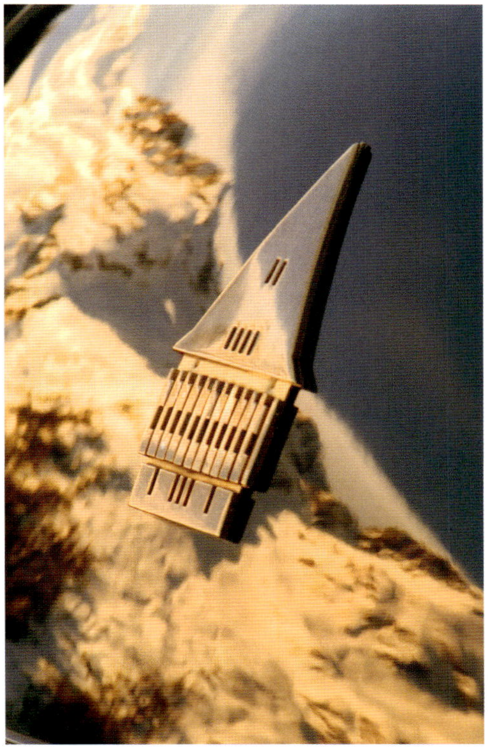

◂ REFLEXO ALPINO

O conteúdo veio primeiro nesta foto de um topo nevado refletido no capô de um Rolls-Royce. O emblema em destaque é o de um hotel em Sant-Moritz, o Badrutts Palace, e o objetivo foi combiná-lo com as montanhas. Simples em seu conceito, porém mais difícil de executar, exigindo um determinado alinhamento. Várias posições para o carro foram experimentadas ao seu redor antes de se chegar a esta e, mesmo assim, o carro teve que ser movido diversas vezes. A combinação exata de distância focal e posicionamento de câmera precisou de tempo para ser encontrada, e isso precisou ser feito muito antes de pôr-do-sol. Uma abertura mínima garantiu profundidade de campo máxima.

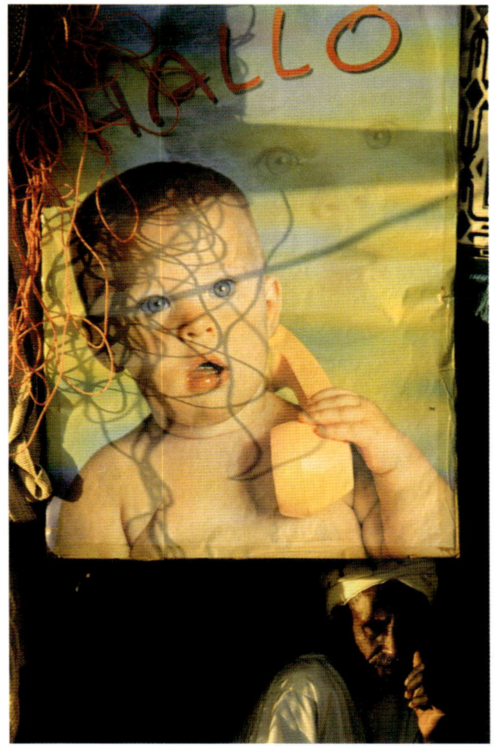

▴ ANÚNCIO DE REDE DE TELEFONIA CELULAR

No norte do Sudão, o pôster pareceu um tanto fora de contexto para o pobre mercado de rua, ainda que não o vale-se fotografá-lo apenas por essa razão. Contudo, a posição e iluminação do segundo rosto contrastante – o do mercador – foi que fizeram a foto. Ela dependeu de um recorte justo que excluísse tudo mais e, é claro, de velocidade. Eu estava muito visível, e, dentro de um segundo ou dois, o homem olharia direto para mim, momento em que a foto perderia quase todo o seu valor de acordo com o que me interessava.

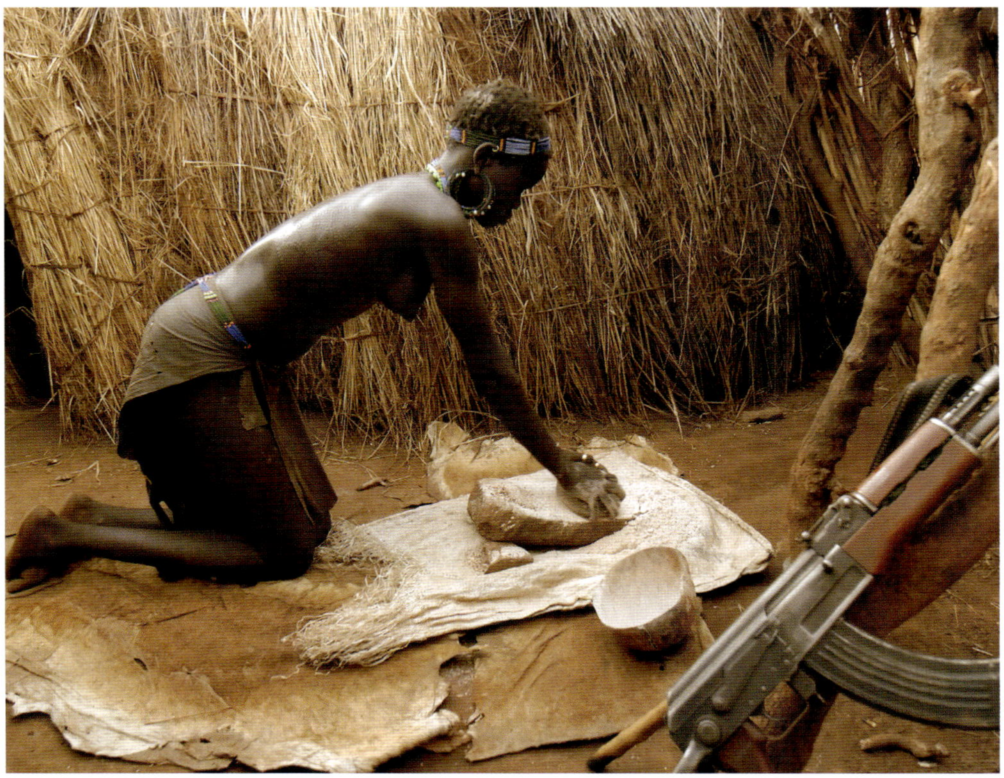

◂ UMA GAROTA JIE

Em uma aldeia Jie no sudeste do Sudão, as armas são comuns devido à rivalidade com outros grupos étnicos. Enquanto uma adolescente moe o sorgo, um rifle de assalto Kalashnikov descansa apoiado casualmente ali perto. A justaposição, aqui, envolveu simplesmente o deslocamento para mais perto do rifle e o uso de uma lente grande-angular, dando mais profundidade ao conteúdo.

FOTOGRAFIAS JUNTAS

As imagens se comportam em grupos, justapostas, de modo diferente de quando são exibidas individualmente. Em certo sentido, um novo tipo de imagem é criado – do tipo em que o quadro é a parede de uma galeria ou páginas duplas em uma revista ou livro, e as poucas ou muitas imagens tornam-se elas próprias elementos da figura. O arranjo pode estar baseado no tempo ou espaço, ou uma mistura dos dois e, de acordo, com a mídia o espectador tem mais, ou menos, escolha quanto a ordem de visualização das fotografias. Uma apresentação de slides é inflexível e altamente controlada, enquanto uma revista ou livro permite que o leitor folheie para frente e para trás.

Um dos usos clássicos de fotografias em uma montagem é a história ilustrada, e alguns dos melhores exemplos vêm do auge das revistas ilustradas de interesse geral em grande formato, desde os primórdios da *Münchner Illustrierte Presse* e da *Ilustrated Weekly* em Londres, até a *Life*, *Picture Post* e a *Paris-Match*. Bem executada, a história ilustrada é uma entidade complexa, envolvendo não apenas os talentos do fotógrafo, mas do editor, editor de foto e designer. A unidade visual individual é a página dupla, e é a sequência de páginas duplas que dá a história ilustrada tanto sua narrativa quanto sua fluência dinâmica.

Do ponto de vista do ato de fotografar, o conhecimento de que o produto final será um agrupamento de imagens introduz novos requisitos, mas, talvez, alivie a pressão de conseguir uma única foto que abranja tudo. Apenas muito ocasionalmente todos os elementos em uma situação complexa juntam-se em uma única composição, e quando eles o fazem, isso é suficientemente notável ao ponto de o fotógrafo dar um suspiro de alívio. Dorothea Lange escreveu que uma de suas imagens icônicas do período da Grande Depressão Norte-Americana era uma daquelas ocasiões quando "você tem a sensação lá dentro de que você abrangeu a coisa de modo geral." A alternativa, se a finalidade é contar uma história, é fotografar diferentes aspectos dela como um conjunto de imagens. Cartier-Bresson associava uma situação típica a um "núcleo" com faíscas sendo lançadas pra fora dele; as faíscas são ardilosas, mas podem ser capturadas individualmente.

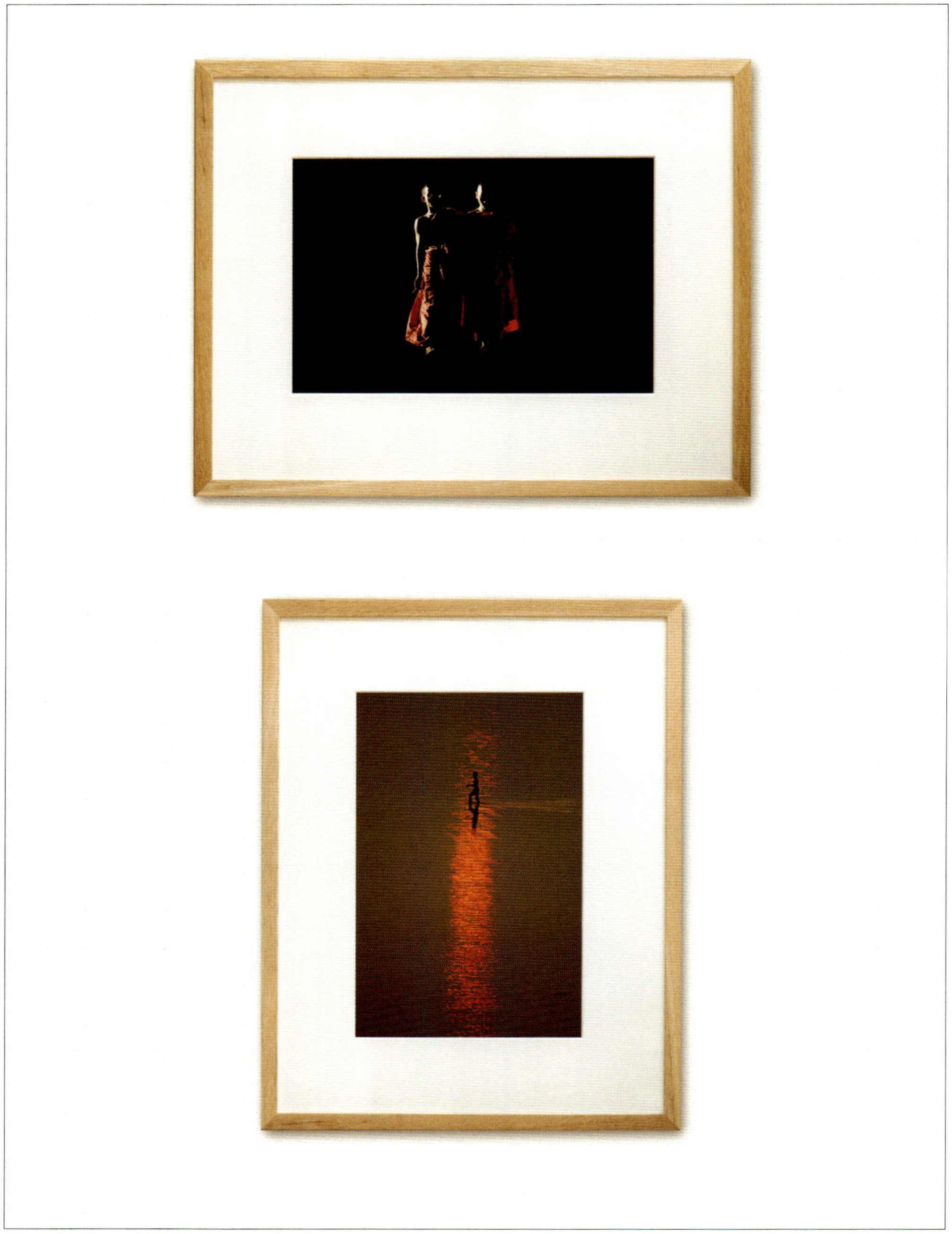

▲ COINCIDÊNCIAS NAS PAREDES DE UMA GALERIA

Há tantos modos de pendurar grupos de fotografias em uma exposição quanto há curadores, e este é apenas um exemplo ao acaso. Uma vez decididas, e emolduradas as imagens, o que resta são as permutações de agrupamento. Aqui, foi considerada a coincidência de cor e forma – dois monges noviços burmeses em robes vermelhos acima do reflexo vertical vermelho do sol no Rio Mekong, ambas imagens de uma exposição sobre a Ásia. A figura de baixo é usada de modo diferente no layout apresentado na página 182.

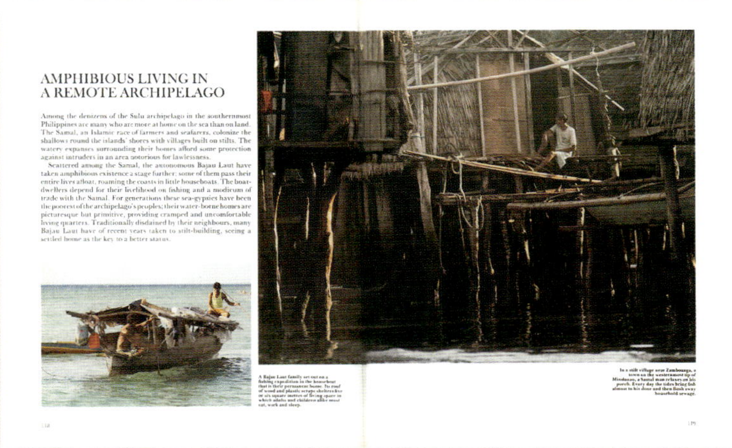

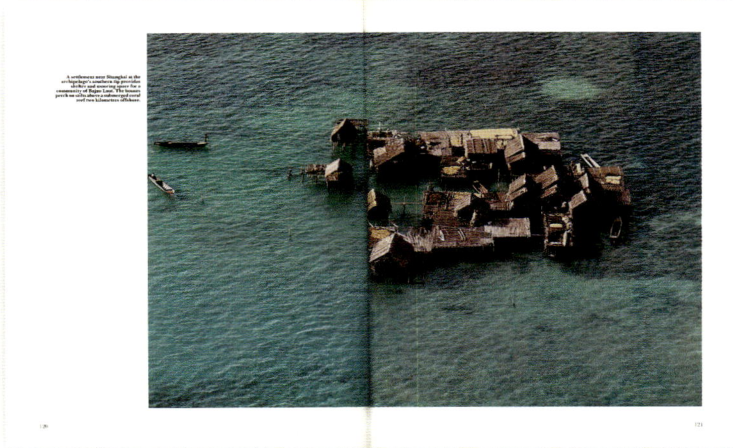

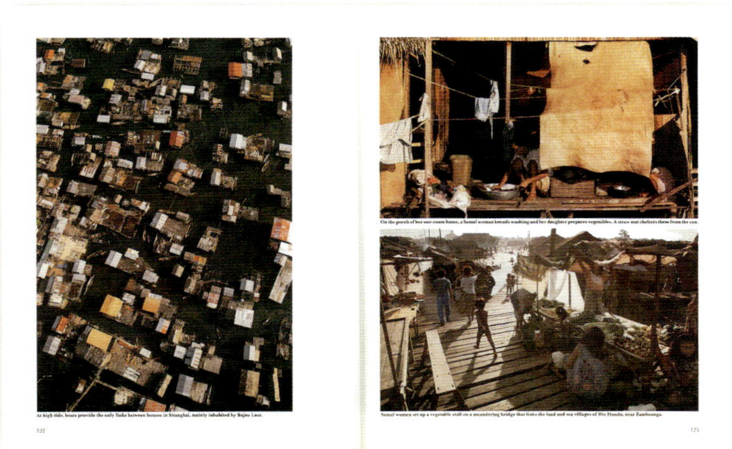

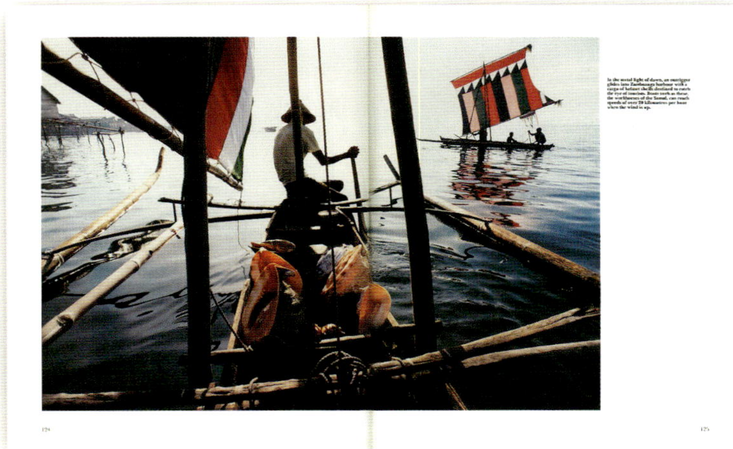

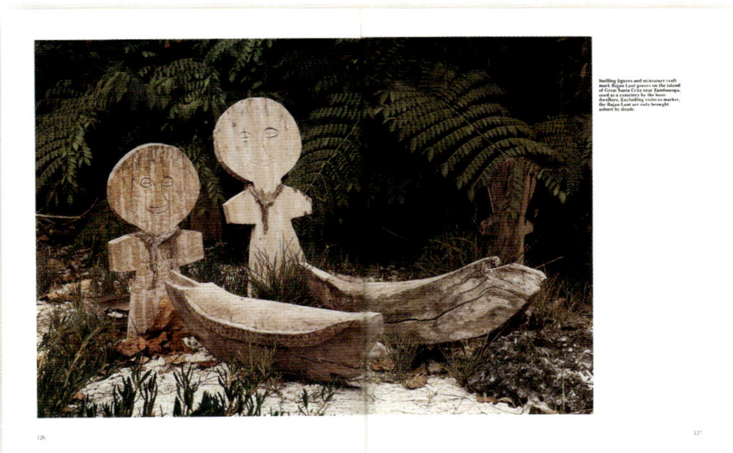

◄▲ AO ESTILO DA TIME-LIFE

Um exemplo de história ilustrada em forma de livro construída por editores na Time-Life Books: cinco páginas duplas sobre a vida dos marinheiros que habitam o remoto arquipélago de Sulu, no sul das Filipinas. O livro foi um volume de 160 páginas sobre o Sudeste da Ásia da série Library of Nations; ele foi construído em seis capítulos, um para cada país ou grupo, intercalados com ensaios fotográficos como este. Cada ensaio é um olhar detalhado sobre um aspecto específico do que fora coberto no capítulo precedente, e este foi escolhido, sem planejamento, pela força do que emergiu durante a série de fotos. Ao todo, oito imagens foram selecionadas de um total de 400 quadros utilizáveis.

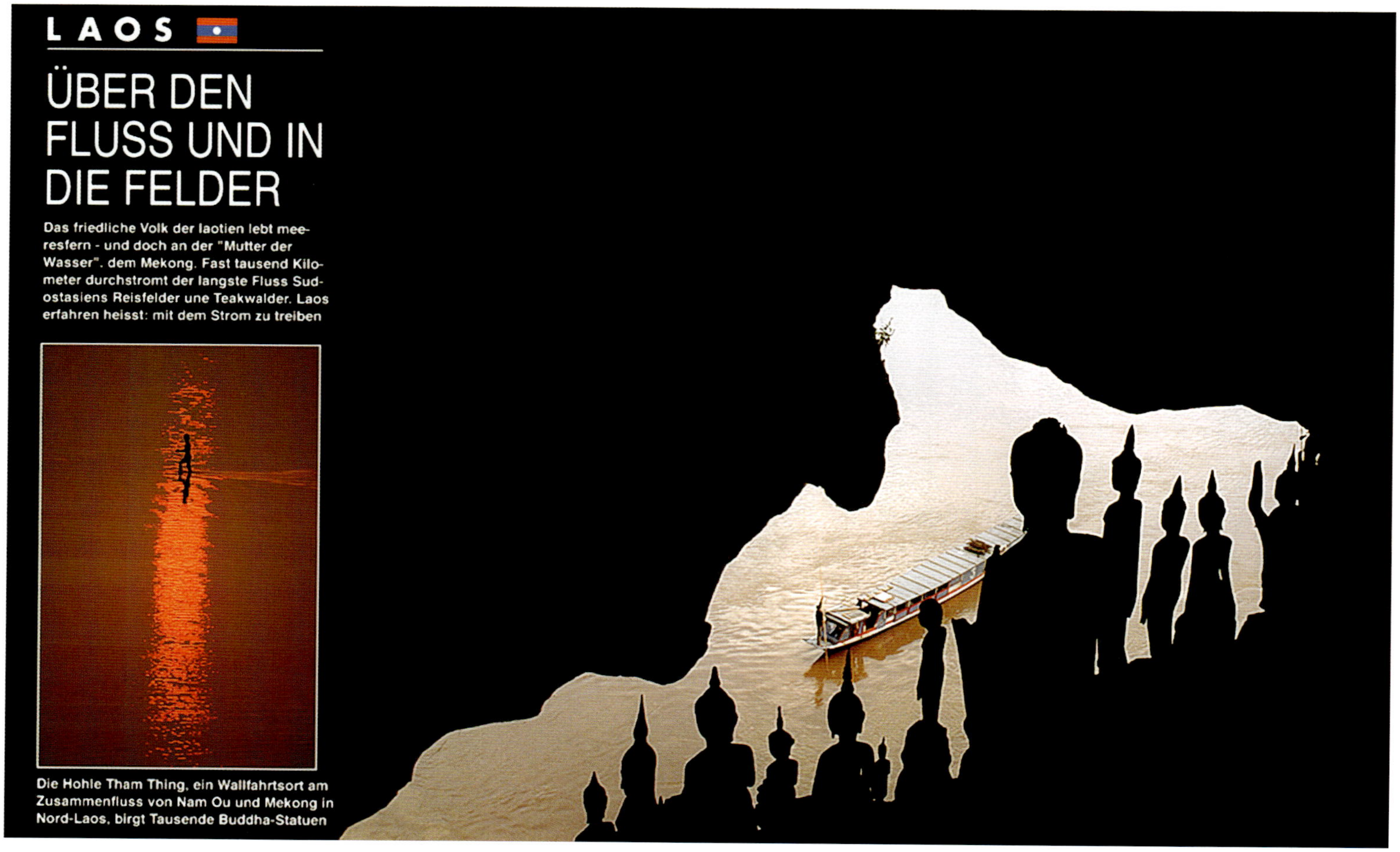
LAOS

ÜBER DEN FLUSS UND IN DIE FELDER

Das friedliche Volk der laotien lebt meeresfern - und doch an der "Mutter der Wasser". dem Mekong. Fast tausend Kilometer durchstromt der langste Fluss Sudostasiens Reisfelder une Teakwalder. Laos erfahren heisst: mit dem Strom zu treiben

Die Hohle Tham Thing, ein Wallfahrtsort am Zusammenfluss von Nam Ou und Mekong in Nord-Laos, birgt Tausende Buddha-Statuen

Há questões técnicas tais como saber que a medianiz entre duas páginas opostas pode arruinar uma imagem composta em torno do centro, e outras editoriais, como a necessidade de haver variedade gráfica e a necessidade de imagens verticais que preencham páginas inteiras. Podemos levar essa questão de imagens montadas aos livros ilustrados, em que há maior variedade de estilos que em revistas e mais páginas onde expandir uma história. A página dupla continua sendo a unidade visual, mas, no caso de um livro fortemente ilustrado (isto é, principalmente imagens e com pouco texto), o grande número de páginas introduz mais a ideia de uma sequência temporal. Em outras palavras, provavelmente vai prevalecer a sensação de que as imagens devem ser lidas mais em sequência do que lado a lado. A dinâmica do sequenciamento é sutilmente diferente do relacionamento espacial em uma mais páginas onde expandir uma história. A página dupla aberta. Um componente extra são as legendas, e estas precisam funcionar juntas, tipicamente por tempo suficiente para dar um tipo de narrativa textual intercalada. A composição de legendas é uma habilidade editorial por seu próprio mérito, mas, novamente, a importância para nós está em como ela muda a percepção do espectador da imagem ao direcionar sua atenção para um elemento ou para outro, como vimos nas páginas 140-143.

A história ilustrada clássica é apenas um dos modos pelos quais as fotografias adquirem uma nova vida quando combinadas. O outro modo importante é uma exibição em galeria; fotos emolduradas e penduradas em uma parede. Coleções de imagens baseadas no tempo são sequências como apresentações de slides, seja quando exibidas como um evento ou quando oferecidas on-line. Em todos eles, as relações gráficas tendem a impactar mais que as relações entre conteúdos (a síndrome da primeira vista) e isso dá importância especial à cor, que se for forte vai rapidamente deixar registro no olho. As relações de cor entre várias imagens impõem sua própria estrutura. O sequenciamento está sempre envolvido seja qual for a forma que estejam sendo exibidas, porque o olho viaja de uma para outra. Como as unidades de cor são imagens inteiras, a justaposição de fotografias tende a favorecer aquelas com cores dominantes.

▲ PÁGINAS DUPLAS DE ABERTURA
Dos infindáveis modos de combinar imagens em uma página, um que os diretores de arte parecem gostar de usar, quando as circunstâncias o permitem, é embutir uma imagem em uma área relativamente sem atrativos de outra imagem.

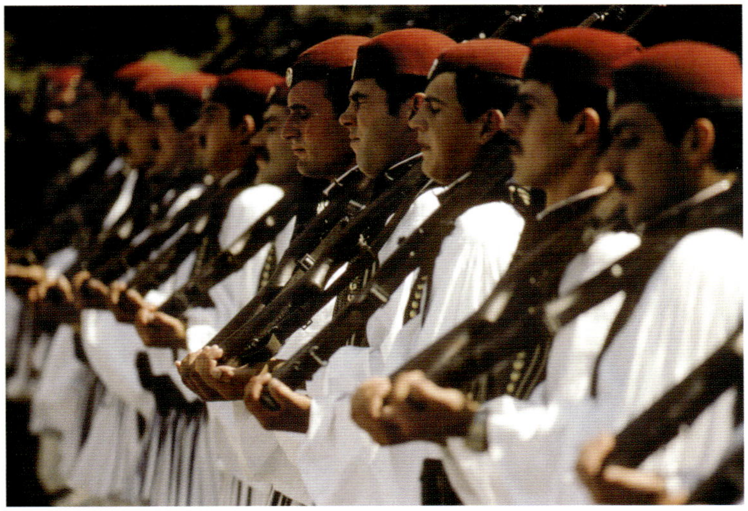

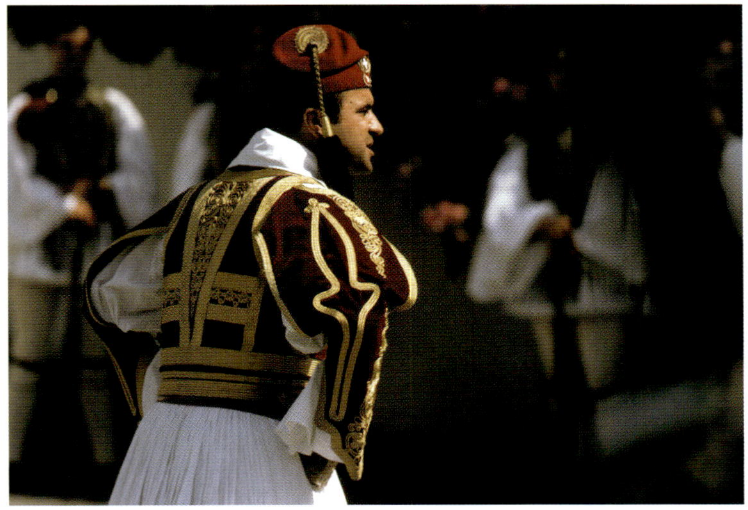

▲➤ DIREÇÃO DE ARTE CRIATIVA Estas duas fotografias de Evzones Gregos (guardas palacianos) durante uma parada foram tiradas da mesma posição com a mesma lente 400mm, com vários segundos de diferença. Uma distância maior do que a que aparece aqui separava o oficial dos soldados, já que o diretor de arte fez com que a medianiz reduzisse visualmente a separação.

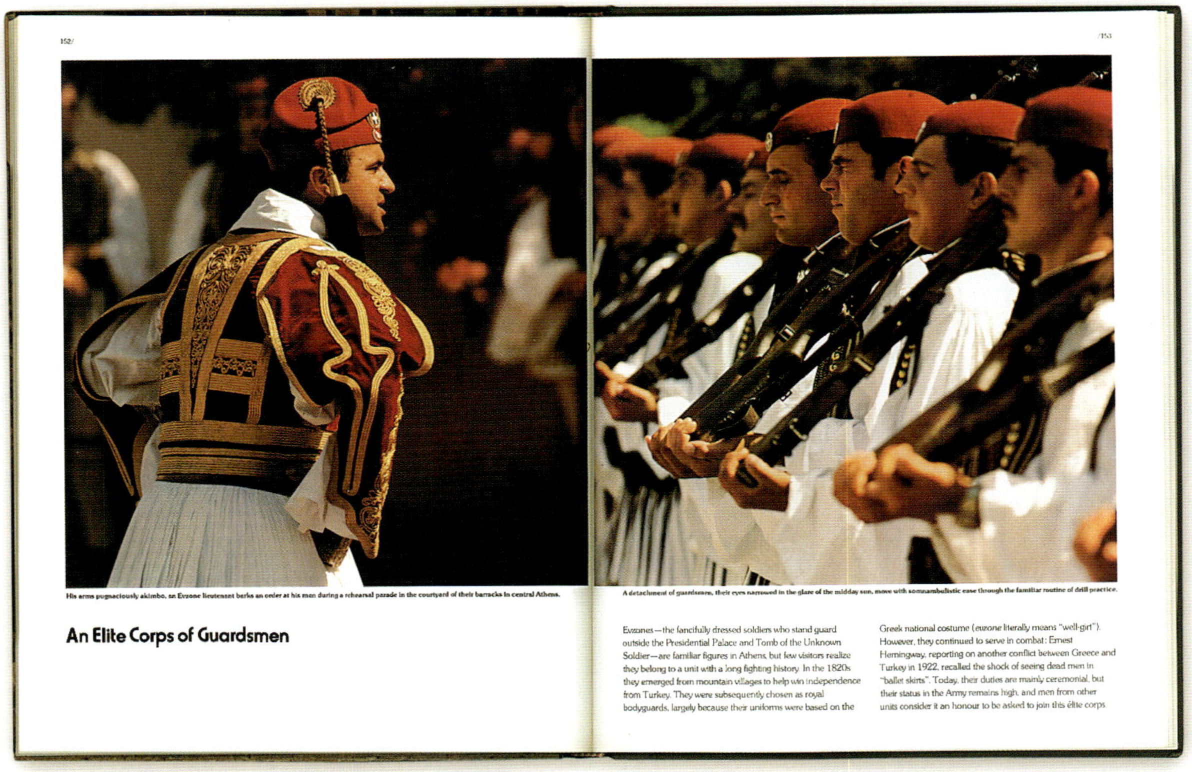

152/

/153

His arms pugnaciously akimbo, an Evzone lieutenant barks an order at his men during a rehearsal parade in the courtyard of their barracks in central Athens.

A detachment of guardsmen, their eyes narrowed in the glare of the midday sun, move with somnambulistic ease through the familiar routine of drill practice.

An Elite Corps of Guardsmen

Evzones—the fancifully dressed soldiers who stand guard outside the Presidential Palace and Tomb of the Unknown Soldier—are familiar figures in Athens, but few visitors realize they belong to a unit with a long fighting history. In the 1820s they emerged from mountain villages to help win independence from Turkey. They were subsequently chosen as royal bodyguards, largely because their uniforms were based on the Greek national costume (*euzone* literally means "well-girt"). However, they continued to serve in combat: Ernest Hemingway, reporting on another conflict between Greece and Turkey in 1922, recalled the shock of seeing dead men in "ballet skirts". Today, their duties are mainly ceremonial, but their status in the Army remains high, and men from other units consider it an honour to be asked to join this élite corps.

PÓS-PRODUÇÃO

A fotografia digital criou, mais que qualquer outra coisa, uma cultura da pós-produção. Para aqueles levados a respeitar a pureza do momento conforme fora capturado e do quadro como fronteira sagrada da imagem (imprimir as bordas do negativo junto com a imagem final é a expressão mais clara desse culto), isso pode parecer um enorme pecado. Mas o argumento para conter essa reação é o de que a pós-produção digital levou o fotógrafo de volta aos tempos em que o preto e branco era a única mídia, em que o laboratório era o local onde as imagens tornavam-se especiais pela mão do fotógrafo. É claro, a pós-produção está aberta ao abuso, mas um outro modo de ver isso é que ela coloca os fotógrafos novamente em contato com seu sentido do que é certo e o que é errado. Na minha cabeça, isso não é de modo algum uma coisa ruim – é uma maneira de dizer "assuma toda a responsabilidade."

A variedade das atividades de pós-produção é potencialmente enorme, e este não é o lugar para listá-las, mas o que é útil é tentar fazer uma subdivisão segundo os tipos de procedimentos aos quais as fotografias são submetidas no computador. O mínimo é a otimização e o máximo é a total manipulação até o ponto em que a imagem não mais se parece com a original. Estas podem parecer ser definições claras, mas, na prática, elas escondem muitas nuances de decisão, propósito e efeito.

Uma definição geral de otimização é "procedimentos para tornar um sistema ou design tão eficiente e funcional quanto possível." Traduzido para a fotografia, isso significa preparar a imagem tal como foi tirada para que atinja o melhor de seu potencial técnico. Tipicamente, os procedimentos incluem ajustar os pontos de preto e de branco para que a imagem exiba seu alcance dinâmico da melhor forma, ajustar o contraste, temperatura de cor, matiz, brilho e saturação, e remoção de artefatos tais como ruído e grãos de poeira. Mesmo estes procedimentos levantam questões de interpretação tais como quão brilhante, quão colorida, quão contrastada? Ir para além disso e fazer maiores mudanças já pede uma reavaliação, que pode incluir questionar a natureza da própria fotografia, certamente quando isso envolve efeitos especiais pura e simplesmente. Tudo isso, da otimização à reorganização do conteúdo da imagem, cai naquilo que chamo de "escala de intervenção," e até onde um fotógrafo está preparado para ir nesta escala é uma decisão importante.

Questões éticas estão agora mais em foco do que nunca, porque todos os impedimentos foram removidos. Manipular imagens, seja abertamente em função dos efeitos especiais, como na propaganda, ou clandestinamente para enganar o espectador, sempre aconteceu, mas exigia um grande esforço. Agora, o Photoshop e outros software permitem que tudo seja mudado em uma imagem, e a única limitação é o julgamento visual do usuário do computador. Nos primórdios da fotografia digital, vários críticos lamentaram simplesmente a ideia toda, como se as únicas coisas impedindo os fotógrafos de trapacearem constantemente fossem as dificuldades técnicas. Na realidade, a confiança na veracidade inerente da mídia era ingênua, tão sem sentido quanto acreditar que palavras são verdadeiras em si mesmas.

À parte façanhas primitivas de retoque que incluíam imprimir um céu diferente sobre uma paisagem e a remoção de oficiais expurgados do Partido Comunista de fotografias de publicidade, havia também as falsificações dos assuntos e eventos. O debate continua acerca de uma imagem famosa, de Robert Capa, de um soldado Republicano na Guerra Civil Espanhola caindo, aparentemente no momento em que fora atingido em batalha. Há fortes argumentos que dizem que esta, de fato, foi uma foto posada durante um treinamento.

Um dos maiores efeitos da pós-produção sobre o processo são os modos como ela pode alterar o ato de fotografar. Saber o que pode ser feito posteriormente a uma imagem inevitavelmente afeta as decisões tomadas no momento da captura. No mínimo, por exemplo, quando deparam-se com uma temperatura de cor desconhecida, ou uma situação de exposição difícil, a maioria dos fotógrafos digitais optariam por fotografar em formato RAW, confiantes de que isso lhes dará mais opções para recuperação de uma imagem que seja tecnicamente satisfatória. Ou imagine outro caso, no qual o assunto é uma cena intermitentemente interrompida pela passagem de pessoas, quando o que o fotógrafo quer é uma imagem em que ninguém apareça. Uma solução tradicional seria retornar num momento quando o local esteja vazio, mas uma solução digital seria fazer várias fotos com os transeuntes em diferentes posições, depois, em pós-produção, criar uma pilha de camadas com essas fotos e apagar seletivamente as pessoas. De modos como este, a fotografia digital pode mudar o modo como nós fotografamos.

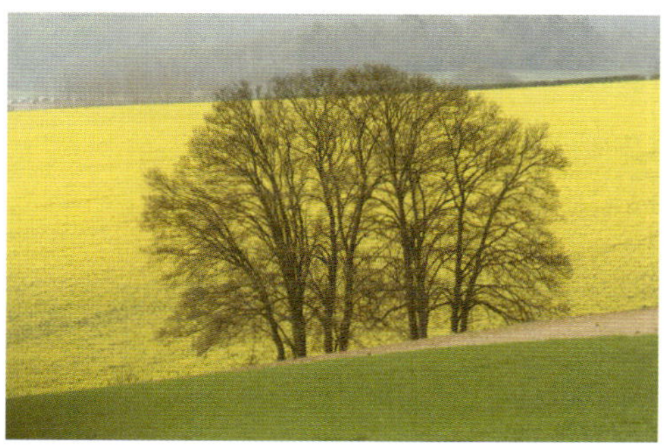

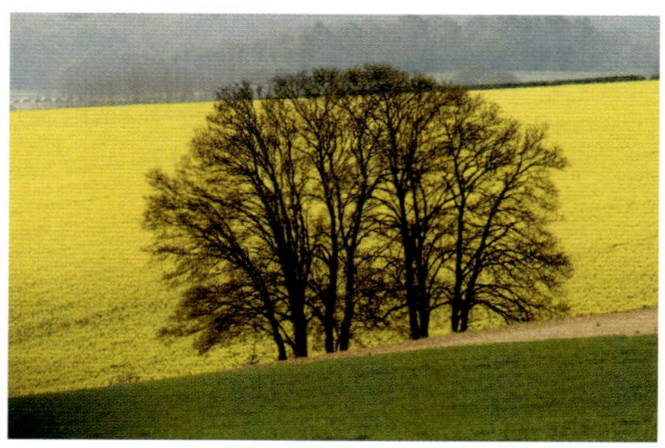

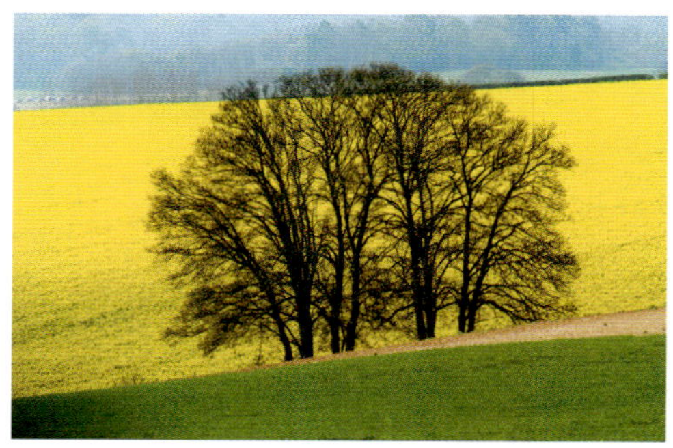

➤ **LAPSO TEMPORAL**

Um estilo invasivo de pós-produção, mas que pode-se dizer que ainda está dentro dos limites da honestidade e do realismo, é demonstrado por uma série de quadros de uma ruína romana em Eféso, na Turquia, tirados como uma solução para a horda (indesejada) de turistas. Nesta técnica de pós-produção, vários quadros são empilhados em camadas e em registro, depois são seletivamente apagados para remover as pessoas. Este método é intrinsecamente mais aceitável do que a clonagem, uma vez que as faixas trazidas à frente foram, de fato, capturadas.

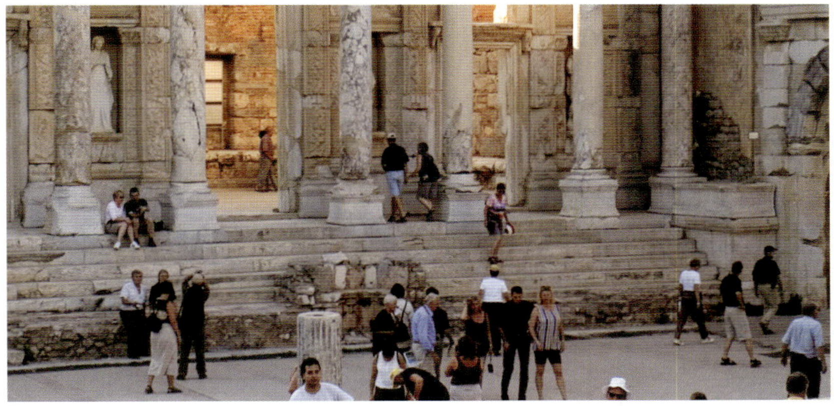

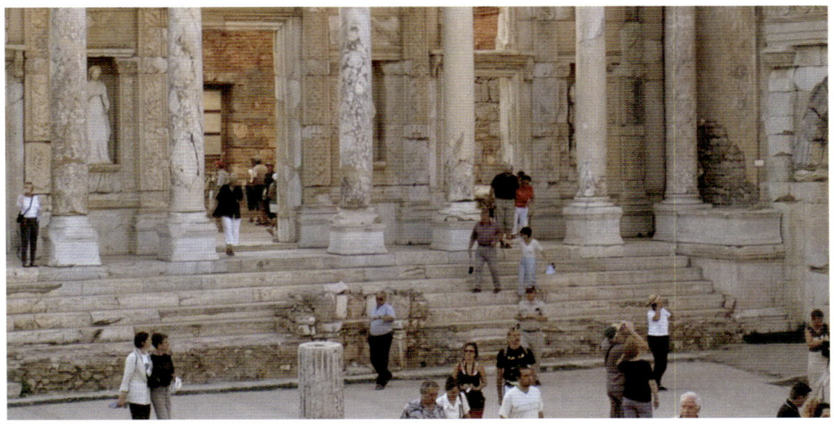

➤ **INTERPRETANDO O RAW**

O formato RAW preserva os dados originais capturados e permite que um alcance dinâmico maior seja registrado (dependendo do sensor), fazendo dele o formato de arquivo preferido para a maior parte do trabalho de pós-produção. A temperatura de cor, desvios de matiz, contraste e vários outros parâmetros podem ser definidos posteriormente, em vez de no momento de tirar a foto. Como este exemplo ilustra, as imagens podem ser otimizadas de diversas formas para adequarem-se aos gostos individuais. Os parâmetros originais, no momento em que são abertos em um editor de RAW, têm baixo-contraste e uma exposição que não perde nem as luzes altas nem as sombras. Mostrados em seguida estão a conversão automática e, depois, a versão que visa a extrema saturação para enfatizar as faixas de cor. Estas são duas de muitas possíveis traduções.

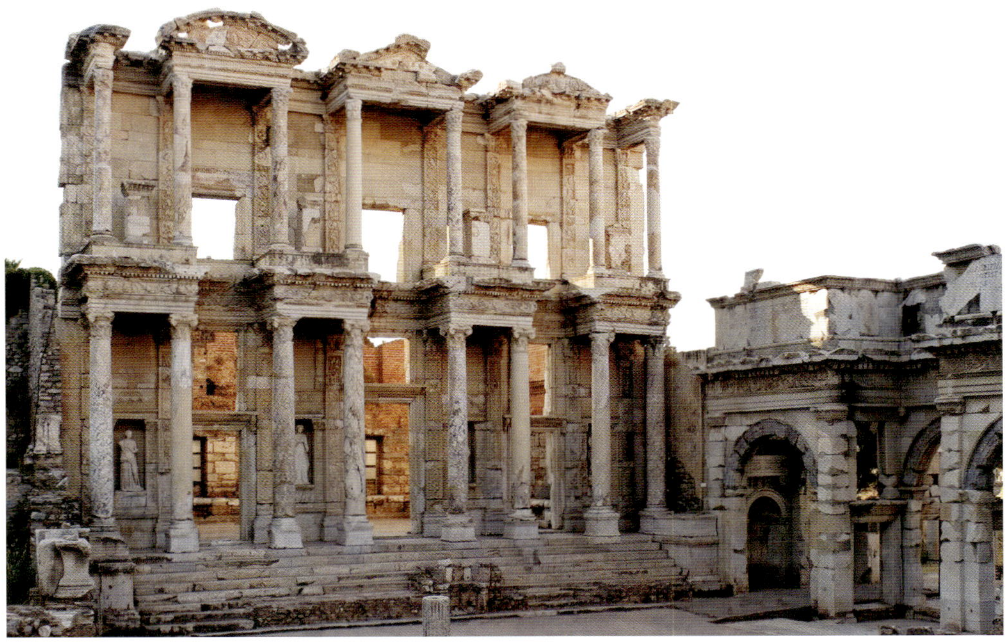

SINTAXE

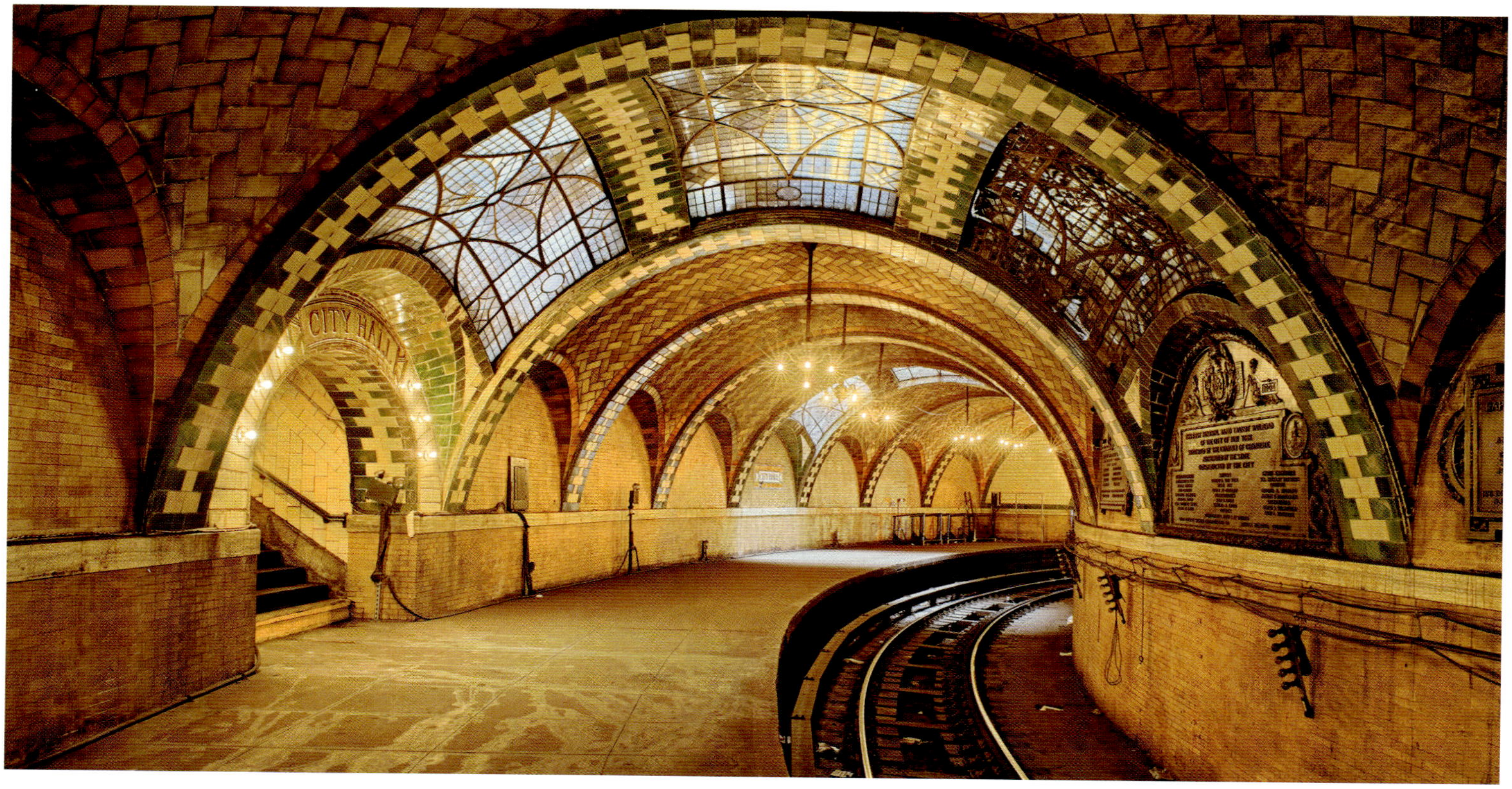

A sintaxe, como normalmente é definida, é o estudo das regras que governam o modo como palavras são agrupadas para formar frases. Na fotografia, precisamos de algo parecido, particularmente na era digital, para dar conta das mudanças no caráter visual geral das fotografias. Se comparamos uma paisagem do final do século XIX feita em chapa de vidro molhada, uma fotografia em preto e branco feita com um Tri-X 35mm, um Kodachrome 35mm e uma cena noturna digital moderna fotografada em RAW e usando HDRI (hygh dinamic range imaging – imagem de grande alcance dinâmico), há algumas diferenças óbvias em suas aparências e em como elas são e como foram vistas por diversos públicos.

Considerando o primeiro exemplo, o céu branco chapado das primeiras fotografias devia-se à resposta ineficaz das emulsões, que eram sensíveis ao azul. Quando a exposição era boa para chão, um céu azul apareceria branco na cópia e a maioria das nuvens eram invisíveis. Ainda que alguns fotógrafos reagissem com artifícios como o de usar um outro negativo para imprimir um outro céu na cópia, aqueles que permaneceram fiéis à mídia aprenderam a compor dentro das limitações. Timothy O'Sullivan, por exemplo, tratou o céu branco como forma, explorando a relação entre figura e fundo. Essa abordagem, por sua vez, acabou sendo aceita por seu público como a aparência natural que uma fotografia deveria ter. A sintaxe, na linguística, explica o que faz uma frase ser admissível. A sintaxe na fotografia explica como uma fotografia deve se parecer.

A invenção do 35mm criou uma sintaxe diferente para a fotografia, com a câmera sendo usada fora do tripé, na mão. O quadro de filme menor revelava o grão em uma cópia por ampliação, assim os fotógrafos aprenderam a conviver com essa textura. O Tri-X da Kodak, em particular, tem uma estrutura de grão fechada e distinta, e isso era apreciado por alguns fotógrafos, e, finalmente, pelos espectadores. A

▲ HDRI
Um bom exemplo do novo estilo das imagens HDR, em que o alcance dinâmico inteiro desta cena do metrô de Nova York é capturada com máxima saturação de cor, desde as sombras mais escuras até cada uma das lâmpadas. Não foi usada nenhuma iluminação extra (para fins de comparação, um único quadro de pequeno alcance dinâmico é mostrado abaixo). Esse tipo de imagem era inconcebível até o século XXI, mas pode levar algum tempo até que se acostume com o modo como ela apresenta completamente toda a informação em uma cena.

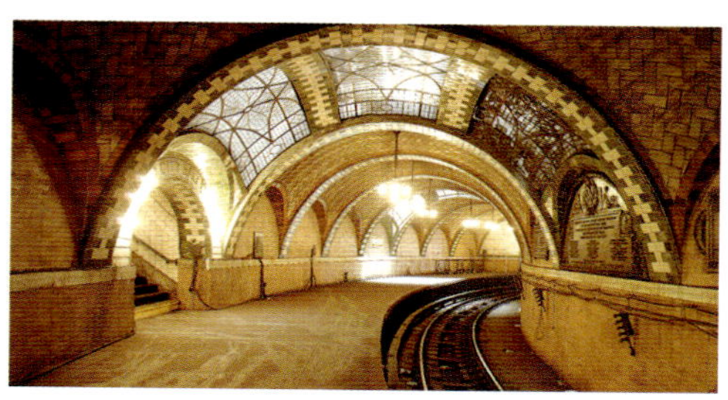

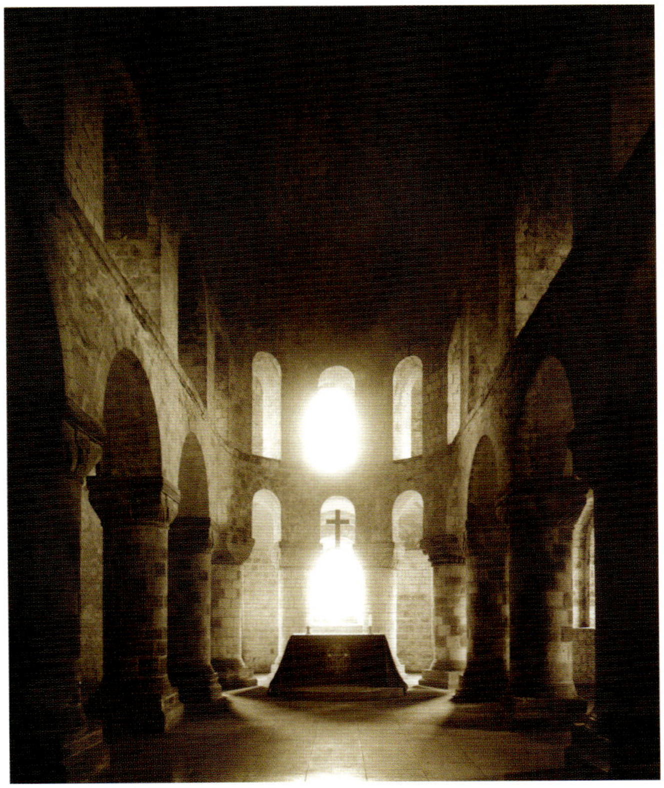

◂ FLARE EVOCATIVO
Feita em filme preto e branco, deliberadamente sem iluminação extra, esta vista matutina da Capela de S. João na Torre de Londres tenta capturar a luz que inunda a cena quando o sol atinge o altar, e para realizá-la fez-se total uso das características de *flare* de imagens de alto-contraste bem expostas.

▸ SILHUETA
Caso típico de imagens em Kodachrome expostas para as luzes altas – neste caso, o sol nascendo atrás do Memorial a Jefferson em Washington DC – esta fotografia trata seu assunto como uma silhueta, valendo-se do ponto de vista e dos contornos de um perfil reconhecível. A estrela de *flare* de várias pontas ao redor do sol é típica de uma lente fechada em abertura pequena com subexposição.

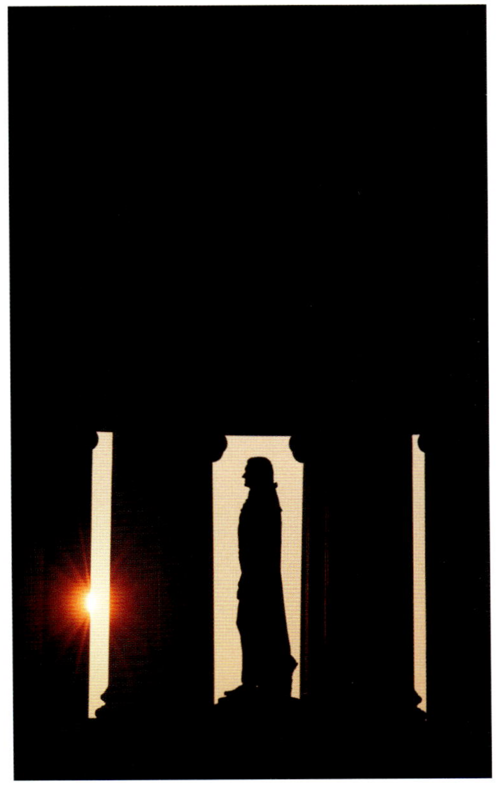

invenção do Kodachrome, com suas cores ricas, profundamente saturadas (ainda mais quando subexposto), levou a um outro modo de trabalhar. Mesmo no punhado de laboratórios que podiam processá-lo, quase não havia espaço para correção de erros pela alteração do processamento. A transparência ia direto para a gráfica, por isso os fotógrafos que usavam o Kodachrome aprenderam a dar tudo de si na hora de fazer a exposição e o enquadramento – mais do que em qualquer período anterior. Lembre-se de que, com o preto e branco, os fotógrafos fotografavam sabendo o que eles, ou um laboratorista experiente, poderia fazer mais tarde. As maratonas de laboratório de W. Eugene Smith viraram lenda, mas foram também a síntese do que seja a cópia como segundo estágio, essencial ao processo. Isso desapareceu com o uso do Kodachrome para reprodução em revistas e livros. Esse filme, que dominou a fotografia colorida profissional durante os anos 1960 e 1970, também criou a prática da subexposição deliberada. Os fotógrafos expunham para conter as luzes altas, que quando superexpostas ficavam terríveis, sabendo que uma gráfica poderia "abrir" as sombras.

O Formalismo da Cor, nascido nos anos 1970 nos Estados Unidos, e a posterior paixão que muitos fotógrafos de moda e propaganda tiveram com o filme negativo colorido processado e copiado idiossincraticamente, foi em parte uma reação à geração do Kodachrome, como vimos no capítulo 5, mas a maior mudança de todas nas regras do que faz uma imagem fotográfica ser aceitável está acontecendo agora. A pós-produção é, possivelmente, a maior mudança feita pela fotografia digital, certamente do ponto de vista do processo. É particularmente interessante como a pós-produção pode mudar a sintaxe de uma fotografia eliminando ou alterando os elementos gráficos particulares às câmeras, lentes e filmes.

As possibilidades digitais incluem a capacidade de fazer tudo ser tecnicamente "correto." Considere aqueles dois componentes da sintaxe fotográfica não questionados até agora – o *flare* e as silhuetas. O *flare*, na verdade, não é eficiente, um artefato na terminologia digital, mas isso faz com que ele seja errado? É claro que não. Os fotógrafos tiveram décadas para fazê-lo funcionar e ser atraente e evocativo. O público teve o mesmo tempo para conhecê-lo e desfrutá-lo. O *flare* traz a impressão de que uma luz inunda a cena. O mesmo com as silhuetas, que eu diria que são uma invenção da fotografia (estou excluindo os camafeus). Com a fotografia digital, nem o *flare* nem as silhuetas são inevitáveis. A HDRI pode removê-los. Isso é bom? Isso é aceitável ou desejável? Estas são questões ainda a serem respondidas, não apenas por fotógrafos, mas pelo público também. Agora há a possibilidade de fazer fotografias que estão mais próximas do modo como enxergamos, mas se isso é ou não é algo que a fotografia deva visar está aberto para discussão. Como sempre acontece com a fotografia, não há ponto pacífico e tudo está ainda em fluxo.

ÍNDICE

Gostaria de agradecer ao meu editor, Alastair Campbell, um velho amigo, por seu encorajamento e muitas sugestões; meu editor, Adam Juniper, por encontrar maneiras de fazer muitas das ideias aqui presentes funcionarem em formato impresso; outro velho amigo, Robert Adkinson, que muitos anos atrás encomendou meu livro anterior sobre este assunto, *The Image*; e um agradecimento especial a Tom Campbell, cujas sugestões iniciaram a composição deste livro.

BIBLIOGRAFIA

Adams, Ansel. *Examples: The Making of 40 Photographs.* New York: Little, Brown; 1983.

Albers, Josef. *Interaction of Color.* New Haven: Yale University Press; 1975.

Barthes, Roland. *Camera Lucida.* London: Vintage; 2000.

Berger, John. *About Looking.* London: Writers & Readers; 1980.

Berger, John. *Ways of Seeing.* London: BBC/Penguin; 1972.

Cartier-Bresson, Henri. *The Decisive Moment.* New York: Simon & Schuster.

Cartier-Bresson, Henri. *The Mind's Eye.*

Clarke, Graham. *The Photograph (Oxford History of Art).* Oxford: Oxford University Press; 1997.

Diamonstein, Barbaralee. *Visions and Images: American Photographers on Photography.* New York: Rizzoli; 1982.

Dyer, Geoff. *The Ongoing Moment.* London: Little, Brown; 2005.

Eauclaire, Sally. *The New Color Photography.* New York: Abbeville; 1981.

Fletcher, Alan; Forbes, Colin; Gill, Bob. *Graphic Design: Visual Comparisons.* London: Studio Books; 1963.

Freeman, Michael. *The Image (Collins Photography Workshop).* London: Collins; 1988.

Freeman, Michael. *Achieving Photographic Style.* London: Macdonald; 1984.

Gernsheim, Helmut and Alison. *A Concise History of Photography.* London: Thames & Hudson; 1965.

Gombrich, E. H. *Art and Illusion.* London: Phaidon; 2002.

Gombrich, E. H. *The Image and The Eye.* London: Oxford; 1982.

Gombrich, E. H., Hochberg, Julian and Black, Max. Art, *Perception and Reality.* Baltimore: Johns Hopkins University Press; 1972.

Graves, Maitland. *The Art of Color and Design.* New York: McGraw-Hill; 1951.

Gregory, Richard L. *Eye and Brain: The Psychology of Seeing.* Oxford: Oxford University Press; 1998.

Herrigel, Eugen. *Zen in the Art of Archery.* New York: Vintage Books; 1989.

Hill, Paul. *Approaching Photography.* Lewes: Photographers' Institute Press; 2004.

Hill, Paul and Cooper Thomas. *Dialogue with Photography.* Stockport: Dewi Lewis; 2005.

Itten, Johannes. *Design and Form: The Basic Course at the Bauhaus.* London: Thames & Hudson; 1983.

Itten, Johannes. *The Elements of Color.* New York: Van Nostrand Reinhold; 1970.

Mante, Harald. *Photo Design: Picture Composition for Black and White Photography.* New York: Van Nostrand Reinhold; 1971.

Mante, Harald. *Color Design in Photography.* Boston: Focal Press; 1972.

McLuhan, Marshall. *Understanding Media: The Extensions of Man.* Cambridge, Mass. and London: MIT Press; 1994.

Newhall, Beaumont. *The History of Photography from 1839 to the Present Day.* New York: MoMA/Doubleday; 1964.

Newhall, Nancy. *Edward Weston: The Flame of Recognition.* New York: Aperture; 1965.

Rathbone, Belinda. *Walker Evans: A Biography.* Boston, New York: Houghton Mifflin; 1995.

Rowell, Galen. *Mountain Light.* San Francisco: Sierra Club Books; 1986.

de Sausmarez, Maurice. *Basic Design: the Dynamics of Visual Form.* London: Studio Vista; 1964.

Smith, Bill. *Designing a Photograph.* New York: Amphoto; 1985.

Sontag, Susan. *On Looking.* New York: Farrar, Straus & Giroux; 1973.

Szarkowski, John. *Looking At Photographs.* New York: Museum of Modern Art; 1973.

Torrans, Clare. *Gestalt and Instructional Design.* Available at http://chd.gmu.edu/immersion/knowledgebase/strategies/cognitivism/gestalt/gestalt.htm 1999.

Winogrand, Garry. *Winogrand: Figments From The Real World.* Boston: New York Graphic Society/Little, Brown; 1988.

Wobbe, Harve B. *A New Approach to Pictorial Composition.* Orange, N. J.: Arvelen; 1941.

Zakia, Richard D. *Perception and Imaging.* Boston: Focal Press; 2000.